シャーマニズムとはなにか

シベリア・シャーマニズムから木曽御嶽信仰へ

菅原壽清◉編訳

岩田書院

目　次

訳者序 …… 5
翻訳・解説編 凡例 …… 21

【翻訳編】シベリアのシャーマニズム

M・A・ツァプリカ『シベリアの先住民』―― 25
マレットの序 26
ツァプリカの自序 30
第三部 宗 教 …… 36
七 シャーマニズム 36
八 シャーマン、彼の職業と心構え 39
九 シャーマンのさまざまな種類 64
一〇 シャーマンの装具 77
一一 シャーマンの活動 104

一二　シャーマニズムと性　121
一三　神々・諸精霊・霊魂　134
一四　幾つかの儀礼　173
第四部　病理学……191
一五　北極ヒステリー　191
S・M・シロコゴロフ『ツングースの人々の精神的複合』――213
第二二章　シャーマニズム一般……214
94　用語「シャーマニズム」の起源　214
95　シャーマニズムの公式的性格　221
96　シャーマニズムの精神的状態　232
97　シャーマニズム　238
第二九章　シャーマン(1)……241
132　一般的思考方法の過程　241
133　特別な方法　250
134　エクスタシー　255
135　シャーマンと精霊　267

136　シャーマンの間の戦い　282
137　シャーマンの性格と能力　290
138　シャーマンによる知識の蓄積　296

第三〇章　シャーマン（2）……………………301
139　シャーマンの社会的関係　301
140　シャーマンの経済的地位と困難性　310
141　シャーマン職を諦めることとシャーマンの死　322
142　シャーマンの個性　328

訳者注
(1)研究者名　337
(2)民族名　349

【解説編】
第一章　シャーマニズムとはなにか――――355
はじめに　356
第一節　ツァプリカとシロコゴロフの研究……………357
一　ツァプリカのシャーマニズム研究　357
二　シロコゴロフのシャーマニズム研究　366

第二節　ファースとルイスの研究……389
一　ファースのシャーマニズム研究　389
二　ルイスのシャーマニズム研究　393
三　ルイスの「トランスと憑霊」（要約）　400
第三節　雲南のシャーマニズム……415
一　調査地の概況　415
二　哈尼の社会のシャーマン　418
三　白の人々の社会のシャーマン　421
第二章　木曽御嶽のシャーマニズム――431
はじめに　432
一　ローエルのシャーマニズム研究　433
二　木曽御嶽信仰・御座の形成　442
三　御嶽行者の修行・トランスの制御と憑霊　445
四　御嶽行者の御座・神霊の統御と役割　452
五　日本のシャーマニズム研究―憑祈禱と御座　458
研究者名一覧……475
あとがき……482

訳者序

なぜ、今「シャーマニズム」なのか

すでに先学により、「シャーマニズム」を表題とした優れた研究書が多数出版されている（例えば『シャーマニズムとは何か』春秋社、一九八三年など）。それにもかかわらず、今なぜこのような表題の書なのかと、読者にとっては些か疑問に思われるかもしれない。しかし、これまでの書では、どちらかと言えばエリアーデのエクスタシーに基づくシャーマニズム論や国内の巫俗研究が主流を占め、アメリカのローエルやツァプリカ以来のイギリスのファースやルイスに連なる憑霊トランス（＝トランス憑霊）に基づくシャーマニズム研究が、百年以上にわたり、わが国では誤解されたままで、現在に至っているからである。

ローエルは一八九一（明治二十四）年八月に木曽御嶽に登り、頂上で三人の若者が執り行なう憑霊（御座）儀礼を観察した。その体験を一八九三年に'Esoteric Shinto'と題してジャーナル（「日本アジア協会誌」）に発表し、その後一八九五年に"Occult Japan"として一冊にまとめた。それ以来、すでに百二十年のときが過ぎている。なぜ、ローエルの憑霊トランス研究が、日本ではシャーマニズム研究として評価されないのか、ローエルの"Occult Japan"を拙訳した者にとって些か気になるところであった。そこで、ローエルの憑霊トランス研究が現代のシャーマニズム研究に照らし合わせて、どのように位置づけられるのか、そのためには「シャーマニズムとはなにか」をもう一度問い直すために、シャーマニズムの研究史を遡って調べてみることが必要であると思われた。

その結果、後でも触れるが、十九世紀後半から行なわれていたシベリアにおけるシャーマニズム研究の成果を、二十世紀初頭に初めてイギリスや西欧社会に確かな情報としてもたらせたのはツァプリカとシロコゴロフであった（一九三八年に、ツァプリカの情報により同じ資料を用いたハルヴァのアルタイ諸民族の民俗報告があるが）。二人がイギリスや西欧社会にもたらせた情報は、その後のシャーマニズム研究のベースとなり、一方ではハルヴァの民俗資料によるエリアーデのエクスタシーのシャーマニズム論へと、他方ではイギリスのシャーマニズム研究、特にファースやルイスのシャーマニズム研究へと発展し、現在に至っていることを知った。「シャーマニズムとはなにか」を問い直すには、このツァプリカとシロコゴロフの二人のシャーマニズム研究に、もう一度立ち返って問うてみることが、ローエルの研究を位置づける上で、また現代のシャーマニズム研究を再考する上でも重要であると思われたからである。

重要な指摘　シロコゴロフの研究に関しては、すでにローエルの“Occult Japan”（『オカルト・ジャパン』岩田書院、二〇一三年）の拙訳解説でも一部触れたことがある。重複する部分、誤解していた点もあるが、追加訂正しながら続きとしてツァプリカとシロコゴロフのシベリアシャーマニズム研究、その後二人の研究を受けて展開したイギリスの人類学、特にファースとルイスのトランス憑霊のシャーマニズム研究などから、ローエルの木曽御嶽研究が紛れもなくシャーマニズム研究であったことを位置づけてみたいと思った。特に、拙訳の解説、第八章の「本体」でローエルが指摘する「催眠トランス」と「憑霊トランス」との意味の違いなどが、シャーマニズム研究史の上で重要な指摘であったことを、そのときは十分に理解し解説することができなかったからである（その後、この分野の先行研究に和田完氏の「シャーマンの憑依行動」⑴北方文化研究1962 ⑵北海道大学教育学部紀要1962 などがあることを知った）。

ローエルの研究　その後、なぜローエルがこの問題にこだわっていたのかを知りたいと思った。そこで、十九世紀後半から二十世紀初頭にかけて、イギリスやフランスでは人類学や心理学などの研究領域で何に関心があったのか、ローエルの研究を解き明かす手掛かりを求めて当時の研究を調べてみた。シャーマニズム研究者の論文や著書を拙訳するなどしている内に、ローエルの研究は彼の個人的な思いつきや単なる珍しいものの発見ではなく、当時のフランス心理学の中心的課題、つまり「催眠トランス」に関するシャルコー学派とナンシー学派の論争（1889）などを背景としたものであったことを知った（恐らく、ローエルは、宗教トランス'religious trance'に関心を持っていた先輩で、アメリカを代表する心理学者の一人、ウイリアム・ジェームスに教わり、ローエル自身もフランス女性の教会での祭壇トランスを確認している）。これらの問題がフランスの心理学の問題に限らず、イギリスの人類学の分野でも関心のあるテーマとなっており、ツァプリカ、シロコゴロフ、ファース、ルイスの著書や論文を拙訳し、その後の研究史をたどることで「シャーマニズムとはなにか」を些かでも明らかにすることができるのではないかと思われた。また付け加えれば、筆者が長年にわたってフィールドワークを続けてきた木曽御嶽や中国の雲南での研究が、イギリスのシャーマニズム研究に照らし合わせて、紛れもなくシャーマニズム研究であったことを位置づけてみたいとも思ったからである。その意味では、拙訳『オカルト・ジャパン』（岩田書院、二〇一三年）の解説の続編でもある。拙著（『アジア山地社会の民俗信仰と仏教』、岩田書院、二〇一〇年）とも併せてお読み頂ただければ、より理解を深めていただけると思う。

ツァプリカとシロコゴロフのシャーマニズム研究　十九世紀後半以来、先行するシベリアのシャーマニズム研究に関する確かな情報をイギリスや西欧社会に初めてもたらせたのは、オックスフォード大学に留学（1910）してマレットの指導を受けたポーランド出身のツァプリカであった。ツァプリカは、マレットの指導により社会人類学を学び、ロシア語で書かれた多数の著書や論文を読破して、"Aboriginal Siberia, 1914"（『シベリア先住民』）として一九一四年にまとめ上げた。

また、同時期にフランスのソルボンヌ大学（当時、デュルケムやレビィ＝ブリュールが活躍）に留学（1906–1910）して最新の人類学、民族誌学を学んだのはロシア人のシロコゴロフであった。シロコゴロフはシベリアや中国東北部のツングースの人々の社会をフィールドとして調査研究を行ない、その成果を一九三五年にまとめ上げ、ロンドンで発売（シロコゴロフの「序文」によれば、マレットとの交流が記されており、仲介したのはマレットではなかったかと思われる）することにより西欧社会に"The Psychomental Complex of the Tungus,1935"（『ツングースの人々の精神的複合』）としてシベリアのシャーマニズム研究を紹介した。二人の新たな社会人類学的方法論に基づく研究はシャーマニズム研究史の上で、二十世紀初頭のシャーマニズム研究の本格的なスタートとして位置づけることができると思われる。

ロシアの先行研究

ツァプリカやシロコゴロフ以前のシベリアでは、十九世紀後半からロシア人（主に、シベリアに流刑された知識人など）によりシベリア先住民に関してのシャーマニズム研究が開始されていた。それは、当時のイギリスではあまり知られていなかった研究者、シャシコフ、アガピートフとハンガローフ、プリプゾフ、バンザロフ、ミハイロフスキー、シェムケビクリー、トロシュチャンスキー（ツァプリカの紹介文献から「シャーマニズム」をタイトルとした著者のみを抽出した）などであった。ツァプリカもシロコゴロフも先行する彼らの研究の上に、新たな最新の人類学的方法論を学び、シャーマニズムを理論的に体系づけることで、近年のイギリスの社会人類学、ファースやルイスのシャーマニズム研究へと受け継がれることになったものと思われる。彼らの研究がイギリスのオックスフォード大学、あるいはロンドン大学（LES）などを中心とした百年近くに及ぶ社会人類学やシャーマニズム研究史の延長線上にあるとすれば、世界におけるローエルの憑霊トランス研究（前掲書、第八章「本体」）のおよその位置づけが可能になるのではないかと思われた。

日本のシャーマニズム研究　日本では、ロシア人のバンザロフの「黒教或は蒙古人におけるシャマン教」とミハイロフスキーの「シベリア、蒙古及び欧露の異民族間におけるシャーマン教」の論文が一冊にされて『シャーマニズムの研究』（文求堂、昭和十五年）として、一九四〇年に白鳥庫吉（1865–1942）と高橋勝之（1904–?）の二人により邦訳が出版されている。この書の解説によれば、この論文は一八九二年に出版した『シャーマン教』上下巻の上巻に書かれたもので、下巻には欧米人類学者によるアメリカ先住民のシャーマニズム調査が紹介されているという。従って、ロシアのシャーマニズム研究は、欧米の研究理論を踏まえた同時進行であったことが知られる。ただし、先行するバンザロフもミハイロフスキーの論文も、ツァプリカやシロコゴロフのような人類学的、体系的なまとめ方にはなっていない（翻訳を読む限り）。そのため、その後二人の訳者がこの翻訳を基に人類学的な視点から日本のシャーマニズム研究の理論化を進めた様子はない（民俗学者による「真正」と「虚偽」のシャーマンという誤った分類はあるが）。また、一九四五（昭和二十）年以前にシベリアや中国東北部などで、ツングースなどの先住民の調査研究を行なった日本の民族学者に、たとえば大間知篤三（1900–1970）の「ダウールの氏族巫」の報告、その他鳥居龍蔵（1870–1953）、秋葉隆（1888–1954）などの研究者による多数の現地報告があるが、戦後（一九四五年以降）の混乱による調査の中断もあり、これらの研究がその後のシャーマニズム研究の理論化に繋がった様子はない。どうやら、ローエルの研究がその後も日本の民俗学・人類学者などに注目されてこなかったのは、ロシアやイギリスのシャーマニズム研究の理論が正確に受け継がれてこなかったため、理解されなかったからかもしれない。また、柳田国男以来、日本の民俗学者の関心は国内の「巫俗」研究が中心で、海外の理論研究に関心を向ける繋がりにくい事情があったことも、ローエルの研究に関心が向けられなかった理由なのかもしれない。

エリアーデとルイス　近年の研究としては、ツァプリカやシロコゴロフの研究を受けて、北欧のシャーマニズムの民俗を扱ったハルヴァの著書（"Die religiösen Vorstellungen der altaischen Völke,1938". 直訳で『アルタイ民俗の宗教的表現』、邦訳『シャーマニズム―アルタイ系諸民族の世界』一九八九年、田中訳）が一九三八年に出版されている。また、一九六八年にはハルヴァの民俗資料から、エクスタシーのシャーマニズム論を展開したエリアーデの"Le Chamanisme, 1951"が出版（邦訳一九七四年）されている。そして、エリアーデの論に異を唱えて、エリアーデが論拠としたハルヴァやシロコゴロフなどの著書を詳しく再検討する中で、"Ecstatic Religion, 1971"によりトランス憑霊'trance-possession'のシャーマニズムの存在を指摘したのは、ファースの理論を受け継いだルイスであった。ファースはロンドン大学でマリノウスキーの指導を受けている。マリノウスキーとツァプリカは友人で、ツァプリカの研究は彼女が亡くなった(1921)三年後にはマリノウスキーを通じてファースなどに伝えられたものと考えられる。

定義の問題　シャーマニズム研究史の上では、ファースの後を継いだルイスの研究は研究史に沿った正統な流れであると思われる。従って、言われるように「研究者の数ほど、シャーマニズムの定義は多様」なのではない。ツァプリカやシロコゴロフ以来の研究を無視して、マカロックやエリアーデなどの研究に基づいたシャーマニズムの定義は、正統な流れとは到底思えない。「shaman シャーマン」とか、「shamanism シャーマニズム」といった国際的な学術用語を用いて、実際の営みを経験的で実証的に、科学的研究として定義し論ずるのであれば、これらの研究史の上に沿ってその是非が論じられ、研究されるのが正統な流れではないかと思われる。

表題について　そこで、本書ではツァプリカ以来の一連のイギリスのシャーマニズム研究史の流れに立って、ローエルの憑霊トランス研究や自らの研究をシャーマニズムとして捉えるために、表題を「シャーマニズムとはなにか」、副題を「シベリア・シャーマニズムから木曽御嶽信仰へ」とした。構成は二部構成とし、第一部は翻訳編として「翻訳編　シベリアのシャーマニズム」、第二部はその解説を「解説編」とした。

内容構成・翻訳編

「翻訳編　シベリアのシャーマニズム」では、ツァプリカとシロコゴロフの著書の一部から、抄訳としてその翻訳箇所の紹介を行なった。その内容は、順に「M・A・ツァプリカ『シベリアの先住民』（抄訳）」と「S・M・シロコゴロフ『ツングースの人々の精神的複合』（抄訳）」である。

ツァプリカの著書の全体構成　拙訳は、ツァプリカ著、初版"Aboriginal Siberia.1914"の再版、Oxford一九六九年版（英語、ハードカバー、寸法22.2×14.5cm）に基づいた。この書は出版からすでに百年を経過（没後94年）しており、ネットなどでも原書版（1914）の全文と機械翻訳（正確でない）が公開されているので、原書とも比較しながら拙訳した。また、この書の一部は、すでに浅田某により「シャマン教」として要約が紹介されており（『世界聖典集』改造社、昭和五年。pp353-372. 五節からなり、一総説、二シャマンとは何ぞ、三シャマンの修業期、四シャマンの職務、五シャマンの所作、について二十頁にわたって紹介している）、この要約とも対比したが、短い要約であることと文語調ということもあり、ツァプリカの意図するところがあまり伝わっていないと思われた。この他に部分的紹介（和田完「シャーマンと精神障害」一九六九年）はあるが管見ではこの書の全訳はみていない。

この書の全体は四部構成からなり、その内容はマレットによる序文、著者序、本文第一部は「民族誌・地理学」、第一章地理学、第二章民族誌（記述人類学）である。第二部は「社会学」、第三章社会組織、第四章婚姻、第五章誕生に関する習慣と信仰、第六章死、埋葬、来世、先祖崇拝である。第三部はこの書の中心をなす「宗教」で、全体は八章からなっている。通し番号で表記され、第七章「シャーマニズム」、第八章「シャーマン、彼の職業と心構え」、第九章「シャーマンのさまざまな種類」、第一〇章「シャーマンの装具」、第一一章「シャーマンの活動」、第一二章「シャーマニズムと性」、第一三章「神々・諸精霊・霊魂」、第一四章「幾つかの儀礼」である。第四部「病理学」は、第一五章「北極ヒステリー」についてである。さらに、短いがこの書でとりあげた主なるロシアの研究者、当時のイギリスでは知られていなかった研究者の「略歴紹介」、先にも示した多数の「参考文献」、現地の言葉の「用語解説」、「索引」、各民族の「写真」一五枚（この内の六枚はシロコゴロフの撮った写真がピョートル大帝人類学民族学博物館に収納されており、ツァプリカはこの写真を自著の最後に六枚掲載している。ツァプリカの著書（1914）の存在を、後になって亡命先の中国で知ったシロコゴロフは「驚喜に耐えない」と『北方ツングースの社会構造』の序文において記している）、各民族の「分布地図」とシベリアの「地形地図」二枚の四一八頁からなる書である。

ツァプリカの翻訳紹介箇所　一部と二部に関しては別の機会に紹介することにして、ここではシャーマニズムに関する、第三部の七章から一四章（七〜一四）と第四部の一五章（一五）の拙訳を順に紹介したい。なお、拙訳の本文中には、頻繁に「私達」の語が用いられている箇所がある。その多くは教えを受けたヨヘルソンとの話合いの結果と思われる。

シロコゴロフの著書の全体構成　シロコゴロフの『ツングースの人々の精神的複合』は一九三五年、四十八歳のときに北京で出版されている（販売は当時ロンドンの大手学術出版社であった、Kegan Paul, Trench, Trubnerが取り扱っている。先にも触れたが、ロンドンでの販売はマレットの勧めであったのかもしれない）。中国に亡命中の困難な時期に書かれたものである。それはコピー用紙A３（拙訳、前掲書二〇一三年でB４と表記したが訂正）サイズの大きさの縦二段組からなり、一頁が四六判の四頁分に相当する大きさで、四六九頁に及ぶ膨大な論文が掲載された英語版の本である（写真、国会図書館、千葉大学図書館蔵）。現在はネットで原書と機械翻訳（正確でない）が公開されているが、管見ではこの書の全訳は見ていない。この書の全体の構成は、目次、序論、第一部から四部、結論、そして用語集と索引からなっている。各章と各節は通し番号からなっており、シロコゴロフの研究内容について、何に関心があったのかを、目次の章（節については紙幅の都合で省略。節の詳細は『アジア民族文化研究』一四号、2015,3,p63-114.に掲載した。そちらをご覧下さい）のみを拙訳で紹介しておきたい。

序文と序論　先ず、目次は序文と目次からなり、序文でシロコゴロフが目指した民族誌学、実験的調査フィールドとして選んだシベリアでの調査方法が述べられている。また、序論は三章からなり、第一章は「精神的複合に関する困難な調査研究」（三節）、第二章は「国内に居住する他の民族の精神複合に関する接近方法」（五節）、第三章は「収集した資料と分析」（四節）である。

第一部　次に、第一部では調査フィールドの自然環境や生活空間の状況などが述べられている。第一部「明白な知識」は第四章から第九章までの六章である。第四章は「予備的な基本概念」（五節）、第五章は「主要な環境」（七節）、第六章は「主要な環境（続き）」（三節）、第七章は「技術的適合」（四節）、第八章は「社会組織」（二節）、第九章は「精神的複合のさまざまな出現」（四節）である。

第二部　第二部では調査対象のツングースの人々の精神的世界の営みなどが述べられている。第二部「仮説」は第一〇章から第一五章までの六章である。第一〇章は「ツングースの人々の性格についての仮説」（二節）、第一一章は「超越的存在と精霊統御者」（四節）、第一二章は「ツングースの人々の霊魂と精霊が結合した精霊形態」（五節）、第一三章は「先祖を起源としない他の精霊」（四節）、第一四章は「精霊統御者」（四節）、第一五章は「多様な仮説」（二節）である。

第三部　第三部では、ツングースの人々と精霊との関係などが述べられている。第三部「仮説の実質的な結果」は第一六章から第一九章までの四章である。第一六章は「精霊に影響を与える方法」（八節）、第一七章は「魂とその管理者」（一〇節）、第一八章は「シャーマンと他の専門家以外で管理される精霊」（三節）、第十九章は「専門家によって扱われる精霊とさまざまな事例」（三節）である。

第四部　第四部がこの本の中心となる「シャーマニズム」で、シャーマニズムとは何か、そのパフォーマンスなど、さまざまな角度からその様子が第二〇章から第三一章までの一二章にわたって述べられている。第二〇章は「追加、調査を行なったグループ」（九節）、第二一章は「全体と個別の精神症とその規制」（三節）、第二二章は「シャーマニズム一般」（四節）、第二三章は「シャーマニズムの歴史書とその初期形態に関する仮説」（四節）、第二四章は「シャーマニズムの用具」（八節）、第二五章は「シャーマニズムのパフォーマンス」（三節）、第二六章は「シャーマニスティクなパフォーマンスの分類」（五節）、第二七章は「シャーマンスの分析」（九節）、第二八章は「シャーマンの選出」（五節）、第二九章は「シャーマン」（七節）、第三〇章は「シャーマン（続き）」（四節）、第三一章は「シャーマニズムの現状と将来」（六節）である。

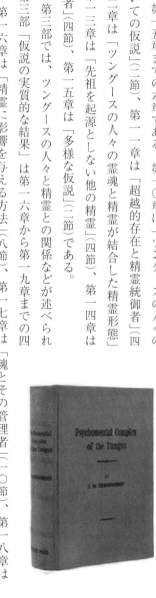

結論　「結論」は第三二章から第三四章の三章である。第三二章は「識別と複合の機能」(三節)、第三三章は「複合体の均衡」(三節)、第三四章は「精神的複合の規制」(二節)である。最後に、用語集、引用文献、著者と研究者の索引、精霊の索引、民族の単位と集団の索引、総合索引が加えられている。

シロコゴロフの翻訳紹介箇所　シロコゴロフの報告は膨大であり、全てを紹介することはできない。他は別の機会に紹介することとして、ここではシロコゴロフのシャーマニズム研究に関して、第四部「シャーマニズム」から、第二二章「シャーマニズム一般」を拙訳してみた。この章はシロコゴロフを含めて、当時のロシアの研究者、広くは世界の研究者達がシャーマニズムをどのように理解していたのかを知る上で重要な章で、比較的まとまった章であると思われるからである。ここでの紹介は、第二二章「シャーマニズム一般」の「94 用語「シャーマニズム」の起源」、「95 シャーマニズムの公式的性格」、「96 シャーマニズムの精神的状態」、「97 シャーマニズム」である。また、第二九・三〇章の「シャーマン」からエクスタシーやシャーマンの種類、天界や地下界の問題などに注意しながら拙訳してみた。第二九章「シャーマン(1)」では「132 一般的思考方法の過程」、「133 特別な方法」、「134 エクスタシー」、「135 シャーマンと精霊」、「136 シャーマン間の戦い」、「137 シャーマンの性格と能力」、「138 シャーマンによる知識の蓄積」について、第三〇章「シャーマン(2)」では「139 シャーマンの社会的関係」、「140 シャーマンの経済的地位と困難性」、「141 シャーマン職を諦めることとシャーマンの死」、「142 シャーマンの個性」について、それぞれの拙訳を紹介したい。

そして最後に、(1)研究者名と付録としてツァプリカが用いた参考文献の略称、(2)民族名と付録としてシロコゴロフが用いた民族の略称を五〇音順に掲載した。

内容構成・解説編

「解説編」では、第一章を「シャーマニズムとはなにか」、第二章を「木曽御嶽のシャーマニズム」とした。ツァプリカ以来のシャーマニズム研究を、木曽御嶽を事例として日本の現代にも確かにシャーマニズムが存在することの確認である。

第一章の構成　第一章の「シャーマニズムとはなにか」は三節の構成とした。第一節では「ツァプリカとシロコゴロフの研究」として第一部で紹介した二人の研究の要点を、繰り返しになる点もあるが、その理論の要点を整理して解説してみた。第二節は「ファースとルイスの研究」として、ファースのシャーマニズムに関する解説と、ルイスの著書"Ecstatic Religion, 1971"の理論的中心と思われる第二章の'trance and possession'を拙訳して、その要約を第三節として紹介し、ツァプリカとシロコゴロフの研究がどのように受け継がれているかを確認してみた。

ルイスの先行翻訳　ただ、ルイスの著書に関しては先行して平沼孝之氏により、すでに邦訳(『エクスタシーの人類学』法政大学出版局、一九八五年)がなされている。従って、あえて翻訳する必要はないとも思われたが、平沼氏の翻訳を読むと、専門用語の訳し方などに異なる印象を持った。そのため、他者の翻訳に安易に乗って論を展開することは危ういと思われた。平沼氏の翻訳内容には、ツァプリカやシロコゴロフ以来の百年に及ぶシャーマニズム研究の重要なキーワード、'control'と'master'の理解が異なっていると思われた。たとえどんなに優れた翻訳者でも、語彙を日本語に置き換えるときには、どのような日本語を選択するかは、訳者の経験に照らし合わせて選択する以外になく、フィールドワークなしには訳せないと思う。また、ファース(ルイス)の部分訳に基づき、日本のシャーマニズムの理論化を試みている人類学者もいるが、ファースの'master of spirits'を「精霊統御者」と訳し、シャーマンに憑入した精霊を統御するのではなく、「外在する精霊を統御する者」こそを「シャーマン」と誤解し、木曽御嶽行者を「前座が精霊統御型シャーマンであり、中座は単なる霊媒でありシャーマンではない」という説に導いている。もし、論者が自らのフィールドワークに基づき、ツァプリカ以来、ファースやルイスの原書を正確に読めば、このような誤解には至らなかったと思われる(後でも触れるが、それは「シャーマニズム」の定義の問題でもあるが)。シャーマニズムの本質が曖昧にされたままの状態で百年以上が経過し、今もなおこうした誤解がシャーマニズムとして一般に受け止められている。そろそろその誤解を解いておくためにも、またローエルの憑霊トランス研究をシャーマニズムとして位置づけるためにも、ファースの解説やルイスの著書に再度帰って読み直し、検討し直す必要性を感じたからである。

なぜ「雲南のシャーマニズム」なのか　次に、第三節では「雲南のシャーマニズム」を取り上げた。日本の御嶽を論じているのに、なぜ中国の雲南なのかと、唐突に感じるかもしれない。しかし、ツァプリカもシロコゴロフも「氏族シャーマンと氏族外シャーマン」について論じている。日本の本土では、歴史的に早い段階(奈良時代頃)から氏族社会が国家へと統合化され、王権と結びついて機能してきた神話とエクスタティックな宗教者との関係、今も沖縄に存在する「ノロとユタ」のような関係は、氏族シャーマンが徐々にプリースト化することで、その形態は過去のものとなり、実証的な研究は、現在では困難になっている。筆者は木曽御嶽と三十年以上にわたり関わってきたが、比較研究のために中国雲南の哈尼と白の社会などもフィールドとして、「氏族シャーマンと氏族外シャーマン」の調査を断続的ながら二十年にわたり調査してきた(拙著『アジア山地社会の民俗信仰と仏教』二〇一〇年)。中国雲南地域は、ルイス流にいえばシベリアと類似した社会構造、宗教構造をもった周縁地域に相当するからである。二人の研究を裏づけるためにも、実際に肌で感じたその様子を紹介してみたい。不可解なのは、堀一郎氏はシャーマンの分類を「真正巫」と「擬制巫」の二つに分けていることである(1971, p24)。先にあげたバンザロフの論文の日本語訳中では、シャーマンの分類を「真正」と「虚偽」に誤訳している箇所(p48)がある。堀氏の分類はバンザロフなどの翻訳にヒントを得たのかもしれないが、しかしそれは非常に価値的な訳し方である。この分類に基づいてシャーマンの分布を「北と南」とか、その分類を「真正と擬制」、「脱魂と憑霊」などに類型化するなど、何かシベリアにシャーマニズムの理想型が存在するかのような誤解も少なからず見られる。誤解を解いておくためにも、またツァプリカとシロコゴロフの研究を裏づけるためにも、筆者の調査地から「雲南のシャーマニズム」についてあえて取り上げてみた。

第二章の構成　第二章の「木曽御嶽のシャーマニズム」は五節の構成とした。しかし、「木曽御嶽のシャーマニズム」の題に関しては、御嶽行者が執り行なう御座(憑霊儀礼)を「シャーマニズム」とか「オカルト」として捉えることに抵抗感を持つ御嶽行者や教団関係者も少なくない。何と言っても、「シャーマニズム」や「オカルト」の言葉には「原始宗教」などと類似して「遅れた宗教」とか、「神憑り」による「怪しげで人を惑わす」などさまざまなマイナスのイメージが付きまとい、現代化を進めようとする御嶽の教団関係者からは受け入れ難い言葉だからである。ただ、教団としての現代化は必要なことであるとしても、普遍化をすればするほど実際の人々の日々の生活からは遠く掛離れてしまうことにもなる。講社レベルでは、御座(憑霊)儀礼が、今も人々の心を癒し救う「生きた宗教」として、多くの人々に受け入れられていることも事実で、人々に寄り添う限り、これまでもこれからも変わらないと思われる。矛盾する両者の兼ね合いは困難なことではあるが、重要なことと思われる。特に、日本では「神憑り」の実態が、科学的に分析されてこなかったこともあり、知識人からは「迷信」のレッテルを貼られたままで現代に至っている。そのために、日本の宗教学、民俗学、人類学などの研究分野においてさえも、日本人の宗教文化として、日本の古代宗教が伝統的に継承され、特色のある独自の意味のある現代の宗教となっていることが、評価がなされないまま、古い宗教の残存形態として誤解されたままである。

誤解された御座儀礼　また、今も民俗学者による木曽御嶽研究においては、修験の「憑祈禱」と混同して、誤解されたままで理解されている（宮田1950-78、宮家2015）。御嶽の御座儀礼は修験の「ものまね」なのであろうか。宮田登論文に基づいたブラッカーの御嶽研究（「山の託宣」『あずさ弓』1975. 邦訳一九七九年）も、イギリスのシャーマニズム研究の伝統に立っていないし、ローエルのような科学的態度に立った人間研究にはなっていない。「人間とは何か」「日本人とは何か」は、容易には答えられないテーマではあるが、ローエルの研究には一歩でも永遠のテーマに近づこうとする科学者としての謙虚な研究姿勢が窺える。そろそろ、「遅れた」とか「怪しげ」と言った受け止め方を超えて、アジア世界や他の世界とも共通した人間の心を癒す人間研究として取り上げられ、日本における二十一世紀の学問として、シャーマニズムの新たな研究が進められてもよい時期にきているのではないかと思われる。

第二章の構成内容　そこで、先ず第一節では「ローエルのシャーマニズム研究」を取り上げた。ローエルの憑霊トランス研究がイギリスのシャーマニズム研究に照らし合わせ、まさにシャーマニズム研究であったことの確認である。第二節は「木曽御嶽信仰・御座の形成」、第三節は「御嶽行者の修行・トランスの制御と憑霊」、第四節は「御嶽行者の御座・神霊の統御と役割」として筆者のこれまでの研究をツァプリカ以来の研究を踏まえてシャーマニズムとして一部訂正しながら「再考」を行なってみた。第五節は「日本のシャーマニズム研究—憑祈禱と御座」として、なぜ御嶽の御座儀礼が無視されたままになっているのか、近年の研究を振り返ってみた。また、「憑祈禱」と「御座」を手掛かりに、御嶽の御座儀礼が確かにトランス憑霊に基づくシャーマニズムであることを確認してみた。

訳者注　ツァプリカとシロコゴロフの著書の翻訳にあたっては、訳者はシベリアや中国東北部（旧満州）のツングース、その他の民族に関しては調査経験がない。ただ、中心の周辺に位置して社会構造や宗教構造が類似した中国雲南元陽の哈尼の伝統的社会（仏教などの伝播していない民俗宗教のみの社会）に存在するシャーマン、モピ clan-shaman とニマ（尼瑪） out-clan-shaman、また大理白の社会（大乗仏教と本主信仰と民俗宗教が重層化した社会）に存在するシャーマン、ドシボー clan-shaman とアショカー professional shamans について、かつて断続的だが二十年にわたってフィールドワークを行なってきた（拙著、前掲書、二〇一〇年）。さらに、チベット仏教と混在するモソやナシの人々の居住する高地社会（チベット仏教のラマ教と民俗宗教であるシャーマニズム、ダパの混在する社会）も調査を行なったことがある。拙訳に当たってはこれらの人々のシャーマニズム調査の経験を念頭におき、さらにローエルの日本のシャーマニズム研究（『オカルト・ジャパン』）の翻訳経験などを基にした宗教人類学的な視点からの拙訳である。ただ、調査地と類似しない点（狩猟社会と農耕社会の違い）も多くあり、上手く訳せなかったかもしれない。ご寛容下さい。

また、エリアーデの「宗教の歴史家」としてのシャーマニズム論に関しては、英語版の "Shamanism"，（Willard. R.Trask 訳、一九七二年初版、一九七四年再版。トラスクは一九五八年と一九五九年にシカゴ大学でエリアーデと一緒にフランス語版を大幅に修正しながら共訳作業を行った。従って、英語版が最終版かと思われる）からの拙訳による理解である。

翻訳・解説編 凡例

一、本書の題名と構成　本書の題名は「シャーマニズムとはなにか」、副題を「シベリア・シャーマニズムから木曽御嶽信仰へ」とし、内容は二部構成とした。「なにか」は、先行の出版（『シャーマニズムとは何か』春秋社、一九八三年）と重複しないよう、平がなにした。第一部は「翻訳編　シベリアのシャーマニズム」として、ツァプリカとシロコゴロフの著書の一部、シャーマニズムに関係する章を選んで抄訳したものを抄訳として紹介した。第二部は「解説編」として、ローエルやイギリスのシャーマニズム研究の紹介、さらに訳者のこれまでの調査などから、木曽御嶽信仰の中核に、今も確かにシャーマニズムが存在することの確認である。

二、翻訳テキスト　第一部翻訳編のツァプリカの『シベリアの先住民』はMaria Antonina Czaplicka, "Aboriginal Siberia, 1914", Oxford.の再版、一九六九年版に基づいた。初版の原書はすでにネットでも公開（没後94年を経過）されておりこれとも対比した。翻訳箇所はマレットの'Preface'、ツァプリカの'Authors Note'、Pert III. 'Religion' Section 7-14とPert IV. 'Pathology' Section15の全文を抄訳したものを掲載した。また、シロコゴロフの『ツングースの人々の精神的複合』はSergei Mikhailovich Shirokogorov, "The Psychomental Complex of the Tungus.1935"に基づいた。原書の初版はすでにネットでも公開（死後76年を経過）されている。翻訳箇所はFourth Department Chapter XXII, 'Shamanism in General'とChapter XXIX-XXX, 'Shaman'を抄訳したものを掲載した。また、第二部、第一章、第二節「ファースとルイスの研究」は、Raymond William Firth, 'Shamanism', "A Dictionary of The Social Sciences" 1964.pp.638-639.と、Ioan Myrddin Lewis, "Ecstatic Religion, An Anthropological Study of Spirit Possession and

Shamanism, 1975"（二〇〇三年版とも確認し、その後の追加分を補った）より、Chapter Tow 'trance and possession' の章の拙訳に基づき論述した。後者の書は、すでに『エクスタシーの人類学―憑依とシャーマニズム』（I・Mルイス著、平沼孝之訳、法政大学出版局、一九八五年）として邦訳されており、拙訳後に平沼氏の訳とも対比した。

三、著者注〔原注〕と訳者注〔訳注〕　ツァプリカとシロコゴロフの著書には、長文の著者注が各頁の欄外に付けられているが紙幅の都合もあり割愛した。ただし本文中の原注はそのままにし、（　）で示した。また、本文の長文は改行し、短文は前後を考慮して行詰めにした。訳文の理解の助けとなると思われる個所には、適宜、訳注を〔　〕で示した。なお、研究者名・民族名に関しては、その一覧を作成し、翻訳編の最後に五十音順に掲載した。現地の言葉など、日本語に置き換えられない、翻訳や音訳が不明な語彙はそのままとした。また、ツァプリカの文中の著者による引用文を示す括弧、その引用文献の頁数などについては、できる限り省略したが、引用した文献の著者については、例えば（ボゴラス）のように文末に記し、その引用文献は研究者一覧にツァプリカ作成文献一覧から補って作成した。

四、民族・地名　ツァプリカはシベリアの各先住民に対してtribeを用いているが、ここでは「民族」と訳し、個別の民族名に関しては「人」や「人々」などを付けて表記した。原書に記述されている地名、Manchuなどは「満州」と訳したが、現在は「中国東北部」である。

五、見出し　ツァプリカとシロコゴロフ、ファースとルイスの拙訳は、読み易さを考慮して各章の見出しのない節には見出しを付け、また文中にも小見出しを独自に付けた。

六、写真　特に断りのない写真は筆者の撮影写真を用いた。また、シロコゴロフの写真はネットに公開されているものを、ツァプリカに関しては"My Siberian year"の中扉に掲載されている写真を使用した。

翻訳編　シベリアのシャーマニズム

M・A・ツァプリカ

『シベリアの先住民』（抄訳）

Maria Antonina Czaplicka,

"Aboriginal Siberia, 1914", (1969)

マレットの序（PREFACE. BY R. R. MARETT）

私は、ツァプリカ女史がオックスフォード大学で社会人類学の学位を取得した後、シベリアの先住民について研究すべき学術研究の有益性を幾分気楽な態度で提案したとき、研究提案の大きさについて、はっきりとした考えを持っていなかったことを認めます。

公正な最上のシベリア研究　ロシアに関係する研究者の数は、他の国の研究者は言うにおよばず、ツァプリカの参考文献が明らかに示すように、実に多くて計り知れない。さらに、このような場合に必然的に生じることは、彼らの研究の科学的価値がかなりの程度において異なっていることである。そのために、忍耐強い批評と選択の多くの仕分け作業は、整理して証拠を減らす試みを為す人にとっては必須の部分である。今や、ツァプリカは自らの能力で適切に選別したことを証明したと、私は確信している。結果として、ロシアの独自性を理解することのできていなかった西ヨーロッパに属する研究者にとっては、そして彼らが大多数を構成しているのだが、今後は極北のこれら興味ある人々の社会人類学的な公正な考えの枠組みを作ることができたに違いない。これまでは、主として西ヨーロッパの研究者達は新しい発見がなされた『ジェサップ北太平洋探検』か、それともカストレンまたはパラスのような著者による古典的な研究にまで戻って頼らなければならなかった。勿論、それらは今もまだ多くの完成されたものを残している。特に、私が判断する限りにおいて、社会組織に関するものとみなされる資料は全く不十分で、将来的にはこの地域に関心を持つかもしれない訓練された人類学者にとっては、この点を最初に考慮しなければならないであろう。言う必要のないことだが、人類学的な科学は全く飽くことがない。それゆえ、すでに多くの卓越した資料が収集されているにもかかわらず、これらの人々よりもはるかに多くの集中的な研究が必要であると強調する必要がある。また、当時における、その元々の状態での彼らの文化を知ろうとするためには、いち早く忍び込む必要があるからである。実際に、その本質的な関心から離れても、現在の調査は将来の探検家を導くものとして事実上最高の価値がある。

シベリア先住民の社会人類学的研究　私が思うに、ツァプリカの研究はシベリアの先住民の社会人類学的研究を取り扱ったものと言えるであろう。形質人類学や考古学、科学技術に関しては、彼女は現在の研究の中では触れていない。一方、社会生活の主要な場面は適切に扱い、論じられている。彼女は現代の方法論に従い、立地条件の説明に関して、そうした綿密で個性的な応答に対する本来の慣例を、あらかじめ決めた適切な考えを持っていた。

このことに関して、一見したところそうした一研究は、主としてそれが成り立っているのは多くの直接の権威者の組織的な成果の発表にあると思われ、そのことは根源を批判的に扱う限りは、常に最後の手段として個人的な判断に頼らなくてはならないことを除いて、独自の思考の余地から離れることはできない。しかしながら、ツァプリカは幾つかの重要な関心を持って、大きな関心と重要性についての新たな考えにより貢献したと私には思われる。第一に、民族集団の彼女の分類は、私が知っている限り彼女自身のものである。それはその国の古代の住民、古代シベリア人Palaeo-Siberiansと、この最後の千年の間ずっとどんなときにも北に向かってやって来た新シベリア人Neo-Siberiansの全ての人々との間を基礎づけるに際して、基本的に対照をなすものである。しかし、古代シベリア人はすでにそこに居住して十分に長く、南の彼らの同族の人々とは異なり、研究するに第一級の価値を持った特徴を提供している。

そこでは、彼らはそうかもしれないが、いや疑う余地なくそこにいて、そうした顕著なそれぞれの集団の範囲内において大多数が民族的類型をなしているばかりか、社会人類学の見地からして、それは文化接触によって生み出された類似性の重みが横たわり、主要な重要性をなしていると思われる。

シベリアシャーマニズムの研究　第二に、ツァプリカは、私が思うに非常に新しく申し分のない方法で、シャーマニズムの特徴に関する問題を取り扱っている。一方では、その困難性は、少なくても「憑霊」の概念が主要な記録において構成要素となる限りにおいて、何人かの人類学者が全ての原初的な人々の呪術宗教的生活に一般的な表現としてシャーマニズムの用語を適用して用いてきたことである。それと同時に、他方では、世界の他のどのような地域にも類似性がなくても、まるでシャーマニズムが北アジア地域の特定の限られた宗教的経験を表象するものであるかのようにときどき扱われてきたことである。しかしながら、ツァプリカは手際よく中立的な方針で、地域的な特色、あるいは諸特色とでも言い得る事柄を正当に扱い、そして原初的な人類の生活と精神に関する幾つかの一般的な共通要素がともに特定の形としてあり、そこで出会ったことを明確に示している。さらに、ツァプリカはシャーマンの性的両義性を定義づけることに関して、非常に好奇心の強い諸現象を、彼女自身の解釈として敢行した。第三者的あるいは中立的な性に関するシャーマンの関係について、彼女の理論が社会人類学の非常に好奇心の強い章として多くの光を投げかけていることを発見するであろうと信じている。最後に、ツァプリカは研究者から直接散在する兆候を引き出すために助けを得て、便利な用語である「北極ヒステリー」について、それらをいち早く精神的病理学と理解し、これらの注目すべき事実に関し、最初の組織的報告だと私は思うことを一緒に出している。彼女の研究のこの側面は一層重要なものである。というのは、それらの事実を別にしても、これらシベリアの人々の宗教生活を正統に評価することは困難であるか、または不可能なことだからである。

優れた先行研究の紹介　イギリスの人類学者達は、東ヨーロッパの研究者達の壮麗な研究を紹介したツァプリカに対して、心からその偉大さを付け加えるべきである。どのような科学に対する愛情が、ツンドラとステップを横切って氷の突風が吹きまくるにもかかわらず、これらを遂行することを可能にするために、彼らの心を燃やしたのであろうか。また、さらに私達はシベリア先住民の科学的研究の成果として、実際的な判断としては、もしこれらの事例は絶滅に対する兆しばかりでなく、精神的基盤の崩壊から彼らを保護することができるとするならば、彼ら研究者に対して感謝を述べるべきであると思われる。私達にとっては、彼らの生活方法が愛らしくないと思われるかもしれないが、現代のトナカイの時代が物理的環境に打ち勝った人類の世俗を象徴しており、無愛想で死をはらむものであっても、そうあって欲しい。私達は、私達の遠い祖先の記憶としてばかりでなく、私達自身が道徳的存在として義務があり、生活に対する人類の絶え間ない努力の典型であり、そして社会的に努力し、また共通に同じように生活しているこれらの地味な生活史を持った外側に暮らす人々を保護するために、私達は最善を尽くすべきである。

ツァプリカの自序（AUTHOR'S NOTE）

シベリアへの関心　オーストラリアやアフリカにいるのと同じように、シベリアにも本物のどのような先住民がそこにいるのであろうか。これはイギリスにおいては、尋ねられることはまれにしかない質問で、シベリアはときには、政治的に国外追放された人々や犯罪者からなる人々が元来住んでいる地域とみなされている。ただ、最近では、以前のような後者に関する興味や同情から離れて、好奇心的感覚から目を覚まし、シベリアやそこに住む人々が研究の目的として多様な関心を提供してくれており、とりわけ人類学や考古学的な調査にとっては、そのことがはっきりと理解されてきている。この国の人々に関する文学作品は大量にあるとしても、人類学の研究に対しては包括的で簡潔な参考書として役に立つものは何もない。全体として、その地域を扱った初期の旅行者の作品は一般的な印象と好奇心の強い情報以上には何も私達に与えてくれるものはない。それと同時に、最近のジェサップ北太平洋探検〔アメリカ自然史博物館による探検、1897-1902〕による深くて組織的な研究は、普通の研究者にとってはあまりにも広大で詳細すぎ、またそれは北東地域のみを扱ったものである。つまり、初期の旅行者、たとえばクラシェニーンニコフやパラスなどの何人かの簡単に述べられた作品の翻訳を、もし私達が除くならば、『ジェサップ北太平洋探検』の記録は、実際には英語で出版された最初の作品である。

不足している研究情報　最近、異なる地域で特別な諸作品を出版した多くのロシアの科学者は、まえがきを利用して、そうした参考書が不足していることをあげている。個人的には国自身でその状況を調査する以前に、この要求に応じるための試みをなすのが私の研究対象である。というのは、この種の比較研究は屋外調査以上に、むしろ研究のために課された務めがあるからである。

この種の研究の編集では、研究者は整理不足と利用できる素材の価値の不平等性をあまりよく理解していない。一方で、研究者は人々の特質や儀礼に関しての一方的なおびただしい詳細な記述を発見し、他方では民族全体に関する中身のない多くの慣習や単なる粗略な報告を発見するであろうと、ブリヤートの学者であるバンザロフは不平を言っている。つまり、東洋学者達は長くアジアの奥地の住民と一緒に彼ら自身で研究に従事していたばかりか、彼らの注意は主にモンゴルの戦争に向けられていた。それと同時に、この人々の慣習や習慣、そして信仰は歴史的な調査においては重要でないと無視されてきた。仏教の受容以前のモンゴル人の信仰が重要であるという理由が少しもなく、そうした調査の素材が不十分なために未だ研究されていないという。

モンゴル人の黒信仰(シャーマニズム)を著したバンザロフは、主題に関してロシアやモンゴルと同様に文献の不明瞭かつ曖昧さに、彼自身ひどく研究を妨げられてきたし、またこの事実にもかかわらず、本来の生活の宗教的側面は、常に社会的側面以上にシベリアにおいて先行する著者達からより多く注目されてきた。

シベリア先住民に関する直接的で組織的な研究のために、最も真剣に嘆願を行なった一人はヤドリンツェフであり、彼は最も本物の友達の一人であった。最後に、パトカノフ。私達はシベリアに関して多くの統計学と地理学上の研究について彼に負っている。彼はロシアの中央統計委員会の編集者であり、異なった期間や質、さらに場所と角度から収集した膨大な量の素材に対して、その有用性を大いに損なっていることに言及し、また彼はなぜヨーロッパの民族的な文学がシベリアの問題にむしろ沈黙し、あるいは単に軽くしか触れないのかについても検討している。

誤った情報　同じ程度に、著者がその国を記述するにあたり、三つの間違いをしばしば列挙していることに出会う。

一つは、民族の混同である。たとえば、探検家達はツングース人から最近のギリヤーク人に至るまではっきりと区別することができていなかった。つまり、オスチャークサモエードはウゴルオスチャークの人々と混同されてきたし、本来のアルタイ系チュルクの人々は、カルムイクの人々にしばらくの間支配され、「山(白い)のカルムイク」と呼ばれてきたので、何人かの先行の著者により、実際にはモンゴル人であるカルムイク人と混同されてきた。そしてその他にも。二つは、辺境の境界が事実と一致していないことである。三つは、先住民の数の計算が不正確なことである。これらの誤りの二番目は、多くの民族がむしろ遊牧民か単なる流浪の民とみなされていた事実に起因している。人々の数を計算して数値化し、民族の数に比例して税金を納入させることについて、住民達は事の状態を明らかにするために協力することを望んでいない。

シベリア研究の問題点　シベリア研究において直面する多数の重要な問題に関して、最も関心のある一つは『ジェサップ北太平洋探検』、つまり北東のアジア先住民と北西のアメリカ先住民との間の関係に取り組むことである。勿論、新シベリア人と旧シベリア人との間の疑問があり、またこれらの集団と他の集団内の異なる民族の関係に関する疑問がある。この十世紀(千年)における移動の問題は、前の調査の目的と密接に関係しており、そして同じように、現代の時代の中ですでに途絶えてしまった民族に関して集めることのできる情報、たとえばアリネ、コッテ、アッサン、そしてエニセイ川のオスチャークと関連した最後の名前の残るチューバなどに関する重要な研究である。アルタイ系のいくつかのチュルクの人々は、未だに自分達をチューバと呼んでおり、事実それはエニセイ川の古いチューバと混合した可能性を暗示している。エニセイ川のオスチャークの人々は自分達自身で滅んだ。また、北東のユカギールも同じである。後者は、現在ではいなくなったオモクとシェラック、アニュールを含む民族の巨大な家族として、最後に生き残った人々である。実際に、ヨヘルソンがユカギールを調査するまでは、彼らは消滅したか、あるいはラムートツングースによって同化してしまったと一般に考えられていた。

カムチャダールの人々がシュテラーやクラシェニーンニコフにより、もし記述されていなかったならば、現在私達は、カムチャダールがロシアに全く混合して、消滅した民族と同じくらい、彼らについて僅かの知識しか持つことはなかったであろう。恐らく、生き残っている人々に関して最も無視されているのはツングースとオスチャークの人々である。というのは、北東地域はアメリカの研究者達（一部のロシアの科学者を含む）の「顕微鏡の下」にあり、さらにサモエードとフィンの人々についてはフィンランドの科学者によって調査されているからである。モンゴルとトルコに関しては、常に彼らはロシアと西欧の両方の東洋学者達の監視の下にある程度であったが、しかしながら東洋の人類学的研究は言語学や文学そのものの研究のためにはるかに無視されてきた。

私はシベリア先住民の形質人類学と技術に関する報告を現在の著書に含めることが不可能であることを知った。この地帯、エニセイの広い谷間を、一人で広く野外調査を行ない、有史以前の生活に関してここに記述することもまた可能ではなかった。これらのことは、将来の研究の課題となっている。

言語の扱い　これらの観察報告を閉じる前に、私は主文と注に存在する英語でない言葉の正しい綴り方に関して若干のことを付け加えておきたい。ロシア語と同じように、全ての本来の言語は可能な限り簡単に綴られており、全ての外国の母音の音は現代のイタリアのこれらと同じように、同じ方法でイギリス人により発音されているという事実により斟酌した。それらラテン文字で書かれているポーランドの著者の名前は、変更しないままにした。ポーランド語（ポーランドの人名は *ski* とか *chi* で終わる）と類似して終わるロシア語の名前は、ラテン系の人物では他の部分がさまざまに綴られている。

この点に関して、私はヘスティングズの『宗教倫理百科事典』における、クレメンツによるロシア人、つまりブリヤート人について、英語で書かれたこの地帯の唯一の現代原著論文から有益な助言を得た。クレメンツは、類似したポーランド名（つまり、*sky* あるいは *skii* ばかりでなく *ski* と）に関して、ラテン系の人物を書くときには、ロシア名の最後の語尾と同じ綴りを採用した。

先住民の言葉は『ジェサップ北太平洋探検』の出版物から得たが、多数の音声学上の符号が欠けたままで記載されている。先住民とより親密に馴染みとなる言葉を望む誰もが、常に元の言語を参照することができる。

一つの音を、非常に頻繁にこの著書で用いている元の言語と一致させ、西欧人の舌で音訳することは到底できない。つまり、堅い「*Ł*」はポーランド語で「*l*」と書き、また普通のロシア語では「l」と一緒に堅い母音が次に続いている。Allakh〔地名、アラク〕の語のように、Boldokhoy は明らかに Aouakh、つまり Booudokhoy と幾分似た発音でなければならない。〔研究誌の略称は翻訳編末尾の⑴研究者名一覧の付録へ移動〕

謝辞　私はこの本に関して多くの人々から支援のために恩恵を受けており、謝辞のために手短にそれらの人々の名前を全て述べることは必然的に不可能である。特にこのうちでも、私の指導教授のマレット博士に温かい感謝の念を記したい。マレット博士は最初に本を書くことを私に提案して下さり、そして博士は準備中の間ずっと、私に非常に貴重な多くの助言と提案を与えてくれました。多くのさまざまな助けに関する謝辞は、勿論ピットリバーズ博物館のヘンリー・バルフォア氏にも当然捧げます。そして、英国とコンチネンタル大学双方の他の多くの方々にも感謝します。

また、沢山の素材の提供や図書目録の提案に対して、さまざまなロシアの学者、中でもシュテンベルク博士、マッキスモフ氏、奥さんのカラリーナ Kharuyina に対して感謝を捧げます。そして、ヨヘルソン氏は私の資料探しのために、終わりのない忍耐で私を助けてくれ、そして多くの点で私の疑問を解決してくれました。

私の同国人、ポーランドのピウスーツキ氏とシェロシェフスキー氏は、長年を費やしてシベリアの先住民と個人的に接触しており、私は彼らの手助けに対して心からの感謝を捧げる機会を得たことを喜びとします。

サマヴィル大学からの助成金は、一九一二年秋に私が研究を始めることを可能にしました。その継続のための助成金はロンドンのベッドフォード大学のリードトラストにより、私に二度(1912 and 1913)にわたって為してくれました。このように、研究基金の受託者は他の大学に所属し外国籍でもある知らない人に対して、二度も非常に積極的で惜しみない関心を示してくれました。私は彼らに対して特別の感謝の意を表します。

私の不完全な英語を改善する作業は、サマヴィル大学の私の友人、ヒルダ・ウォールトンさんとキャサリン・メンケさん、さらにロンドン大学のアグネス・ドースンさんとホール氏にも、非常に親切に引き受けてもらいました。また、ニクソン氏からはイギリスから出発した後に、チェック済みの修正の最後の段階で注意をいただきました。写真に関しては、ピウスーツキ氏、ストロエッキ氏、ロシア科学アカデミーのスタンバーグ博士、またコロンビア大学のボアズ教授にお世話になりました。

第三部　宗教（PART III. RELIGION, Chapter VII〜XIV）

七　シャーマニズム（Chapter VII. Shamanism）

先行のシャーマニズム研究　シャーマニズムは世界の他の地域における他の全ての先住民と同じように、北部アジアの先住民により実践されている宗教、あるいは呪術・宗教的な原初形態であることが一部の人々により理解されている。この意見はミハイロフスキーやカルージン、そして何人かの他のロシアの科学者によっても考えられている。他の人達は、シャーマニズムは悪い精霊を祓うために実践する、北部アジアの宗教儀礼の単なる一表現形式であると考えていた。この意見は、ヨヘルソンやボゴラスの著書の中に見出される。さらに、他の観点からの提唱があり、その内容は私達のためによく考察されている。この観点について、クレメンツから抜粋したものを以下で、非常に明確に見ることができる。それは「人は、シベリアのさまざまな民族の多様な信仰について、非常に閉じられた関係が顕著であるという事実を見失うべきでない。そして同様に、そこには彼らの神話の出発点について連続した同一性を観察することができる。さらに、彼らの儀礼において、それは分類上の学名命名法にまでさえも拡大する――つまり、それらの全てには、これらの信仰が北アジア全体の知的な活動を繋ぐ営みの結果であると仮定する当然の正当性が与えられている」と。

科学者バンザロフのブリヤートに関する著書の中で、非常に類似した意見を見出す。つまり、モンゴルと近隣の人々の共通した古い宗教が、西欧では「シャーマニズム」として知られているが、これに反してその追随者でない人々の間では、特別な名前を持っていないという。また、モンゴルの人々の間に仏教が導入された後、モンゴルの人々は彼らの古い宗教を「黒い信仰(シャーマニズム)」と呼んで、仏教と対比して区別し、仏教を「黄色い信仰」と呼んだ。ジャキゥブ神父によれば、中国人はシャーマニズムを「精霊の前で跳ね回る」と呼んでいる。しかしながら、これらの名前はシャーマニズムの本当の性格のいかなる考えも与えていない。何人かの意見では、それはバラモン教と仏教とが一緒になって起こったもので、同時に中国の哲学者老子の教えと共通した幾つかの要素を見出すと……。最後に、何人かは、シャーマニズムは自然崇拝に他ならず、それはゾロアスター教の信者達になぞらえていることである。目的の研究で注意すべきは、シャーマニズム的な宗教……つまり、それは仏教や他の宗教から生じたものでなく、モンゴルの人々の間から始まったものであり、迷信とシャーマニズム的な儀礼だけでなっているわけでもなく、……外的世界の自然と内的世界の魂を観察する原初的な方法からなっていることは確かであると(バンザロフ「黒信仰」)。

古代と新シベリア先住民のシャーマニズム　勿論、バンザロフはモンゴルのシャーマニズムに関して特別に語っている。私達はシャーマニズムがモンゴルの人々に限られているという彼の説に、同意することができない。私達はアジアの北部と中央の全てでそれを発見するからである。

現在、私達がそれらを見るとき、シャーマニズムの形態を、古代シベリアは最も簡単なものを持ち、そして新しいシベリアは最も複雑なものを持っているとみなしている。このように、前者の間では、私達は「専門Professionalシャーマニズム」よりも、「家族Familyシャーマニズム」、つまりそこに儀礼と信仰を見るし、またシャーマンは実際には家族に限られている。専門シャーマンによって執り行なう集団の諸儀礼の種類は、ここでは幼少期だけであり、精神的な衰えに関してはキリスト教の影響をより受けてきている。

新シベリアの間では、専門のシャーマニズム(たとえばヤクートのように)は、より強く発達し、家族シャーマニズムは西欧の影響をさらに受けている。しかし、私達は古代シベリアの形態がより原初的であることに異議を唱えることはできない。そこでは、もはや集団生活が不可能な環境であるような場合、専門シャーマニズムは家族シャーマニズムから進化したか、あるいは退化した形態かもしれないからである。

二つの相違点　古代と新シベリア人のシャーマニズムとの相違点は、疑いなく北部と南部のシベリアの立地条件が異なっている結果である。そのことは北に移住した新シベリア人(ヤクート)と、南に移動した古代シベリア人(ギリヤーク)の注意深い研究の結果によって証明されている。彼らのシャーマニズムの実践には両者の間に基本的な相違はなく、彼らはいとも簡単に、新たな周囲の外観に習慣や信仰を同化させた。環境に起因した違いは移住により消えた。このことから、多くの場合、接触に起因した変化がほんの僅かであるということはできない。実際に、シャーマニズムは極度の寒さと暑さ、猛烈な吹雪と風、長い冬に伴う飢えと恐怖、そうした大陸性気候の自然の産物と関係があると思われ、それのみならず古代シベリア人よりも高く洗練された新シベリア人、さらにヨーロッパ人さえもが、確かにシャーマニスティックな信仰の影響下に置かれている。そうした事例としては、シベリアに定住しているロシア人の農民や当局、ロシアクレオール(シベリアで生まれたロシア人)などである(ボゴラス)。

国勢調査によれば、先住民の小さな一部が「本当のシャーマニズム」であるに過ぎないばかりか、実際のところ、彼らは伝統的なキリスト教徒や仏教徒として登録されているにもかかわらず、彼らの大半は実は古い宗教の実践に忠実であると私達は見ている。

人類学的な用語で言えば、シャーマニズムはアニミスティックなものとアニミスティック以前（プレアニミズム、つまりアニマティズムanimatism）の概念からなっている。とはいえ、現在シベリアの調査研究に携わっているほとんどの人々にとっては、タイラーのアニミズム学説により、彼らは「霊魂 soul」の語を誤用するほど影響があまりにも大きく、また彼らがアニミズムとして記述する現象は、しばしば全く異なった範疇である。

読者は、シャーマニズムがこの地域の奇妙な儀礼として彼らに訴えているのか、それとも非常に一般的な原初的呪術・宗教の一部なのかどうか、自分で決定しなければならない。それはキリスト教として語るのと同じように、原初的宗教の一般用語として語ることは困難で、それは著者と結びつけて現れる。このことは、アニミスティックな宗教においては神々、自然、人間、その諸儀礼、特別の「集団」の形態の概念により、シャーマニズムであるかどうかを決定するために、研究としては区別しておかなければならない。

八　シャーマン、彼の職業と心構え（Chapter VIII. The Shaman, his Vocation and his Preparation）

シャーマンの研究　全ての原初的宗教の間で同じように、聖職者の役割は、宗教的信仰と伝統の宝庫として、非常に重要である。従って、私達はシャーマン自身の研究について、最初に取り扱うつもりである。

シャーマンの組織状態は異なる民族により少しずつ異なっている。幾つかの事例においては、この職務は世襲であるけれども、しかし至る所に、超自然的な才能がシャーマンとなるために必要な条件として存在している。私達は新シベリア人の一般的により高い文化から、彼らシャーマンの状態は古代シベリア人のそれよりもより高度に組織されていると私は当然のように予期するであろう。家族シャーマンは古代シベリア人の間では優位を占めており、新シベリア人の間では専門シャーマンが優位を占めているけれども、それにもかかわらずボゴラスは次のように言っている。つまり、「現代においてはチュクチを除いて、名前のある全ての民族の間で家族シャーマンの重要性は劣勢になっており、どうかするとどんな場合でも個人的シャーマニズムに取って代わる傾向がある」と。これら個人的、あるいは専門シャーマンはチュクチの間では「エネン*enen*、シャーマニズム的精霊」から「セネリット*cnenilit*、精霊を持つ者」と呼ばれている。

シャーマンとは　ヒステリーhysteria、病的興奮（若干の著者は「北極ヒステリー」と呼んでいるが）はシャーマンとしての素質の底に横たわっているとはいえ、それでも同時にシャーマンは通常の患者が苦しんでいるこの病とは違い、儀礼の間ずっと起こっている実際の発作の過程にある間、彼ら自身を統御している極端に大きな力を所有している。優秀なシャーマンは多くの特別な資質を当然所有しているが、主要なものは力powerであり、それは機転と知識によって獲得し、彼の周りの人々に影響を与えるものである（ボゴラス）。彼の持つ性格は、彼が生きる人々の間に確かに大きな影響力を持っている。彼はときどき熱狂的に増大する霊感による発作fitをどのように、いつ為すか、また毎日の生活の中で高い「禁忌」の態度をいかにして保つかを知っている必要がある（シェロシェフスキー）。

シャーマンの役目　シャーマンの使命的な職業を語るとき、私達はコリャークの人々の家族シャーマンを含めることはできない。私達はシャーマンの役目についての記述から見てきたように、アジアのイヌイット（エスキモー、以下同じ）、チュクチ、ユカギールでは、彼らの地位と能力はむしろ漠然としている。つまり、それぞれの家族は一つか、あるいはそれ以上の数の自らの太鼓を持っており、そこではその成員は特定の期間に儀礼を実行して、つまり歌とさまざまなメロディーでもって太鼓を叩いて伴奏するに違いない。大抵、こうした特定のときには、少なくとも家族の成員の一人はシャーマン流の「精霊」との交流を試みるからである（ボゴラス）。ときどき、彼は将来の予言さえも試みるが、しかし参加者から報酬を受け取ることは一度もない。儀礼は日中に戸外でなされることもあるが、これに反してシャーマンあるいは専門シャーマンの場合は、屋内で夜に実行される。この他にも、あらゆる成人のチュクチの人々は、とりわけ冬の季節などに、時折太鼓を取り上げて、少しの間、暖かい小屋の寝室で、明かりを灯すか、明かりを灯さないで、太鼓を打ってリズムをとり、節をつけて歌を歌うという。

家族の成員の一人が一定の儀礼において、その間に太鼓を打つ義務を負っており、ときどきシャーマニズムをすることで自分を慰め、丁度同じように彼は儀礼から離れ、どんなときにも太鼓を打って自分自身を慰めることを、私達は上記より見ることができる。勿論、私達はこの家族の成員をシャーマンと呼ぶことができないばかりか、シャーマンと似た儀礼、その統御者 master ではない。つまり、私達はシャーマンが世襲によるかどうかに関係なく、特別な技術、専門能力と使命を持った個々の人々だけをシャーマンと呼ぶことができる。

古代シベリアの専門シャーマン　しかしながら、同じコリャーク、アジアイヌイット、チュクチ、ユカギールなど、実際の古代シベリア人の全ては専門のシャーマンを持っており、ときには頽廃しているが、しかし未だに存在していることは疑いない。十八世紀中頃にカムチャツカ半島のカムチャダールの人々の土地を旅行したクラシェニーンニコフは、カムチャダールの人々の間では、大きな一年の行事、儀礼が一回だけ十一月にあり、この儀礼における首長の役割は長老に所属していると言っている。

同じ著者が次のように言っている。カムチャダールの人々の間には、他の地域と同じように、特別なシャーマンはいないが、しかし高齢の女性とコエクチュウチ koekchuch、つまり「男装した女性」はウイッチ（witch（呪術的な力を持った女性））で、夢見 dreams について説明する。

この乏しい情報から、私達はクラシェニーンニコフが調査した当時、カムチャダールの人々の間に家族シャーマンがいたのかいなかったのか断定することはほとんどできない。なぜならば、老人は家族と離れており、儀礼で役割を演じなかったからである。しかし、共同体の儀礼においては、私達はむしろ彼らを共同体のシャーマンと呼ばねばならない。ただ、あらゆる高齢の女性がシャーマニズムをすることができるようになって以来、専門化していないにもかかわらず、何らかの専門シャーマニズムの形態が存在していた。一方、以下の引用文は、シャーマンに必要な確実な能力が存在していたことを示している。「女性は優しくてしかも賢いが故に、シャーマンの間で、男性達よりも多く女性や男装した女性が存在している」と、クラシェニーンニコフとヨヘルソンは言う。シュテラーとクラシェニーンニコフの二人はカムチャダールの人々は専門のシャーマンを持っていなかったことを力説している。しかし、特に女性と男装した女性の誰もが、その技術を行使することができたし、特別なシャーマンの衣装はなく、彼女らは太鼓を用いていなかったが、しかし簡単な呪文と不自然な予言であったとしても、その記述（クラシェニーンニコフ、シュテラー）は現在の家族シャーマンのように思える。カムチャダールがアジアやアメリカの民族のうちで、専門シャーマンを持っていなかったと例外扱いをするのは不可能である。

ヨヘルソンの意見を正しく引用して確認すると、クラシェニーンニコフの説明にもかかわらず、「それとは反対に専門のシャーマンが存在していたか、少なくても芽生えた、まだ発達していない状態で、カムチャダールの間では、年長の人達の手で共同体のシャーマニズムが存在していたように思われる」と言っているようである。これは、上記で引用したクラシェニーンニコフ自身の言葉に明らかに現れている。シャーマニズムができるこれらの人達として最も効果的なのは「優しくて賢い」女性達で、ある種の標準的な考えがこの特別な共同体のシャーマニズムの実践者として熱望する人々により、すでに主張されている事実と、女性達がこの考えに最も近いということであった。

A　シャーマンの使命

シャーマンになるには　彼の召命 calling が世襲であろうとなかろうと、シャーマンは能力、否、啓示 inspired を受けた人でなくてはならない。勿論、シャーマンはしばしば精神異常の境界にあって、これは神経質 nervous で興奮しやすい excitable というのと同じことである。しかしながら、彼が使命 vocation を実践する限り、シャーマンはこの境界を通過しなければならない。しばしば、召命に入る前に、人は重い神経質な疾患を持っており、それが起こる。このように、チュクチの女性シャーマン(Telpina〔人名〕)自身の説明によれば、三年の間猛烈な狂気の状態にあり、その間に彼女の家族は人々や彼女自身に危害を与えないように警戒した(ボゴラス)。シャーマンになる前の人々は、完全な消耗状態で交互に激しい周期的な発作 paroxysms がある。彼らは二日か三日の間、食べ物や飲み物をともに食べずに、動かないで横になっている。最後に、彼らは荒野に引きこもり、そこで召命のために自分自身で準備し、辛抱強く飢えと寒さの時間を費やすと、私に語った(ヨヘルソン)。

シャーマンになるために召命されたことは、通常はヒステリー、病的興奮で苦しむに等しい。そして、召命の受け入れは、病気の回復をも意味している。若者の事例があり、彼は何年も長引く病気(普段神経質な性格)を患っていたが、遂に召命を感じて、シャーマニスティックな実践を始め、これにより病気に打ち勝った(ボゴラス)。

信者にとり、召命の容認は幾つかの精霊、あるいは一つの精霊を守護神か使役霊として受け入れ、それによりシャーマンは全精霊界との交信に参加することを意味する。ときどき、シャーマニスティックな召命は、若干の動物、植物、他の自然物を通じてそれ自身を示す。つまり非常に若いとき、しばしば幼年期と成人期の間の際どい境界時期など(それとも、人が年齢的により進んで、精神的肉体的な心配事で悩んでいるときなど)、「好機」にやって来る。ときどき、内なる声がして、人に「精霊」との霊的交信を始めるようにと命じる。もし、人が命令に服従することが遅いならば、召命した精霊は外側に幾つかの目に見える形ですぐに出現し、よりはっきりとした方法で召命を伝える。病気をした後のアイナンワット（Ainanwat〔人名〕）は、幾つかの「精霊」を見たが、しかしそれらの精霊に多くの注意を払わなかった。そのとき、一つの「精霊」がやって来て、それをアイナンワットは気に入り、留まるよう誘った。しかし、「アイナンワットはシャーマンになるべきで、私は単に留まっているに過ぎない」と「精霊」は言った。アイナンワットが拒絶すると、「精霊」は消えた（ボゴラス）。

ここに、彼がどのようにしてシャーマンになったかについて、ヤクートとツングースのシャーマン、ティウスピィツ（Tiuspiut〔人名〕）に関する報告（空から降臨した）がある。「私は二十歳のとき、大変重い病気になり、他の人が見たり聞いたりできないことが、私の眼に見え、私の耳に聞こえ始めた。そして、私は人々が私を信じず、私をからかうであろうことを恐れて、九年間、自分自身と戦いもがいた。遂に、私は危篤状態となった。しかし、私がシャーマニズムすることを始めたとき、私は体の状態が良くなった。そして、今でさえも、長くシャーマニズムをしないとき、病気になりやすい」と。シェロシェフスキーは、ティウスピィツがそのとき六十歳であったが、彼は九年間シャーマニスティックな才能を秘密にし、シェロシェフスキーが彼に会った三十一歳のときにはシャーマニズムをしていたと私達に語った。彼は中位の背格好の男性で、体は細いが、美しい体型で筋骨たくましかった。彼は六十歳にもかかわらず、夜通しシャーマニズムをして踊ることができた。彼は経験豊かな男性で、南に北にと大きな商いのために旅行をしていた。シャーマニスティックな儀礼の間、彼の目は奇妙に激怒し、激しく凝視したような表情で、静止したときの彼の顔付きには怒りと興奮を引き起こしていた。これは、ヤクートの地域で私が出会った、そうした奇妙な目をした二人目のシャーマンについてである。通常、シャーマンの容貌は、そこに居合わせた他の人々により、短い経験の後に彼らと識別することを可能とさせる何か違ったものがある（シェロシェフスキー）。

シャーマンの容貌　類似した記述は、ボゴラスによるチュクチのシャーマンについてもなされている。それは、シャーマンの目は他の人々とは異なった目つきをしており、シャーマンの目は非常に輝いている。ついでながら、それは暗闇でさえも「精霊」を見る能力を彼らに与えていると断言し、それを説明している。シャーマンの表現力は、抜け目のなさとはにかみの入り交じった独特なものがあり、多くの他の人の中から彼を見つけ出すことが可能であるのは、確かに事実である。チュクチの人々は、彼らシャーマンが極度に神経質であることをよく知っており、それを「内気なはにかみ屋」という言葉で表現している。この言葉により、彼らはシャーマンが儀礼の間に、彼を取り巻く精神的空気の少しの変化にさえも、非常に敏感であるという考えを伝えていることを意味している(ボゴラス)。

「チュクチのシャーマンは、見知らぬ人の前での実演、特に儀礼を開始した直後においては内気である。偉大な力を持ったシャーマンは、見知らぬ人が含まれているとき、彼の能力を示すことを拒絶するであろうし、そうしたときでさえも、概して彼は彼の力の全てを示すことはないであろう」と。さらに、「一度私の家で練習を行なうようシャーマンを誘ってみたとき、彼の精霊は来ること(腹話で)をずっと拒否した。遂に、彼がやって来たのだが、家の中に入るかどうか未だまるで決心がつかないかのように、家の外を歩き回り、壁を叩く音を聞いた。彼が家の中に入ると、家の角の近くに場所を取り、居合わせた人々にあまり近接することを注意深く回避した」と(ボゴラス)。

シャーマンへの召命　シャーマニスティックな召命は、ときどきより年齢の進んだ人々のところにやって来る。より円熟した年齢の人々にとり、シャーマニスティックな召命は、幾つかの大きな不幸、危険で長引く病気、突然家族や財産を失うなどの間にやって来る。また、このような場合、都合のよい結末は、「精霊」の援助を受けることだけが可能であると通常考えられている。従って、彼の人生において、幾つかの異常な試練を経験した人はシャーマンとしての可能性を彼自身の中に持っていると考えられ、彼は感謝の念の怠慢や不足で不幸を招かないように、「精霊」

との親密な関係を結んでおくことをしばしば感じている（ボゴラス）。

インディアンポイントのユニサク村出身のカテク（Katek〔人名〕）は、彼が年齢的に円熟したとき、アザラシ狩りで恐ろしい冒険をして「精霊」と関係を結んだ。彼は氷の塊が流れてきたのでその上に立ち、長い時間漂流し、氷山に出合い、その上に登った。しかし、彼が氷山に遭遇する前に、自分の腰刀で自殺しようとしたとき、大きなセイウチの頭が水面から突然現れ、彼に接近して鳴き「カテク、自殺しないで！あなたは、再びユニサク村の山を見、幼い年上の息子に会うべきだ」と言った。カテクが家に帰ってくると、彼はセイウチに感謝の供儀をして、そのときから近隣の人々から多くの尊敬と非常な名声を得てシャーマンとなった。しかしながら、非常に年取った人々はシャーマニスティックな召命を聞いたという噂をしない。コリャークの物語では、神（*Quikinna'qu* 人間に狩りの仕方、火の起こし方を教えた神。彼にはすでに成長した娘がいた）は、突然小さなシラミの中から太鼓を自分で取り出すという。シャーマンになったことについて、近隣の人々は、懐疑的に言った。「年長の神は、本当にシャーマンの所にやって来たのか？若い頃から、彼は内部に召命による精霊を持っていなかった」と（ヨヘルソン）。

しかし、問題を起こした若い人達は、勿論「精霊」の助けを求め、精霊が若者を回復させると、若者はしばしばシャーマンになった。北極海の村で生まれた若者イェツリン（Yetilin）は、そこに属していたが、後になり乾いたアンイ川の側のトナカイを繁殖させる家族の婿となり、その野営地の家族に加わっていた。彼は幼年期の頃、家族は接触伝染病（恐らくインフルエンザー）で死に、小さな妹と一緒に一人残されたと私に語った。そのとき、「精霊」に召命された。精霊達がやって来て、食べ物を運んで「若者よ、太鼓を取って叩け！私達はあなたを助けるであろう」と彼に言った（ボゴラス）。チュクチの物語には「精霊」により保護され、シャーマンとなった貧しい孤児の話が多く含まれている。

シャーマンの使命　シャーマンの使命は相当に危険を伴い、シャーマンの行為と「精霊」の神秘的な召命との間のほんの少しの調和不足も、命の終わりをもたらせる。これはチュクチの表現では、彼らは「精霊」が、非常に機嫌が悪いと言い、そうしたときシャーマンの僅かな反抗も即座の死により罰せられる。しかも、これは他の人々から一人で意図した命令をシャーマンが成し遂げることが遅かったとき、とりわけそうであるという(ボゴラス)。

私達はより進んだ民族からの類似した説明を持っている。シャーマンが引き受けた務めは容易ではなく、彼が続ける努力は危険である。地上から天空に至るまで「精霊」により他者を静め、彼らの持つ力をあえて行使し、最初に出会った彼らを打ち倒すなど、今なお生きて夢中にさせるシャーマンに関する伝統が存在している。この苦しみと闘うことを決心したウィザード(*wizard*〔呪術的な力を持った男性〕)は、実利的な見方ばかりでなく、同胞の深い悲しみをも緩和させる。つまり、使命感、信頼、信念を持ったウィザードは、エクスタシーと個人的な不注意により生じる危険な任務を引き受け、高い理想的な供儀により感情を引き起こさせ、そのようにして常に彼の信奉者に特大の影響を及ぼす。そうした本当のシャーマンに一、二回会った後、「偉大な」「普通の」「擬似的な」あるいは「偽」のシャーマンの間に線を引き、本来の特徴を理解した(シェロシェフスキー)。超自然的な力による危険性にさらされているとはいえ、シャーマンは他のいかなる人よりも人間的な強い感情から安全であるとみなされている。

一人のチュクチについての物語には、次のように言っている。「殺人者の彼女は、火を起こそうと、炉端で忙しくしていた隣人の女性(少女)の所にやって来た。彼女は後ろから、彼女(少女)を突き刺した。しかし、その彼女は火を起こす仕事を続けた。なぜなら、彼女は少女シャーマンであり、女性は彼女自身を突き刺す(シャーマニスティックな演技として)ことしかできなかったからである。従って、彼女は彼女(少女)を殺すことができなかったばかりか、彼女の腕と足の腱を切断したに過ぎなかった」と(ボゴラス)。また、刀で自分を突き通すことのできる一人の男が、儀礼を終わりにするために、背中を見せ、自分の頭を切って、それを一本の棒に付け、ユルト(yurta〔天幕、家〕)の周りを踊ることで、敵の攻撃に十分に強く反抗するために強化した(シェロシェフスキー)。さらに、象牙の刀を持ったシャーマンが、飲むために前もってボゴラスに要求しておきながら、提供した酒を拒否し、以下のように説明した。「私はあなたに隠し立てをしないつもりだ。本当に、酒飲は何でも私の気分を悪くさせる。いつも、私の妻は私の世話してくれ、私の手の届く範囲の全ての刀を外に出す。しかし、私と妻が別々のときは、私は恐ろしい」と(ボゴラス)。

概して、シャーマンは政府から苦しめられ迫害されているにもかかわらず、非常に多くの使命感を抱いている。ティウスピィツ(Tiuspiut〔人名〕)は何回もロシア当局から罰せられ、彼のシャーマニスティックな服や太鼓は燃やされた。しかし、それぞれこれらの事件の後に彼の任務に戻った。「私達はそれを為さねばならないし、シャーマニズムすることを止めることはできない。私達がそれを為しても不都合なことはない」と彼はシェロシェフスキーに言った。老齢で視力障がいの他のシャーマンは、数年前までシャーマンであったと断言したが、シャーマニズムをすることを止めるのは偽りの罪であると確信を抱いた後に、他の非常に力強いシャーマンが彼から精霊アマギットの「兆候」を感じたにもかかわらず、精霊はまだ彼を目が見えない状態のままにしておくようにと言った(シェロシェフスキー)。

使命と報酬　バイジャンタイ村において、シェロシェフスキーは他のシャーマンの事例に出会った。何度も、シャーマンがシャーマニズムすることを慎むと誓ったが、それでも特定のことが起こると、シャーマニズムすることに戻った。彼は金持ちであったので、報酬を好まなかった。そして、シャーマニズムの儀礼を行なっている間は、「彼の両目は額の上に上がる〔白目になることか〕のが常であった」と。ティウスピィツは貧しく、お金を好んだ。しかし、彼は評判を気にして尊大で、近隣の何人かが、ティウスピィツよりも遠くに住んでいる他のシャーマンを呼んだとき、彼は全く感情を害して怒った。ボゴラスは古代シベリアに属するシャーマンには一度も会っていなくて、そのためにボゴラスは「彼らの技術だけで暮らしている」と言っている。彼らにとっては、副収入が収入源であった(ボゴラス)。

ツングースやヤクートの間では、シャーマンは彼の技術が成功するときにだけ報いられる。そして、現在ロシアのお金が使用されるようになって以来、彼は実演に対して一から二十五ルーブルまでを受け取り、その他に食べ物を多量に得た。

世襲による召命　トランスバイカリア(バイカル湖の東)のツングースのシャーマニスティックな召命は、それ自身以下のような方法でやって来る。それは、死んだシャーマンが夢の中に現れ、自分の後継者になるようにと夢見る人を呼び出す。シャーマンとなる人は内気で、気もそぞろで、非常に神経質な状態である。類似した事例は、全てのシベリアの人々の記録の中に見出される。世襲によるシャーマニスティックな役目に関して、これはシャーマンの子孫が召命の気質をいつでも示すという事例である。また、オスチャークの間では、父親は自分で後継者を選び、必ずしも年齢によるばかりでなく、能力にも従う。そして、選ばれた者は父親の知識を与えられる。もし、シャーマンに子供がいないならば、友達かあるいは養子に役目を肩代わりしてもらう(ビエリャウスキー)。

時折、オスチャークのシャーマンは親しくしている精霊を他のシャーマンに売り渡す。支払いを受け取った後に、彼は編み込んだ髪の中から髪を分け与え、そのとき精霊が新しい統御者に渡るよう取り付ける。所有者を変更した精霊は、新しい所有者に不愉快な苦痛を与える。もし、新しいシャーマンがこれらの結果を感じないならば、彼は自分の役目に熟達していないしるしである(トレチャコフ)。また、ヤクートとブリヤートの両者の間では、その役目は必ずしも世襲というわけではないが、通常ある程度そうである。それは、シャーマニスティックな精霊が一人の人から同じ家族の他の人に次々と移ることは一般に起こることだからである(シェロシェフスキー)。

アルタイの人々は自分の自由な意志でシャーマンになる人はいないと思っている。むしろ、世襲による遺伝的病気のように、否応なしに彼の所にやって来る。ときどき、若者が召命の予告的な徴候を感じたとき、彼はシャーマンやシャーマニスティックな儀礼を避けて、また時折意志の努力により自分で治すと彼らは言う。シャーマニスティックな召命がシャーマニスティックな家族の子孫にやって来たとき、「その間は先祖霊が飛び出して彼の首を絞める」、人呼んで「テスバンザヤット *'tes bazin-yat'*」と言うと（ウエアービッキ）。

B　シャーマンの準備期間

【古代シベリア人・チクチーの人々】

チュクチの人々は「シャーマニスティックな力を取り入れる」を意味する言葉を、シャーマンとなる準備（修行）期間と呼んでいる。というのは、弱いシャーマンや女性シャーマンにとり、準備期間は苦痛をより少なくし、霊感は主に夢を通じてやって来るからである。しかし、強い男性は、この段階では非常に苦痛を伴って長い。場合によっては、一年か二年、あるいはもっと多くの年の間続く。若干の若者は太鼓を取り上げ「精霊」を呼ぶとか、あるいはお守りにするために石とか他の物を拾うことを恐れている。それは、「精霊」が若者達をシャーマンになるように呼び寄せるといけないので、そのようなことがないようするためである。一部の若者は、精霊の召命に従うことよりも、むしろ死を好む。子供を一人しか持っていない両親は、この召命に入り精霊に襲われるのは危険という理由で恐れている。しかし、家族が多いとき、両親は家族の中の一人がシャーマンになることを好む。

準備期間中の訓練　準備期間中、シャーマンは精神的なものと身体的なものの訓練の両方を通過しなければならない。通例、彼は日常から分離され、「どんな武器も持つことなく狩猟か、あるいは牧夫の投げ縄を持つことなく家畜の監視を口実に、森か丘のいずれかに行く」と。あるいは、全ての時間を部屋の中に残って横たわる。若い初心者、つまり「新たな霊感者」は、通常の生活に関する仕事の全てに関心を失う。彼は仕事をやめ、食べ物を少しも味わうことなく食べ、人々と話すのを止め、人々の質問に答えることさえしない。大部分の時間を彼は眠ることに費やす(ボゴラス)。

このような訳で、「放浪者を注意して見守らなくてはならない。さもなければ、彼はツンドラの上に倒れ、三日も四日も眠るかもしれないし、冬季には吹き積もる雪に埋もれて危険を招くかもしれないからである。そのように長く眠った後に、自分で意識を取り戻したとき、彼はほんの少し眠っていたに過ぎないと思い、また一般に荒野で眠っていたことを少しも覚えていない」と(ボゴラス)。しかし、長い睡眠に関するこの報告は誇張されていると思われるが、私達はボゴラスの『チュクチの人々』に照らして、病気のとき、ときどき重体になって眠りが長引き、肉体が要求する必要な中断として、そうしたことが何日か続くかもしれないという(ボゴラス)。

コリャークの人々・守護霊の獲得　訓練中の精神的な部分は、正統な精霊、つまりシャーマニスティックな実践においてシャーマンの守護霊である精霊と関係を結ぶことになっている。コリャークのどのシャーマンもが、ヨヘルソンに「自分の守護霊を持っていると言っている。その人は闘病――つまり他のシャーマンと敵対して負わせている悪霊カルー *kalau* から、また彼の敵との攻撃において、守護霊は彼を助けてくれる」と言う(ヨヘルソン)。通常、シャーマンの精霊は動物や鳥などの形で出現する。最も一般的な守護霊はオオカミ、熊、ワタリガラス(*raven*, *crow* よりも大きいカラス、死や悪病を予知する不吉な鳥とされる)、カモメ、鷲である。ヨヘルソンがコリャークの中で会った二人のシャーマンのうちの一人は、いかにしてオオカミ、ワタリガラス、熊、カモメの精霊とシャーマンが関係を持ったか、チドリは砂漠でいかにしてシャーマンの所に現れたのかと言えば――つまり、それはときには人間の形をして、ときには動物の形をして、彼にシャーマンになるか死ぬかを命令したからである。

このように、彼らが一人寂しくしている間に、精霊は目に見える形で彼らの所に現れ、彼らに力を授け教育した。しかし、ボゴラスは新しい異なるシャーマンの精神的な訓練について、次のように記述している。「霊感を獲得する過程は若いシャーマンにとっては非常に苦痛である。なぜなら、召命との精神的戦いは、彼らが言うように、額やこめかみに血のにじむような努力をしなければならないからである。その後、儀礼に対するシャーマンのあらゆる準備は初期の過程の反復のようなもので、それゆえに儀礼を実施している間、チュクチのシャーマンは出血と血の汗にさえも容易に敏感である」と言う（ボゴラス）。ボゴラス自身は、シャーマンの鼻血の出血を二例、血の汗を一例見た。しかし、結局のところボゴラスは鼻血をこめかみに塗り付けるシャーマンを疑わしく思った。

身体的訓練・精霊の侵入　初心者の身体的訓練としては、歌うこと、踊ること、さまざまな腹話術を含むトリック、いかに太鼓を叩くかについて学ばなければならない。太鼓を叩くこと、それは簡単に思われるにもかかわらず、若干の技術を必要とする。また、初心者は望ましい程度に技術の熟達を習得する前に、かなりの時間を費やさねばならない。これは、特にシャーマンの忍耐力と関連している。同じことは、歌うことにも言えるであろう。霊が出現する徴候に至るには数週間継続され、その期間にシャーマンはほとんど休む暇なく最も激しい活動による訓練が行なわれる。儀礼の後、シャーマンは疲労のいかなる痕跡も示してはならない。なぜなら、彼は「精霊」により支えられていると思われており、また身体的訓練の大部分は、精霊が侵入した後のシャーマンの体、あるいは外側の体全体のいずれにしても、精霊自身の働きと主張されているからである。忍耐の目的はこの全てのために必要とされ、また最も高い興奮から通常の穏やかな状態まで、すばやく通過する能力は、勿論長い実践的訓練によってのみ獲得することができる。

実際に、対話した全てのシャーマンは、十分な支配力と自由に喋れる声が精霊によりシャーマンに与えられる前に、シャーマンは一年か、それとも二年も費やさねばならないと言った。何人かのシャーマンは、この全ての準備期間中、部屋の中に閉じこもり、一日に数時間も太鼓を取り上げ、体力が許す限り打ち続けると断言した（ボゴラス）。勿論、一定の食物は訓練の期間中も、個々の儀礼の前も忠実でなくてはならない。

指導者　初心者はどんな先生を持つのであろうか。もし人が困難な呪術的な技法を学ぶだけであるならば、彼らはそうしたに違いないが、しかしこの点に関する詳細な情報を得ることは困難である。なぜなら、土地の人はシャーマンの賢さの全てを「精霊」のせいにするからである。「私達の召命にはたくさんの嘘がある」と象牙の刀を持った女性シャーマンはボゴラスに言った（ボゴラス）。一つは右のつま先で寝室の毛皮を持ち上げ、それが「精霊」によりなされたとあなたを納得させる。もう一つは、シャツの内側か、あるいは袖を通して、全く異常な場所から声が発せられ話をする。勿論、彼はそうしたトリックを決して一度もしたことがないと断言する準備が自身でできていた。

ときどき、老齢のシャーマンは若いシャーマンに教える。他の人に自分の力の一部を与えた人は同様に力を失い、後で失った力を取り戻すことはほとんどできない。彼の力を移転させるためには、老齢のシャーマンは受け取る若者の目か、口の中に息を吹き込まねばならない。あるいは、若者は刀、つまりその先端で、未だ悪臭のする「命の源泉」である自分自身を突き刺すかもしれず、老齢のシャーマンが直ちに受け取る若者の体を突き通すかもしれない。

力の移転　ボゴラスは、チュクチの人々の間でのシャーマニスティックな力のどんな移転についても聞いていなかった。しかし、ボゴラスは夫に教えられたというイヌイットの女性の間で、力の移転を見つけ、彼女の子供達は両親により教えられた。セントローレンス島の一家族は、シャーマニスティックな力は世代を連続して貫き保持されており、明らかに父から息子に移転されてきている。

ギリヤークの人々・力の獲得　ギリヤークや若干の近隣の民族の間では同じように、シャーマンは重要な役割として演じてはいないが、しかし彼らの力はほとんど際限がないと、シュテンベルクは言っている。シュテンベルクはギリヤークのシャーマンについて、シャーマンは神の使命を受け入れる前に、二箇月間非常に悪い状態となり、その間意識不明で、全く動かず横たわっていたと語っていた。ときどき、彼はほぼ意識を回復したが、しかし感覚が回復する前に再び気絶して倒れ込んだと彼は言った。「もし、私がシャーマンにならなかったら、私は死んでいただろう」と彼は説明した。これら試練の月の間、彼は「喉が渇く」状態となり「乾きを我慢する」と言った。夜には、彼はシャーマンの歌を自分で歌っているのを聞いた。かつて、鳥の精霊が彼の所に現れ、距離をおいて立ち、男性は精霊に幾つかの言葉を語りかけられた。「あなた自身で太鼓を作りなさい。その全てはシャーマンと関係している。太鼓を叩き、歌を歌いなさい。もし、あなたが普通の人であるならば、そこからは何も生じないであろう。しかし、もしあなたがシャーマンであるならば、普通の人ではなくなるであろう」と。彼が自分自身に戻ったとき、彼は友達により火のごく近くに頭と足を置かれており、精霊ケーヘン *kekhn* に運び去られ、すでに死んでしまったと思っていたと友達は彼に語った。直ちに、彼は太鼓を要求し、太鼓を叩き、歌を歌い始めた。彼は半分死んで半分酔った状態を感じた。そのとき初めて彼の精霊の守護神と気安い精霊ケーンチク *kenchkh* を見た。守護神は彼に言った。「もし、あなたがいかなる病気の人と出会っても、その人を治すであろう。気安い精霊を信頼してはならない。その精霊は人間の顔を持っているが、体は鳥のものである。私達だけを信頼しなさい」と。シュテンベルク自身は、かつてシャーマニスティックな力の最初の徴候の目撃者であった。

コプニット（人名）はシュテンベルクの十二人の少年達の中の一人の小さな客であった。彼の若さにもかかわらず、二つの魂を持ち、偉大なシャーマンの息子で、シャーマンは同じように四つの魂（一つは山、他は海、三番目は空、四番目は地下界から）を持っていた。かつて、突然睡眠から目覚めさせられ、シャーマンがいつも為しているのと同じように、コプニットは自分を周りに投げ出し異なる音調と抑揚の声を出して叫び始めた。これが終わると、少年の顔は老人のように弱って疲れているように見えた。彼は突然のシャーマニックな発生に先立ち、睡眠している間に二つの精霊 *kekhns* が彼の所に現れたと後で語った。彼はそれらが父親の精霊達であることを知った。そして、それらの精霊は「私達はあなたの父親とも遊んだことがある――あなたも一緒に遊びましょう」と彼に言った。

【新シベリア人】

古代シベリア人から新シベリア人に移って、私達は後者の間のシャーマンの守護霊(神)がより高く発達していることに気がつく。

守護霊の発達・精霊エキュア　アマギット *ämägyat*、エキュア *yekyua*、カリアニ *kaliany* の三種類の「精霊」がヤクートシャーマンと関係している(シェロシェフスキー)。アマギットはどのシャーマンにもあり、欠くことができない。勿論、精霊アマギットは不屈の胸周り、シャーマンの威厳を示す名前でもある。最も弱いシャーマンさえもが精霊アマギットと精霊エキュアを所有し――後者は天界から送られてきた動物の化身、人を魅惑する精霊、悪魔のような貪欲な精霊である。精霊エキュアは人々から慎重な扱いを要求される。私(精霊エキュア)を誰も見ることは決してできない。私は遠く離れたエジガン Edjigan の山の岩の中に寝ている(シェロシェフスキー)。年に一度、雪が溶け、大地が黒くなったとき、精霊エキュアは隠れ場所から起き出し、ブラブラと歩き回り始める。精霊達は戦闘と騒音の底抜けの騒がしいパーティーを催す。そして、彼らと関連したシャーマンは非常に事態が悪くなったと感じる。特に、有害なのは女性シャーマンの精霊エキュアである。

エキュアの化身　最も弱くて、最も臆病なのは犬の精霊エキュアである。最も強力なのは巨大な雄牛、種馬、ヘラジカ、黒熊などである。オオカミ、熊、犬などを動物の化身として持っているシャーマンは最も不運である。これらの動物は飽くことを知らない強欲である。また、彼らは決して満足しないが、多くのシャーマンはそれらの精霊に対して予備手段をとっている。特に、犬は二本足の仲間に平和を与えない。彼は「シャーマンの心臓を歯でガリガリとかじり、シャーマンの体をバラバラに引き裂く」と。そのとき、シャーマンは吐き気を感じ、痛みに苦しむ。烏は、勿論悪い精霊エキュアである。鷲と毛深い雄牛は「悪魔のような闘士や戦士」と呼ばれている。この言葉はシャーマンを最も喜ばせるお世辞である。新しいシャーマンが現れたとき、他のシャーマンは、以前には見たこともないような新たな精霊エキュアの霊気により、直ぐに彼を承認する。超能力者ウィザードだけには精霊エキュアを見ることができ、通常の人々には、彼らを目にすることはできない。

トロシュチャンスキーは精霊エキュアについて次のように言っている。「シャーマンの守護霊の間で、最も重要な役割は精霊エキュア（文字通り「雌の親」）により儀礼を行なうことである」と。シャーマンは信頼できる動物、たとえば種馬、オオカミ、犬などの精霊（カット *kut*）に化身すると言われ、これらの動物はシャーマンの精霊エキュアである。「もし、これらの動物の一頭がその種の動物を殺したならば、そのとき該当するシャーマンは死ぬであろう」と。トロシュチャンスキーは、シャーマンが実際にシャーマニズムをしている間だけ、彼の信頼する動物の精霊カットに化身すると考えている。この「黒い」動物の守護霊がトーテム信仰や個人的な自然力の崇拝、ある程度まで被保護者の「血と肉の一つ」のようにも思われるのに対し、一方では精霊は私達にとり、より個人的な力の存在を感じさせる。

精霊アマギットの出現　シェロシェフスキーは、精霊アマギットはほとんどの場合「死去したシャーマンの精霊」か、あるいは若干まれな場合、天空に存在する第二の精霊であると説明している。しかし、ここでは「精霊」の用語が全く漠然と曖昧に用いられていると思われる。たとえば、さらに読むと、「人間の体は偉大な神の力を内に含めることはできず、そのために精霊の守護霊は大切な人（彼の外側）の近くに常に残り、彼の呼び出しに喜んでやって来る。つまり困難なときには彼を助け、彼を守り、彼に助言を与える」と。また、「シャーマンは彼の精霊アマギットを通じてだけ見たり聞いたりする」とシャーマンのティウスピィツは言う。

精霊アマギットは突然の出来事などを通じてシャーマンの所にやって来るか、天空の神の神意としてやって来る。「私が北に旅行したとき」とシャーマンのティウスピィツは言う。私は山に沢山の木がある所にやって来た。丁度いくらか夕食を料理したいと思い、ここで火を焚いた。そのとき、この沢山の木の下にはよく知られたツングースのシャーマン(ティウスピィツはヤクート人であった)が埋葬されており、このときその精霊アマギットが私の中に飛び込んできた。もし、死によって偉大なシャーマンが天国に連れていかれているならば、その魂は天国の存在に変わっているはずだが、もしその精霊が天国に移動していないならば、そのときそれは遅かれ早かれ地上に出現するに違いないと。

精霊カリアニ　上記で簡単に述べた精霊を呼ぶそうした二つの他にも、そこにヤクートシャーマンがやって来て、シャーマニスティックな儀礼を行なっている間、他の種類の精霊、むしろ悪戯好きの精霊が無理にシャーマンに語りかけ、しばしば下品な身振りでさまざまな真似をした。これらの精霊カリアニは代表的なロシアの悪魔で、悪魔のような目が不自由な花婿と一緒に悪魔の娘がいて、彼らは暗がりやその他でも手探りする習慣があった。

白と黒・二種類のシャーマン　このようなシェロシェフスキーによる初心者の精神的な訓練に関して、トロシュチャンスキーによる疑問として、さらなる見解が投げかけられている。黒blackと白white のシャーマンを別々に取り扱うというシェロシェフスキーの主要な考えを追うと、彼は次のように言っている。つまり、「誰もが白か黒のいずれかのシャーマンになることができるわけではない。白シャーマンのシュル *sür* は適切な教育を受けた人だけである」と。白シャーマンは、精霊アイ *aïy* の膝元で教育され、黒シャーマンのシュルは精霊アバッシイ *abassy* と一緒に学ぶ。白シャーマンがどのようにしてヤクートの人々の間で教育を受けるか知らない。黒シャーマンは第九階(地下界——世界を理想的に分割した所）で教育をする後見人と一緒に生活をする。もし、黒シャーマンが第九階で教育されるならば、最も強力なシャーマンがそこから生まれるに違いない。もし、第八階ならば、シャーマンは霊媒としての力を持つであろう。もし、第三階ならば、シャーマンは邪術師にしかなれないであろうと。黒シャーマンが学習する教育は「精霊 *abassylar* とシャーマンとの習慣、性格、行動」からなっていると。

シャーマンの教育　シャーマン自身の教育、シャーマンの入門に関して、ヤクートシャーマンは老齢のシャーマンに教えられる。老齢のシャーマンは「彼の精霊アマギットに居場所を与えて」彼を神聖にする。この精霊のしるしは、これ以上シャーマンであることを望まない人からも、シャーマンにより取り去られる。ヤクートの言語にウスイ *usui* の言葉がある。それはシャーマニズムをする技術を教えることとシャーマンを神聖にすることを意味している。

プリプゾフは次のように、ヤクート間でのシャーマンの神聖化について記述している。それは、「老齢のシャーマンは自分の弟子を高い山か、森の中の切り開かれた場所に案内する。ここでは、彼はシャーマンの衣装を弟子に着せ、打楽器のガラガラを彼に与え、彼の脇に純潔な若者九人と、その他に純潔な少女九人を配列する。シャーマンは自身の衣装を着て、彼のお決まりの言葉の後に、それを復唱するようにと若者に命じる」と。彼は、初心者にとりこの世で最も親愛なものの全てを放棄し、彼の人生を召命によりやって来た精霊への奉仕に捧げるよう要求する。彼は、どこに特定の「黒い」精霊が住んでいるか、どんな病気を彼らが引き起こす原因か、どのようにしてそれらがなだめられるかについて弟子に語る。最後に、若いシャーマンは供儀の動物を殺し、その血を自らに振りかけねばならない。供儀の肉は、その儀礼に出席した人々により食べられる。

シャーマンへの準備　シャーマンとして選ばれる子供は、ブリヤートの間では以下のような徴候が認められる（アガピートフとハンガローフ）。彼はしばしば瞑想に夢中になり、一人でいることを好み、神秘的な夢を見、ときどき発作の間、無意識状態となる。ブリヤートの人々の信仰に従うと、子供の魂は訓練をしているときの過程で、もし彼が「白」シャーマンになることになるなら「西の諸精霊」の中に、もし「黒」シャーマンになることになるなら「東の諸精霊」の中にいるであろうと。神の住処で生活している間に、彼の魂は死去したシャーマンの保護の下にあり、そこでさまざまなシャーマンの使命を学ぶ。そして、彼の魂は神の名前、彼らが生活する場所、彼らをなだめる方法、また下位の神から高位の神までの精霊の名前を覚えなくてはならない。試練の期間の後に、子供の魂は体に戻り、一時的には通常の生活を再び始める。しかし、彼が青年期に達すると、異常な精神的徴候がこれらの体験を経験した人の中で現れる。ふさぎ込むようになった彼は、エクスタシー状態に入りinto a state of ecstasy 簡単に興奮excitedし、不規則な生活に入り、ウル〔遊牧民の野営テント〕からウルへとシャーマニスティックな儀礼を見るために歩き回る。彼は自分自身を放棄してシャーマニスティックな技術の練習に非常に熱心になる。彼は自分自身を分離する目的で、幾つかの高い山や森の中に行くようになり、そこで先に大きな火を燃やし、精霊を呼び寄せ、その後で気絶してしまうことを避ける。その間、自分自身に危害を加えることから予防するために、彼の友達は彼をそっと見守った。

聖化の儀礼　初心者が新しい生活のために自分で準備している間に、彼の縁者は良いシャーマンの援助を求め、彼は精霊を慰めるための供儀を行ない、シャーマンとなる若者を助けるよう精霊を説得する。もし、未来のシャーマンが貧しい家族に属するならば、共同体全体は儀礼のために絶対に必要な供儀の動物や他の物を獲得して手助けをする。準備期間の最後の数年、その期間は大部分を若者の能力に依存する。しかし、彼が二十歳になるまではシャーマンになることはできない。最終的に、彼は浄化儀礼を受ける。そうした一度の儀礼でシャーマンとしての全ての権利や力が与えられるわけではない。実際には、九つの儀礼がある。しかし、これらの浄化儀礼全てを通過するシャーマンは極めて少なく、多くは二つか三つを受けるに過ぎないし、若干は全く受けない。それは、聖化されたシャーマンに委ねられる責任の重荷を恐れるからである。完全に聖化されたシャーマンに対しては、神は非常に厳しく、シャーマンの過失や過ちを、死をもって罰するからである。

水による浄化　最初の聖化の儀礼は、水の浄化が先に行なわれる。このために「父なるシャーマン」と呼ばれる経験豊かな老齢シャーマンが、彼の助手として、九人の若者と一緒に選ばれる。これら九人は、シャーマンの「息子」と呼ばれている。水垢離は湧き水から汲み上げたもの——ときには三箇所の湧き水でなくてはならない。彼ら息子達は神聖化の儀礼日の朝に水を取りに行き、湧き水の支配神、支配する女神のために献酒（ミルクと酒で作った「ミルクの酒」）を作るために、その水と一緒に持ち帰る。彼らは帰ってくると、樺の苗木を地面からむしり取り、それで帚を作り、初心者の家にそれを持っていく。次に、水は火で熱せられ、その中に一定のハーブとキナの樹皮の断片を投げ入れる。そのとき、事前に用意した雄ヤギの両耳から、毛の一部を切り取り、ヤギの角と蹄を若干削り取り、それらを壺に投げ入れる。このようにして雄ヤギは殺され、その血は壺に滴り落とされる。それから、神聖化の儀礼のために水が用意される。ヤギの肉は出席者の女性に与えられ、彼女達はそれを料理して食べる。

次に、父なるシャーマンは羊の肩甲骨から将来を予言する。彼はシャーマニズムに関する初心者の先祖を呼び出し、酒と水の献酒を差し出す。そして、彼は樺の帚を水に少し浸して候補者の裸の背中を叩き、同じように「父なるシャーマン」の九人の「息子」にもそうして、同時に次のように言う。「汝の技が貧しい男に助けを求められたとき、あなたは問題の解決に対する見返りに僅かなことも求めてはならないし、与えられるものだけを受け取りなさい。常に貧しい人に気をくばり世話をし、彼らを助け、悪い精霊から彼らを守り、神に祈りなさい。もし、汝が金持ちの人に呼ばれるならば、去勢牛に乗って彼の所に行き、問題の多くを尋ねてはならない。もし、汝が貧しい人と金持ちの人に同時に呼ばれたならば、先に貧しい人の所に行きなさい」と。候補者はシャーマンの後にこれらの教えを復唱し、それらを遵守することを約束する。そして、守護神の精霊に対して水の献酒が続き、これで儀礼は閉じられる。
水によるシャーマンの浄化は少なくとも年に一度、時には月に一度、新月のときに実施されるか、その他、いかなるときにも、何か汚れたものに触り、自らが汚れてしまったと考えたときも実施する。もし、汚染が特に全体ならば、そのときは血で儀礼が行なわれる。勿論、死がウルの中で発生した後にも、シャーマンは自らを浄化する。

儀礼の費用　この儀礼の後、しばらくして最初の神聖化の儀礼が続き、その費用は共同体により負担される。再び、「父なるシャーマン」と九人の「息子」が選ばれ、初心者を伴い、彼らは馬に乗り、ユルトからユルトへと精霊への奉納品を集める。それぞれのユルトの家の前で、彼らは立ち止まり、大声で自分達がやって来たことを知らせる。彼ら住民は愛想よく受け入れ、異なる種類の奉納品が彼らの所に運ばれる——つまり、願掛けのハンカチーフ、それらは初心者により運ばれた樺の木の杖〔シャーマンの杖。シャーマンの装具については『図説シャーマニズムの世界』(ミハーイ・ホッパール著、村井翔訳、青土社、一九九八年)に職杖、太鼓、衣装などの詳しい図説が紹介されている〕に、ときにはお金などが結びつけられる。彼らは木のカップを買い、小さな鈴を先端が馬の形をした杖に酒、その他のものと結びつける。

儀礼前日　儀礼の前の日に、一定の本数の頑丈な樺の木が「父なるシャーマン」の指示のもと「息子達」により木立から切られ、それらのうちの最も真直ぐなものから、彼らは馬形の杖〔シャーマンの職杖〕を作る。これら樺の木を採った場所の木立はウルの死者が埋葬されている一つで、そこでは精霊を慰撫するために羊の肉や水が奉納される。同時に、彼らはシャーマンの装飾品を用意し、その間に「父なるシャーマン」と一緒に同類の他のシャーマンは精霊を呼び出す。

神聖化の儀礼　神聖化の儀礼の日の朝に、その日の前に切られた樺の木の若木が植えられる。未だ樺の木の根が付いた最も頑丈な樺の木を、彼らは焚き火により露出して残っている場所、ユルトの南西の角にそれを植える。つまり、木の先端が換気口を通じて上に逃れるようにする。この樺の木は、シャーマンが天界に立ち入ることを許可する神門を象徴的に表現している。そのことによりシャーマンが天界に至ることができる方法を示し、またシャーマンの居住している印として、ユルトを永久に残すことになる。他の樺の木は、通常西から東まで犠牲が捧げられる場所、ユルトの前に次の順序で植えられる。

(i)一本の樺の木の下、フェルトの敷物の上に、若干の献酒が置かれる。もし、この樺の木の枝に黒か黄色のリボンが結びつけられていれば「黒」シャーマンである。もし、白か青色であれば「白」シャーマンである。そして四色全てであれば、シャーマンは両方の種類の精霊に仕えていることになる。(ii)一本の樺の木には大きな鈴と供儀の馬が縛り付けられる。(iii)初心者がよじ登らなければならない、かなり頑丈な一本の樺の木——これら三本の木は根を付けて植えられ、それらは標柱、サージと呼ばれている。(iv)九本の若木、それらは三つのグループ分けられ、それぞれのグループの若木には白い馬の毛で作った綱でともに縛られている。これらに対しては異なった色のリボンが次の順序——白、青、赤、黄の順に結びつけられる。若木の上には、動物の毛皮が掛けられる。(v)供儀の動物が結びつけられた九本の標柱がある。(vi)これらは、供儀の動物の骨を藁で縛り、それらを結びつけた頑丈な樺の木である。これらユルト〔天幕の家〕の主な樺の木から外側に立っているこれら全てには、赤と青の二つのリボンが結ばれている。これは精霊の世界へのシャーマンの道を示した象徴的表現である。樺の木の並んだ北側は供儀の肉を調理した九つの鍋が置かれる。

あらゆることが整ったとき、初心者と他の人々は彼らの儀礼用の服を身に付ける。そして、シャーマンの装飾品は清められ神に捧げられ、その後馬形の杖は本当の馬となると言われている。朝の間に、集められたシャーマンは精霊を呼び出し、献酒を撒き散らす。そこで、「父なるシャーマン」は守護神を呼び出し、初心者は彼の後について祈りの言葉を復唱する。候補者はユルトの中に立てられた樺の木をよじ登り屋根に達すると、そこから大声で精霊を呼び出す。その瞬間、ユルトを離れて精霊が向かってくると、それぞれの角にいた四人のシャーマンはフェルトの敷物の一部をつかみ上げる(ポターニン)。丁度、ユルトの外の入口では、火が焚かれ、さまざまなハーブがその火の中に投げ込まれる。その火を通過する誰も、またあらゆるものが火によって浄化される。人々は次の順序でユルトを離れる、最初に「父なるシャーマン」、候補者、九人の「息子達」、最後に親類と招待の客である。儀礼は豪華な宴会と供儀により終わる。

青年期の訓練　トルハン地域(エニセイ川の支流)のサモエードとオスチャークの人々の間では、未来のシャーマンは神経を刺激し、想像力を奮起させる訓練に青年期を費やす(ビエリャウスキー)。初心者の神聖化に関し、トレチャコフの説に従えば、彼は西に顔を向けて立たねばならない。同時に、司祭を務めるシャーマンは候補者を助け、彼に仕える精霊を与えるように「暗闇の精霊」に求める。儀礼の終わりに、シャーマンは暗闇の精霊を称賛する聖歌を歌い、初心者は彼の後に従い、それを復唱する。初心者は精霊により試され、精霊は彼に一定の犠牲を要求し、同じように彼の妻や息子も試される。そして、彼はさまざまな犠牲を捧げることを精霊に約束しなければならない。

カストレンとイスラビンの二人は、老齢のシャーマンによる初心者の特別な訓練について語っている。サモエードのシャーマンの一人が、彼が十五歳のとき、彼(候補者)は老齢のシャーマンの家族の所に来て、いかにして訓練のために老齢のシャーマンに世話を委任したのかを語った。教育の方法は以下のようなものであった。二人のシャーマンは彼をハンカチーフで目隠しした。そして、そのとき過度の光で彼の両目が眩しくなるまで、頭の後ろと肩を叩き、彼は腕と足の上で悪霊が踊っているのを見た。勿論、彼はサモエードの精霊の世界について、事前に教えられていたことを思い出さなければならない。昔は、ラップランド〔スカンディナヴィア半島〕にはシャーマニズムの学校があり（カルージン）、近隣の全ての民族はシャーマンを養成するそこに若者を送った。現在では、ロシアのラップランド人の間で発見されるシャーマンだけで、彼らは前任者の退化した写しに過ぎない。

九　シャーマンのさまざまな種類（Chapter IX. Types of Shamans）

I　古代シベリア

この章ではシャーマンの職務が列挙され、シャーマンの異なる幾つかの種類について論じる。

第一の分類　より高度な民族のほとんど全てにおいて、特定のシャーマンが一種類の職務、あるいは他の職務に特殊化、専門化しているのに対し、一方のより原初的なそれぞれの民族の間では、多くの異なった種類の職務――物事の状態がそれらの職務に対してより複雑でない性質の場合に可能となるのだが、それらを実践しているのを私達は見る。特定の民族の間のシャーマンの職務に関する高い概念は、ブリヤートシャーマンに関してのバンザロフの理念的な記述に見られるかもしれない。バンザロフはシャーマンを⒜祭司 priest、⒝呪医 medicine-man、⒞予言者 prophet と理念化している。

⒜祭司として、彼は神々の意志を熟知し、実際に供儀と儀礼を催すべきことを人に宣告する。彼は儀礼と祈りの専門家である。彼が祭司を務める共同体の儀礼の他にも、勿論彼はさまざまな個人的儀礼を行う。⒝彼は病人から悪い精霊を追い払うために呪医として一定の儀礼を実践する。⒞彼は羊の肩甲骨の意味、あるいは矢の飛び具合のいずれかにより予言者として将来を予言する（バンザロフ）。

シャーマンの理念的な類型はバンザロフの時代でさえも、恐らくは珍しかったであろう。というのは、シャーマンは共同体の全てに対して犠牲を捧げてはいなかったと彼自身が言っているからである(バンザロフ)。それは一部の家族の供儀と同じである。シャーマンの祖霊オンゴン *ongons* は家の精霊を祀る統御者によって守られる。そして一部の他の供儀、たとえば出産の祈りなどはシャーマンの助手なしでなされる(ケレメンツ)。

家族の長による儀礼　共同体あるいは家族の儀礼は、ときどき共同体あるいは家族の長によって務められるか、時折個人的に個別の予言が実践され、その事実はブリヤートのシャーマンの初期の形式が、彼の手でこれら全ての儀礼を実践していたということを変更するものではない。彼らはジンギス・ハーンの時代にモンゴルの人々の間にあり、そのときシャーマンは彼らの力の最も頂点にあった(ミハイロフスキー)。従って、ミハイロフスキーが言う「シャーマンの全ての行為に関して、彼の召命の最も特徴とするところは、つまり精霊に祈ることを知っていることである」という点について、私達は同意することはできない。今日では、シャーマンの任務の衰退により、シャーマンは呪医以上のものではないとはいえ、現在でもなお、特定の場所ではシャーマンは存在する。また、共同体ばかりでなく家族に対して儀礼を行ない、それほど存在しないときでさえも、その儀礼には初期の関与の跡を見出すことができる。

第二の分類　コリャークの人々の間には、古代シベリア人と多くの新シベリア人がいて(ヨヘルソン)、(1)家族シャーマン family shamans と (2)専門シャーマン professional shamans をはっきりと区別することができる。

家族シャーマン　家族シャーマニズムは家庭の炉床と関係して、人々の繁栄はその保護の下にある。家族シャーマンは家族の祭り、儀礼、供儀の儀礼、家族の使用する護符やお守り、また呪文を唱えることなどを引き受ける。

共同体シャーマンから専門シャーマンへ　専門シャーマンは、明らかに特定の人々の集団に付属していない人々である。彼らはより勢力的で、彼らが自らの技術を実践する範囲はより広い。「専門シャーマニズムが家族シャーマニズムの儀礼から発達したことは疑いのないことである」とヨヘルソンは言っている。しかし、家族と専門シャーマンとの間に、もう一つの範疇として⑶共同体シャーマン communal shamans、つまり過渡期の姿にある種類を追加する必要があると思われる。これらのシャーマンは重要な儀礼に関与する家族の集団として論じなければならないからである。この三番目の範疇の承認については、私達は専門シャーマンが家族シャーマン、あるいは共同体シャーマンから発展しているという考えに、絶対に同意するという考えにとらわれてはならない。多くの実践、そしてヨヘルソンやボゴラスのような、そうした真面目な調査者の意見があるとしても、この若干の重大な考えを付け加えておきたい。それは、専門シャーマンがキリスト教によって最初に影響を受けたのは、コリャークの人々の間においてであったことである。

第三の分類　チュクチの人々の間には、家族シャーマンと専門シャーマンに関する上記の分割に関して、私達は専門シャーマンの第三の範疇の存在を見出したので（ボゴラス）、これを追加する必要がある。つまり、（A）エクスタティックシャーマン Ecstatic shamans、（B）予言者的シャーマン Shaman-prophets、（C）呪師的・治療師的シャーマン Incantation shamans である。勿論、これら全ての範疇のシャーマンの職務は他のそれぞれの中にも重なり溶け合っているが、それでも特定の専門的分野は発見されている。

(A)エクスタティックシャーマン　エクスタティックなシャーマンは「精霊」と通じることができ、カラットコージン *kalatkourgin* と呼ばれている。これは聴取者にとり明白な「精霊」とのあらゆる種類の霊的交流、つまりシャーマンの霊媒 medium、腹話術 ventriloquistic、他の技法を通じて語る「精霊」の声などである。一般論としては、シャーマニスティックな降神儀礼 séances の内容を形成したシャーマニズムの見世物的な華やかさの全体を含んでいる。上記で観察されることについては、「これらの全てが、しばしば単に奇術 jugglery の種類と同じと考えられている。それは、この種類の実践は若い人々が老人よりも、よく順応していると言われるからである。シャーマンの何人かは年が増すことで、トリックのほとんどを中止する」という（ボゴラス）。

(B)予言者的シャーマン　「見ることのできる looking」人のことである。このチュクチの支系のシャーマニズムは最も高い尊敬を得ている。なぜならば、それ（精霊）を憑霊しているシャーマンは、人々に対して待ち構えている危険、人々を待ち構える良いことを見抜く能力を持ち、それに応じていかにして第一に危険を回避するか、第二にいかにすれば安全かを人々に忠告することができるからである。与えられた教えの大部分は儀礼的な種類のものであり、それらが安全で望ましい結果となるために、それらの儀礼の特定の詳細に言及して、その後で確実な方法を整えなければならない。彼らが自由な諸精霊を持っているにもかかわらず、いかなる助言も与えることのできないシャーマンがいる。同時に、これに反して「精霊」との霊的交流はできないが、しかしどちらかといえば、しばらくの間沈思黙考した後に、内的で主観的な霊感による神秘的な助言を与えるシャーマンもいる。これら単純な一連の成り行きにもかかわらず、常に近隣の人々は最高の心遣いを楽しんでいる（ボゴラス）。

たとえば、シャーマンのガルムリジン〔人名〕の場合は「自身の体だけ」で、それは霊感により彼を助けてくれる他の存在がいないからであるとチュクチの人々は言う。降神の儀礼を催しているとき、彼は太鼓を叩き、歌を歌い始めるが、僅かな時間で彼は運動を止めて、僅かに長くてほとんど興奮ぎみに息を吐き出し、直ぐに未来についての予言を続行した。彼は次々に多くの出席者の人々と話をした。彼は一つの問題が終わると、まるで自分自身を思い出すかのようにしばらくの間立ち止まり、何回か深い息を吐き出して、次の申込者に移った（ボゴラス）。

(C)呪師的・治療師的シャーマン（占い、治療を演出）　シャーマニズムにより、より複雑な実践を行なう人のこと。呪文は発作 spells とともに、チュクチの人々の呪術の大部分を構成している。呪術は情け深いか悪意ある性格かもしれない。それゆえに、この種類には二つの型のシャーマンがいる。(1)「良い心」を持ったシャーマンは受難者を手助けするために自らの技術を使う。(2)「悪意のある心(悪戯好きな、偽りのシャーマン)」を持ったシャーマンは人々に害をなそうとして自らの技術を悪用する。良いシャーマンは赤いシャーマニスティックな上着を持ち、悪いシャーマンは黒い上着を持っている。同じ色はユカギールのシャーマンも用いている。しかし、大多数のシャーマンはこれらの範疇の全ての才能を自ら併せ持ち、「精霊」の名においてさまざまなトリックを実践し、呪文を発して未来を予言する。

Ⅱ　新シベリア人・ヤクートの人々

トロシュチャンスキーは、黒と白についてのシャーマンの分割はシベリアの全ての民族の間で最も重要な分割であると提案しているにもかかわらず、多くの旅行者はまるで一種類しかいないかのように、一般的なシャーマンについて話をする。しかしながら、トロシュチャンスキーは古代シベリア人と新シベリア人の間の宗教的概念の区別を見落としているように思われる。彼らは異なった環境状態の下で生活している。そのうえ、新シベリア人は高度なアジア的宗教との接触により確かに幾つかの大きな影響を受けている。

白と黒のシャーマン　新シベリア人の間には、呪術と宗教の二元性がより明白に出現した形で存在している。さらに、新シベリア人自身の集団の中でも違いが発見される。ヤクートの人々の間では、黒シャーマンが優位を占め、白シャーマンはほとんど存在していない。また、同時にボチャークの人々の間でも、現在ほとんど僅かな白シャーマンを発見するだけで、同様に聡明な神の儀礼はほとんど完全に黒シャーマンの儀礼にとって代わっている。

白シャーマン　ヤクートの男性白シャーマンはアイオーナ *aïy-oïuna* と呼ばれている。白シャーマン達は春の祭り、結婚式、多産豊饒儀礼、病気治し、つまり患者から未だ動物の精霊が取り去られていない場合などの儀礼に加わる。私達は九人の男性白シャーマンと八人の女性白シャーマン、アイウッダガン *aïy-udagana* の出席した一組の結婚式についてのある物語を読んだ(フジャコフ)。勿論、白シャーマンは、女性が不妊症の場合には、精霊を地上に呼び降ろし、多産な女性になるよう求めた。昔、秋の漁業のときには、彼らは雷に打たれた木から切った材木で松明を作り、全ての汚れを水で浄化し、精霊の主イッチン *ichchi* に湖からの恩恵を求めた。その儀礼が、もし昼間に催されていたというだけならば、白シャーマンにより確かに為されていたであろうと考えた(トロシュチャンスキー)。しかし、同じ著書の中でトロシュチャンスキーは、「春の祭りでは精霊アイイサーク *aïy-ysyakh* だけを呼び、秋の祭りの精霊と区別している」と書いている。それゆえに、この儀礼が昼間に実施されていたという事実にもかかわらず、湖の多産豊饒を願う儀礼は黒シャーマンによって実施されていたに違いない。

黒シャーマン　二種類のシャーマンの性格について、ゴロホフは個人的に何人かの男性白シャーマンを知っており、白シャーマンは実際に大変良い人々で、穏やかで上品で本当に正直で、同時に黒シャーマン、アバシーオーナ *abassy- oïuna* は良いことは何もなかったと言う。しかし、ヤクートの間の「黒シャーマン」は専門としての「黒」だけであり、彼の態度には特別に悪い性格を持っているわけではなく、彼は白シャーマンが為すのと同様に人々を助けるとトロシュチャンスキーは言う。彼は悪い力を扱うにもかかわらず、必然的に悪いわけではなく、彼はヤクートの間で、他の新シベリア人の間よりも高い地位を占めている。黒シャーマンは精霊に犠牲を供え、威信を維持するためにシャーマニズムを行なう。彼ら黒シャーマンは将来を予言し、精霊を呼び出し、精霊の土地を放浪し、あちらこちらを旅してそれらの報告を行なう(トロシュチャンスキー)。

シャーマンの三分類　現在では、ヤクートの間に特別な語り手、特別な呪者がいる。彼らが人々から指示されている尊敬の度合いに従って、シェロシェフスキーは次のようにヤクートシャーマンを分類している。それは、⑴偉大なシャーマンGreat Shaman、⑵中程度のシャーマンMiddling Shaman、⑶小さなシャーマンLittle Shamanである。「偉大なシャーマン」は彼自身、精霊アマギットを得ている。「中程度の力のシャーマン」は、勿論精霊アマギットを憑霊させるが、前者と同様の高い資質、あるいは大きな範囲ではない。「小さなシャーマン」は精霊を憑霊させることができない。実際、彼は本当のシャーマンではないが、人がどこか異常であるとか、神経症、独特なものであれば、彼は僅かな病気を治すことや夢判断、小さな悪霊だけ脅かして去らせることができる。

白と黒シャーマンの起源と発展　「白」と「黒」にシャーマンを分類することに関して、トロシュチャンスキーはシャーマンの起源と発展の二つにこれらを分類する独自の仮説を提唱している。人は、白シャーマンが最初に存在し、それは家族や氏族の長の部類に由来すると想像するかもしれない。共同体の儀礼、供儀のために一人の指導者(シャーマン)が選ばれる習慣は、家族の長から白シャーマンへの発展を促進させたかもしれない。共同体の中で賢明で最も尊敬された成員が人々だけでなく精霊をも喜ばすことができたので、恐らく選ばれる最高の機会があったからであろう(トロシュチャンスキー)。同じ人が繰り返し選ばれ、やがて白シャーマンの役割が共同体の儀礼や供儀のために発生してきたのかもしれない。現代において一定の民族、たとえばヤクートの間で私達が見るのと同じに、専門シャーマンが彼の居場所を獲得するまでは、ずっとその間家族の長は自分の家で祭司的な力を今までのように保つことができた。

なぜ、私達は家族の長を白シャーマンの原型とみなさなければならないのであろうか。私達は次の一節の中に含まれている以上に、この質問に対し満足に答えるものはトロシュチャンスキーの本の中にはないことを見出すことであろう。「私達は家族の長、選ばれた祭司が、儀礼の実践や祈禱の場面において悪い精霊に彼ら自身で話しかけることはなく、ヤクートでは黒シャーマンの精霊、アバシーラ *abassylar* と呼んでいるがゆえに、ここに白シャーマンの起源について発見すると言っていることは正しい」と思う。もし、私達がこのトロシュチャンスキーの意見に従うとすれば、私達は新シベリア人、たとえばブリヤートやヤクートの人々の間では全く個別の異なった部類の白シャーマンがいると断じなければならない。とはいっても、私達は特定の出来事において、家族の長が白シャーマンの代理をしていることを見出す。

つまり、タリガン *Tailgan* の儀礼は家族全員か氏族が参加する共同体の供儀である。この儀礼は謙虚な気持ちを示すため行なわれる。つまり、ブリヤートでは「お願いするための儀礼」と呼んでいる。タリガンの儀礼的行為者はシャーマンであるか、シャーマンの援助なしの家族集団全体の長であるかもしれない(アガピートフとハンガローフ)。古代シベリア人の間では、白シャーマンの種類はなく、家族の儀礼は父親の手にあり、母親によって援助され、専門シャーマンの関与はしばしば禁じられている。ギリヤークの間では、供儀の饗宴、たとえば熊の儀礼では、専門シャーマンの援助さえもが禁止されている。これらの人々の間に白シャーマンがいないのは、この理由であろうか。あるいは、とにかくそれは家族シャーマンと専門シャーマンが別々に発達してきたという兆候であろうか。

トロシュチャンスキーが仮説を立てた観察から、ヤクートの間では、白シャーマンは女性で、この場合は女性が家族(母系性家族)の家長の任務を務めている。現在、黒シャーマンについては、元来彼らは女性であったとトロシュチャンスキーは言う。そして、彼は次の言語と社会的特徴について注意を引き付け、それらが彼の仮説を支える証拠となっている。

シャーマンの語源　シャーマンの語の欠くことのできない必須の意味は何であろうか。サンスクリットのスラム *śram* は退屈するとか、退屈になる。スラマーナ *śramana* は働くとか、宗教的に托鉢することの意。パーリ語におけ

るサマナ *samana* のことばも同じ意味である。後者の二つの語は仏教徒により、彼らの祭司の名前として採用されてきた。しかし、バンザロフによれば、シャーマン *shaman* の語は北アジアに起源していると言い、サマン *saman* は満州語で「興奮する人、体を揺り動かす人、精霊を呼び出す人」を意味する。ツングースでは、サーマン（*samman* 音読で *shaman*）とハーマン *hamman* が同じ意味を持っている。満州語のサムダンビィ *Samdambi* は、私はシャーマニズムする shamanize、私はまじない charm の前に踊って精霊を呼び出すことの意である（ザハロフ）。

シャーマンの特質　上記のことから、シャーマンの本質的特質は、興奮するエクスタシーやトランス ecstasy and trances にかかりやすい傾向にあることを、私達は見ることができる。女性は男性よりも感情的に興奮する傾向があり、ヤクートの間で、ほとんどの女性が神経疾患（いわゆる「北極ヒステリー」の一つのタイプ）の苦痛を経験している（トロシュチャンスキー）。このようにトロシュチャンスキーは言うが、唯一の結論ではない。もし、あるとすれば本来女性は男性よりもシャーマニズムをする傾向にあることをここから引き出すことができる。そして、なぜ黒シャーマンの起源を女性にしなければならないのであろうか。唯一の証拠の断片の一つは、「黒い」シャーマニズムを行なうことと一緒に女性とを接続して提示しているカムチャダールの生活から得られたもので、ヤクートのそれからのものからではないし、そのうえそれは主にトロシュチャンスキーの仮説に基づくものである。最も原初的なカムチャダールの人々の間では、女性シャーマンだけがいて、ここでは悪霊を呼び出し黒いシャーマニズムだけを実践していた。

言語的証拠に関して　モンゴル、ブリヤート、ヤクート、アルタイ、トルグート、キタン、キルギスの間では、女性シャーマンに対する一つの共通した用語、ユタガン *utagan*、ウタガン *udagan*、ウッダガン *udaghan*、ウッダカーン *ubakhan*、ウティガン *utygan*、ウッウゲン *utiugun*、イタガン *iduan*（*duana*）がある。ところが、男性シャーマンの語はそれぞれこれらの民族によって異なっている(クラシェニーンニコフ)。ヤクートでは男性シャーマンのことをオウアン *oiün*、モンゴルではヴゥゲ *buge*、ブリヤートではブゥギ *buge* とボー *bö*、ツングースではサマン *samman* とハーマン *hamman*、タタールではカム *kam*、アルタイではカム *kam* あるいはガム *gam*、キルギスではバクサ *baksa*(*basky*)、サモエードではタディビー *tadibey* と呼んでいる。

上記のことから、トロシュチャンスキーは新シベリア人の移動の間、彼らは女性シャーマンしか持っていなかったので、類似した一般的な名前で呼ばれ、これらの人々が散り散りになった後に、男性シャーマンが出現し、お互いに遠く離れた土地に定着したので、そのために男性シャーマンに対する用語はそれぞれの民族で独立して源を発していると結論を下している(トロシュチャンスキー)。

黒から白へ　勿論、この言語的証拠は新と古代シベリアだけに関係しているわけではない。トロシュチャンスキーは、「黒」の女性シャーマンから「白」の男性シャーマンへと発展したことの仮説を立証するために、ヤクートからのみ得られた宗教的社会的証拠から、さらに次のように私達に示している。

(a)ヤクートシャーマンの前掛けには、胸に象徴的に二つの鉄の円板が縫い付けられている(クラシェニーンニコフ)。(b)男性シャーマンは女性のように頭の両側で髪を結い、それをお下げ髪にしている。そして、儀礼の間髪を下に垂らした状態にする(クラシェニーンニコフ)。(c)女性と男性シャーマンの両方はユルトで馬の皮の右側に横たわることを禁じられている(トロシュチャンスキー)。(d)男性シャーマンは非常に重要な特別の儀礼のときだけシャーマンの服装を着ける。普通の場合には、子馬の皮で作った少女の服を着ている(トロシュチャンスキー)。(e)お産の後の最初の三日間、そのとき多産の神は横たわっている女性の近くにいると信じられ、彼女がお産の床についている家に接近することはシャーマンを除いて、男性に対して禁止されている(トロシュチャンスキー)。

女性から男性シャーマンへ　いかにして、女性の黒シャーマンが男性の黒シャーマンに取って代わったのかについて、トロシュチャンスキーは再びヤクートの証拠のみを用いて、次のように説明している。女性シャーマンの衣服の一点の飾りを作成した職人の鍛冶屋は、若干のシャーマン的呪力を獲得した。鍛冶屋は鉄と接触し、その鉄には重大な呪術性があり、呪力はこの接触を通じて彼の所にやって来た（鍛冶屋にはシャーマンのように、「黒」と「白」が存在していたが、しかしヤクートの間では、人は「白」よりも、「黒」鍛冶屋の存在をより多く耳にする）。このように、とりわけ鍛冶屋の職業が同じ家族の中で何世代も通じて伝えられるとき、シャーマンの使命と鍛冶屋のそれとの間の類似性が馴染むことになる。鍛冶屋はシャーマンの兄と思われるようになり、最後には彼らとの間の違いが消え、鍛冶屋はシャーマンとなった。そして、彼女が鍛冶屋であることができなくなったときから、結局のところ女性は男性に自分の場所を譲らざるを得なかった。現代では、もはやそのようないかなる「呪術的鍛冶屋」も存在せず、新しいシャーマニズム的衣服は作ることはできない（トロシュチャンスキー）。

しかし、最初に黒シャーマンが女性であったというこの仮説は、証拠によって裏付けることはできない。もし、私達が上記の引用文、とりわけ言語的証拠を包含しているとしても、女性が男性以前にシャーマンであったことを示す傾向があることを認めるとしても、彼女達が最初黒シャーマンであったという説に従うことはできない。黒シャーマンと白シャーマンに対する起源と発展の二つの区分に関する仮説を支持するために、トロシュチャンスキーの本の中に十分な証拠はない。他方、もし私達が、専門シャーマンが家族シャーマンから発達したというヨヘルソンとボゴラスの見解を拒否するならば、トロシュチャンスキーが黒シャーマンを認めた展開は、専門シャーマンに起因する可能性がある。

アルタイの人々・シャーマンの区分　ウエアービッキは、アルタイの人々の間ではシャーマンをカムと呼び、その他にも、(i)痛みを伴って襲われている間に、未来を予言する人、(ii)推理する人、(iii)肩甲骨を用いて占う人達、(iv)手相から占う人、(v)絶えず風が吹いている狭い山の隘路で見つけられた石を用いて天候を管理する人などがいるという。これらの石を手に入れるためには、彼の所有物全てから離れることを宣言しなければならない。ゆえに、彼は貧しく孤独で、通常男やもめである。

ブリヤートの人々・シャーマンの区分　ブリヤートの人々の間では、シャシコフの説に従えば、シャーマンは(a)世襲シャーマン、(b)一代シャーマンに分かれて存在する。他の分類としては、(a)本当のシャーマン、(b)偽のシャーマンの区分がある。また、(a)白シャーマン、(b)黒シャーマンの区分がある。

白と黒のシャーマンは、数百マイルの距離から他の人に向けて斧を投げつけ、他と戦うとブリヤートの人々は言う。白シャーマンは西の精霊に仕え、出産や結婚などの儀礼を管理している。彼は白い上着を着て、白い馬に乗っている。有名な白シャーマンのバーラック〔地名、墓地のことか〕はバラガンスク〔現イルクーツク州〕地域にあり、彼の子孫の墓にはどのシャーマンのものにも崇拝に行く。

黒シャーマンは東の精霊に仕える。これらのシャーマンは人に病気と死をもたらす力を持っていると言われている。黒シャーマンは好まれていないばかりか、人々から大いに恐れられ、人々はときには黒シャーマンを殺すこともある。そうした点では、この嫌悪が発展することになる(アガピートフとハンガローフ)。黒シャーマンの墓は、通常ポプラの木の下の日陰にあり、その肉体はこの木から作った杭で大地にしっかりと縛り付けられる。また、アガピートフとハンガローフによれば、同時に良い精霊と悪い精霊に仕える数人のシャーマンも存在しているという。

サモエードの人々・シャーマンの区分　サモエードのシャーマンはブリヤートの人々のように白シャーマンと黒シャーマンといった別々の部類に分割することはないが、良くも悪くも必要に応じて両方に奉仕することがあるとレペキンは言う。同様に、ラップランドの人々は良いシャーマンと悪いシャーマンの間に厳格な区別をしない。ラップランドのシャーマンの若干は「大きいシャーマン」として知られ、他は「小さいシャーマン」として知られている。

ボチャークの人々・シャーマンの区分　ボチャークの人々全員の階層は白シャーマンから生じている。シャーマンの長であるツノ *tuno* は、現在では古い宗教の擁護者の長である（ボガヤウスキー）。シャーマンであるツノの魂は創造主により「教育」され、彼は疑うことなく白シャーマンとなる。ツノの他にも祭司がいて、祭司はツノ自身か、彼の助言の下のいずれかにより選ばれる。多くの場合、ツノとしての職業と知識は父から息子へと伝えられるけれども、しかしツノに関する必要な知識を学ぶ好機を得た誰もがツノになることができる（ボガヤウスキー）。

ボチャークの人々の間には(a)永久的 permanent、(b)一時的 temporary なシャーマンの分類がある。後者は幾つかの特別な供儀の実行のために選ばれる。これらの他にも、ツノによって任命される第二の祭司（*töre* とか *parchis*）がいる。その昔、黒シャーマンはボチャークの人々の間にもいたけれども、丁度黒シャーマンにより主に白シャーマンが立ち退かされたヤクートと同じように、黒シャーマンは白シャーマンに譲歩した。昔のボチャークの黒シャーマンは普通のソーサラー（呪者）に変わってしまった。彼は病人を助け、呪文を通じて迷った牛を見つけることができる。しかし、これらの全ては神々とどんな関係もない。他の種類のソーサラー（邪術師）は全ての人々に恐れられ、嫌われている（ボガヤウスキー）。ツノが創造主のもとで教育を終えたとき、後者は呪者の住む場所に候補者である生徒を連れていく。彼は候補者達を審査して、十分に答えた者には、彼は人を呪術にかけるとか、打ち破るための許可を与える。

一〇　シャーマンの装具(Chapter X. The Accessories of the Shaman)

精霊を呼び出す力　毎日の生活においては、シャーマンは時折傲慢な方法による以外、他の人々と見分けがつかないが、精霊と交流するために従事しているときには、彼は特別の服と特別の道具を用いなければならない。これらのうちで、最も重要で最も一般的に用いられている一つはシャーマンの太鼓である。シベリア中で、シャーマンがいる所、そこには太鼓があると言われるかもしれない。太鼓はシャーマンを素晴らしい世界に運び、太鼓の音により精霊を呼び起こす力を持っている。

必須の装具　十八世紀の著者達、パラスやクラシェニーンニコフはシャーマンの服装に細心の注意を払った。恐らく、彼らは絵のような目立った服装に注意を引き付けられたに過ぎなかったけれども、今なおそれらの記述は、その象徴的な表現形式を通じて原初的な心に到達しており、現代的な試みの観点からして非常に貴重である。

シャシコフはシベリア中のシャーマンの服装に欠くことのできない種類を次のように列挙している――それは上着、仮面、帽子、胸に銅か鉄の板である。サモエードのシャーマンは、ハンカチーフで両目を覆うように結んで仮面の代わりに用い、内部の視力により精霊の世界に進入することができる。このハンカチーフを用いることはウエアービッキによっても言及されており、北アルタイのシャーマンは髪を目に入れないように保つために額を一周するように着けている。これら四つの装飾――上着、仮面、帽子、銅か鉄の板――は新シベリアだけで用いられ、それゆえ古代シベリアの間での服装はそれほどに複雑なものではない。さらに、それぞれの民族はシャーマニスティックな儀礼において、主要な部分を演じるための若干の特定の物を持っているという。

グメリンはツングースシャーマン特有の服装について記述し、その中で通常のシャーマニスティックな衣服の一点に鉄の装飾をした前掛けが着けられていると言っている。また、同様に注目すべきは、彼の靴下が鉄で装飾された皮でできていることであった。ギリヤークとオルチの間で非常に重要性を持ったものは、シャーマンの帯、ガードルであるという(シュレンク)。ブリヤートの間では馬の形をした杖(シャーマンの杖)などである(アガピートフとハンガローフ)。勿論、鉄や銅の飾り物はとりわけ新シベリアと関連付けて考えられるように思われる。

三つの要素・神聖な装具　ミハイロフスキーに従えば、シベリアの至る所で用いられているシャーマニスティックな儀礼の付属品として、服装全体には特別に重要な三つの要素があるという。それは、(1)シャーマンは彼の奇抜な服装により人々の目に心からの感銘を与えることを望む。(2)鈴の鳴る音や太鼓の音は人々の聴覚の感覚に印象を与える。(3)最後に、象徴的な意味がこれらの付属品や装飾に取り付けられていることで、信者やとりわけシャーマンにだけ知られた意味、またシャーマニズムの宗教的概念と密接に関連していることである。このようにミハイロフスキーは言う。しかし、この解釈だけでは、霊的世界とこれらの物の全体としての重要な関係を明らかにすることはできない。それらは非常に重要である。というのは、精霊は正式な服装と道具を用いていない限り、シャーマンの声や太鼓の連打が聞こえず、またそれらは超自然的存在や危険な呪力と関係しているがゆえに神聖であるからである。これらの付属品はシャーマン以外には誰も用いてはならない神聖な存在であり、さもなければそれらはいかなる結果を生じさせることも無力である。それは良いシャーマン、本当のシャーマンに限られ、彼はシャーマンの服装を全て所有することができる。

装具の作成と鍛冶屋　古代シベリア人の間では、通常全ての付属物を作ることができるのはシャーマン自身に限られ、それらは精霊が彼らに許可を与えたときだけである。アルタイの現地の人々の間では、上着とフクロウの皮の帽子を着ける権利を持っているのは全てのシャーマンというわけではない(ポターニン)。ヤクートの間では、特別な服装の装飾を引き受ける鍛冶屋さえもが、正式に相続しなければならない。もし、シャーマニスティックな装飾を作成する鍛冶屋が十分な数の先祖を持っていないならば、また彼がハンマーを叩く音や火の白熱の光によって至る所が囲まれていないならば、そのとき曲がったかぎ爪と嘴を持った鳥が彼の心臓の一部を引き裂くであろう(シェロシェフスキー)。このような理由で、鍛冶屋の使命はシャーマンのものとして、次のような重要な問題がある。現代においては、世襲鍛冶屋の部類がなくなって以来、ヤクートの間でシャーマンのために上着を作ることは実際には不可能である。ツングースシャーマンの衣服の一点に関する説明について、グメリンが出会ったシャーマンが、なぜ古い帽子が燃やされ、精霊は新しい帽子を彼に承諾しなかったのかを、帽子を持っていなかった理由と関連させている。ブリヤートシャーマンに関して、精霊が彼らに太鼓を作る許可を与えないままになって以来、シャーマンの多くは太鼓を持っていなくて、それゆえに儀礼においてそれぞれ他の物を斜めに互いに叩く二本の長い棒が代わりに用いられているのを彼は観察している。ミハイロフスキーは、ハンガローフがブリヤートシャーマンの間での太鼓に関する一つの事例を見たに過ぎない、その事実の説明を述べた上記のような記載を引用している。

シャーマニズムの衰退化について、ミハイロフスキーは義務として、いかに神聖な道具を準備するかを知っている幾人かは、呪術的な習慣が衰えているとみなしているという。しかし、ブリヤートの太鼓の消滅に関する説明は真実ではない。それはブリヤートの装飾に関する他の重要な点、馬形の杖に関しての作成どきの等しい細心の注意を要求することに関して考慮に入れられなければならないからである。その注意なくしては、シャーマンはいかなる主要な儀礼をも実践することができない。通常、それらは樺の木材で作られており、誰がというのでなく、五回目の神聖化の儀礼を通過したシャーマンは鉄の馬形の杖を用いることを許されている(クレメンツ)。ラップランドの人々は大いに太鼓に注意を払い、太鼓を柔らかい毛皮で覆って保存しておく。女性はそれには触らない。

A　古代シベリア人の装具

古代シベリア人の間では、シャーマンの服装の形や質に関して、厳しい規制がない。服装の独創性はもっと後になって追求されることであり、ときどきチュクチのシャーマンはアメリカ海岸からもたらされた若干の古い上着を取り入れていると、ボゴラスは私達に語っている。チュクチの人々はよく知られた上着を覆う肩飾りや表現に類似したものが何もなく、それらは一般にヤクートやツングースの間で用いられているものである。そして、恐らくはそれらは後になってユカギールや恐らくはカムチャダールから借りたものであったのであろうという（ボゴラス）。

シャーマンの服装　チュクチの人々の間で、固有のシャーマンの服装がないのは、シャーマンが家の部屋の寝室の暗い場所、その中は暖かくて息苦しい空気で、彼らは上着を脱ぎ、上体が裸でシャーマニズムをせざるを得ない状態にあり、彼らは儀礼を実践していたという事実により説明されるであろう。ボゴラスが話しているシャーマニスティックな衣服は上着と帽子に関してだけである。私が知っている限りではと、彼は次のように言う。「他の近隣の民族間では、勿論女性シャーマンは外に標徴の印を持っていないし、男性シャーマンに対してだけ与えられている特別のシャーマニスティックな服装を彼女らが用いることもまたない」（ボゴラス）。そして、この供述の後に男性シャーマンの衣服と女性の風習により採用した一定の民族の間での習慣は、また変わったものとして表している。それは、シャーマニスティックな上着は僅かに上に開いた袖回りか、それとも襟より僅かに下の首回りの房飾りにより特徴づけられている。この上着はシャーマンか、あるいは病人により採用されるかもしれない。房飾りの他にも、なめし革で装飾した切り込みがある。これらの切り込みと房飾りは、通常天の川の曲線とジグザクを象徴していると言われている(ボゴラス)。
しかし、もし私達が、チュクチのシャーマンがツングースシャーマンを見習ったという他の多くの方法を思い出すならば、私達はシャーマニスティックな上着の切り込みと房飾りの両方には、同じ模倣の他の実例もあると結論を下すかもしれない。ボゴラスの著書で示された衣服には、衣服の前に「生命力」の象徴が描かれており、それらは心臓の形を帯びたものである。それは皮を球のように作り、トナカイの毛で満たしたものである。皮と同様に、他の形状はシャーマンに対する「支援」の精霊を象徴している。また、シャーマニスティックな帽子は、その頂点にある飾り房と右側に二重の長い飾り房の房飾りで補充されている。飾り房は呪術的な目的で採用した形式で、つまりそれらは白と黒の毛皮を交互に飾ることで形づくられている。上に隙間がある房飾りのような飾りのある他の帽子は頭痛療法のためにシャーマンによって用いられる(ボゴラス)。

シャーマンの小道具　これらの衣服について追加すると、チュクチのシャーマンは彼の儀礼においてたくさんの小さな道具、たとえば刀を用いる。その取手、柄には呪術的な目的で一枚の小さくて平らな象牙の一部が装飾され、その刀は動物の体を切り開くときなどに通常使われる。シャーマンの象牙の刀は三本の革紐でしっかりと留められた形で作られている。一本は、暗闇の方向から、足以上に長い腕を持ったフクロウの精霊を象徴している。一本の腕と一本の足だけの真ん中の表現、それより上の二つの目はフクロウの精霊を象徴している。三本目の表現は、シャーマンが敵からゆっくり徐々に送られてくる「呪力」を、シャーマンは命令を為すことを開始するために、それを途中で捕らえ、徹底的に抑制することを象徴している。
また、垂れ飾りや房飾りをしたこれらの異なった魔除けは、シャーマン自身により皮や数珠玉で作られ、体や衣服のさまざまな箇所にしっかりと留められる。それらは「しばしば中央に房飾りの付いた丸い皮の当て布」でチュクチ、コリャーク、アジアイヌイットの間では高い効力のあるお守りとみなされている。それらのお守りは、上着の胸や肩、また体の病気に冒された部分に対抗して縫い付けられる。「守護神」の象徴は真ん中の場所にあり、しばしば女性や踊る人、戦士の装飾的な外観、容姿と取って代えられている。これらに関しては、すでに述べたのと同様に、これらの飾りは呪術的で装飾的な目的の両方に役立っている。

重要な太鼓　シベリアの全てで、シャーマニスティックな儀礼において最も重要なものは太鼓で、チュクチはアジアとアメリカイヌイットの両方に共通した太鼓を用いている。ただ、トナカイを飼育し沿岸に住むチュクチにより用いられている太鼓は、北西アジアのヤクート、ツングース、コリャーク、カムチャツカ、そしてユカギールの人々に採用されている太鼓と異なっており、むしろ南の形態である。南の太鼓は大きくて多少楕円形の形状で、四箇所を自由に縛って保たれており、太鼓の内側は堅い輪でしっかりと留められている。これら縛った紐の他の端は真ん中で出合い、そこに彼らは小さな紡ぎ車か十字を縛り付け、他のいかなる支えもない。手でしっかりと握られた太鼓に、これらがゆるく吊り下げられているとき、それらは揺り動かされ、振り動かされて随意にその位置が変化する。太鼓を叩く撥は木材で作られ、それは皮かなめし革で覆われている。

チュクチの太鼓　チュクチの太鼓は木製の柄で作られ、木製の堅い輪で精力的に激しく打つ。円形に近い形状の堅い輪の直径は四十から五十センチメートルある（バルフォア）。上端は非常に薄い皮、通常セイウチの胃袋を乾燥させた皮で作られる。皮を引き伸ばすには水か酒で湿らせ、縁は腱で作った紐で縛られ、この紐の端は柄にしっかりと縛り付けられる。太鼓は非常に軽くその重さは半ポンド〔227g〕から一ポンド半までである。その太鼓を叩く棒、撥は目的によりさまざまで、どちらかというと細く、三十か四十センチメートルの長さの鯨髭を剥いだ軽い撥であるか、六十か七十センチメートルの長さの木製の撥で、ときには毛皮の房飾りで装飾されている。前者は夜に部屋の中で呪術的な儀礼を行なう間に、後者は日中の間にテントの外で儀礼的実践を行なう間に用いる（ボゴラス）。家族があちこちと移動しているときには、太鼓を覆う皮は取り外され、折りたたまれ、必要なときに戻して用いるまで、堅い輪にしっかりと縛られる。冬の家では、太鼓は寝室の前にあり、夏のテントでは神聖な炉板の近くに掛けられる。

コリャークシャーマンの太鼓　コリャークや他の古代シベリア人のシャーマンの装飾について、ヨヘルソンは次のように説明している。「コリャークのシャーマンは自身の太鼓を持っていなくて、彼らはシャーマニスティックな儀礼が行なわれる場所の家の家族に属する太鼓を用いる。彼らは特別の衣装を着なくて、少なくとも私が観察したときには、普通の服を着ていた」と。人が刺繍した上着、それは古代シャーマンの衣服としてヨヘルソンが購入したものなのだが、それは鯨祭りの間に用いる通常の男性の舞踏用の上着に非常に似ているが、非常に精巧であった。コリャークの太鼓はシャーマンに属さないで、家族に属している。太鼓は楽器として、また家の長が神聖な目的の両方に用いている。喜んで誰もが太鼓を叩くことができるが、そればかりか通常いかにして太鼓を用いてシャーマニズムをするかを知っている有能な人がいる。

コリャークの太鼓　コリャークの太鼓、イアイ *yyai* は楕円形で、片方だけトナカイの皮で覆われ、その直径は七十三センチメートルである。太鼓の撥は太めの鯨の髭で作られ、端がより広くて、それで太鼓を叩き、この端はオオカミの尻尾の毛皮で覆われている。太鼓の内側の四箇所の縁に、イラクサ繊維の二重の紐がしっかり留められ、柄より下で結ばれている。これらの紐は太鼓の一方の方向に向けられている。内側の縁の頂点には鉄のガラガラが取り付けられている。ヨヘルソンは、このガラガラを付ける習慣はツングースから借りたもので、コリャーク全ての太鼓がそれを所有しているわけではないという。

カムチャダールの太鼓　カムチャダールの間では、見たところシャーマニスティックな衣服や太鼓はない。この地域の初期の二人の旅行者、シュテラーとクラシェニーンニコフは誰もが、特に女性はシャーマニズムすることができ、それゆえにこの職業は特別な服を必要とするに十分でないと言っている。

ユカギールの太鼓　ユカギールの太鼓は粗い楕円形である。それは一方だけが皮で覆われている。太鼓の内側、中央近くに鉄を交叉させ、それが柄としての役割を果たしている。交叉した十字の端には、その縁に四つの鉄のガラガラが取り付けられ、革紐でしっかりと留められている。ユカギールとヤクートの太鼓の間には、鉄のガラガラ、鉄の十字、一般的な形状ばかりでなく、縁の外側表面の小さな突起に至るまで大いに類似性があり、それらの突起はヤクートに従えば、シャーマンの精霊の角を象徴している。太鼓を叩く棒、撥はトナカイの足の皮で覆われている。ユカギールでは、金属を付加していない太鼓の伝統、鉄の部分はヤクートから借りたものであることが、未だその跡をたどることができる。太鼓に対するユカギールの言葉はヤルギル *yalgil* である。それは「湖」を意味し、つまりシャーマンが闇の世界に下るために潜水する湖を意味している。

イヌイットの太鼓　これは、シャーマンの魂が下界の海の女神セドナ Sedna の所に下りるという考えと大いに類似している。イヌイットの太鼓はあまり大きくない。最大のものはハドソン湾で発見されている。それらは、どちらかと言えば左右対称的な楕円形か丸く、木製の柄が縁にしっかりと取り付けられている。マードックはイヌイットと同じものがグリーランドからシベリアまで使われているという。チュクチと同様にイヌイットは棒、撥で太鼓の下の部分を打つ。コリャークの太鼓は下から叩き、太鼓は斜めの位置で保たれている。他のアジアの太鼓はほとんど中央で叩かれる。南に住んでいるイヌイットの人々の間では、シャーマニズムの目的として、同じように舞踏用の家で広い縁の太鼓が用いられているのを発見する(ヨヘルソン)。

ギリヤークの太鼓と腰帯　ギリヤークシャーマンの最も重要な付属品は太鼓カス *kas* とシャーマンの腰帯ヤンパァ

yangpa である。シュレンクは、それらについて次のような説明を与えている。「ある夜、私がユリ村のテントの中に座っていたとき、村人がシャーマンの太鼓二つと他の付属品を運んできて、私の要請に対して儀礼の準備に参列することを許可した。最初に、太鼓は火により暖められ、音がより鳴り響くように皮をピンと張るようにした」(シュレンク)。太鼓は山羊かトナカイの皮で作られ、太鼓を火で乾燥させ、太鼓が用意されている間に、シャーマンは準備を整えた。彼は外套を脱ぎ、前掛けを着けて、草で編んだ紐を頭の周りに結び、その端は編んだ髪のように肩越に垂れ下げた。そして、彼はたくさんの鉄の板や銅の輪、他の金属製の垂れ飾りの付いたシャーマンの皮の腰帯を取り上げた。それらはシャーマニスティックな踊りを踊っている間に高いガチャガチャという音を鳴らす。この腰帯はオルチの方言でヤンパァと呼ばれている。その主要な垂れ飾りは小さな浮き彫り細工で飾った大きな銅の円盤で満州の影響が見られ、最も重要な音を立てる。勿論、多くの鉄の輪、多くの不規則な鉄の断片もあり、それらは非常に高い音を立てる。また、二つか三つ鉄の板を巻き付けたもの、最後につまみのない幾つかの小さな銅の鈴などがある。腰帯にこれらのものを全て着けると、背中にも一緒に吊るされる。このシャーマニスティックな腰帯はかなりの重さがある(シュレンク)。

ギリヤークは古代シベリア人に属しているとはいえ、金属の付属品はツングース起源と思われるが、同様に幾つかは彼らの文化の特徴となっている。シャーマンは通常の衣服として鉄で飾った前掛けを上に着けていることを、ツングースシャーマンの衣服に関するグメリンの報告で私達は読んだ。このことはシャーマンの上着の前掛け形式は、むしろギリヤークによりツングースから借用されたもの、逆もまた同様であることを暗示させる。

B　新シベリア人の装具

新シベリア人の間では、彼らの人生哲学全てが太鼓に象徴的に代表され、大きな意味は彼らの衣服に付けられたさまざまな部分にある。

ヤクートシャーマンと鍛冶屋　これらヤクートの人々の間でさえも、「独特の指」を持っているがゆえに信用され、半分呪術的な位置を占有している鍛冶屋のように、シャーマンの衣服を飾ることを手助けする（シェロシェフスキー）。世襲の鍛冶屋は「魂」に対するさまざまな道具を持っており、自身で調和する音を発することができる。鍛冶屋は役目としてシャーマンに最も近く接近する人達で、ある意味では彼らと親戚関係にある。「鍛冶屋とシャーマンは一つの巣である」とコリマ地域のことわざでは言うように、シェロシェフスキーにより引用されている。「鍛冶屋はシャーマンの兄である」は、トロシュチャンスキーにより引用されたもう一つの格言である。鍛冶屋は、ときには病気を治し助言を与え未来を占うが、彼らの知識は単に賢さの問題で、呪術的な能力は持っていない。鍛冶屋の職業は、特に北ではほとんどが世襲である。九世代目の鍛冶屋が特定の超自然的資質と、より長い先祖からの家系、偉大な資質を最初に獲得する。精霊は一般に鉄の輪と鍛冶屋のふいごから出る音を恐れる。コリマ川流域では、シャーマンはシェロシェフスキーが金属製道具の容器を片付けるまでシャーマニズムをしないで、そのときでさえもそれらを悪運のせいにし、精霊は鍛冶屋

シャーマンの図
A Tungus Shaman in Ceremonial Dress,
My Siberian Year, 1916, p212より

を恐れ、そのために彼ら精霊は私の呼び出しに現れてこないとシェロシェフスキーに言った。

シャーマンの服装　シェロシェフスキーによれば、シャーマンの服装は主に上着からなっているという。それは毛の付いた牛革で、前が短く、膝まで届かず、後ろは地面に触れている。この上着の縁や表面には異なった目的で後ろにも装飾がなされ、それぞれの場所に独自の名前と意味を持っている。シャーマンの上着、それは古代シベリア人の間では儀礼用の衣服に絶対必要な部分はないが、新シベリア人の間では最も手の込んだ精巧なものである。

儀礼用の上着の意味するもの　言語学的にも、上着や太鼓に対する用語に因んで、好奇心をそそる珍しい点がある。ほとんどの新シベリア人の間では、太鼓全体には共通の名前タネル *tünür* やトンギャ *tüngür*、その他があり、またシャーマンの上着に関する用語クウム *kumu*、エレニ *ereni*、イマニヤック *manyak* は多様である(ウエアービッキ)。このことは、儀礼用の上着が儀礼用の太鼓よりも、比較的より新しく創案されたものであることを示している。シェロシェフスキーはヤクートの古老から聞いた装飾した上着に関する意味についての報告を私達にしている。それは次のようなものである。

①それは太陽が順調に回転し、小さな受け皿の円盤状で光り輝くように、その真ん中の穴に短い革紐を通し、両肩に吊り下げられている(トロシュチャンスキー)。

②中央に大きな穴がある以外、氷の穴は同じ形の円盤で、最初と同じ大きさである。それは長い革紐で最初の板を上か、下に吊り下げている(トロシュチャンスキー)。

③それは錫を巻いたもので長くはない。およそ親指ほどの大きさで、金属の輪か、ループ状の輪が背中に吊るされたものである。

④それらは指と同じ長さの平らな板で腰のくびれより上の背中にたくさん吊り下げられている。

⑤それは襟の下にぶら下げた音の出ない銅の鈴で、鳥の卵のような大きさの形をして、上部に魚の頭が描かれ、革紐か金属の輪で結ばれている。

⑥その二つの丸くて平らな円盤にはどんな絵も描かれていなくて、女性の帽子の飾りに類似している。

⑦それは小さくて短い、およそ四本の指の幅の二枚の板は体の両脇にしっかりと留められている。

⑧それら二本の指の幅の二つの長い板は両方の袖にしっかりと留められている。

⑨それは人差し指と同じ長さの銅の板（精霊 *Ämägyat, abagyta ämütiat.* それは *cmehet* と呼ばれ、多くの場所にある）で、手のひらと同じ広さの半分である。それは「足、手、頭、鼻、口、そして耳」など人に似せて描いた線画でも覆われているし、銅の円形の浮き彫り彫刻で、真ん中に人の形が彫られている（シェロシェフスキー）。

円形銅板の彫刻　彼の後ろに九世代を持った鍛冶屋だけが、精霊から彼自身危険なく、精霊アマギットと銅の板と（そのように記述しているのだが）を作ることができ、それはシャーマンがシャーマニズムを開始するときに、彼の胸に吊り下げる（シェロシェフスキー）。厳密には精霊アマギットが何を意味しているのか、それは個人的なのか、それとも非個人的力なのかどうかを決定することは困難である。精霊アマギットの言葉が、⑴不可視的な力と⑵可視的な象徴の二重の認識で用いられて以来、この目的に対するさまざまな論及を再吟味し続けなくてはならない。この章では、私達は後者に限定するつもりである。精霊アマギットを持たない欠如は、より重要でないシャーマン *kenniki oyuun* で、それを所有しているシャーマン *orto oyuun* と区別されている。これらの力、精霊アマギットの不完全な所有は「精霊の力」により変化する。偉大なシャーマンは、「精霊の守護者自身により彼らに力が与えられた」、そうした人々である（シェロシェフスキー）。

シャーマンと精霊アマギット　シャーマンの活動に関して記述したシェロシェフスキーは、シャーマンは彼の「精霊アマギットと他の精霊の守護神」に協力を懇願し、シャーマンに精霊アマギットが下ったときにだけ、シャーマンは熱狂した踊りを始めると言っている。また、家族が所属する成員の間にシャーマンを有するときはいつでも、シャーマンは家族を守り続ける。というのは、シャーマンの死後、精霊アマギットは、同じ氏族、アガウサ *aga-usa* と親密な関係にある誰かに、精霊自身再び具現化するように捜し求めるからである。別のところでシェロシェフスキーは、「精霊アマギット」は「全く個別的な存在で、ほとんどの場合、それは過去のシャーマンの魂であり、ときにはそれは最高位の存在に次ぐ一つである」と言っている。

人間の体は偉大な神々のそれと等しい力を持った存在として連続的に持続することはできず、それゆえにこの精霊守護神(もしアマギットがそのように呼ぶことができるなら)は体内に長期間住むことができないで、シャーマンの側近くにいて、彼の助手として重要な瞬間にやって来るか、あるいは彼が必要とするときはいつでもやって来る(シェロシェフスキー)。「シャーマンは、精霊アマギットの手助けによってだけ、見ることや聞くことができる」とシャーマンのティウスピィツはシェロシェフスキーに言った。

少なくとも、精霊アマギットの所有はシャーマンに依存しているのではなく、事故のときや上からの命令などいずれかのときにやって来る。シャーマンのティウスピィツは全く偶然に精霊アマギット(ツングース独自の)を獲得した。死により、偉大なシャーマンは彼らと一緒に精霊アマギットとなり、こうして天国の存在に変じる。彼らの多くが元シャーマンで、もし精霊アマギットがこのような方法でこの世を去らないならば、そのとき間もなくか、後で精霊アマギットは自身で地上に姿を現すであろうと(シェロシェフスキー)。トロシュチャンスキーは、ヤクートシャーマンの上着で最も重要な装飾は精霊アマギットで、それは人間を象徴しているという。彼が複製した上着の上、左脇には銅を溶解して作った精霊アマギットがいる。他の上着には、諸精霊アマギットは胸の両脇に付けられ、錫で作られている。精霊アマギットはシャーマンの職業の標識であり、それは常に古老シャーマンから若いシャーマンに与えられる。それはシャーマンの先祖であり守護神の象徴とみなすことは、全く可能であるとトロシュチャンスキーは考えた。

精霊アマギットの継承　シャーマンの準備段階について言えば、ヤクートのシャーマンは年上の古老シャーマンから教わり、古老シャーマンは彼の首回りに精霊アマギットを掛けることにより彼に伝授する（トロシュチャンスキー）。この精霊アマギットの象徴はもはやシャーマニズムをすることを望まなくなったシャーマンから引き受ける。しかし、一人の目の不自由な年老いたヤクートがいかにしてシャーマンの職業をやめたかについて、それは強力なシャーマンが彼から精霊アマギットの標識を無理に取り上げたところ、それは罪と考えられ、それで精霊は彼の目を不自由にしたと、シェロシェフスキーに語った。家や家族を保護する象徴的な守り神、アマガルデズ（モンゴル語で *ämägäldzi*）は錫で作られている。カタノフによれば、この言葉は祖母、アマガン *ämägän* に由来しているという。

⑩魚は一メートルの長さの板で、二本の指幅、頭、ひれ、尾と鱗を持った魚の形に作られている。それは長い革紐で吊り下げられている。コリマ川流域のような若干の場所では、それは第二の精霊をそそのかすために大地を引きずり、精霊はそれを後から追いかけ、それを捕まえようとする（シェロシェフスキー）。

⑪中が空洞の小さな銅の玉は、踵に届くように長い革紐の端にしっかりと括り付け、上着の縁の低い所から房飾りのように吊り下げている。この房飾りは雑草と呼ばれている。上着は、前は簡単である。そして革紐で胸の上あたり、顎の下で子馬の舌の形の飾り留め金でしっかりと留められている。上着の前には動物、鳥、魚、さまざまな円盤、太陽、月、星の象徴、人間の骨格や腸を表現した若干の鉄などの飾りが縫い付けられている。

北では、この衣装の飾りが欠けた場合、シャーマンは女性の子牛皮の上着を着て、髪の毛を外側にし、時折最も重要な幾つかの鉄の付属の飾り、二つの「太陽」（あるいは太陽と月）、魚と円盤などを裾に吊り下げる。またときどき二つの丸い輪、それは胸を象徴し、前に吊り下げられている。評判の良いシャーマンの衣服は、およそ三十五から四十ポンド〔18kg〕の鉄を必要とする。北では、シャーマンは女性の旅行用の耳覆い付きの帽子を被っているが、これはより南の地域では見られず、シャーマンは多くの場合無帽である。

一般的な信仰に従えば、シャーマンの上着の鉄とチリンチリンと鳴る垂れ飾りはさびを抑え、魂を所有しているという。シャーマンは、見習いの助手、つまり役割を持った人の手から上着を受け取り、彼の呪術的な上着を肌近くに着て、儀礼の間中大声で「よし！本当だ！シュウ！シュウ！」と叫び、そして別の方法、たとえばシャーマンを手助けする助手は太鼓などを用意する。

ヤクートの太鼓　ヤクートの太鼓は、シェロシェフスキーによればトンギャ *tüngür*、またトロシュチャンスキーによればタナー *tünür*、あるいはダナー *dünür* と呼んでいる。常に、太鼓は卵形で、若い雄牛の皮で覆われている。太鼓の最も長い部分の直径は五十三センチメートルで、縁の幅十一センチメートル、柄の長さ三十二センチメートルである。柄の広い部分は牛革で覆われている。ヨヘルソンによれば、太鼓の音を起こさせる十二音階の表現があるという。シェロシェフスキーによれば、常に太鼓の音は七、九、十一の奇数の音階であるという。内側の十字は革紐により縁に取り付けられている。小さな鈴、リンリンと鳴る小さな装身具、鉄や骨などガタガタなる他の物は縁の周りの内側に、特に革紐でその場所にしっかりと括りつけられている。

太鼓の用語　太鼓、タンガァ *tüngür* の用語は多くの新シベリア人の間では太鼓に対する普遍的な共通の名前と思われているし、ときどきは「*t*」が「*d*」に代わってダンガァ *düngür* の語形が与えられていることもある。満州では、太鼓はタンケン *tunken*、モンゴルではダンガァ *düngür*、アルタイではトンガァ *tüngur*、ウリヤンカイではドンクァ *donkür*、ソイトとカラガスとではトングァ *tüngur* である。ヤクートの間では、言われているようにタナー *tünür* と

ダナー *dünür* の二つの太鼓の名前がある。マックはウスリー川〔アムール川支流〕のヤクートが、シャーマンはタナーの他にも、弦楽器ダナーを勿論持っていると彼に説明したことを記録している。また、ヤクートの間でのタナーの言葉は常に婚姻を通じての「縁結び」、親族関係テノロッタ *tünürüttür* の意味も持っている。トロシュチャンスキーは、この二重の意味は偶然でなく、つまりシャーマンは元々家族の長であり、太鼓はシャーマンと共同体との両方を結びつけるもの、同様にシャーマンと精霊との間を結びつけるものとみなしていたと考えている。

楽器　太鼓の他にも、シャーマンは他に二つの楽器を用い、その一つはロシアのバラライカ（バンジョウの一種）のような弦を有する楽器である。他にはユダヤの竪琴として知られているような楽器で、長い木製か、金属の舌を持った小さな骨組みからなり、指で弾き、楽器の狭い端は歯の間で保たれ、口中が共鳴板になる。ヤクートの間で、ハム *homus* と呼ばれるユダヤの竪琴は、他の新シベリア人はそれを用いることを知っているけれども、明らかにシャーマンの楽器ではない。イルクーツクからブリヤートの間では、この楽器（口琴）がシャーマンにだけに用いられている（カタノフ）。勿論、この楽器はウリヤンカイの人々にも当てはまる。ソイトでは楽器をコマス *komus* と呼んでいるが、アルタイ（狭い意味での用語として用いている）でも、コマスの言葉があり、ロシアのバラライカに似た弦楽器を指すために用いられ、シャーマンだけが奏でる（ウエアービッキ）。キルギスではシャーマンの太鼓をコバズ *kobuz* と呼んでいる。ウエアービッキによれば、アルタイでは英雄の物語を語る伴奏として、二弦の楽器（*kabys* か *komus*）を用いている。

装具を持たないシャーマン　ときどき、少数ではあるが太鼓なしで、また特別な衣服なしのシャーマニスティックな儀礼がある。シャーマンは部屋の中央に普段着のままで、小さな椅子に座り、手には白い馬の毛の束で装飾した枝、それは三とか五、あるいは七など、決して偶数でない数のものを持っている。火はこれらの儀礼では消さないで、一部の馬の毛が火の中に投げ入れられる。シャーマンは踊らないけれども、歌を歌って火の周りをぐるぐると回る（シェロシェフスキー）。

白と黒シャーマンの装具　トロシュチャンスキーは、ヤクートの間では、白と黒のシャーマンは異なった上着を持っていると考えた。白シャーマンの上着には、動物の絵が描かれていない。なぜならば、精霊の守護神は善なる精霊アイ *aiy* に属し、動物の絵によっては象徴されないからである。黒シャーマンの上着には、太陽の表示は決してない（トロシュチャンスキー）。というのは、これらの太陽は白シャーマン特有のものであるからである。二人のシャーマンの太鼓は、勿論異なっている。トロシュチャンスキーが、シャーマンの衣服に関して、かなり多くのことを知っているヤクートの老婦人に対し、特定の太鼓を示したとき、彼女は馬の毛が太鼓の内側の縁周りに鉄でしっかりと留めているのを確認して、直ちにそれを白シャーマンの太鼓として認めた。

民族と氏族の違いがシャーマンの上着に存在し、それは鋭い線が黒と白のシャーマニスティックな衣服の間に描かれているかどうかを言うことは困難である。トロシュチャンスキーはこの二元的な概念に多く影響されているけれども、私が所有する二、三の非常に不完全な写真の資料から判断することは賢明ではない。しかし、古代シベリア人に関するシャーマンの道具を二元的に分割して記述した著者も、また新シベリア人に関して記述した僅かな著者のものも、どちらでもないことに気づくべきである。

上着の装飾・先祖の象徴　ポターニンは、ウリヤンカイの人々のシャーマンの上着に、なぜ他の物と一緒に、左側に小さな太鼓の形をした人形があるかについて記述している。人形を付けた同じ紐に結ばれた人形は、実際にシャーマンにより供儀された動物に似た、他の小さな形の動物であった。この重要性は明白である。シャーマンの先祖は、シャーマンの上着に象徴的な形で住んでいる。このように、もし私達がシャーマンの先祖の象徴として精霊アマギットを付けているとすれば、ウリャンカイのシャーマンの上着の小さな人形はヤクートの間では精霊アマギットの代わりとなるであろう。トロシュチャンスキーの著書に書かれたシャーマンの上着の骨の形状は、恐らくはシャーマンの先祖に帰さなければならない。というのは、それに全く近いタカの翼を縫い付けているのは、シャーマンが飛ぶか、翼を意味する以外に何ものでもないからである。

上記で言ってきたことから、私達はここでシャーマンの先祖を象徴する三つの方法、つまり、人形、精霊アマギット、骨について論じなければならないと、人は思うかもしれない。しかし、精霊アマギットが他の象徴のいずれかと並んで見出されようとされまいと、そのことを知ることは興味あることである。もしそうであるなら、精霊アマギットが先祖の精霊の象徴であるばかりでなく、その原因をつくる意味を持っている可能性がある。ヤクートの上着においては、骨は精霊アマギットと独立して存在している。アルタイの人々の上着はポターニンにより記述されており、人形は精霊アマギットと並んで発見される。トロシュチャンスキーとシェロシェフスキーの二人は、精霊アマギットをあらゆるシャーマンの上着には欠かすことのできない装飾として記述している。

上着の持つ力　シャーマンの上着はそれ自身で非個人的な力を所持している。それは上着に対して分類した名前の他にも、精霊の名前（モンゴル*ongor*、ヤクート*tanara*）を持っているという。この上着を身に着けることにより、シャーマンは超自然的な力を受け取り、そのことにより天上界や地下界に行き、精霊に会い精霊と論じることを彼に許す。それは、ヤクートの間で「シャーマンの馬」と呼んでいる。全体として、上着はシャーマンの精霊タナール*tanara*であり、上着のそれぞれの象徴的な絵は、勿論彼の精霊、守護霊である（トロシュチャンスキー）。上着に関して、他の解釈がプリプゾフにより与えられている。彼は、穴の開いた太陽と半分の月の絵は、精霊の王国に君臨する夕闇を象徴しているという。奇形なものとして上着の先端に吊り下げられた奇妙な動物や魚、鳥などは、精霊の国に居住するものであるという。

背中に吊り下がっている鉄の鎖は、幾つかはシャーマンの力の強さを意味し、その他はシャーマンが精霊の国に旅するときに用いる指針を意味している。鉄の円盤は敵の精霊の打撃からシャーマンを守るためにそこにある。ポターニンはアルタイの先住民と北西シベリアの間のシャーマンの衣服に関して、興味ある説明を私達に与えている。彼によれば、それはアルタイ先住民の間では比較的良い保存状態にあるという。

上着の垂れ飾り　シャーマンの上着は羊かトナカイの皮で作られている。外側の全ては蛇の形をした変化する長さの垂れ飾りだらけで、多くが色付けされた部分の素材を上着に縫い付けている。蛇の頭からなる垂れ飾りは自由に吊り下げられている。トナカイのなめし皮紐の束も、あちこちに縫い付けられている。上着、マニャック *manyak* の用語はアルタイ先住民により、全体に上着と同じように小さな垂れ下がりの意味として適用されている。さまざまな象徴的な形状、チリンチリンと鳴る垂れ下がり、そうしたものとして鉄の三角形、敵の精霊と戦う小さな弓と矢などを上着にさらに見つけることができる。背中や上着の前にときどき二枚の銅の円盤が縫い付けられている。一人のカム(シャーマン)が内側に架空のタバコと一緒に、彼の上着に四つの空のタバコ袋を持ち、それは彼がその地域を歩き回っている間に精霊に供えるものであった。

襟飾り　襟はフクロウの羽で飾られている。ポターニンによれば、一人のカムは七つの小さな人形を襟に付け、それらは天空の乙女であった。二、三の鈴があちこちに縫い付けられ、より繁盛して裕福なシャーマンは九つもの数の鈴を持っている。一人のカムがポターニンに、鈴が鳴ることは七人の乙女の声で、それらの象徴が彼女達に下りてくるように精霊を呼ぶため襟に縫い付けられていると話した。

上着と帽子　アルタイシャーマンの帽子は子供トナカイの皮の四角い部分で形作られている。一方には二つのボタン、他方にも二つのボタン穴がある。頂点には羽の束が縫い付けられ、紐と貝で作った房飾りを縁の下側から吊り下げている。これは後ろの二つの側でボタンを掛けて頭に置き、このようにしてシャーマンの頭の上で円筒形の帽子を形作る。もし、皮が硬いならば、その羽と一緒に帽子の頂点は宝冠のように突き出す。テレウト（アルタイ地方）の一部のシャーマンの間では、帽子は茶色のフクロウの皮で作られ、羽は装飾として残され、ときどき鳥の頭も残される。

上着のマニャックとフクロウの皮の帽子を被ることのできる人は、全てのシャーマンというわけではない。一般に精霊は、いつシャーマンが帽子を被るのかを、選ばれたシャーマンに告知する。チャーンのタタールの人々の間では、シャーマンは眉毛と口髭のためにリスの尻尾の仮面をつける。同じタタールの人々の間では、ヤドリンツェフは二本の杖の使用に注目し、その一本は鍵状に曲がり、他の一本は馬、つまりブリヤートの馬形の杖（シャーマンの杖）に類似したものであると想像した。

アルタイの太鼓　ポターニンがアルタイ先住民と北西モンゴルの人々の間で見た全ての太鼓は形が丸かった。ヤドリンツェフは、チャーンのタタールの人々は楕円形の太鼓を持ち、東部シベリアの人々の卵形太鼓に似ていると言っている。アルタイの太鼓は、人間の手のひらと同じ大きさの金輪のタガがついており、皮で一方を覆っている。太鼓の内側には、垂直に木製の棒と水平にガタガタと鳴る鉄の弦を取り付けたものがある。太鼓は木製の棒で保たれ、棒と鉄の横弦とは一緒に交わっていない。

アルタイ先住民により呼ばれている木製の垂直棒は、他の北西民族の間ではさまざまな名前を持っている。木製の垂直棒は上に人間の頭、下の二つの端に足を持っている。上部の部分には、しばしば非常に厳密に刻まれた両目、鼻、口、顎の彫刻が施されている。アルタイでは水平な鉄の支柱をクリッシュ *krish* と言い、そこからさまざまな鉄のガラガラが吊り下げられている。鉄のガラガラの数はシャーマンの能力により多様である。それは、シャーマンがより多くの精霊(*chayu*, ポターニンはこの言葉を「精霊」と訳しているが、しかしそれはむしろ「精霊的力」を意味していると思われる)を所有するほど、さらに多くの鉄のガラガラが太鼓に発見され、それはシャーマンにより所有されている精霊の数の指標でもある。木製の垂直棒の顎の形をした下には、長くて派手な素材の一片がしっかりと括り付けられている。ラドロフはこれをヤラマ *yalama* と呼んでいる。太鼓の隠れた部分には、ときには太鼓の両側に、ときには内側にだけ、円や十字が赤い染料で描かれている(ポターニン)。一部のアルタイの太鼓には、北アメリカの先住民と同じように、太鼓に動物を描いている(ヨヘルソン)。

タタールの太鼓　チャーンとクーマンディンスク(北西カザフスタン)のタタールの人々の太鼓はアルタイの太鼓と異なっている。そして垂直棒や支柱、チリンチリンと鳴る板の代わりとして、ここには二つの世界の表現がなされ、天上界と地下界が水平な線で分離され、それらは上と下の二つの部分に太鼓を分割している(ポターニン)。チャーンのタタールの太鼓の外側には、動物と植物の絵が見つけられる。より上部で大きな部分の半円形には空の模様が、その内側にはそれぞれ鳥と一緒に二本の木が描かれている。木の左側には二つの円、明るさと暗さとで表した太陽と月がある。水平線の下にはカエル、トカゲ、蛇などの絵がある。この図案が、他のどんな自然や超越的存在のシャーマニスティックな光景よりもさらに象徴的に描写されているがゆえに、独特の重要性を持っている。残念ながら、ポターニンとクレメンツの多くの貴重な研究について、あまりにも信頼できる性格の資料がとても少ない。概して、北西アジア、特にその南の地域における先住民の太鼓は水平な線により上と下の世界に分割して描写することで装飾されていると言ってさしつかえない(ミハイロフスキー)。

太鼓の象徴的意味　次に、この同じ装飾に関する解釈がミヌシンスク(エニセイ川流域)の近隣に特有な太鼓の研究として、クレメンツにより与えられている。彼の情報は高い地位の一人のシャーマン、カムにより与えられた。全ての太鼓が同じ方法で装飾されていることは決してないとはいえ、それでもこのゆえに、私達は太鼓と飾りの意味するアルタイやモンゴルの概念を具体的に表現した一定の伝統的法則を認めるであろう。
（A）太鼓の下の部分：(1)白で描かれている部分は「豊かな樺の木」で、供儀の年中行事が催される周りの樺の木をそれとなく暗示している。(2)白で描かれている部分はウルウハーン Ulu-khan の国に生えている二本の木。(3)と(4)白いカエルと黒いカエルはウルウハーンの召使い。(5)精霊は、七つの巣と七つの羽により連想させる精霊。(6)七人の乙女達、これらは人間に七種の病気をもたらせる。(7)歯痛や耳痛を治すために誰かに祈りが捧げられる。(8)火の母。
（B）太鼓の上の部分：(1)オーロラ。シャーマンはこれをオーロラと解釈する（ポターニンの記述からは、夜明けなのかオーロラの光を意味しているのかどうかを決定することは不可能である）。(2)太陽。(3)二羽の黒い鳥。シャーマンからシェターン *shaytans* に向けて使者として飛ぶ鳥。(4)熊の歯。(5)ウルウハーンの馬。シャーマンによれば、これは馬を意味している。(6)人の祈り。どんな仕事を開始するときにも、人は誰かに祈る。白い塗料で描かれた他の形象は、人が狩りをする動物である。

他の多くの著者も、新シベリア人の太鼓の絵を分割するこの方法について批評を行なっている。ウエアービッキはアルタイの先住民の太鼓についての記述で、それは「皮の外側は赤い粘土で描かれており、上部の部分には空、虹、太陽、月、星、馬、ガチョウ、シャーマンのカムの家、下の部分には大地などである」と言っている。フィンシュ博士の説明によれば、サモエードとオブオスチャークの太鼓はアルタイ太鼓のように、形状は丸く広い縁で一方だけ覆われており、直径は三十から五十センチメートルあるという。ポターニンにより記述されたオスチャークの太鼓は、チャーンのタタールの間と同じように、太鼓の中を同じく上部と下部に分割して下部と上部の世界に象徴化している。

ブリヤートシャーマンの装具　ブリヤートシャーマンの装具は、パラスにより最初に記述された。その太鼓は女性シャーマンのもので、彼女の夫と二人の他のブリヤートが同行しており、彼らのそれぞれは呪術的な太鼓を所持していた(パラス)。彼女(シャーマン)は自分で手に二本の棒を持ち、馬の頭の彫刻のある頂点に、小さな鈴を巡らして飾り付けていた(この用具は最近の旅行者によって「馬の杖」と呼ばれている)。蛇は白と黒の輪からなっていると思われ、そのような方法で作った白と黒の皮のおよそ三十四匹もの蛇を、両肩の後ろから地面まで届くように吊り下げている。蛇の一匹は、その先端が三つに分割され、ブリヤートの女性シャーマンのそれぞれにとり、絶対に必要なものと説明されている。帽子は鉄の兜で覆われ、三本の角を持っており、鹿のそれのように両脇に突き出ていた。

グメリンは、セレンギンスク(バイカル湖東岸)近くで、他の年老いた尊敬すべき女性シャーマンの衣服を見た。彼女のシャーマンの衣服は彼女のユルトに吊り下げられていたが、しかし彼女の報告によれば、完全なものではなかった。他にも、彼は彼女が呪術的な目的で使用した布切れがいっぱい入った箱、金剛石などの小さな石にも言及している(アガピートフとハンガローフ)。勿論、毛の布の袋には、さまざまな毛の布で作った偶像がいっぱいに入っていた。アガピートフとハンガローフによる徹底的な研究により、ブリヤートの老シャーマンの衣装に関する報告がある。しかしながら、この種の衣装は現在では非常にまれで少ない。彼らによれば上着、帽子、馬形の杖(シャーマンの杖)はシャーマンの主要な持ち物であるという。

(1)上着は、白シャーマンのものは白い素材であり、黒シャーマンのものは青い素材である。その形は、普通の上着のそれと異なってはいない(アガピートフとハンガローフ)。クレメンツは、古い流儀の上着は今日のものよりも短かったと言っている。上着の前は、金属製の馬、魚、鳥などの飾りで覆われている。背中は、蛇を象徴したガタガタと鳴るねじれた鉄、低い位置全体に小さな鈴やタンバリンの鈴と一緒にそれらが吊るされて覆われている。胸の上には、小さなピカピカと光る銅の円盤を吊り下げた薄い板が用いられ、袖にもまた鉄の板が、肩と前腕には骨の模型が吊るされている。これは、悪魔を鎖で縛ったことに似た、ニシュネウジンスク〔イルクーツク地域の地名〕の人々から彼にもたらせた二人のシャーマンの断言の根拠をグメリンに与えている。

(2)帽子の尖頂は、オオヤマネコの皮で作られ、先端が飾り紐の束になっている。五回目の神聖化の儀礼の後に、シャーマンは鉄製の帽子を被る。それは半分の金輪を二つ持った、鉄の金輪の王冠もどきのようなものからなっており、上に二つの骨の突起のような鉄の板がある。横切っている金輪のある場所は、頭の周りを金輪で縛り、そこにはガタガタと鳴る鉄の重い円錐形の三つの集まりがある。金輪の後ろから、四つの輪と末端に匙と錐に似た小さな物からなった鉄の鎖が垂れ下がっている（アガピートフとハンガローフ）。クレメンツはこの金属の王冠の帽子について、「二つの凸状の鉄の輪で、右の角度で他のものを交差させた長い継ぎ目のある鎖で、それを首筋から踵まで吊り下げている――つまり、私達は旅行者の記述や、また博物館の僅かに保存された見本からそれらを知っているに過ぎない」と言っている。

(3)馬形の杖（*morini-khorbo* 職杖）はバイカルのブリヤート全ての間で出会うが、しかしバラガン地域のブリヤートの間では、彼らはそれを用いていない。バイカルのシャーマンは、それぞれ二つ所有している。それらは木と鉄で作られているが、その職杖（馬形の杖）は五回目の神聖化の儀礼の後にシャーマンにだけ与えられ、そのとき鉄の帽子も受け取る。木製の馬形の杖は、シャーマンが埋葬された所の森に生えている樺の木から、最初の神聖化の儀礼の前の日に初心者のために切られる。馬形の杖の木材は、木が枯れていない所で、そうした方法で切らなくてはならない。さもなければ、それはシャーマンに対する悪い兆しである。この用具は八十センチメートルの長さで、上端は折り曲げられ、そこに馬の頭が彫られており、棒の真ん中の部分は馬の膝関節を形づくり、そして下の端は蹄のようである。小さな鈴、それは残りの他のものよりも大きい一つが馬形の杖に結びつけられている。同様に小さな円錐形の重い鉄は、青、白、黄、赤に、白テンやリスの柔らかい毛皮の一片を色付けして飾り紐としている。それは、より実際のように見せるために、模型のあぶみも取り付けられている。また、鉄の馬形の杖は木製のものとあまり異なっていない。それらはシャーマンが天上界や地下界に乗る馬を象徴している。

ハンガローフによれば、それはシャーマンが彼の飛行をなさしめるために馬が象徴化されているのが太鼓においてであるという。しかしながら、勿論ハンガローフはブリヤートの間では太鼓の希少性についても語っている。彼がそれらの間で見た唯一の太鼓は、古い形状と小さな寸法のもので、太鼓は馬の皮で覆って、なめし皮の紐で背中にしっかりと結ばれている。彼は外側あるいは内側のいずれの絵にも注意しなかったが、外側の表面に若干の白い素材で塗り付けられていたと彼は言っている。

ブリヤートの間では、太鼓はほとんど知られていなくて、太鼓を馬形の杖、またときどき太鼓と呼ぶ小さな鈴と取り替えているとクレメンツは言っている。それにもかかわらず、モンゴルのシャーマンやウリヤンカイのモンゴル人の間では、太鼓は用いられている。ブリヤートの仏教徒は神の奉仕において、太鼓が皮で両側を覆っているか、北アメリカの先住民に見られるように、一方だけ皮で覆ったものを用いている。これらの太鼓は丸くて、外側の縁の端に皮の柄が取り付けられている(ヨヘルソン)。

音叉　クレメンツは、シャーマンの付属品、つまりシャーマニズムの信奉者の間で用いている用具で、二つの横留め金の間の針金を、舌を使って演奏する「音叉」について次のように言及している。それはアムールの水源からウラルまで、また北極海からタシケントに至るまで一致するかもしれないと彼は言っている。それは、あちこちにある単なる楽器に過ぎない。

シャーマンの靴　シャーマンの靴に関しては、以前には鉄の板が縫い付けられていたが、もはや用いられなくなっている。

シャーマンの祭壇　アガピートフとハンガロープとが言うには、バイカル湖のオリホン島のブリヤートは、別の一つの小道具を持っているという。それは長さ三・五フィート〔約107cm〕、深さ一フィート〔約30.5cm〕、四本の足が付いており、その足それぞれは二フィート〔約61cm〕の高さの箱である。その箱の上には飾り紐、鈴、皮の一片、そして長い方の側には異なった肖像の一つが彫刻され、赤く塗られている。通常、右側は太陽を象徴し、左側は月を象徴している。太陽は一つの車輪として描かれ、また月の真ん中には片手に木を持った人間の姿が描かれている。長い方の側の中央に一人の女性と二人の男性の第二の神の三つの像があり、儀礼のときには一年に数回酒が撒かれる。勿論、戦争があれば、震えや暴力など、馬のいるそれら人間の像の下で祈りが行なわれる。その小道具は馬形の杖、太鼓、他の儀礼道具を保つために用いられる。シャーマンは五回目の神聖化の儀礼の後に、右側に運んで小道具を獲得する。クレメンツも言うように九回目の神聖化の儀礼を終え、あらゆる新しいものと一緒に、最も高い地位と小道具の容量は増加すると断言している。

ニィーは、さらに二つのことを言及している。一つは皮と木、色を塗った金属、大きなあご髭で飾った奇怪な仮面である。二つ目は十二匹の動物を表現した金属製の鏡のトイルで、これは首から吊り下げ、胸のあたりに掛けられている。ときどき、それはシャーマンの上着に縫い付けられることもある。時折、ブリヤートのシャーマンは鈴と一緒に一本の鞭も持っているが、しかし一般にこれら全ての道具は、現代では姿を消す傾向にある。

他の二つの民族と言語の集団、未だ新シベリア人に属してシベリアの一部に住んでいるのは、サモエードやフィンの人々である。そして彼らシャーマンの装飾に関する調査はモンゴル、チュルク、ツングースシャーマンの装飾との関連において特別に関心がある。

サモエードシャーマンの太鼓　サモエードのシャーマンの最も重要な所有物は彼の太鼓ペンザ *penzer* である。それは彼が特別の装置と規則により準備したものである。シャーマンは自分で雄の子供のトナカイを殺し、静脈が残らない方法で皮を準備しなければならない。この準備においては、汚れているとみなされる女性は手伝うことができない(イスラビン)。金属製の円盤と板で装飾され、ごく薄いトナカイの皮で覆われた太鼓は、丸い形でさまざまな大きさである。カストレンの見た最大の太鼓は直径二フィート〔約61cm〕に近く、高さは二・五フィート〔約76.2cm〕であった。フィンシュ博士の記述によれば、サモエードとオブオスチャークの太鼓はアルタイの太鼓のようで、丸くて広い縁は片方だけ覆われ、直径が三十から五十センチメートルあるという。

シャーマンの装飾・布　シャーマンの衣装はシャモア(カモシカの一種)の皮の上着からなり、赤い布で装飾されている。シャーマンが彼の内なる視力により精霊の世界に入りたいと思うとき、布切れで両目と顔が覆われる。帽子の代わりに、顔の場所を布で覆っておくために、彼の頭に二本の紐が巻き付けられている。一枚の鉄の円盤が彼の胸に吊り下げられている(カストレン)。特定の場所で、シャーマンは覆面として帽子を用い、皮の上着にはチリンチリンと鳴る小さな装身具と小さな鈴、そしていろいろな色合いの布の皮が吊り下げられている。この七つの数の装飾は重要な役割を演じる(イスラビン)。

ラップランドの太鼓　ラップランド人の間では、今では太鼓は古物研究の好奇心に過ぎないが、最も重要な部分を演じていた(シェッフェラス)。太鼓は、もし可能であれば一本の木が太陽と良き精霊とに容認され、太陽の当たる場所に生育している樺の木か松材で作られる。太鼓は二種類ある。一つは皮で覆われた内側が二本の木の横木からなっている木の輪である。他は卵形の平らな箱で、木の幹の内部を取り除き、皮で覆われている。最も重要な装飾は赤で塗られている。それらは善や悪の精霊、太陽、星、さまざまな動物、湖、森、人間を象徴している。この世界と天界の間の分割が明らかに示されている。他の多くの象徴的な形状の間には、勿論シャーマンの想像がある。それぞれの太鼓は小さな垂れ飾りとトナカイの角で作った太鼓の撥と一緒に金属製の輪を持っている。ラップランドでは、それらの太鼓は大切にされ、使用しないときには、太鼓の撥は毛皮で包まれる。女性はあえて太鼓に触ることをしない。

一一　シャーマンの活動（Chapter XI. The Shaman in Action）

専門のシャーマンの儀礼が病気の治療、質問に答えて占いをするために、また他の類似した目的のために求められて以来、古代シベリアと異なる民族の間に非常に多く、私達はこれらの儀礼の少数の典型的な実例を提示するに留めたい。同じ手順で、新シベリア人に関しても従うことになる。

I　古代シベリア人

コリャークの間の専門シャーマンは進化の最も原初的段階にあり、未だ同時代にあって、ヨーロッパ文化の影響により末期的である。

事例(1)　コリャークのシャーマン

ヨヘルソンはシャーマニスティックな儀礼に関して、彼が見たことについて、次のように語っている。

私がコリャークに滞在中の全期間に、私は二人のシャーマンにだけ会う機会があった。二人は若い男性で、どちらも親戚の側を大切にすることはなかった。二人は彼らの民族の金持ち達のために労働者として働く貧しい男性であった。彼らの一人はアルータ〔カムチャツカ半島〕の海のコリャークの一人であった。以前に、彼はコリャークの商人と一緒にカーメンソコエの村にやって来た。彼は内気な若者で、幾分野性的であるにもかかわらず、彼の容貌は適応性があって快活で、しかも目は輝いていた。私は彼にシャーマニスティックな技術の証拠を示すように尋ねた。他のシャーマンと違い、彼は説得して待つことなく同意した。人々は彼の雇い主と一緒に留まっている家の土間の石油ランプを消した。炉辺のほんの僅かの炭だけが赤く燃えていたに過ぎず、ほとんど家の中は暗かった。訪問客用に座る場所と眠る場所として家の前の一部に建てた大きな演場で、私の連れ合い(妻)と私が座っている所から遠くない所で、普通のトナカイの皮のしわしわのシャツを着たシャーマンをはっきりと認めることができ、彼は演場を覆ったトナカイの皮の上にしゃがんでいた。彼の顔は、大きな楕円形の太鼓で覆われていた。

突然、彼は太鼓を穏やかに叩き、悲しげな声で歌い始めた。それから、太鼓を打つことが強く、さらに強くなっていった。彼の歌――それはオオカミのほえる声、ガチョウのうめき声、他の動物の声、彼の守護霊を真似しているようにも聞こえ――それは、ときどき私が座っている最も近い角からやって来て現れ、ときには反対側の端から、また家の中央から再び、そしてその声は天上からも生じているように思われた。彼は腹話術師であった。この技術に熟達したシャーマンは特別の力を所有していると信じられていた。彼の太鼓は、私の頭の上で、私の足元で、後ろから、そして前から音がするように思われた。私は何も見ることができなかった。しかし、それは毛皮の靴で音を立てないで演壇でステップを踏み、また幾らかの間を退き、また近づいてくる、軽やかなジャンプ、踵でしゃがみ込むなど、シャーマンが動き回っているように私には思われた。

太鼓の音と歌声が不意に終わった。女性が明かりを再び点けたとき、シャーマンはシャーマニスティックな儀礼を行なう前に座っていた白トナカイの皮の上に、完全に体力を消耗して横になっていた。彼の叙唱的で断言するようなシャーマンの結びの言葉が、まるでシャーマンが呼び出した精霊により話が発せられているように、「病気は村を離れた、戻ってはこないであろう」と宣言した（ヨヘルソン）。

事例(2)　コリャークのシャーマン

他のシャーマニスティックな儀礼では、ヨヘルソンの要請で、安全に家に帰れるかどうかを占う目的でシャーマンにより儀礼が実践された。この儀礼の間に、シャーマンは突然ヨヘルソンに彼のナイフを要求して言った。「精霊は、私がナイフで自分を切りなさいと言っている。あなたは怖くないか」と。ヨヘルソンは、幾ばくかの良心の呵責を感じながら、鋭くて短刀のように見える自分の旅行用のナイフを彼に渡した。テントの中の明かりは消された。しかし、北極の春の夜（それは四月であった）の明かりはテントの布を貫いてほの暗く、シャーマンの活動についていくのを可能にするに十分であった。彼はナイフを取り上げ、太鼓を叩き、歌を歌い、精霊に語りかけ、彼らの望みを成し遂げるために準備を行なった。少しの間の後、彼は太鼓を片づけ、そして喉からガラガラと鳴る音を発し、彼はナイフの柄を上にして、胸にナイフをすばやく押し付けた。しかし、上着を切り取った後で、彼はさらに下にナイフを向けたことに気がついた。彼がナイフを引き抜くと同時に、喉をガラガラと鳴らし、太鼓を再び打ち始めた（ヨヘルソン）。

そして、彼はヨヘルソンに「良い旅行ができる」と言ってナイフを返し、上着の穴を通して体に付いた血を見せた。「勿論、それらの穴はすでに以前に付けられたものであった」とヨヘルソンは言っている。しかし、これは単なるごまかしと見ることはできない。目に見えることや想像上のことは原初的な意識として、なるほど困惑させられるが、シャーマン自身は精霊に要求されたものとして、他者には目に見えないとしても、彼の体に実際に切り傷があると考えている。しかし、「一般のコリャークの人々は、シャーマンが実際に自身を切ったとしても、その傷は直ちに治ると確信している」という。

事例(3)　チュクチのシャーマン

チュクチの人々の間では、典型的なシャーマニスティックな儀礼は、夜の閉ざされたときに、家の寝室で続けられるとボゴラスがいう。この部屋は、特にレンダーチュクチの間では非常に小さい。ときどき、ここでの儀礼が他の人によって先に記述されており、日中に外の部屋で儀礼が行なわれ、それは通常共同体の儀礼と関係しているという。太鼓が湿らされ、しっかり締められてピンと張られると明かりが消され、シャーマンは腰辺りまで全くの裸となり、儀礼を開始する。現在では、チュクチのシャーマンはツングースのシャーマンと類似して、強い催眠性のタバコをパイプに十分に詰めて吸う。シャーマンは太鼓を叩いて、歌詞を歌う、最初はゆっくりと、そしてより速く。彼の歌は言葉がなく、それらに連続しており順序がない。観客は、その儀礼の実際の部分には従わないけれども、それらには実際に若干の助手がいて、非常に原初的な形式の「合唱」がある。彼らの頻繁な突然の声はシャーマンの行為を励ます。チュクチは、シャーマン(*ocitkolin*「呼び出しに応答する」の現在分詞)なしには、彼の任務を適切に実行し得ないと自分自身で考えている。そのために、初心者はシャーマニスティックな実践を学ぶことを試みている間、通常兄弟姉妹に応答のために説き伏せて誘い、実行者の熱意を励まして促す(ヨヘルソン)。

事例(4)　イヌイットのシャーマン

アジアのイヌイットの間では、妻や家族の他の成員で一種の合唱隊を作り、ときどきシャーマンと一緒に歌詞と歌に夢中になる。ロシアユカギールの間では、勿論妻は夫シャーマンの助手である。そして、儀礼の間中、彼女は彼に激励の応答を与え、彼は「補助役」としての彼女に話しかける(ヨヘルソン)。精霊ケレット *kelet* がシャーマンの所にやって来たとき、彼は彼が相当する才能を持っているか持っていないかのいずれかにより、異なった方法で行動する。もし、シャーマンがただの「一人身」であるなら、精霊は彼の体を使って歌い太鼓を叩き、シャーマンの声の音だけが変化する。彼が腹話術師であるとき、精霊は「分離された別々の声」として現れる。ボゴラスは、シャーマンは彼らに信用されていることにより、文明国の類似した技術の最良の開業医と対抗し続けることができると言っている。声は模倣により異なる音を出すことに成功し、それは人間、超越的な人間、動物、嵐や風さえも、あるいは反響、それらは部屋以外から、天上からも、また地下からも、部屋のあらゆる側面からやって来る。自然の全体が小さな寝室で、ときには表されるかもしれない。

そのとき、精霊は話し始めるか、ハエのブンブン飛ぶような音と一緒に出発するかのいずれかである。精霊が留まっている間、激しく太鼓を打ち、自身の言葉で話し、もしそれが偶然にオオカミや狐やワタリガラスなど、他のどのような動物であったとしても、それらは人間の言葉で話すことができる。しかし、それらの声には独特の音色がある。通常、それは現れる精霊の一つだけでなく、この儀礼の一部は対話と呼ばれるかもしれない。ときどき、シャーマンは彼が用いている言語を自身で理解することができず、そこで通訳が必要となる。

精霊の言葉　精霊言語がコリャーク、ヤクート、ユカギールなどの混合からなっているロシア語化されたシャーマンや先住民、特にコリマ川流域の言語に対して、ロシア語に通訳しなければならない場合もある。ヨヘルソンが語るには、ツングースのシャーマン（*Mashka*〔あだ名〕）は、コリャーク起源の存在である「精霊」がその言語で彼を通じて話したという。そこで、私は彼の精霊が何を言ったのか、私に口述して書き取らせてくれるよう何度か彼に尋ねたが、彼はいつも記憶していないと応答した。つまり、彼は降神の儀礼が終わった後にあらゆることを忘れており、そのうえ彼は彼の精霊の言語を理解していなかった。最初、彼が私をだましていると思ったが、しかし彼は実際にコリャークについて何も理解していなかったことを私自身で納得する機会が何度かあった。明らかに、彼はコリャークの呪文を熱意によって習得し、興奮状態state of excitementにあるときにだけ音読することができた。

チュクチの間には、定まったシャーマニストの言語はなく、単に僅かの特別な表現があるに過ぎない。北西地域のコリャークの支系の間では、「精霊」は特別な方法での発音を用い、それは南東地域のコリャークとチュクチによってそれが類似して用いられているという。僅かな言葉だけが、彼らにとって特有なものであるともいう。アジアのイヌイットの間では、「精霊」は特別な言語を持っていると言われている。その多くの言葉はシャーマンにより私に教えられたもので、それらの多くはアメリカ、さらにアラスカと大西洋の両方のさまざまなイヌイットの人々に知られた「精霊」言語と類似している(ボゴラス)。

精霊の悪戯・報復　ときどき、精霊は非常に悪戯好きである。トナカイを飼育する人々がテントを移動中に、目には見えない手がときどき上部にあるあらゆるものを引っくり返し、そして雪とか、何か氷の破片など、そうした別の物を投げつける。観客は、精霊について触れるどのような試みも、為すことを厳しく禁じられているとボゴラスが言うことに、言及しておかねばならない。この種のいかなる押し付けにも、これら後者は大いに憤慨して、報復のためにシャーマンかあるいは違反した聴取者のいずれかを、急襲して頭を砕く危険、あるいは暗闇で肋骨をすばやくナイフで貫通してさえも、即座に殺されるに違いないであろう。私は、ほとんどあらゆるシャーマニスティックな儀礼においてこの種の警告を受け入れた(ボゴラス)。

シャーマンの予言　「精霊」と一緒に準備の霊的交流を行なった後、シャーマンは静かな暗がりで助言を与え、予言を述べる。たとえば、ある儀礼でその場にボゴラスがいて、シャーマンのガルムリジンは、次の秋にたくさんの野生のトナカイが門の前にいるであろうと助手に予言した。「一頭の雄鹿」が、彼が言うには入口の前に立ち止まり、草を引き抜き、濃い灰色の毛の特定の雌鹿を魅惑したと。この魅惑は特別の呪文で増強しなければならない。そこに立っている間に、雄のトナカイは弓で殺されなければならず、そして用いる矢は平らな菱形の先端を持っていなければならない。この矢は、全ての他の野生のトナカイを殺すことに成功した確実なものであると(ボゴラス)。精霊に関する予備的な尋問の後、ときどきシャーマンは「体力が衰え」、彼は意識を失って地面に倒れ、その間に彼の魂は別世界を放浪し、「精霊」と一緒に語り、助言に関して精霊に尋ねた。現代のシャーマンは、実際には「体力が衰える」ことに対しては、非常にめったにしか行なわないが、しかし昔はそれをしていたことを彼らは知っている。シャーマニスティックな実践が儀礼と関係しているときには、彼らは外の部屋で続ける。この場合、腹話術は実践しないで、フクロウの精霊は悪戯により屈服させられ、就中彼の一時的な力の下にあるその生命を台なしにすることを求める。

シャーマンのトリック　多くのトリックが昼間でさえもシャーマンにより実践されている。死んだチュクチシャーマンの妻ウプナは、シャーマニスティックな素晴らしい力を所持し、彼女自身は夫の能力の僅か一部しか持っていないと言っている。シャーマニスティックな儀礼では、彼女は人間の拳ほどの大きくて丸い形の小石を拾い上げ、それを太鼓の上に置き、全ての側からそれに息を吹き付け、同じ精霊のような方法で口の中でもぐもぐと呪文を唱え、鼻息を荒くして息を吹き付け始めた。彼女はその兆候により私達に注意を呼び起こし——精霊ケレ *kele* に憑霊された存在となり、人間が喋る言葉の能力を失い——そのとき両手で小石を固く握り始めた。そして、そのとき非常に小さな小石が連続して彼女の手から落ち始めた。完全に小さな小石の山が敷き皮の上に集まり、終わるまでに五分ほどであった。しかし、元の大きな石は表面が滑らかでそのまま残っていた（ボゴラス）。

ボゴラスの要請で、女性シャーマンは、体の上半身は裸のままで、彼女の行動を簡単に観察される状態で、この同様の成功の妙技を繰り返した。実際に、自身で、ナイフで腹部を突き刺すことは、一般的なシャーマニスティックな実践であり、カムチャダールとイヌイット、チュクチとユカギール、北部アジアの新シベリアのシャーマンさえもが、このトリックに精通している。シャーマンによって実行される全てのトリックを記述することは困難である。最も共通している若干のことは燃えている炭を飲み込むことや、人が縛った紐などから自身で自由の身にすることができることなどである(サリチェフ)。

Ⅱ　新シベリア人

「シャーマニズムを行なう方法を古代シベリア人と比較すると、ヤクートシャーマンの活動を理解することができるであろう」とシェロシェフスキーは記述し、また「表面上は、シャーマニスティックな儀礼は非常に類似している」とシェロシェフスキーは言う。現在記述されている儀礼は、「常にあらゆる所で変化しないで残っているシャーマニスティックな儀礼の一部で、習慣や形式などいわば儀礼の基礎として承認されている」という。

事例(1)　ヤクートのシャーマン

病気になった人に呼び出されたシャーマンがユルト〔天幕〕に入ると、彼は雌馬の皮の上の定められた場所を占める。彼は白い雌馬の皮の上に横になり、シャーマニズムをすることが可能な時間である、夜を待った。その間に、彼は食事と飲み物でもてなされる。太陽が沈み、夕方が近づき暗くなると、ユルトの中では儀礼のための準備を急いで完了させ、地面は掃除され、木材が切られ、食物はたくさんの量、いつもよりも質の良いものが提供される。一人ずつ順番に近隣の人々が到着して、男性は右側に、女性は左側に、壁に沿って自分達で座った。会話は異様にまじめで遠慮がちで、動作も穏やかであった。

ヤクート地域の北部の一部では、主催者は最も良いと思う革紐を選んで、それらを飾り輪の形にする。それはシャーマンの両肩の周りに置かれ、踊りの間中、精霊が彼を運び去ることを防止するために、参列者の一人がそれを持っている。ようやくにして、誰もが夕食をとり、家族も幾らかの休息をとる。シャーマンは雌馬の皮の端に座って、編んだ髪をゆっくりと解きほぐし、つぶやきながら指図を与える。彼は全身を揺すり、ときどき神経質にわざとらしい吃逆をするが、視線はキョロキョロしないで、両目は一箇所、通常は火を見つめて動かない。火は消えるにまかせられる。ますます深く暗闇が部屋の中を襲うと、同席者は声をひそめ、声は静まり、外に出たいと望んでいる誰にでも、直ぐにそうするようにと注意が与えられる。なぜならば、間もなく戸が閉められ、その後は誰もが出ることも入ることもどちらもできないからである。

儀礼の開始　シャーマンは、ゆっくりと自分のシャツを脱いで、ウィザード用の上着を息子から取り上げ、あるいはそれがない場合は、彼は女性の上着を着る(グメリン)。そして、彼はパイプを与えられ、それで長い間煙草を吸い、その煙を吸い込む。彼の吃逆が大声になり、彼はより猛烈に体が震える。彼が煙草を吸い終えると、彼の顔は青ざめ、頭は胸の上に落とされ、両目は半分閉じられている。ここで、白い雌馬の皮が部屋の中央に置かれる。シャーマンは冷たい水を求め、それを飲むと、ゆっくりと彼のために用意した太鼓に手を差し出す。そして部屋の真ん中に歩いていき、右膝でしばらく跪き、世界の四つの方向全てに厳かに頭を下げ、同時に彼の口で水を地面に振り撒く。

今や、あらゆるものが静かである。一握りの白い馬の毛が火の中に投げ込まれ、残りを全て外に置き、赤く燃える炭のほのかな薄明かりの中で、頭を垂れ、大きな太鼓を胸にくっつけ、黒くて動かないシャーマンの人影がまだしばらく見えた。そして、雌馬の皮の頭の部分の上に彼は座りながら、顔を南の方向に巡らした。暗闇は完全な暗がりとなり、参加者もほとんど息もせず、シャーマンの訳のわからないつぶやきと吃逆だけが深い沈黙の中に沈んでゆっくりと聞くことができる。やがて、鉄のガーンと鳴るような単独の大きな欠伸が静寂さを打ち破り、続いてハヤブサの甲高い鳴き声、あるいはカモメの悲しげな鳴き声がして——そして再び静寂になる。

シャーマンの祈り　ブヨの唸り声のような太鼓の声だけが穏やかに鳴り、シャーマンが祈り始めたことを知らせる。この音楽は、最初は柔らかく繊細で華奢で、粗くて嵐が近づいて吠えるような抑え切れない音となる。その音はますます高くなり、雷の響きのように空気を引き裂くような野生の大きな叫び声となる。それはカラスが叫び、カイツブリが声を立てて笑うような、カモメが不平を言い、シギが口笛を吹くような、タカや鷲が叫ぶような声である。

その音楽は非常に大きくなり、最も高い調子へと上がってゆき、太鼓を打つ音はさらに精力的になり、二つの音が結合して一つとなり、長引いて次第に強くなる。無数の鈴が鳴り、それが嵐でなくガーンと鳴り――それが全て音の連続した、参加者の聞く者を精神的に圧倒するに十分で……それは突然に中断する――太鼓が一回か二回強く打たれ、今までよりも上に高く持ち上げられ、そしてシャーマンの膝に落ちる。突然に、太鼓と小さな鈴の音が止んだ。それから、長い一時の沈黙があり、同時にブヨのざわめく羽音のような太鼓の穏やかな音が再び開始される(シェロシェフスキー)。これはシャーマンの霊感の度合いにより、数回繰り返されるかもしれない。そして、遂に音楽が一定の新しいリズムとメロディーになったとき、シャーマンは重苦しい、断片的ではっきりしない声で、次のように歌った。

シャーマンの歌　①大地の力強い雄牛よ……草原の馬よ！　②私は力強い雄牛だ……大声で鳴け！　③私は草原の馬だ……いななけ！　④私は人間として他の全ての存在の上に立つ！　⑤私は全てのうちで最も才能のある人間だ！　⑥私は全ての権力を持つ支配者により創造された人間だ！　⑦草原の馬よ、現れて、私に示して教えよ！　⑧大地の雄牛よ、魅せられて現れ、私に語れ！　⑨強力な支配者よ、私に命じよ！　⑩あなた方全員、私と一緒に行き、あなた達の耳で忠告を受けよ！　あなた達に私は命じないし、従わせない！　⑪許されている以上に近くに近づいてはならない！　真剣に見なさい！　心に留めなさい！　用心しなさい！　⑫注意深く慎重に見なさい！　これを為すには、あなた達全てが……全てが一緒に……どんなに多くても、あなたはそうすべきです！　⑬左側の汝よ、オー汝と一緒の夫人達よ、もし何か不都合なことを為すならば、もし私が正しい方法をとらなかったならば、私はあなたに懇願します――私の誤りを指摘しなさい！　私に命じなさい！……　⑭私の失敗ととるべき道を私に示して下さい！　私の内なる母よ！　汝の翼で自由に飛んで下さい！　私の広き道を開いて下さい！　⑮九つの樹木の丘、南に住んでいる太陽の魂、太陽の母よ、汝ら嫉妬深いのは誰か……私はあなた方全員に命令します……彼らを留まらせて下さい……あなたの三つの影、高いままで立たせておいて下さい！　⑯東の、あなたの山の上で、支配者よ、私の曾祖父よ、首の太い偉大な力――汝は私と一緒にあって下さい。⑰そして汝よ、灰色の髭の呪術師（火）よ、私は汝に尋ねます。私の夢全てで、全てに応じて下さい！　私の全ての希望を承諾してくれることを……全てを御心に留めて下さい！　全てを実現して下さい！　全てを御心に留めて下さい……全てをかなえて下さい！

ここで、太鼓の音が再び聞こえ、今一度野生の叫びと意味のない言葉――そして全ては静寂になる。上記と類似した厳命が全てのヤクート地域で用いられ、全ての儀礼ではそれらと一緒に始められる。しかしながら、他にもさらにより長くて、より複雑な決まり文句があり、それを手に入れることができないとシェロシェフスキーは言う。この決まり文句に続いての儀礼は、各人それぞれと特定の場所に対する即興にふさわしい儀礼からなる。

精霊への祈りと出現　続く祈りでは、シャーマンは彼の精霊アマギットと他の守護神の「精霊」に挨拶の言葉を述べる。シャーマンは精霊カリアニと一緒に語り、彼らに質問を尋ね、そして彼らの名前で答えを与える。ときどき、シャーマンは精霊がやって来る前に、長い時間祈り、太鼓を叩かなければならない。しばしば、彼ら精霊の出現は、シャーマンが征服されて倒れ込むように突然で猛烈である。それは、もし顔を向けて倒れるならば良い知らせで、もし背中を向けて倒れるならば悪い知らせである。

精霊の降臨　シャーマンに精霊アマギットが降りてきたとき、彼は起き上がって最初は敷き皮の上で跳ねて踊り始め、そのとき彼の動作はよりすばやくなり、彼は部屋の中央に滑り込む。薪がすばやく火の中に積み重ねられ、明かりがユルトに広がり、今やテントの中は雑音と運動でいっぱいになる。シャーマンは踊り、歌い、途切れずに太鼓を叩き、上に荒れ狂うように飛び上がり、顔を南に、西に、そして東にと向ける。革紐によりシャーマンと結ばれている人々は、ときには彼の動作を制御することが大いに困難となる。しかしながら、南のヤクート地域では、シャーマンは束縛なしに自由に踊る。実際に、しばしばシャーマンはより自由に踊ることができるように、太鼓を叩くことを止める。シャーマンの頭は垂れ下がり、両目は半分閉じられている。彼の髪の毛はあちこちと揺れ動き、顔の汗があちこちにひどく広がり、口は奇妙によじられ、唾液が顎の上に流れ、しばしば彼は口の中で泡を噴く。彼は部屋の中を動き回り、太鼓を叩きながら前進し後退し、太鼓の音はシャーマン自身の唸り声と同じ以上に荒々しく鳴り響く。彼はチリンチリンと鳴る上着を振り、音と動作によりますます狂乱と興奮の状態になってゆくように思われる。

精霊の統御と治病　彼の激しい興奮状態furyは、ときどき波のように興奮状態が起こりながらも弱くなり、彼から興奮状態が立ち去ると同時に、太鼓を頭上高く持ち上げ、ゆっくりと穏やかに、彼は祈りの言葉を歌い、「精霊」を呼び出す。遂に、彼が望んでいた全てのことを知り、彼は彼が努力して得た不幸や病気の原因に精通し、彼は援助を必要とする人々が助けを求めていることを確信する。踊りながら、歌いながら、祈りながらぐるぐると回って、彼は病人に近づく。新たな叱責で、それをギョットさせるか、あるいは彼の口で痛む場所を吸い取ることで病気の原因を追い払う。そして、部屋の真ん中に戻り、つばを吐き吹き付けることでそれを追い払う。そのとき、「強力な精霊」に対してどのような供儀を為すべきかを知る。というのは、シャーマンは病人の所に精霊の使いを出して過酷な処置をさせたからである。それから、シャーマンは両手で光から両目を遮って、部屋のそれぞれの角をよく注意して見る。そして、もし彼が何か疑わしいものに気がついたなら、彼は再び太鼓を叩き、踊りを踊り、恐ろしげなしぐさをして、「精霊」に懇願する。

儀礼の終了　ようやくにして、不幸の原因が追い払われ、そのことを意味する疑い深い「暗雲」がそれ以上に見えなくなり、全てが綺麗にされたことになる。そして、犠牲は受け入れられ、諸々の祈願は聞き遂げられ――儀礼は終了する。シャーマンはこの予言能力のたまものをしばらく後まで、維持する。そして、彼はさまざまな出来事を予言し、好奇心のある人の質問、あるいは彼が土地を離れて旅行で見たことに関連させて答える。

精霊への犠牲　最後に、彼は名誉ある場所、雌馬の皮の背中の位置に運ばれる(シェロシェフスキー)。「精霊」への犠牲は、特定の場合の重要性に応じて変更される。ときどき、病気は牛に移され、そのとき病気にかかった牛は犠牲として捧げられ、つまり空に昇る(トロシュチャンスキー)。精霊と犠牲の動物との空への一緒の旅は、踊りによって象徴される。昔のこと(先住民に関する報告によれば)、実際に見物人が見ている間に空に昇ったシャーマンがいて、「シャーマンの太鼓により送られた後、犠牲の動物は雲の上に浮かび、ウィザードの上着を着たシャーマン自身が後に続いた」と(シェロシェフスキー)。邪悪で強力なシャーマンがいて、彼は実際の動物の代わりに、雲の形をした雌馬を空に運び上げたが、これらのシャーマンの存在の証拠は確かではない。この困難で危険な旅の間、あらゆるシャーマンは休息場所を持っており、そして踊っている間に椅子に腰を掛けたとき、彼は休息場所にやって来たことを意味し、彼が立ち上がると、もっと先の空に登っていく。もし、倒れたならば、彼は地上へと降りてきたことを意味する。しかし、あらゆるシャーマンが、彼がどこにいて、どこに休憩場所があるかを知っており、さらに彼の旅を続行するかもしれない。そして、シャーマニズムをしているその瞬間のあらゆる他のシャーマンも決まった方法をとる。ときどき、「精霊」と犠牲の牛を空に運ぶことは、最初の数箇月後の分離した儀礼的実践として形づくられており、そこにおいて彼らはこの犠牲を約束していた。シャーマンが激怒と憤激で動物の体をバラバラに引き裂いたとき、犠牲は血まみれか、血まみれでないかのいずれかである。血まみれにならないのは、若干の脂と肉、あるいは他の素材、たとえば毛などが提供されたときである。

事例(2)　サモエードのシャーマン

トムスク行政区のサモエードの間のシャーマニスティックな儀礼については、私達も写真を撮った、次のような報告がカストレンによって記述されている。

シャーマンによる儀礼　ユルト〔天幕〕に到着したシャーマンは長腰掛け椅子か、あるいは負傷させるような道具が何も入っていない箱の上に座る。前でなく彼の近くに、ユルトの居住者が集まる。シャーマンは戸口の方に向かって座り、全ての光と音に気づいていない振りをする。右手には神秘的な象徴が一方の端に刻まれた短い棒を握り、左手には二本の矢の先端を上向きに握っている。それぞれの先端には小さな鈴が付けられている。彼の衣服はシャーマン特有のものが何もなく、通常彼は未信者か、あるいは病人のもののような、いずれかの上着を着ている。

儀礼の開始　儀礼は精霊を呼び出す歌で始まる。そのとき、鈴が規則正しく律動して鳴るように、シャーマンは彼の棒と一緒に矢を叩き、同時に参加者は畏怖し沈黙して座っている。精霊が現れると、シャーマンは立ち上がり踊りを開始する。踊りは一連の複雑さに続いて、体を動かす理解し難いものとなる。この全ての間に、決して終わることなく鈴の奏でるリズムが続行される。彼の歌は精霊との一種の対話からなり、そして詠唱の変化により興奮と熱中の異なった度合いを表現させて歌われる。彼の熱中が高い調子になると、彼らの参加者は歌に加わる。

シャーマンの予言　シャーマンは、彼が精霊から望むことを全て知った後に、人々に精霊、神からの意志を後で伝達する。もし、彼が未来を予言しようとするならば、彼は棒を抱え込むであろう。彼は棒を地面に投げ、もしそれが神秘的な記号の刻まれている側が上向きになって落ちたならば、これは良い兆し、もし何も記されていない側が見えれば、悲運を招くことになるかもしれない。出席者に彼の信頼性を証明するために、シャーマンは次に続く方法を用いる。彼はトナカイの皮の上に座り、彼の両手と両足が縛られる。部屋は完全に暗くなっている。そして、まるで精霊を呼び出す彼に応えるかのように、さまざまな声がユルトの中や外に聞こえてくる。それは太鼓を叩く音、熊のフーッという唸り声、蛇のシューという音、リスのチューチューという鳴き声、シャーマンが座っているトナカイの皮を引っ掻くような神秘的な音などである。そして、シャーマンの縛られた紐は解かれ、彼は自由となり、彼らが聞いた音は精霊の働きであったと誰もが確信を抱く（カストレン）。

事例(3)　アルタイのシャーマン・古代の儀礼形式

アルタイのチュルクのシャーマンのメェ *Mms* は非常に厳格な古代シャーマニスティックな儀礼形式を保持している。ポターニンは、タルダ川（オビ川の支流）沿い（*Anguday* から約6.4km離れた所）に住んでいた若いシャーマンの儀礼に関して、次のように好奇心の強い記述をしている。

それぞれシャーマンの異なった状態により記録された四つの場面が、彼の実践を特徴的に述べている。最初は、彼は火に顔を向けて座り続けていた。次に、火に背中を向けて立ち続けていた。三番目は幕間で、シャーマンが休息している間に、太鼓の上で彼自身のひじを支え、太鼓の縁でひじを安定させ、その間に精霊と霊的交流に入るようにしていた。四番目には火に背中を向け、いつも太鼓を掛けている方に顔を向け、最後のシャーマニズムを行っていた。シャーマンは、火に背中を向けてシャーマニズムしている間に何が起こったかについて記憶がないと後で断言した。彼がその場所にいる間、彼は一つの地点を、いかなる考慮もなしに両足を動かし、円を描いて気の狂ったようにグルグルと回り、尻を下に降ろしてしゃがみ、再び立った姿勢となり、回転している動きを中断することがなかった。彼は交互に、お尻から体を曲げたり真直ぐにしたり、体を左右前後反対に、前を向き、活発に動き、あるいは急に引き下がり、上着に縛り付けている金属製の垂れ飾りが踊り、あらゆる方向に猛烈にブラブラと揺れ、空中でピカピカと光りの円を描いている。同時に、シャーマンは太鼓を叩き続け、太鼓が異なった音を発散するように、さまざまな位置で太鼓を持ち続けた。ときどき、シャーマンは横向きの姿勢で頭の上高く太鼓を持ち上げ、下から太鼓を叩いた。先住民はポターニンに、シャーマンがそうした方法で太鼓を持ったとき、彼は太鼓の中に精霊を寄せ集めているのだと説明した。ときどき、彼はどうも見たところ、近くに何か人がいて、話し笑っているようであったが、しかし他の人には目に見えないで、精霊の仲間といることをこの方法で示しているようであった。一時的に、シャーマンは歌うことをより静かに均等に低くして、同時に馬の蹄の音を太鼓で模倣した。これは、シャーマンが精霊に同行し、暗黒の神エルイク(悪い神)の住む地下界に出発していることを示していた(ポターニン)。

ポターニンはロシアの宣教師チバコフ *Chivalkoff* から聞いた旅のことを次のように記述している。カム(シャーマン)は南の方向に自分の道を向ける。彼はアルタイ山脈と中国砂漠の赤い砂を横切らねばならなかった。そして、彼はカササギなどが横切ることのできない、黄色い草原を横切る。「私達はそれを横切らなくてはならないと歌う」と歌の中でカムは言う。黄色い草原の後に、カラスなどは横切ることのできない「青白い」草原があり、カムは想像上の廊下を希望に満ちて、勇気いっぱいの歌をもう一度歌う。そして、タミールの鉄の山にやって来ると、そこで「空に向かって反り返る」。今や、力と意志とを併せてこの障壁を通過するために、全てを一つの心にして逃げることを熱心に教え込む。彼はその道を乗り越えることの困難さを説明し、その際に深く息をした。頂上で、力不足でここで倒れて死んだ多くのカムの骨を発見する。再び、彼は希望の歌を歌い、その山を飛び越すと宣言し、その言葉に対して行動を合わせた。

遂に、彼は地下界に導く通路の方へやって来る。ここで、彼は海を発見したけれども、わずかに一箇所、橋が架かっているに過ぎない。この橋を渡る困難さを示すために、カム(シャーマン)はよろめきながら歩いたので、もう少しで倒れるところで、辛くも自分を取り戻す。海の深い所で、彼はそこで死んでいったカム達の罪深い多くの死体を見る。というのは潔白であるカム達だけがこの橋を渡ることができるからである。他の側では、彼は彼らの過ちに相応しい処罰、たとえば盗聴して耳だけに火刑を負わされた罪深い者に出会う。エルイク(悪い神)が住んでいる場所に到着すると、彼を通過させないようにとする犬達と対決させられたが、しかし遂に贈り物でなだめて、犬達を静かにさせる。シャーマニスティックな儀礼を開始する前に、この非常事態のためにすでに能力は用意されている。これらの見張り番、つまりカムが通過することに成功し、まるでエルイクがユルトに近づき、彼の存在する中にやって来たかのように、頭を下げて挨拶し、彼の額の上に太鼓を持ち上げ、「メルグ！　メルグ！」と言う。そして、彼はどこから、なぜ来たかを宣言する。突然彼は大声で叫んだ。これは人間があえてユルトに入って来たことにエルイクが怒っていることを示す意味である。怯えたカムは入口の戸の方へ跳ねながら後退するが、新しい勇気を振って、再びエルイクの玉座に接近する。この実践が三回行われた後に、エルイクは語る。翼のある生き物もこちらに飛んで来ることができず、また骨のような存在も来ることができない。ゴキブリの臭いのするお前が、どのようにして私の住居に進んできたのかと。

そこで、カムはかがみ込み、まるでワインを汲むように、太鼓で特定の動作をする。彼はエルイクにワインを差し出す。そしてエルイクが飲んだことを指し示すために、強いワインを飲んだ人のように震える動作をする。彼は、エルイクの気性がワインを飲んだ影響で多少和らいだとき、贈り物を奉納する。偉大な精霊はカムの奉納により動かされ、牛の増殖を約束し、雌馬が子馬を生むと宣言し、若者がどのような標識を持つべきかを明示する。カムはご機嫌で、馬でなくガチョウに乗って帰っていった――彼は乗馬用の馬に変化し、飛ぶことを象徴して、つま先でユルトを移動して示した(ポターニン)。

一二　シャーマニズムと性（Chapter XII. Shamanism and Sex）

性の転換　この章では、私は男性と女性シャーマン、他のそれぞれとの関係についてだけでなく、珍しく不思議な現象についても取り扱う――つまり、シャーマンの間の性の転換change of sex、男性シャーマンが「変身して」女性になる、逆もまた同様である。シベリアに関するほとんどの著者は、現代においても女性シャーマンの地位が男性により占められている以上に、ときどきそれ以上に重要となることに同意している。

女性シャーマン　クラシェニーンニコフは、カムチャダールの間ではシャーマニスティックな才能は、ほとんどもっぱら女性にあるという。しかしながら、その後カムチャダールを旅行で通過したシュテラーは、ユカギール、コリャーク、チュクチの間にも、勿論そうした男性シャーマンがいると述べている。ボゴラスやヨヘルソン、その他の人達は男性と同じように、多くの有名な女性シャーマンに会っていた。トレチャコフはエニセイ川の支流のサモエードの間の男性シャーマンと並んで、女性シャーマンの存在を断言しており、またビエリャウスキーによれば、同じことがオスチャークにもあてはまるという。バイカルのツングースの間では、女性は男性と同じようにシャーマンになることができる。そして、グメリンは彼らの間でどんな男性シャーマンよりも勝れた状態にある十八歳の女性に出会った。ヤクートやブリヤートの間では、両方の性のシャーマンがいる(シェロシェフスキー)。ソロビエフは、ヤクートの間では女性シャーマンは男性シャーマンよりもより重要性が少ないとみなされ、人々は近隣に男性シャーマンがいないときにだけ女性シャーマンに助けを求めると考えている。彼によれば、女性シャーマンは未来を予言するとか、失ったものを見つけるとか、病気を治すとかが、特に得意であるという。

女性が先か・確かな証拠は不明　古代シベリア人の間では、しばしば女性は男性よりもシャーマニズムのための能力を受け取る。女性は本来シャーマンであるとチュクチのシャーマンはボゴラスに断言した。彼女は精霊を呼び出すために特別の準備をする必要がなく、そのために彼女の見習い期間は非常に短くてつらくなかった。しかし、腹話術は女性シャーマンの間では実行されることはない。伝統的な多くのシベリア民族や他の場所において、特定の女性とともに、男性シャーマンの特性（衣服や習慣や特権など）や男性と女性シャーマンに対する両者の間の名前の特定の言語的類似性など、現在の女性シャーマンの卓越した地位を考慮に入れると、多くの科学者達（トロシュチャンスキー、ボゴラス、スタドリング）は、昔は女性シャーマンだけが存在し、男性シャーマンはその後発達し、女性シャーマンにある程度取って代わったという意見に導いている。女性から男性シャーマンへという想像的発展に関しては、確かな知識はない。一つの可能な推測に過ぎない。シャーマニズムの起源と異なった観点は、シャーマンが女性を起源とするという理論に、当然影響を及ぼす。

ヨヘルソンは、専門シャーマニズムは家族シャーマニズムの儀礼から発展したことは疑いがないという意見を著している。勿論、同じ著者が家族シャーマニズムに関して、コリャークの間の何人かの女性達が家族の秘密であるそれらの呪文の知識を所有しているばかりでなく、彼女達が為すその他諸々のことは、外の家族仲間の要望でも用いられると述べている。このことから、私達はコリャークの間の家族シャーマニズムがいかにして専門のシャーマニズムへと発展したのかを非常にはっきりと見ることができる。

しばしば女性は珍しい能力を持ち、外の家族の大きな集団のためにそれらを用いることを求められ、こうして専門的なシャーマンとなる。これは、コリャークでは特に本当のことである。しかし、コリャークの間で女性シャーマンが男性シャーマンに先行したという証拠はない。現在の時点で、昔は女性シャーマンが男性と同じように強力であったとみなされ、しばしば個々の女性シャーマンは、実際には男性よりもさらにより賢い。彼女達はコリャークの伝統の中に存在しているというばかりでなく、「変身した」シャーマン達は勿論非常に強力な存在と思われている。しかし、シャーマニズムを担う性の転換は「精霊の命令に対する服従において」、それは他の事実の範疇に属し、普遍的な女性シャーマニズムの起源に関する理論と関連性はないと思われる(ヨヘルソン)。

家族シャーマンの場合　チュクチの間での家族シャーマニズムは全く単純かつ原初的存在で、恐らくは個々のシャーマニズムに先行し、また後者は前者から成長したものと思われる。母親は家族のシャーマニズムにおいて、シャーマンの役割を父親と一緒に分担する(ボゴラス)。そして、彼女は太鼓と魔除けを引き受け、また特別な場合、父親が不在などのとき、彼女は家族の供儀を実施する。このように、シャーマニズムはどちらの性にも制限されない。しかし、むしろ男性の方がより高い等級に属し、女性の方がむしろ下級の種類に属すると称されているにもかかわらず、霊感による才能は、より女性にしばしば授けられていると考えられている。このために与えられた理由は、子供の出産がシャーマニスティックな霊感と一般に反しており、そのために相当のシャーマニスティックな力を持った若い女性は、最初の子供を出産した後に力の大部分を失うかもしれないという(ボゴラス)。

コリャークとチュクチに関する二人の権威者の上記の供述は、家族シャーマンは個別、あるいは専門的な種類に先行しているというあきらかな痕跡が、これらの人々の間にはあることをはっきりさせている。そして、両者において女性が重要な役割を演じるとはいえ、彼女だけが昔のままで、シャーマニズムをすることができたと想定する十分な理由はない。勿論、普遍的な正統な母なる理論に対する支持者は、この場合社会的にも道徳的な優越性などにおいても、女性の以前からの高い地位についての証明を確かめようと試みるであろう。私達の資料が通用する限りでは、私達は社会構造において上位の位置にあるとか、これらの社会において道徳的な女性の優越性のいずれも、その証拠を確かめることはできないばかりか、それは個々のいずれの性の優越にしか過ぎない。

後者の間で女性シャーマンがしばしば一緒に会わないとはいえ、物事の似た状態は、他の古代シベリア人と新シベリア人の間でも観察されるかもしれない。これら先住民の間の女性の社会的地位は低いが、それは性による差別ではなく、この場合のシャーマニスティックな使命の決定的要因である個人的な能力にある。

女性起源については疑問　女性がシャーマンの起源であったという証拠について、特定の著者は専門のシャーマンが自身の太鼓を所持していないという事実を提示している。しかし、この場合これらの人々の間で女性、あるいは男性シャーマンのいずれもが、そこでは専門のシャーマンが家族シャーマンから区別されるということは、未だ明らかになっていない。女性シャーマンの衣服や習慣に注目し、新シベリア人などシャーマンの衣服がより精巧である人々を扱ったとき、私はこの点について議論する機会があった。

トロシュチャンスキーや彼に続くスタドリングは、後者において、勿論シャーマニスティックな要素があるにもかかわらず、共同体の文化と直接関連していない特別の慣例が存在する専門のシャーマンを信じている。その発展の後期の段階で、シャーマンの任務が共同体の文化と特定の事例として結びつき、そのようにして「白い」シャーマニズムは存在するようになった。トロシュチャンスキーはヤクートの証拠を中心に彼の理論を発展させ、そしてシベリア全体にその理論を適用させせようと試みたけれども、彼がヤクートについて言っていることに対しては、私は自分自身の範囲に留めておきたい。

起源に関する議論・シャーマンの二つの分類　彼らの間にはシャーマンに二つの分類があり、「白」は創造を、「黒」は破壊的な力を象徴し、後者の黒は彼らが女性シャーマンからその起源を跡づけたがゆえに、女性のような振る舞いとして扱う傾向がある。

それらの起源に関する理論を支持して、ヨヘルソンがいうには、トロシュチャンスキーは次のような議論を提唱している。(1)シャーマンは上着の胸に象徴的に二つの鉄の輪を付けている。(2)彼は女性のように真ん中で髪を分けて編み、シャーマニスティックな儀礼の間中垂らして自由にさせている。(3)コリマ川流域では、女性もシャーマンのいずれもがユルトの中で馬の皮の右側には決して寝ることはない。なぜなら、彼らが言うように、この側は人が馬を打つ所だからである。(4)シャーマンが自身の衣服を着るのは非常に重要な儀礼のときだけである。儀礼がないときには、彼は子馬の皮で作った少女の上着を着ている(ヨヘルソン)。(5)少女の上着を着るのは子供の誕生後の三日間、多産の女神がいて、母親が横たわっている部屋に男性は入ることができず、入れるのは女性とシャーマンだけだからである。

最後に、トロシュチャンスキーによれば、女性の「黒」シャーマンは、男性の「黒」シャーマンにより取って代わられたという。この変遷は、鍛冶屋の力が先祖の長さに比例して増大し、有力な地位を占めることで、その鍛冶屋により女性シャーマンの衣服が作成された結果である。シャーマニスティックな道具との接触を通じて、彼らはマナ *mana* を獲得し、彼ら自身で邪術師やシャーマンとなった。また、「白」シャーマンの発展は、異なった線上で起こったと彼は考えている。家族の儀礼においては、家族か共同体の成員の中から最も賢い長が選ばれ、結局役目の保有が永久となるまで、最初のうちは儀礼の度に選ばれていた(トロシュチャンスキー)。

シャーマンの二重の発展に関するこの理論について、実証することは容易ではない。第一に、私達は「白」シャーマンの衣服は「白」の鍛冶屋により作られたことを見出している。そして、トロシュチャンスキーの論争の方法により、その事実は一連の「白」シャーマンに対する発展が、異なる形成でなく、「黒」シャーマンと並行していることを意味していると思われる。さらに、今日のシャーマンに関する女性の習慣について想像される全てが、初期の女性シャーマンが単独の精霊アバシー *abassy*（黒シャーマンの精霊)を助手にしていたという証明に役立つというわけではない。私達は現在と同じように過去においても、女性は家族の儀礼の女性祭司と専門の女性シャーマンであり、精霊アイ *aiy* あるいは他の精霊アバシーのいずれかを助手にすることができることを見つけ出している。しかしながら、ヤクートの間では、そこでの精霊アバシーの崇拝が、男性と女性の両方の「黒」シャーマンの精霊アイよりも発達して優位を占めている。他方、ボチャークの間では、そこでは精霊アイの儀礼は、精霊アバシーの儀礼よりもさらに発達し、「白」シャーマンはより多く存在し、全体の階層を形成している(ボゴラス)。

現代のシャーマンの女性の習慣に関して引用した全ては、女性「黒」シャーマンから男性「黒」シャーマンの発展の理論の証明としてトロシュチャンスキーにより、またヨヘルソンにより「女性の黒からのシャーマンの性に関する転換の跡」として得られたものである。

衣服の転換　ヨヘルソンは、この章で――つまり、男性シャーマンと女性シャーマンとの関係、そして「シャーマンの変身、変容」を論じた二つの問題を一緒に結びつけ「性の転換」と呼んだ。この後者の事象について(恐らく、チュクチを除外しても)、衣服の交換は現今のことではなく、少なくても生理学者が「性の転換」と呼んでいることに従えば、むしろフレイザーに従って、私は「衣服の転換 the change of dress」と呼ぶことの方を好む。フレイザーは、男性と女性との間の衣服の交換は不明確で複合化した問題であり、いかなる単独の解決もが全ての事例に適用できることは、ありそうもないと考えると言っている。北インドのカーシャやパラオ(南太平洋)の祭司の間での、そうした場合の実例を数えると――つまり、生活を通じて女性のような服装をして行動している男性の実例として――彼はこれらの霊感現象を女性の精霊のためとして、聖職者と啓示を受けた代弁者のために、むしろしばしば女性よりも男性を選ぶからであるとしている。

シベリアの人々に関しては、「性の転換」は主に古代シベリア人、すなわちチュクチ、コリャーク、カムチャダール、アジアイヌイットの間で見出される。最も初期の旅行者さえもが、この現象を事例として記録している。このような事例として、クラシェニーンニコフ(1755)、シュテラー(1774)、ウランゲリ(1820)、ルーデック(1837)、その他の記録がある。それらは完全な報告をしていないばかりか、単なる事実の言及に過ぎない。しかし、普通の同性愛の記録とは異なり、そこには常にシャーマニスティックな霊感や悪い命令に対しての言及がある。

性の転換　より詳細な説明は、ボゴラスとヨヘルソンの優れた現代の作品の中に見つけられる。ボゴラスは「性の倒錯とシャーマンの変容」の章において、チュクチに関する事実を次のように記述している。「生殖器は特定のシャーマニスティックな儀礼の一部で役割を果たす」とボゴラスは言っている。シャーマンは呪文を唱えている間はずっと、しばしば一部が裸であるとか、たとえば月に救いを求めて呼びかけるとか、生殖器について簡単に述べるとかしたものだったと言っている。性の転換は、チュクチでは「男らしくない男性の存在」つまり「男らしくない男性」などと言い、女性の存在の中の変形した男性を意味している。「性の転換」をした男性は「女性と同じような」、そして同じように女性は「男性と同じような」と呼ばれている。これら後者の変形は非常に珍しい。

男性の変身　ボゴラスはチュクチの間のさまざまな度合いの「変身」を識別している。(1)シャーマン、あるいはシャーマンの命令に従っている病人は女性のように彼の髪を整えて髪を編んでいる。(2)服装の転換change of dress。たとえば、キミカァイ〔人名〕は精霊の命令で女性の衣服を着ている。青年時代に、彼は病気で苦しみ、衣服を転換することにより非常に大きな利益を得た。記述されたとき、彼はあご髭をはやした初老の男性で、妻と四人の子供がいた。(3)人の性に関する習慣の転換は、男性がライフル銃や槍、家畜のトナカイの群れを捕らえるための投げ縄、アザラシの狩人のモリなどを捨て、縫い針や皮ごてを手に持つときに示される。彼はこれらの有用性を急いで学んだ。それは、「精霊」は常に彼を助けてくれるからである。彼の発音さえもが、男性から女性へと変化する。彼の体はその男性的な外観を失い、彼は内気になる。(4)「男らしくない男性」の珍しい事例は、彼自身が女性を感じることで始まり、彼は恋人を捜し始め、ときには結婚する。結婚式は通常の儀礼として実行され、二つの結合は他と同じように永続性がある。「男性」は狩猟や漁労に出かけ、「女性」は家庭の仕事をする。ボゴラスは、彼らがときどき秘密に愛人を持っていたり、子供を生んでいたりすると言っているにもかかわらず、彼らは同棲していると考えている。ときどき夫は自身の名前に妻の名前を付け加えるけれども、妻は彼女の名前を変更することはない。

世論は常に彼らに反対しているが〔著者イタリックで強調〕、しかしシャーマンの変形と同様に非常に危険もなく、反対もなく、外側からの異議が起こることもない。それぞれ「男らしくない男性」は「精霊」の間での特別な守護神をもって援助されており、精霊は通常超自然的な夫、つまり人が「変身した」「精霊の夫」の一部を演じると言われている。この夫は、実際に家族の長で、「変身した」妻により彼の命令を伝えていると思われている。勿論、人間の夫は、迅速な罰の恐れのもとで、これらの命令を忠実に実行しなければならない。

精霊の妻を持ったシャーマン　ときどき、性の変身をしていないシャーマンは、自身で追加した「精霊の妻」を持っている。ボゴラス自身は「男らしくない男性」に関して最もよく精通していたが、しかし精霊は詳しく調べる彼自身を許さなかった。彼の人間の夫は通常の男性として彼を記述している。それにもかかわらず、彼の習慣は女性のそれらであった。精霊の夫は通常男性で従兄弟であった。「変身したシャーマン」は、一般に彼らの最も近い関係の間から夫を選ぶ。

女性の変身　ボゴラスは男性に変身した女性に一度も会っていないが、彼は幾つかの事例について聞いた。変身した女性シャーマンは未亡人であったが、自身の子供がいた。「精霊」の命令に従って、彼女は自分の髪を切り、男性の衣服を着て、男性の発音を取り入れ、非常に短時間に槍の扱い方やライフル銃の打ち方さえも学んだ。遂に、彼女は結婚したいと望んで、彼女の妻になることを承諾した若い女性を容易に見つけた。

ヨヘルソンは、今日のコリャークの間では、男性の中に女性シャーマンに変身したことについて聞いていないと述べている。しかし、私達は言い伝えの中にそうした変身に関する報告を発見している。彼は、女性の中に男性シャーマンに変身した、どのような人にも会っていなかった。

女装した男性シャーマン　カーメンソコエ村出身のコリャークのシャーマンは、父が最近死に、そのために精霊の命令で二年間女性の衣服を着ていた。しかし、彼は完全に変身を獲得できず、それ以来ずっと再び男性の衣服を着ることを許してくれるように精霊に懇願した。彼の願いは承諾されたが、シャーマニスティックな儀礼の間は女性の衣服を身に着けることが条件だった(ヨヘルソン)。これは、ありふれた性の転換に関するヨヘルソンの事例か、むしろ衣服の転換の事例に過ぎない。コリャークはシャーマンの変身に関して、女性シャーマンと同じように強力であると思っている。

男装した女性　カムチャダールの男装した女性、コエクチューチに関する物語は非常に混乱している。というのは、クラシェニーンニコフは彼らが誰であるのか、男性なのかそれとも女性なのか、いずれかを正しく説明していないからである。男装した女性は女性の衣服を着て、女性の仕事をして、女性と同じに示し、不足なく同じに尊敬されるようにした。彼らはコリャークの地下家屋の玄関の屋根に開けた穴、通風の道を通って、同じ方法で女性とコリャークの精霊はそこから家の中に入ることができた。ピエカラスキーは、クラシェニーンニコフが「男装した女性は、男性と接触していなかった」と述べており、自分自身が言っていることが矛盾していることが分かった。

クラシェニーンニコフの男装した女性に関する説明は次のようなものである。「カムチャダールは一人か二人、あるいは三人の妻を持っており、これらの他にも、彼らの何人かは男装した女性を保持し、彼は女性の服を着て、女性の仕事をし、男性とは全く関係なく、仲間の中で内気で打ち解けてはいないと感じられる」と。また、「カムチャダールの女性は仕立屋と靴屋で、その専門は男性にとっては無用なことと考えられ、もし彼らがこれらの職業に就けば、直ちに男性は男装した女性とみなす」と(クラシェニーンニコフ)。

さらに、女性は嫉妬深くない。というのは、一人でなく、二人か三人の妻と一人の男性がむつまじく一緒に暮らしているからであるが、男装した女性にさえも反対することなく、カムチャダールの若干の人達は内妻の代わりとして保持していると。また、あらゆる女性、特に年長の女性、そしてあらゆる男装した女性は邪術師であり、夢の解説者である(クラシェニーンニコフ)。ときどき彼らは内妻の役割を演じているにもかかわらず、男装した女性の引用文は、むしろ宦官の誤植と思われる。共同体によっては恐らく珍しい存在とみなされていた男装した女性は、邪術師やシャーマンよりも特別に高い特権を持っていた。病理学的な崇拝が、ここでは超自然的な崇拝になろうとしているのかもしれない。

多様な事例　「性の転換」は古代シベリア人の間だけに出会うもので、一方の新シベリア人の間ではしばしば多くが女性の衣服に似ており、シャーマニスティックな衣服に出会うに過ぎない。ヤクートの男性シャーマンの間で、子供のような振る舞いをする伝統が存在することは本当であるが(シェロシェフスキー)、むしろこれは奇跡を可能にさせるシャーマニスティックな精霊の力の考えと関係がある。一般に、古代シベリアの女性シャーマンの間での出産は完璧なものか、あるいは少なくてもシャーマニスティックな能力の一時的な喪失の結果である。コリャークの物語では、オオワタリガラスの息子のシャーマニスティックな力は、神話上のトリトン *Triton* が彼を魅了して、彼に男の子を出産させた後、姿を消した。彼の力は、彼の姉妹がトリトンの姉妹を殺した後に彼に返された。それにより、出産の行為が完全に除去されて譲渡されたという(ヨヘルソン)。

私達は多くのシベリア共同体の中で、女性シャーマンが太鼓に触ることを許されないことを引用してきた。特に、最も強力なシャーマンに関係して、性の転換の問題は単に身体的な原理により説明することはできない。それらはあらゆる原初的、より文明化された社会でさえも為しているように、幾つかの曲解はこれらの人々の間でも起こるけれども、しかしあらゆる個別的な病理学は呪術的な崇拝の問題であり、それには従うことはできない。それどころか、ボゴラスとヨヘルソンのシャーマンの変換に関する詳細な記述を読んだとき、私達はこれらあらゆる事例に近いシャーマンは、最初は通常の人々で、精霊の霊感により後でだけ、彼らの性を転換しなければならないことを見ている。前でも記述しているように、それらの一部には、同性の公式の夫と一緒に、異性の人と通常の性的関係を密かに持ち、また私達は彼らの一部が実際に無性になっていると決めてかかってさえもいる。しかし、特定の事例では宗教的な理由により、必須とされる外向きの外観は異常な情欲を覆っているかもしれない。

両性具有・超越的力　神聖な二つの性を持ったシャーマンの宗教的概念では、本質的に完全に男性であって女性である人に関して、具体的に表現したこのような事例を見る可能性はほとんどない。私達はより先進的な新シベリア人の間でこの考えに偶然出会うけれども、古代シベリア人の間でそうした神々や精霊を発見することはない。アルタイ先住民の宗教においては、この考えは超越的存在により与えられた「人間の母と父」の名前により表現されている。

この問題の解明について試みるためには、最も満足な根拠は社会学的なものであるかもしれない。シャーマンの共同体における権利が仮に異常なものであるとしても、彼が特別な地位を占めていることは明らかである。シャーマン(男性と女性)は他者に対して許されていないことをなし、実際に彼らは異なった行動を為さねばならない。なぜならば、彼らは共同体により認められた超自然的な力を持っているからである。

前の章で、シャーマンに帰する幾つかの特徴を取り上げ、私達は精霊に触発されて彼らが傷で苦しむことなく彼らの体を切り、さもなければ傷つけたりすることを見ている（ヨヘルソン）。彼らは、シャーマニスティックな儀礼の実践中に、シャーマンの太鼓により供儀の動物をともに空に送るかもしれない（シェロシェフスキー）。彼らは子供の誕生のために鳥、カエルなどを与え、もし彼らが「本物のシャーマン」であれば、超自然的な力、真の使命をもって性の転換をするかもしれない。

シャーマンは性的には第三の部類　社会的には、シャーマンは男性の部類にも、あるいは女性の部類のいずれにも属さないばかりか、第三の部類に属する。それがシャーマンである。性的には、彼は無性か、禁欲的か、あるいは同性愛的な性向の性格であるかもしれないが、彼は勿論全くの通常である場合もある。そして、そうした特別の部類を形成したシャーマンは男性と女性の両方の性格からなる特別な禁忌を持っている。同じことは、両性の衣服に対する特有の特徴と結合した彼らの服装に関しても言えるかもしれない。

女性シャーマンは、特に女性の禁忌に対して制限されてはいない。というのは、彼女の社会的地位は通常の女性よりも非常に高いからである。一方では、男性の禁忌は単に男性シャーマンに適用されるものでなく、特定の男性の禁忌、一部の女性の特権として一緒に適用される。たとえば、それは子供が生まれた後の最初の三日間は女性が横たわっている家へは接近できないことなどである。

シャーマンの頭巾は多くの禁忌の境界線によって社会から分離されている。シャーマンがそれらの禁忌を保てないとき、彼も彼女もシャーマンであることを中止する。たとえば、女性は出産や月経の期間だけ、再び女性の仲間に属する。

シャーマンとしての分類において、女性が男性の一定の特質、また男性は女性の一定の特質を学ぶことは、父として母として正統で自主的なシベリア人であると思われる。「精霊」が性の転換を鼓舞することは性の対立であるかどうかを確認するために興味あることであると、フレイザーは提案している。
シャーマンとしての分類は、男性と女性の両者が社会的階層の成員から除外されることになり、場合によっては病理学的である場合もある。しかし、これは重要で絶対に必要な特徴ではなく、唯一の事例として、同性とのシャーマンの「結婚」による変換は私達の時代(つまり、チュクチを含めて)にも観察されて以来、それは常に世論によって承認されている。しかし、シャーマンの間での服装の転換に関する呪術宗教的で社会学的な説明は男装した女性、コエクチューチに対して十分に精力が注がれてはいない。というのは、カムチャダールの間での専門のシャーマニズムはシャーマニスティックな精霊により触発されて社会の別個の階層を生じさせ、組織化され発達したものでないからである。その中では男性は少しもシャーマンでなく女性の衣装を着ていなくて、この事例を覆う説明はどちらもなされていない。

服従としての女装　恐らく、広範囲に原初的な人々に関して、女性の資質、とりわけ接触感染による弱さなどに関する意見を扱う際に、クローリーの唱える提案に、私達は助けを発見するかもしれない。彼らに女性の服を着させることにより、「不真面目で卑劣な習慣、そして女性の地位を征服」するものとして、多くの実例を引用している。モーガンから引用すると、次のように言っている。「デラワース(人名)がイロコイにより拘束され、戦争に出かけることを禁じられたとき、彼らは先住民の考えに従って女性になり、その後は女性に相応しい趣味に彼ら自身を制限させられた」と。私達が、とりわけヨヘルソン、ボゴラスにより与えられた報告を考慮するとき、若干の他の古代シベリア人の間での奴隷の扱いやその他について、カムチャダールの男装した女性に関して簡単な他の類似した実践の実例を持っていると考えることは道理に適っていない。クローリーにより言及されるものを扱うねらいは、最低限征服者に対して迷惑をかける能力を減らすように、監禁し服従させて敵の性格を去勢して弱めることである。

ヨヘルソンは、ユカギールの間に、以前に存在していた奴隷制度の話について、「捕虜は女性と一緒に家に留まり……女性と一緒に同じ言葉を使って家の仕事をする」と語っている。彼は、コリャークにより以前に捕虜にしていた奴隷の地位に関して類似したことを述べている。女性との親密な関係は、感染接触により男性の中に女性の特性が生じると、原初的な議論がされている。女性と一緒にして、彼に女性の服を着させることで、もし敵が女性の服を着て通常の仕事をするならば、もはや危険はない。他の仮説の提唱に対して十分な証拠がなく、上記で示すように他の古代シベリア人の監禁した奴隷に対する態度を考慮しても、それはカムチャダールの男装した女性であるか、捕われた奴隷の部類として発達したか、それについて少なくとも話としてありそうに思われる。

ボゴラスは、奴隷の部類の報告について、チュクチの間では比較的最近まで存在していたにもかかわらず、彼ら捕虜を女性化するための人々のいかなる一定の試みにも言及していない。「弱きもの」を意味する言葉が、主に捕われた奴隷に適用されるなど、他の言葉の全ては軽蔑の意味を包含しており、そうした言葉を奴隷に適用したというのが彼の説明で、チュクチがカムチャダールを含めて、それが奴隷部類の理想的な状態であり、他の古代シベリア人と同じように同じ観点を持っていたという憶説をボゴラスは支持している。

一三　神々・諸精霊・霊魂（Chapter XIII. Gods, Spirits, Soul）

I　チュクチの人々・超越的存在

慈悲深い超自然的存在はチュクチにより「存在*vairgit*」と呼ばれている。最も重要なことは「慈悲深い存在へ供儀をすること」で、それらに対して人々が犠牲を運んでくることである。その存在はチュクチの羅針盤で二十二の異なる「方位」に住んでいる。これらに運ばれるチーフは天頂に長く住んでいる存在で、それらは「王位にある存在」あるいは「中央の王」と呼ばれている。正午の太陽や北極星は、しばしば「中央の王」と同一視されている。曙と黄昏は「妻の仲間」であり、幾つかの物語は一人の妻と結婚していることを記述している。夕方の「方位」はともに「暗闇」と呼ばれている。供儀は特別な事が起こったときにだけ彼らに対してなされ、しばしば大地の東の方位(悪霊)にそれらを差し出す(ボゴラス)。

超越的存在としての星座　太陽、月、星などの星座は勿論存在として知られている。しかし、太陽は特別の星座であり、人間が明るい服を着て犬やトナカイを操ることを象徴している。王は毎晩妻を訪ね、女性の周りを歩き回る。月は勿論男性として象徴されている。しかし、王は太陽であるばかりか、地上の精霊の息子でもある。王の太陽は投げ縄を持っており、それによりしっかりと見て、人々を捕らえる。シャーマンは呪文を唱え、呪いをして月に救いを求める。星の間でも、北極星は主要な存在であり「動かない北極星」として最もしばしば言及され、その名前はアジアの至る所で普遍的であるとボゴラスは断言する。

慈悲心を持った存在　人間に対して慈善心に富んだ他の幾つかの存在があり、ボゴラスはその性質に関して単に漠然とした非人間的な名前であると想定している。それらは言葉の原理の創造性に関して、非常に曖昧で擬人化された不明瞭なものを代表しており、先住民の至高の存在と類似していると彼は言う。それらの名前は、創造主、照らす人、あるいは物事を創造してその気にさせる人、上部の存在、世界あるいは外部の存在、慈悲深い存在、生命を司る存在、運勢を司る存在である。これらは特別の供儀を受けないが、全て「創造主」を除いて、暁、天頂、真昼の神に対する供儀については言及されている。「運勢を司る存在」は、ときどきワタリガラスとして象徴されるが、創造主はチュクチによりそのように象徴されることは決してない。だが、彼はときどき「創造主の外着」として知られている。しかし、チュクチはオオワタリガラスについて多くの物語を持っている。

海の精霊　これらの「存在Beings」の他にも、レンダーチュクチは勿論「トナカイの存在」を持ち、その存在は家畜の群れを見守る。また海の人々は「海の存在」を持ち、それらに関して最も重要なのは海の神（*Keretkun*、あるいは*Cinei-new*）と彼の妻である。彼らは海の底か公海に住み、そこには浮かんでいる大きな家を持っている。彼らは人間よりも大きく、黒い顔と特有の形をした頭縛りをして、セイウチの腸で作った長くて白い上着にたくさんの小さな房飾りを装飾して着ている。その他の海の精霊は「セイウチの母」で、海の底に住み、セイウチのように二本の牙で武装している。彼女の他にも、セイウチのようなさらなる別の海の精霊がいて、夜に彼らの家に忍び込み、人々に対して危害を働くと信じられている。これらのセイウチの存在は定期的な供儀を受け取らず、ときどき精霊としてシャーマンの手助けをする。しかし、海の神は、秋の儀礼においては犠牲の受取人である。アジアのイヌイットは海のチュクチのそれらと類似して海の神々を持っている（ボゴラス）。

多様な存在・精霊　チュクチは、勿論風も「存在」として分類し、それらの名前は呪文を唱えるときに簡単に述べられ、常に地域に流行する風の存在がこれら「存在」の長として地域的に与えられたものとみなされている。テントと家の精霊は「家の存在」と呼ばれ、彼らは人々にではなく家に付属し、もし家が壊されたならば、彼らはそこに存在することを終える。もし、家の住民がそれを見捨てるならば、家の存在は非常に危険な土地の精霊に変わるであろう。非常に重要な供儀における小さな割当は、寝室の隅の地面に彼らのために置かれる（ボゴラス）。他の精霊、それらは精霊でもなく、ましてや存在*vairgit*でもない。勿論、たとえば酔わせるキノコの精霊の存在など、それは「別々の種類」を形成している。また、幾つかの「存在」は、犠牲の割当を受け取る、いわゆる「助手」を持っている。その「助手」は非常にしばしば一羽のワタリガラス、あるいは半分のワタリガラスとして象徴される。精霊さえもが

「助手」を持っている。

全ての森、川、湖、そして動物は「統御者 masters」あるいは「所有者 owners」によって活気づけられる。ときどき、チュクチはこれらをメット Met と呼び、その言葉は通常「悪霊」を意味するにもかかわらず、ときどきは単純な感覚で「精霊」として用いられている。野生の動物はチュクチ自身と同じように同じ種類の家族を持ち、そして人間を模倣した彼らの行動をとると言われている。たとえば、鷲の一家族は奴隷を持ち、随分と前に大地からその奴隷を盗んだ。鷲は奴隷全てに対して食べ物を準備し、そして顔は煤で黒くなるようにする。精霊と同じように動物は人間の形をとることができる。白テンとフクロウは特定の事が起こると戦士となる。そして、ネズミは狩人となる。ほとんどの場合、人間に扮している間、動物は幾らか以前の資質を保持しており、彼らを特別な部類の存在と認めることができ、人間の方法で行動するが、しかし人類とは異なっている。女性の狐は強烈な臭いを保持し、女性のガチョウは、動物は食べない(ボゴラス)。生命のない物体が、特に彼らが本来の生きている生物の一部を持っているならば、生命を賦与されるかもしれない。たとえば、売却のために用意した皮は、夜に元のトナカイとなって歩き回るかもしれない(ボゴラス)。

これらさまざまな「所有者達」は、しばしば精霊の部類である。しかし、ボゴラスによれば、チュクチは異常な状況下以外では、悪霊に供儀をしたことは決してないと告白する。

精霊の分類　ボゴラスはチュクチの精霊ケレット *kelet* を、(a)病気や死を運んでくる目に見えない精霊、(b)特にチュクチの戦士の敵、血に飢えて人肉を食べる精霊、(c)シャーマニズムの実践中にシャーマンを援助する精霊の三つの部類に分割している。

(a)の部類　精霊ケレットは地下で生活して、勿論地上にも住んでいると言われる。しかし、彼らは決して海からやって来ることはない。なぜなら、チュクチのことわざによれば「あらゆる悪は海から来ることができない」からである。その精霊は彼らの家庭に残ることはないが、彷徨って犠牲者を捜す。彼らは特別な名前を持つほど顕著で、多数存在している。彼らの一部は一つ目である。そして彼らは全てが一風変わった顔と形の種類で、多くが非常に小さい存在である。彼らは人間のそれらに似て共同体として組織化されている。太平洋岸では、彼らはしばしば歌うレケン *rekken* として知られている。これらはさまざまな恐るべき形を持ち、いかなる奇形を持って生まれてきた動物もが、彼らに犠牲として捧げられる。精霊は、特に人間の肝臓に対して関心を持っている。この信仰は、どの精霊が人間を殺したのか、死体を切り開いて人間の肝臓から発見するチュクチの習慣を起源としている。

(b)の部類　それは戦士に対して特別に不利なことが、物語の中で主に語られている。呪文を唱え、呪いをし、最初の精霊に対して費やされている間は、第二部類の巨大な食人種精霊に対し、戦争用の普通の武器が用いられる。これらの精霊は北極の沿岸に、かつては巨大な民族を形成して住んでいたが、しかしチュクチにより攻撃されることで、彼らは自分達で目に見えない精霊に変化した(ボゴラス)。

(c)の部類　シャーマニスティックな精霊であり、ときどき「分離された精霊」とか「分離された声」と呼ばれている。彼らは動物や植物、氷山、その他の形をとり、非常にすばやく形を変えることができる——そして勿論彼らの気分も。また、最後の説明では、特にシャーマンは彼らと一緒に親密な関係を保ち、礼儀正しくしなければならないとされている。シャーマンは彼らのことを「私の家族、私自身の小さな精霊」と言う。私達はボゴラスの報告の中に、慈悲深いシャーマニスティックな精霊やシャーマンの援助に対するいかなる論及も見出せない。

その他・怪物　これら典型的な悪霊の他にも、勿論「怪物」の部類もある。これらの間で、主なものはシャチである。シャチは北極圏の全ての人々の間は禁忌で取り囲まれている。これら冬の怪物はオオカミに変形し、チュクチのトナカイを捕食する。北極熊の誇張された表現は、勿論「怪物」として出現する。マンモスはチュクチの信仰の一部として一つの重要な役割を果たしている。それは精霊のトナカイであると言われている。もし、牙が地上より上で見えるならば、これは悪い兆しで、呪文を唱えない限り、何か全く不都合なことが起こるかもしれない。

一つの物語によれば、何人かのチュクチの男性は大地から突き出ている二つのマンモスの牙を発見した。彼らは太鼓を打ち始め、幾つかの呪文を唱えた。そのときマンモスの死体全体が視界に入ってきた。人々は肉を食べた。それは非常に栄養価があり、人々は冬の間中それにより暮らした。全ての肉を剥ぎ取った骨は再び一緒になるようそれらを繋ぎ合わせ、朝になったとき、それらは再び肉で覆われていた。恐らく、この物語は食べるには良い状態にあったマンモスの死体の発見を基盤とし、それは十八世紀にオビ川で起こったように、勿論コリマ川流域でも最近起こっている。これらの信仰のゆえに、マンモスの象牙を捜すことは以前から禁忌にされていた。現在でさえも、マンモスの牙を発見した人はさまざまな犠牲によりその場の「精霊」に対し、償いをしなければならない。象牙がもたらす高い代償にもかかわらず、牙の探索は男性にとっては卑しい仕事とみなされている(ボゴラス)。

これら「怪物」の絵画か、むしろ動物の誇張された表現により、それらの全ては主な形状が慈悲深い精霊を象徴することを意図してトナカイが描かれ、同時に犬や馬、マンモスなど他の動物が精霊を象徴して前方に立っている。巨大な昆虫、ゴキブリ、鳥、魚なども、他の誇張された形状の動物で、ボゴラスは「怪物」と呼んでいる。

魂・生きている生命力　魂は「体に属するもの」と呼ばれている。他の用語では「生きている存在の生命力」を意味している。魂は心臓か肝臓に住み、動物や植物は人間と同じようにそれを所有している。しかしながら、人は他の「魂」に関してもよく聞くように——これらは人間の体のさまざまな部分にも属し、たとえば腕や脚の肢体の魂、鼻の魂などがある。そして、鼻が簡単に凍傷にかかる人は「魂の不足」と言われる。非常にしばしば、魂はカブトムシの形をして、その飛び方はハチのようにブンブンと飛ぶと思い込まれている。人間が彼の魂の一つを失ったとき、彼はシャーマンを通じて魂を呼び戻して獲得するかもしれない。そして、その人は、もし彼が紛失した魂の行き先を発見することができないならば、この喪失を被った人の中に、自身の一部を送ることができる。もし、精霊が魂を盗むならば、彼は魂を運んで暗闇に留まらせ、そこで魂の逃げるのを防止するために肢体を縛るであろう。物語の一つに、精霊は盗んだ魂に明かりが見えるように彼のランプの手入れを強いるという。また、ボゴラスは燃え木で妻を叩いた男の事例を知っている。それは女性が二日後に死んだとき、彼女の親戚は彼女の体を検査して、いかなる器官も損傷のないことを見て、彼らは夫の殴打が彼女の魂を傷つけたと言った。勿論精霊さえもが彼自身の魂を持っており、魂は失われるかシャーマンによって奪われるかもしれない。

チュクチの世界観　チュクチによれば、幾つかの世界、一つとその上にもう一つがあると信じている。そうした世界が五つ、他にも七つか九つなど、幾つかがあると考えている。北極星の下に、一つの世界から他の世界に通じる一つの穴が造られており、この穴を通じてシャーマンや精霊は一つから別世界へと通じる。他の世界へ到達するためのもう一つの方法は、夜明けの方向に向かって下にくだる手段をとることである。勿論、羅針盤の指す「方向」にも別の「世界」があり、一つは海の下、もう一つは小さな「世界」が上記の存在のように漠然と記述され、そこは雌の鳥の精霊の住まいである。星の幾つかも彼ら自身住民と一緒の別個の「世界」である。彼らが言うには、空にもまた「世界」があり、そして地平線で大地と接し、そこには四地点に門がある。風が吹くとき、これらの門は開くと信じられている（ボゴラス）。

Ⅱ　コリャークの人々・一神教的存在

チュクチとイヌイットは対照的である。イヌイットは超越的存在(チュクチは *vairgit*、アジアのイヌイットは *kiyarnarak*)の部類を全て持っており、ヨヘルソンが考えるにはコリャークは一神教の傾向があるというが、彼はそれを現在、一つの神に対して適用しており、それが全ての名前を表す可能性は、以前にはさまざまな存在や自然現象に対して表していたからかもしれない。しかも、ロシア人と彼ら自身の交流により、一つの中にさまざまな神々の全ての名前を合体させた一神教的傾向が発展したのかもしれないとみなしている。超越的存在に関するコリャークの概念は土着のものでもない。少なくとも、非常に古いものでもないことは、ヨヘルソンの側近により、これらの人々から手に入れたもので、勿論ヨヘルソンが手に入れた事実は人間の状況を形成する活動的な部分でなく、非常に漠然とした自然や資質全てに関するものであることがその報告から判断される。勿論、神は慈悲深い擬人化された存在として、妻や子供達と一緒の老人であり、空に住んでいる。神は飢饉と豊饒をもたらすことができるが、人間に対して良いことも悪いことのいずれも、彼の力を使うことはめったにしない。

存在の多様な性質　ヨヘルソンは、神に抽象的な名前が与えられたことは、それが神々である限り、コリャークが神の性質として持っていると思われる明確な素材には、ほとんど概念的に一貫性がないという。それらの名前の幾つかは以下の通りである。宇宙、世界、外のもの、管理人、存在する何ものか。それらはパレン〔カムチャツカ地域〕の人々、カーメンソコエやヴァヒィニン *Vahitnin*〔不明、コリャークの支系か〕により、あるいはレンダーコリャークにより呼ばれている。また、それは存在、同時に強さ、高いただ一人の、高い統御者、あるいは単に統御者、夜明けの曙などである。私達は超越的存在に対する雷神の名前にも遭遇する(ヨヘルソン)。

存在への配慮　超越的存在は陸や海で動物を狩猟し、イチゴや植物の根を採集し、トナカイの群れを管理し、食料供給のために獲得するなど、単に具体的な理由によってなだめられる。もし、超越的存在が大地を見守るのをやめれば、直ぐに混乱が始まるであろう。たとえば、巨大なワタリガラスは宇宙が眠っているときには(第九話)、彼の狩猟は失敗する。同じく、供儀をすることの怠慢は人間に何らかの不幸をもたらすかもしれない。話(第一一話)の一つとして、若い大地の創造主、力の管理者であるオオワタリガラスの娘の夫は息子の結婚式で、雲の管理者への習慣的な供儀を途切れさせたために、彼女の魂は炉端の火によって焦がされ、彼女は衰弱したという。

超越的存在は人間の仕事中に、その行動を妨げないにもかかわらず、彼らの魂は死後に、彼らが再び生まれてやって来るまで、彼の住処の標柱か梁に吊るされる。それぞれの魂の来世での生活期間は、柱に縛り付けられる紐で示され、短い紐は短い生活期間を指し示している。管理人は雲の中か空、あるいは天空の村に住んでいる。彼の妻は雨や海の女性の管理人としてさまざまなことを知っている。彼の息子は雲の管理者で、若い男女の後援者、そしてもし若い男性と女性の愛が最愛の人の心を征服することを望むなら、太鼓を叩いて成就させる。また、この後援者への贖罪は、なぜ花嫁と新郎が結婚後に雲の管理者にトナカイの供儀をするのかの理由でもある(ヨヘルソン)。

オオワタリガラス　ヨヘルソンは、他にも幾つかの論及があるにもかかわらず、超越的存在との直線的関係を一つの物語(第九話)にだけ見つけ出している。詳細に満ちたこの物語の中で、万物の神は妻の陰門から地上に激しい雨を送る。オオワタリガラスと彼の息子は、自身で普通のワタリガラスに変化したくて、天空に飛び上がった。そして策略により絶え間ない雨に遮られた。この物語は天候の話を語ってはならないのに、もっぱら雨や吹雪の跡を絶つための話である。

上記で述べたように、超越的存在は人間に仕事を命じるためにオオワタリガラスを送ってきた。オオワタリガラスに対して、それは「ワタリガラス」に対する言葉の形式を強調したものである。彼は、勿論偉大な祖父、あるいは創造主としても知られている。オオワタリガラスについての物語は太平洋沿岸圏のワタリガラス神話の一部を形成している。というのは、私達は北東アジアのシベリアのそれと同じように、北西アメリカ先住民の神話にも、この形態を発見するからである。しかし、コリャークの間では、オオワタリガラスは宗教的儀礼の一部を演じているだけに過ぎない。「創造主」は、本当は誤った名称で、この存在はいかなる創造的な機能も働いていないからである。彼はすでに組織されている宇宙の特定の再構築のために超越的存在により送られた。それゆえに、いわば再編成者であり最初の人であった。彼は、勿論超越的存在であり、強力なシャーマンでもある。そして彼の名前はシャーマニスティックな儀礼において、ほとんどあらゆる呪文の中で、その名前が口に出して唱えられる。海のコリャークのシャーマンが呪文を開始すると、彼らはそこにオオワタリガラスが来ているという。レンダーコリャークが、シャーマニスティックな儀礼を実施している間に、一羽のワタリガラスか海のカモメが家の中に飛んで来ると、そのとき主人は「あなたのトナカイを殺すオオワタリガラスが来ている」と言うのだと語った(ヨヘルソン)。

その登場人物はワタリガラスの上着を着て初めて鳥に変身し、ワタリガラスの名前により知られる。通常のワタリガラスは、神話の中では戯けて卑劣な性格で、犬の死体や排泄物の清掃動物の役を演じる。ワタリガラスにより太陽を飲み込むこと、オオワタリガラスの娘により指導者が救助されることなどについての物語は、北太平洋沿岸先住民の落日により太陽のない話を思い出させる。コリャークはワタリガラスを殺すことを罪とは思っていない。

矛盾した報告　いろいろな矛盾した報告はオオワタリガラスの起源についての話を与えてくれる。何人かは、彼は超越的存在により創造されたと言い、またその他「古老の人達」はそれを知っているにもかかわらず、彼らはどこから来たのか知らないと言う。コリャークの話の多くは生活や旅について論じられ、オオワタリガラスの冒険心、彼の妻、彼らの子供達、年長者、彼らの息子の話は最もよく知られている。この物語の中では、オオワタリガラスは非常に低い能力者の存在としてときどき出現し、しばしば悪賢さにすぐれ、妻ばかりでなく、ネズミや狐、他の動物さえもが登場する。オオワタリガラスと彼の妻（非常に至る所でその形を暗示させ）、超自然的行為と不法な冒険心、特に生殖器に関しての転換は物語の大部分を形成している。付随した事件の粗雑さはコリャークの人々に、彼らの保護者として、これらの物語の英雄を考慮すれば、その防止に役立つものではない（ヨヘルソン）。物語の多くは人々の慰み以上に他の目的に役立つものではない。

その物語の幾つかはオオワタリガラスに対する軽薄な性格に帰するにもかかわらず、彼はいかにして海や陸で動物を捕らえるか、火起こしfire-drillの使い方や悪霊から自身を守るかなどを人々に最初に教えてくれたという。彼は海のチュクチの方法で、陸で生活しているが、息子の何人かはトナカイの飼育者であった。彼がどのようにして人間の間から姿を消したのかは定かでない。何人かによれば、彼と彼の家族は石に変わり、その他の人はコリャークから離れて放浪しているという。彼らの間で彼が生活していたことの痕跡は、未だコリャークにより示されている。それは、タイガノス半島（オホーツク海北部沿岸）の海食崖には彼の住まいと家庭用品として幾つかの大きな石があることである。また、カーメンソコエの村には、彼の足跡とトナカイの蹄の跡が見られるとコリャークは言っている（ヨヘルソン）。

特定の統御者・所有者　他のシベリアの人々と共通してコリャークは超自然的存在のもう一つの部類を信じ、彼らはそこに長い期間住んでいると想定され、特定の物体の「所有者」あるいは「統御者」として知られる。ヨヘルソンは、コリャークの間でのこの概念は自然に関する低いアニミスティックな観念から未だ識別されていないと考えている。彼はイヌイットのイナウ*inua*、ユカギールのポギル*pogil*により、高い進化の考えを発見する。そして、とりわけ新シベリア人の間などでは、たとえばヤクートのイクチィ*icci*、ブリヤートのエーセン*ecen*、あるいはイーセン*isin*などである。精霊の所有者の概念は「あらゆる重要な自然の物質」がそれほど明確でなく、コリャークの間では他の民族の間と同じように言及されており、ヨヘルソンは漠然として一貫性のない返事により、彼はこれらの「所有者」の自然についての疑問に対する答えとして受け取ることにより証明しているとみなしている。

海の統御者　「海の統御者」に対するコリャークの言葉は海である。夏に海に釣りに行った一人のレンダーコリャークは、海に犠牲としてトナカイを捧げた。ヨヘルソンは彼の捧げものが海であったのか、それとも海の統御者のいずれであったのかを尋ねたところ、彼は「私は知らない」と返事した。私は、「海」また「海の所有者」と言うのと、それは同じことで正しい。コリャークとの若干の類似性は、海の「所有者」が女性であり、他は海そのものを女性とみなしていることである。特定の丘、岬、そして崖はアパプクル *apapcl* あるいはアパ *apa*（つまりカムチャツカのカーメンソコエ地域の方言で「父」、パレン地域では「祖父」）と呼んでいる。これらは狩猟者や旅行者の守護神であるが、その用語が丘そのものなのか、それともそこに住んでいる精霊に適用するものなのかは疑わしい。

空の統御者　空は、星の人々が住んでいる土地とみなされている。太陽（ときどき高位の統御者と同一視）、月、星は生気ある存在で、供儀の捧げものは太陽に対してなされる。「太陽の男神は妻と子供、そして彼自身の国を持っており、そこには太陽の人々が住んでいる」という。結婚は彼の子供達とオオワタリガラスの子供達の間で婚姻が結ばれる（一二、一九、二一話）。記載では、月は男神（あるいは女神）、星は男神と物語の中では語られている。

守護神　コリャークの「守護神」「お守り」は個々人、家族、村人に対する保護者として奉仕する。ところがそれに反して、高位の統御者、つまりオオワタリガラス、そして悪意ある悪霊カロー *kalau* ――個別のシャーマンに奉仕するこれらの悪霊を除いて、そうした偉大な超自然的存在は民族全体の諸神や精霊である。「守護神」は人間を悪からそむける目的のための種類を形成している。

火起こし器　ヨヘルソンが獲得することのできたこれらについての知識は、火を起こすための神聖な道具、つまり火の板（板、弓、木の錐）、そして石か骨の先端部分からなるものを含んでいる。火の板は、錐を受けるためのポプラ材に開けた穴がそこにあり、簡単に火が点く。それは、大旨人間に似た形をしている。炉端と家畜の群れの保護者の役割としては、高位の統御者にトナカイを供儀するときに、一緒に犠牲の血と脂肪を火の板に聖油として塗り、その上に同時に呪文を唱え、新たな火の板の神聖化を行なう。直接的で漠然とした力は、自然のままの無生物に住んでいる生命力が人間に対して活発で有益なものとして眠っていると考え、その上に呪文を唱えることで、そのように現れるとヨヘルソンは考えている。先端部分は中空の軸受けを持っており、それは錐の細い先端に置かれている。「先端の部分は一人の人が持ち、他の人により板が持たれ、同時に弓は三人目の人が回転させ」、火の板の穴の一つに太い下端を置き、錐を回転させる。錐の回転により作られたより細かい木炭の粉は、小さな皮袋に集められる。というのは、この炭の粉は「それが撒き散らされることを罪とみなしている」からである（ヨヘルソン）。

悪霊　悪霊（*kalau* 歌では *kala*）は、チュクチの精霊に対応している。オオワタリガラスの時代には、彼らは人間の目に見えたけれども、今では通常目にすることはない。彼らに言及した多くの神話の中では、彼らは人間のような集団で生活していると表現されている。彼らは非常に多数存在し、彼らの背格好を変化させる力を持ち、そのためときどき彼らは非常に大きくなり、ときには再び非常に小さくもなる。ときどき、彼らは普通の食人種でも超自然的存在でも、少しもないと思われている。悪霊が目に見えるのは、彼らがときどき動物、あるいは人間の頭を持った犬、あるいは尖った頭を持った人間の形で出現するときである。「彼らの矢は口で供給され、彼らは弓を使うことなく放つことができ、彼らがどこに送ろうとも飛んでいく」という。若干の悪霊は地下に住んでおり、炉端の火を通じて人間の家に入ってくる。また、他のものは西の大地に住んでいる。見えないけれども、彼らは接近を感じさせることができる。このように、オオワタリガラスの子供達が苦しみ始めたとき、彼らは「悪霊は遮断しなければならない」と言う

（ヨヘルソン）。悪霊は海の悪霊とトナカイの悪霊に分けられる。若干は森に住み、他はツンドラに住んでいる。人間は追跡の権利があり、トナカイやアザラシは人間の狩猟者のものである。病気の悪霊は特定の部類を作り、これら卓越した悪霊は特別の名前を持っている。

オオワタリガラス　私とヨヘルソンは、コリャークの間で人間が悪霊と戦っても、人間に対して親しい気を起こさせる精霊の部類を発見していない。良い精霊に対する一般名はない。しかし、悪霊の本来の敵はオオワタリガラスと子供達と思われる。幾つかの神話では、オオワタリガラスと子供達にとって、悪霊により破壊される存在、または悪霊はオオワタリガラスに対し破壊と害を与えるもの、睡眠の原因、彼らが睡眠中に彼らの人食いの胃を取り出し、その場の他者、何匹かの齧歯（げっし、鼠など）動物にゆだねることの象徴として表している。さらに他のときに、彼は彼自身と子供達に対し、食人の侵入から保護する他の幾つかの方法を考案する。物語の一つでは、彼は家の中で石を赤く焼けるまで熱し、悪霊を招いてそれらの側に座らせ、そのようにして彼らを燃やした。別のとき、彼は彼らのために蒸し風呂を作り、その中で彼らを窒息させて排除した。たまに、呪文は彼を救う手段として役立つ。

別の物語において、オオワタリガラスが戦争をしているとき、悪霊の口の矢に対して、高位の統御者に援助を訴えた。神は彼に鉄の口を与えて、それで悪霊により送られる全ての矢を捕らえた。しかし、オオワタリガラスは悪霊の攻撃から、人間よりもむしろ彼自身と彼の家族を防衛することが上記の点からみなされる。そして、一つの部分について、「人間は悪霊、病気、そして死と戦う彼ら自身の力量に任せているように思われる」とヨヘルソンは言う。というのは、私達が見てきたように、超越的存在さえもが人間を保護するために部分的な活動しかできないからである。それどころか、「彼らは死ぬかもしれない。しかも、彼は他の人々を創造するかもしれない」と言って、彼は人間に対して悪霊を送った。

ユルタと呼ぶ一人の老人が、カーメンソコエの村からやって来て、悪霊について、昔は高位の統御者と一緒に生活していたが、統御者は仲間と口論をして人間の世界に送り降ろされたとヨヘルソンに語った。もう一つは、オオワタリガラスが悪霊を人々の所に送り降ろして、後で呪文の力を試すために機会を与え、彼がそれを悪霊に教えたという解釈がある。「物語の一つは、死んだ先祖が、老人の休息を妨げる若者の夜遊びを罰するために子孫の村に地下界から悪霊を送った」ことと関連している。

しかし、悪霊は人間に対して常に有害であるばかりではない。「だが」とヨヘルソンは言う。概して悪霊カラ *kala* の言葉は、人間に対しては有害な力、及び自然の中でも悪を意味し、それらには悪霊の部類（*kalak* あるいは *kamak* の名のもとで）には属していない知られた物質や存在が多数ある。このように、コリャークシャーマンの守護の精霊、また幾つかの多様な村の、また家族の、あるいは個人的な守護神は悪霊カラの名前により呼ばれている。

コリャークの世界観　コリャークの天地宇宙の発生においては、五つの世界――このうち二つが上界、そして地上、二つが地上より低い世界が存在する。最上階は超越的存在の座席であり、次の階は雲の人々の居住する所であり、その次には私達の地上が来る。地上より下の二つの世界、私達に近い階は悪霊の住処、そして最下界は死者、先祖の人々の陰の住居である（ヨヘルソン）。現在では、シャーマンが一つの世界から別の世界へと通り抜けることができるに過ぎないが、しかしオオワタリガラスのいた古代（アルチェリンガのアランタ時代に相当する）、これは普通の人々も可能であった。太陽や月などの発光体、風、霧、他の自然現象、同様に想像上の現象、これらは擬人化した霊魂を授けられていることになっているらしい。そして、それゆえに全ての木の精霊の姿は人間の顔を持っている。オオワタリガラスの時代には、人間は彼ら自身で動物の形か、あるいは無生物の物体のいずれかに、動物の皮かその物体の何か別の形のものを被り、彼らが望む変形に変身することができた。

オオワタリガラスの時代には、人間と動物、そして他の物体との間の形の区別はなかったが、しかし通常にあったものが、この時代に目に見える状態は、その後目に見えない状態となった。物事の本質は同じに残存する。しかし、他の事例の中にある一つの状態から人間の目に見える状態までの物体の変化は、丁度悪霊がそれらに対して目に見えない状態となるようなものである。すなわち、精霊に触発された人々、シャーマン達だけが悪霊を見ることができ、物体の変換を観察することができる。シャーマン達は、勿論精霊の命令により自身で変換することができるか、あるいは自身の望みで一致させることができる。無生物が目に見える状態として出現している物体にも、その下に隠された生命と擬人化された本質が未だ存在している。家族の家庭用品、道具、家の部分、船の寝室、そして排泄物さえもそれ自身の存在を持っている。全ての家庭の動産的物件は、その存在に所属する家族の守護神として機能を果たす。その存在は、彼らの統御者に危険を警告し、また彼らの敵を攻撃するかもしれない。動物の声、太鼓の音、人間の話し声などそうしたことさえもが、それらが作り出す物体から独立した存在を持っている(ヨヘルソン)。

複数の魂　コリャークの魂に対する言葉はウインチット *uyicit* である。彼らは、勿論幾つかの他の生命原理、あるいは第二の魂の概念を持っていると思われ、ヨヘルソンはそれらの名前を学ぶことができないばかりか、それとの何らかの一定の関連を確認することができなかった。「若干の生命原理」は「言葉(息づかい)や影の中に包蓄されている」と彼は考えている。彼らは生と死の境界に鋭い線を描かない。「死体は動く能力を奪われることなく、故人は、もし彼が見られていないならば、現れるかもしれない」という。いかにして死が生じるのか、彼らの信仰に従って、ヨヘルソンは次のように説明している。「魂、あるいはより正確には、人間の主要な魂は、悪霊の攻撃により怯え、体を見捨てて、その上の超越的存在へと昇る」という。幾つかの物語によれば、悪霊自身が体の外に魂を引き抜き、空に出発するように設定するか、彼自身で体か死亡者の他の魂を所有しようとする。亡くなった人の魂は、直ぐに地上を離れないばかりか、死体の上の空中で飛翔する。それは炎のようである。病気の間は、魂は体外にあり、もし病気が軽いならば魂は低い上を飛翔し、もし厳しいならばより高く飛翔する。強力なシャーマンは人の死の前に、体に魂を呼び戻すことができると信じられている。死者の魂が超越的存在として昇るとき、死亡者自身と他の魂、または影は――先祖の人々、以前の時代の人々の居住する地下界に送られる（ヨヘルソン）。

Ⅲ　カムチャダールの人々・神観念

クラシェニーンニコフやシュテラーの頃、カムチャダールの人々は幾つかの名前を超越的存在に対して持っていたが、これらの著者は彼らの神々とカムチャダールの関係の詳細な記述を何も与えていない。それどころか、クラシェニーンニコフは、彼らが彼らの神（*Kutchu* あるいは *Kutkhu*）に対して宗教的崇拝の念を払っていないと考えた。そして、シュテラーは不作法で品の悪い神話を考慮に入れて、カムチャダールを「神の光沢仕上げをする職人」と呼んだ。神々の名前に関してはクラシェニーンニコフにより次のように記録されている。神には、妻、姉妹、二人の息子、娘がいた。息子は結婚して、一人の息子と一人の娘を持ち、勿論娘は他の人と結婚し、カムチャダールはこの最後の子孫である。シュテラーとクラシェニーンニコフのいずれもが、これらの神の機能について記述していない。神は、シュテラーにより「カムチャダールの最も偉大な神、世界の創造者であり、あらゆる所に住んでいる存在」と呼ばれている。彼は、勿論超越的存在に対する他の名前も言及しており、ヨヘルソンは、彼らの神はコリャークの慈悲深い超越的存在と一致するかもしれないと考えている。今日のカムチャダールは類似した名前によりキリストの神も同じに呼んでいる。

創世神話　他のカムチャダールの伝統によれば、大地はワタリガラスにより創造されたという。そのような伝説の一つに、ワタリガラスは息子から大地を創造する。彼は姉妹の助けを借りて空から降ろして大地を運び、海の側に動かないよう大地を固定したもう一つの伝説を持っている(ヨヘルソン)。オオワタリガラスは彼らから去ったとコリャークは言う。カムチャダールは類似した伝統を持っている。しかし、コリャークによれば、ワタリガラスはカムチャダールを見捨て、コリャークとチュクチの所に行ったと(ヨヘルソン)。

悪霊　火山と温泉は悪霊の居住する所とみなされていた。天空と地上は精霊により居住され密集しており、それらの若干は良い精霊だったが、しかし多くは悪霊であった。神に捧げられた犠牲は精霊達に獲得された(クラシェニーニコフ)。カムチャダールは鯨やセイウチに襲われ恐怖したとき、舟と乗員を助けるために、精霊達をなだめ説き伏せる特別の呪文を用いた。カムチャダールは、勿論熊とオオカミを崇拝しており、それらの動物の名前を決して口に出さなかった。カムチャダールは黒テンと狐の穴で、火の犠牲を捧げた。彼らは、動物と人間が死後に別の世界で生きていると信じていた(クラシェニーニコフ)。

Ⅳ　ギリヤークの人々・全てに精霊が宿る

シュレンクによれば、ギリヤークの最も高い神は慈悲深い神として知られている。しかし、彼らは宇宙をカーン *Kurn* と呼び、最も高い擬人化した神と同じ名前を当てているとシュテンベルクは言っている。山の精霊は「所有者」と呼ばれ、また海と山の「所有者」とも呼ばれている。サハリンの島に対するそれらの名前は、文字通り「陸地」である。そして、彼らは島が一種の特定の広大な神により覆われていると信じている。自然物全ては彼ら自身で生命を持っており、もし人がそれらの上にいかなる種類の暴力をも犯したならば、負傷させた「所有者」に供儀を為さねばならない。このように、一本の木を切り倒したときには、木の「所有者」を傷つけないように、ギリヤークはその場所の上にイナウを置くことで、その中で精霊は命を終えるか維持することができる。

所有者への供儀　一般的に目に見える物体は、単に仮面を被っているか、それともそれらの中に住んでいるさまざまな擬人化された精霊により覆われている。そして、これは人間の形と外側が類似した岩や木の根として、そうした物体による特別な事例である。外見は人間と形が異なっているけれども、実際には動物は人間的な感覚と魂、そして人間の習慣、民族のようなものを持った人間である。実際に、彼らの一部はより高い心と体の資質を持っており、人間より優れている。そのようなものは陸上の熊、海の特定の大きな鳥などである。これら両者は他の全ての動物が、彼らの近隣を回避する原因ともなっている。熊は、春の短い時間を除いては、広い場所にいて危険ではない。また、鳥は人間に対して有害でないばかりか、慈善心に富んでいる。というのは鳥が現れると魚は怯え、鳥の前から逃げ出し、簡単に漁師の獲物となるからである。しかしながら、彼らの儀礼の目的、それは動物だけでなく、その「所有者」に対するものである。勿論、山や海や火の「所有者」は経済的な観点からも、人間にとっては最も重要である。空の神はあまり重要ではないとみなされている。というのは、人間はそれらの神と直接的に関係に入ることができないからである。これらは一族として空に住んでいる。また、重要性が少ないのは太陽や月の神々である。全ての犠牲は近いもの、火の「所有者」、山や海や火に対して捧げられる(シュテルベルク)。

交換の原理　犠牲は、いかなる手の込んだ儀礼においても、通常同時に行なうことはないとシュテンベルクは言う。彼らは交換の原理に基づいている。つまり、人は海の神に魚を捧げないし、火の神に動物の獲物を捧げることはない。ギリヤークは海で嵐の接近を恐れたとき、彼は水の中に若干のお茶の葉を投げ入れて、「私は海が怒らないように、そして無事に家に帰れるようそれを見せて、汝に祈る」という。ギリヤークはいかなる所に行くにも、彼は犠牲を意図した特定の物を一緒に持っていく。たとえば、そうした物としては、特定の植物の根や葉などである。勿論、彼らは残忍な犠牲をすることもある。この場合の犠牲者は犬である。犬の献納は主に黒テンを罠で捕まえる季節の始まりや熊祭りに為される。この場合、犠牲は紐で首を絞められて殺され、犬は処刑されることで、ギリヤークは神との仲裁を求める。一族の諸神は特別な範疇を形成している。諸神は溺死や火災、あるいは熊に殺されて死んだ一族中の精霊達である。諸神に対し、周期的な供儀が氏族により為される。熊祭りはこの部類の犠牲に属している。

悪意ある存在　これら慈悲深い全ての神々の他にも、あまり重要ではない善なる精霊の部類が存在している。悪意ある存在はおびただしく多くて、さまざまな形をしており、不幸や病気、死などあらゆる種類の原因となっている。多くの呪文やシャーマニスティックな儀礼は彼らの攻撃を除けるために実行される。しかし、シャーマンでさえもが自力では、それらに対処することはできない。シャーマンは助手と二つの精霊の援助者を呼ばねばならない。シャーマンのこれら助手は極めて賢く、またときには非常に邪悪である(シュテルベルク)。

複数の魂　ギリヤークは、通常の人間は一つの魂を持ち、金持ちは二つ、同時にシャーマンは四つもの数の魂を持っていると信じている。このようにシャーマンは四つの魂を持ち、その一つは山から、他は海から、三番目は空から、四番目は下界から彼が受け取ったものである。シャーマンになるために精霊によって選ばれた彼の息子は、すでに二つの魂を持っている。だが、彼は十二歳にしか過ぎず、父親のシャーマンは非常に貧しい男であった。これら主要な魂の他にも、あらゆる人が一つのより小さな魂を持ち、彼らはそれを卵のような存在で、主に魂の頭の中に住んでいると想像している。人間全てが夢を見るのはこの小さな魂の働きである。人間の死後、それらは悪い精霊によって体をむさぼられ、勿論魂も同じ精霊に襲われても、彼らから逃れて、死者の国 *mylvo* に行くと信じている。ここ死者の国では、魂は人間の形をしており、貧しい人間は金持ちとなり、金持ちは貧しい人間となる以外は、地上と同様に同じ生活をして過ごす。この場所から、魂は土地から土地へ、さらに他の土地へと行き、より小さな存在に変化し、さらにより小さな存在へと通過し——つまり、鳥からブヨへ、そして最後には埃の欠片となる。若干の魂は地上に帰り、再び生まれ変わる。小さな魂は死去した者が可愛がり気にかけていた最愛の犬の中で、当座の間は生き続ける（シュテンベルク、「死」の章を見よ）。

V　アイヌの人々・カムイは世界の創造主

バチェラーは、アイヌは一つの超越的存在全ての世界の創造主を信じ、彼らはそれらをコタンカラカムイ *Kotan Kara Kamui*、モシリカラカムイ *Moshiri Kara Kamui*、カンドコロカムイ *Kando Koro Kamui*——つまり「大地と世界の創造者、天の所有者」と呼んでいるという。第一にカムイ *Kamui* は「誰か」「最も偉大なそれ」「最高の」、あるいは「最悪の」を意味し、第二に（より現代風に）「誰か」「それを覆う者」あるいは「影を投げかける者」を意味する。二つの意味に関して、その言葉は「天空」と同類で、それ自身は「頂点」「上方」を意味する言葉を根源に持っている。良い力として適用するとき、カムイは尊敬することの敬称である。そして悪い神がこの名前を呼ぶとき、それはそれらによる恐怖や恐れを触発されることを含んでいる。これらの名前の他に、ときどきアイヌは超越的存在（Tuntu の敬称を持つ）について言及しており、それらは「柱、支持、支持者」を意味している。彼らにとっては、創造主は「極点、中央、世界の創建、その創始者、そして強大な支持者」である。

両義的存在　アイヌはこれらの存在を（i）創造者であり世界の保護者、（ii）一般的に人間の扶養者、（iii）人間が祈ることにより交流することのできるあらゆる個々の特別な保護者であるとバチェラーは考えている。アイヌの人々の信仰によれば、勿論より重要ではない神々も多数存在しており、アイヌの人々は最高の存在に服従して、彼の命令で実行する。彼はそれらの方法で世界と人間を創造し、そのうえ支えている。これらの神々の幾つかは慈悲深く、そして悪意のある二重性を持っている。

たとえば、海に二つの神がいる。彼らは兄弟である。若い弟である「平和の叔父」は男性として慈善心に富んでおり、釣りのために晴天をもたらす。同時に、彼の兄は悪い神で、海辺から弟を追跡し、悪天をもたらし釣りを駄目にし、舟を難破させる。類似した他のものに、水の神がいる。これら水の女神は春、小川、滝、湖、池を管理する。女神は場所の所有者で、新鮮で塩と水の入り混ざった川口を監視し、魚の出入りを許可する。ヌサ Nusa 、つまりイナウの付いた房 *kema-ush-inao*、あるいは「脚のあるイナウ」(*inao* は棒に縛られて、地面に突き刺される)が、これらの神々、水に対して供儀として提供される。「水路の女神」は源泉から海まで全ての小川を監視する。彼女達は、またヌサを捧げて崇拝し、水が迅速に川を下るのを見守り、釣りのために幸運があるように祈願する。一方、サラクカムイ *Sarak kamui* は川の悪い神である。サラクの言葉は事故死を意味し、この神は溺死ばかりでなく、いかなる種類の災難によっても死をもたらすと言われている(バチェラー)。

太陽の神　太陽の女神は、通常第二の神々のチーフとみなされている。というのは、彼女は宇宙における全ての善なる物事の特別の統治者と考えられているからである。勿論、月の神もいる。何人かは月を女性、太陽を男性と考えている。しかし、大多数は太陽を女性であると言っている。これらの発光体は神々の存在そのものというよりも、むしろ神々の住処とみなされている。もし、太陽の神、あるいは月の神が彼らの住処から出ていったならば、昼と夜は暗くなる。このゆえに、アイヌの人々の恐れは、日食や月食になることである。神 *kmui* の用語がときどきそれらに適用されているにもかかわらず、星は崇拝の対象ではない。天の川、あるいは「神々の川」「曲がった川」は釣りのために神々の大のお気に入りの行楽地である。

火の神　太陽の神の次に重要なのは火の女神である。彼女は体を温め、病気を癒し、人間の食べ物を料理することを可能にする。彼女がとりわけ恐れられているのは、彼女が人間の行動と言葉を記録する証人だからである。人間は生活の中での行動に関して彼女の証言に従って、罰せられるか、あるいは褒められることになるとバチュラーは言う。それは崇拝される火ではなく、火の中に女神が住んでいるように思われる。

家の保護神　あらゆるアイヌの人々の小屋は特別の保護神がいて、神は主人が家にいるときには屋根の上で休息し、危険が接近すると警告し、また神は彼が戦争や狩猟で外に旅行するときには家族の長に同行すると想像されている。バチェラーは、勿論彼らあらゆる人は自身を保護してくれる精霊を持っていることを信じているという。

公平な神　神々がともに集まり、彼らが行動する前に手段や方法についてお互いの意見を聞き、勿論創造者は統括者として行動し、同じ方法で公平に、アイヌのチーフは彼らの行動の前に相談のためにともに集まりに用いられることを伝統は知らせてくれる。もし、一人のアイヌが、崇拝する特定の神が彼の祈りに応えないと分かったならば、彼は創造主に訴え、ときには彼の義務を怠ったと創造主に劣った神であることを非難しさえもする。彼らは、最初の先祖 *Aioina kamui* を神聖な存在として信じており、バチュラーは「今や、アイヌの人々の支配者である」と言う。アイヌの人々は悪い神も良い神と同じように信じている。悪い精霊のチーフは、勿論他にも悪意ある存在がいて、チーフは事故や体と心の病気を統括する。

魂　動物と人間の両方の魂は死体に生き残っていると信じられ、バチェラーによれば、アイヌは魂の判断について、それは強くてはっきりと定義されていると信じている。アイヌの人々は、魂は生前に占めていたほとんど似ている死後の体に居住するであろうことを信じている。しかも、魂の共同体の将来の生活、趣味と楽しみは地上におけるアイヌの共同体と実際に同じである。魂は、彼らがそうしたいと望むときはいつでも亡霊としてこの地上を訪れることができ、勿論生活の一部においても、彼らの住処に亡霊の間で互いに行くための力を持っている。どちらの事例も訪問客がなすことを自分で聞くことはできないが、彼自身は見ることも聞くこともできる（バチェラー）。

亡霊　死去した女性の亡霊は非常に恐れられており、しかも特に年老いた女性は生活に害をなす異常な能力を持っていると信じられている。同時に、地上で生きている老婦人でさえもが、男性達に大きな力を持ち、子供達は彼女達を大いに恐れている。以前には、家族のうちで最も古老の女性が死んだ小屋は、彼女の死後、精霊が帰ってきて彼女の子孫、息子の妻や嫁に仕事の悪戯をしないよう、防止するために燃やされた。生活している間に能力を行使して墓から戻ってきた魂は、以前の家を見つけることができなくて、しばらくの間怒り狂い激怒して歩き回る。この期間、墓に近づくことは慎重に回避された（バチェラー）。

死後の魂　全ての魂は、最初地下界に行く。ここには三本の道があり、一つは「上の世界」に至り、もう一本は「神の居場所」、つまり「王国」「神の世界」である。第三の道は「湿った地下世界」である。地下界に到着すると、魂は火の女神の証言により、良い生活をしたことに報いられ、神の世界か地下世界のいずれかに送られ、あるいは悪いことをした人のために罰せられる。もし、精霊が悪いことをしたことを否定するならば、彼は火の女神が所有する彼の全生活を描写した絵に直面することになる。このようにして、精霊は自責の念に立たされ地下世界において処罰される（バチェラー）。

アイヌの中の何人かは、男性に対して「精神的で知的な両方」において、女性は下位にあると思われている。それは「女性は魂がなく、なぜ決して祈ることを許されないのかの理由としてときどき述べられる」と考えている。しかし、バチェラーはこの禁止に対する本当の理由は、アイヌの人々が、女性は男性による虐待に対して神に訴えられると恐れているからであると考えている。それらは、将来の判断、天国と地獄に関して、アイヌに対するバチェラーの見解に起因している。チェンバレンによれば、これらの概念はアイヌの人々独自のものではない。彼が言うには、アイヌの何人かの人は、楽園は大地の下にあり、そして地獄はさらに下にあるという。しかし、彼らはそれらの名前を現代の日本の仏教徒が用いているように、古い伝統に外国の色合いを意識的に、また無意識的に与えているように思われる。実際に、多くのアイヌのおとぎ話では地下界の名の下に黄泉の国について言及している。また、同時に上辺は天国と地獄に言及していなくて、アイヌの心に倫理的な道筋として、独自の想像による来世観が未だ編まれていないという観点を支持する。

Ⅵ　チュルク系

⑴ヤクートの人々・太陽の神

トロシュチャンスキーによれば、ヤクートの主たる「慈悲深い神」は、つまり白い支配者、大地と人間の創造主である。トロシュチャンスキーは、慈悲深い神は光の父とみなし、全てのチュルクの人々の間で、太陽が光の父と考えられて以来、彼の意見では、この神は太陽の神をヤクートの起源とみなしていると考えている。ヤクートが北方に移住したとき、そこでは太陽は南のように目につくことがなく、彼らは主要な「白い」神として慈悲深い神の名前を維持し、そして太陽の新たな名前――つまり「太陽の支配者」、あるいは簡単に太陽、後者は通常の言葉「光」「昼間」の意味として与えた。しかし、善なる神と太陽はしばしば同義語として用いられている。同時に、トロシュチャンスキーはピエカラスキーに、次のように言っている。慈悲深い神はときどき光と生命の強力な支配者と呼ばれ、「父は全ての支配者」でもあると。

空の神　また、シェロシェフスキーとプリクロンスキーは最も高い神で、第九番目の空に住んでおり、慈悲深い神は第三番目の空に住み、彼に次いで威厳があると考えている。シェロシェフスキーは、ヤクートのオリンパス山はヤクートの民族制度に組織されているという。空の神は第九番目に分けられ、そして低い神々の世界は八番目に分けられる。空の神々は、以下の順序で配列されている。

それは、(1)光と生命の強力な支配者、最も高い神、それは嵐と雷で幾分無頓着に人間を恐れさせ、異常な状況のときだけ訴える。彼の面目において、民族の盛大な儀礼として名高い祭りでは馬乳酒(クミス)への供儀が為される。一般論として、残忍な供儀は慈悲深い神に対しては行なわれない。狩猟の神にだけは、殺害されたものを犠牲として捧げ、そしてこの場合でさえも、そうした犠牲が流している血の量を制限される。(2)白い支配者、慈悲深い創造者。(3)優しい母、女性の創造者。(4)子供の出産を統括する慈悲深い女神。(5)大地、野原、谷間、そして子供達とともに精霊を守護する女神。(6)七人の兄弟、光、戦争などの神。(7)彼の妻は、牛の神。(8)狩猟の神。(9)空への道を守る神である。

地下界の神　シェロシェフスキーは、先住民は空の神について整理された情報を与える準備が為されているが、地下界の神々について限られた情報を得ることは非常に困難で、一般の人々はそれらについて何も知らず非常に僅かの知識しかなく、シャーマンはこれらの恐るべき存在の秘密を裏切ることを恐れているという。「暗闇」の精霊のチーフは「全能の支配者」である。彼は西方の空に住み、最も高い神と対比され、彼は行動と情熱の具現者であると常に記述されている。精霊の創造者は必ずしも人間に対して有害ということはない。というのは、精霊の創造者は彼の魂の一つを人間に与え、黒シャーマンの精霊の攻撃から人間を守るからである。幾つかの記述の中では、彼は活発で超越的な力が最も高く、必然的に悪いところがないという。しかし、別の報告では、創造者は「暗闇」の精霊で、黒シャーマンの精霊の支配者、丁度最も高い神が善なる精霊アイ *aïy* の支配者であるのと同じに、東方の空に住んでいる。また、黒シャーマンの精霊は「上方」に分けられ、西方の空に住んでいる。「中央」は地上に住み、「下方」は地下世界に住んでいる。しかし、黒シャーマンの精霊が住む所どこでもが、人間に対して全て有害である（ヨヘルソン）。

精霊・あらゆる物の所有者　イッチン *Ichchi* は文字通り「所有者」、いろいろな物体の「所有者」、つまり精霊を意味する。あらゆる川、湖、岩、ときどきそれらの部分でさえもが、それ自身で所有者を持ち支配している。移動する物体と音を出すことのできるこれらには、勿論所有者がある。多くの場合黒シャーマンの精霊のようであるけれども、所有者は善なる精霊あるいは黒シャーマンの精霊のいずれにも属さず、彼らは人間に対して有害である。このように、たとえば「風の所有者」は多くの著者により「黒」精霊と考えられており、それゆえに風はしばしば危険で有害である（トロシュチャンスキー）。危険な道や人跡未踏地帯など異なった地域を通る民族の遍歴においては、荷車やその機材に災難がしばしば起こる。そうした不幸は地域の所有者に起因し、従って供儀により彼をなだめなければならない。ヤクートはこのように別の場所に移動する間に用いる特別の言語を持っている。道具やさまざまな物のこの言語については、問題のものが言及されても――つまり、もし言及されるならば彼らはそれらを破壊し害を与えるであろうことから、所有者が知らないようにするために、それらの本来の名前の代わりに、一定のニックネームが与えられている。というのは、同じ理由で、しばしば物事に対してロシア語の名前をヤクートは借用し、それらを尊重するのは、所有者がそれらを理解できないからである。

宇宙観　ヤクートの宇宙の分割は、主に地平線上の二つの部分からなる――つまり、東と南が善なる精霊、西と北が悪なる精霊の住む所である。偉大な悪なる精霊、「地下の老人」は遥か北に住んでいる。勿論、上・中・下の世界に垂直分割する方法もあるが、これは正確でなく、水平分割と同じほどには重要でない。ゆえに、黒シャーマンの精霊、あるいは悪なる精霊は三つ全ての分割において発見することができ、そのために垂直世界の一つは「白」、あるいは善なる精霊に制限されないことになる。

人間の構成要素　ヤクートは、人間は(1)生命あるいは息、つまり活力、(2)身体的魂、(3)精神的魂から構成されていると信じている(トロシュチャンスキー)。

生命あるいは息は、アルタイの間においては人間、動物、植物に共通している。身体的魂は人間と動物に共通し、三つの部分から構成されている。それは(a)大地の魂、魂は大地の要素から、(b)空気の魂、(c)母の魂は母の要素から構成されている。トロシュチャンスキーは、ここには三つの魂があるが、実際には若者はこれら三つの要素から構成される魂の一つに過ぎないと思われると言っている。ヤクートの女性は、いつも覆いのないユルトの土間で子供を産む。というのは、ヤクートは大地の魂が出産の瞬間に大地から幼児に伝達されると信じているからである。空気の魂は、その後間もなくして空気から受け取り、同時に第三番目の要素、母の魂が母から子供へとやって来る。トロシュチャンスキーは、三つの部分から構成された魂の一つに過ぎない身体的魂の存在証明として、ヤクートが魚は身体的魂を持っていなくて、空気と大地から切り離された存在であり、胎生の存在ではないと信じているとみなしている。

勿論、アルタイ人は身体的魂の概念を持っているが、しかしそれらはヤクートのそれと同じように三つの要素からなっていない。身体的魂は魂の肉体的概念であり、同時に精神的魂は同じ程度に物質的概念であるにもかかわらず、身体的魂以上により多く精神的概念をも持っている。魂は妊娠の瞬間に彼女のこめかみを通り、母の中に入る。身体的魂は最も高い神により、そして精神的魂は精霊の創造者により送られる。精神的魂は頭と関係し、影を持たない。身体的魂は腹部と関係し、三つの影を持っている。死後、身体的魂は黒シャーマンの精霊により滅ぼされる。勿論、死去した肉体の近くに身体的魂は数日間残るにもかかわらず、やがて別の世界に出発する。精神的魂は人間や動物と共通で、魚さえも所有している。勿論、精神的魂の語は、シャーマンにより所持されているように、異常な超能力を持った人の力を意味して用いられているとトロシュチャンスキーは言う。そして、実際に伝説によれば、シャーマンは天から彼らの頭シュル *sür*（座席）に受け取る。トロシュチャンスキーが考えるように、もし精神的魂が、独特のよく知られた精霊として、主にシャーマンと関係し、生命あるいは息のように死後に消滅することなく、身体的魂のように他の世界に行くこともなければ、そのとき精霊アマギットであることは明白と思われる。そして何人かによれば、それは一人のシャーマンから他のシャーマンへと通常世襲により受け渡されるシャーマニスティックな精霊であり、それは実際に少しも精霊らしくないばかりか、常にシャーマンと関連づけられた単なる非個人的な力である。

(2) アルタイの人々・善神と悪神

アルタイの人々の信仰に従えば、良い精霊は全て良い神ユルゲンに、悪い精霊は悪い神エルイクに従属している。ユルゲンは人間に決して害をなさず、親切で気前がよい。犠牲は全て彼に捧げられるけれども、誰も彼を恐れていない。あらゆる花婿は、結婚後に淡い色の馬を犠牲として捧げなければならない。淡い色の馬はあらゆる尊敬の印で囲まれ、赤いリボンがたてがみに縛られ、女性は馬の背中に乗ってはならない。この犠牲は樺の木の茂みで、春に捧げられる。女性は儀礼に出席してはならず、シャーマンでさえもが男性である必要がある。犠牲の肉は女性と共有されるかもしれないが、結婚していない女性は犠牲が捧げられた場所での宴会で、分け前を共有するかもしれない。しかし既婚の女性はこの地点から六十フィート〔約18.3m〕より近づいては決してならない（ウエアービッキ）。

悪霊への供儀　悪霊が誰かを襲ったとき、犠牲――通常何頭かの動物――は悪い神に対して為される。儀礼は、襲撃がいずれの場所で為されても、ユルトか庭で実践される。和解のための犠牲は、ユルゲン（良い神）やエルイク（悪い神）ばかりでなく、勿論第二の善なる精霊にも捧げられる。そして、第二の悪なる精霊 *kara neme*、それらはチャーンのタタール人においても知られており、その精霊にも捧げられる。勿論、山、川、森と同様に太陽や月は慰撫され、むしろ慰撫はそれらの「所有者」に捧げられる。これら高位の存在の他にも、あらゆる民族は彼ら自身の神を持ち、あらゆる家族は家族自身のユルトの神 *bashtut-khan*（あるいは、チャーンのタタールの間では *erke*）を持っている。神の像は、エニセイのトルコ人によって活力タイン *tyns*（アルタイ人は *kurmes*）と呼ばれている。これらの像はさまざまな素材、しばしば皮や木材などで作られている。

見たところ、ユルゲンとエルイクの間には若干の了解事項が存在している。たとえば、アルタイ人は「ユルゲンとエルイクは一つの扉を持っている」と言う。ときどき、ユルゲンは犠牲を期待し、犯罪者自身を罰することに親切心があり過ぎて、それを受け取ることに失敗したとき、彼はエルイクに通知して、犠牲は両方に作らなくてはならない。そのような場合、彼が期待する供儀を為すまで、エルイクはカギルハーン *Kagyr Khan* に犯罪者を罰するよう命じる。カギルハーンはあらゆるユルトに対して力を持っており、このゆえに少ない方の献酒はあらゆる祭りでユルゲンに対して作られる。全ての供儀にとり、神と人間の仲介者は、これらの儀礼の祭司、同じように予言者ではなく、シャーマン(カム)である。この力は、カムにより所有されている「先祖の霊」、あるいは「先祖の霊の力」の度合いに従い、より大きくもあり劣ってもいる。

宇宙観　宇宙の地域的分割は、一部は水平的で、一部は垂直的である。そして良い神は地上より上の十七の階層に住み、同時に悪い神は地上より下の七つか九つの階層を占領している。悪い精霊のチーフであるエルイクハーン *Erlik Khan* は最も低い階層に住んでおり、そこは太陽や月が非常に弱々しい光を与えているに過ぎないと思われている。このエルイクハーンは元来天の精霊として存在し、精霊は過去にさえも「白い」精霊として卓越していたことを示している(ウエアービッキ)。

魂の構成　アルタイの人々は、人間の魂は幾つかの部分から構成されるか、むしろ幾つかの状態、あるいは段階に存在していると信じている。人間が病気になると、彼らは魂の一つが失われたとみなすが、しかし他の魂、活力は未だ肉体に残っており、そのために魂は呼び戻される。

(a)活力タイン、つまり魂は植物、動物、人間と共通している。もし、魂が体に直ぐに戻って来ないならば、活力は消滅し、死んだ人間の魂と呼ばれている。活力の語は「私は息をする」、つまり「呼吸する」から来ている。アルタイの人々は、活力が出発するとき紐がパチンと鳴るように、人は音を聞くことができるという。人は死んだ人のあまり近くに接近してはならない。というのは、そのような場合、信仰では生きている人の活力が後で移動することができるからである。

(b)魂スージー *Suzy* は水と川、また長いに由来し、その合成語サーザック *suuzak* は「長生き、健康」を意味する。そして、魂は彼が健康で長生きするために、人間あるいは動物に主として必要な体力を表している。

(c)身体的魂カット *kut* はほとんど魂スージーと同じで、いわば魂の次の段階である。この語は「私は突然消える *kudup*」に由来している。身体的魂は、実際に若干の生命原理の破壊を暗示している。それは、たとえば「大地がその活力を失ってしまった」、あるいは「不毛になってしまった」の意味を表現する。

(d)「私は引き裂く」は魂（*tula* 恐らく *tulup*）に由来している。動物は魂トゥーラ *tula* を持たない。それは人間だけに属する。シャーマンの儀礼の間、彼はこの魂を小さな白い球として、頻繁に水銀のような動き方で表現する。

(e)「私は追跡する」「私は走り去る」は魂シュル *sür*（あるいは *sürup*）に由来する。この魂は死により人間から分離され、死の四十日後に死んだ人間の居住地から追放される。「絵、表現する」は魂 *Sürmet* に由来し、アルタイ人は人間と動物の両方、あるいは彼らの魂は体の死後も存在し続け、地上の他の人と同じような関係を持つと信じている。

(f)「人間特有の魂の段階」は魂スネ *Süne*、つまり「私は忠告するとか議論する」から来ている。言葉は人間の知的な力と関連している。死後も魂の所有者と類似した生活をし、死者の住居を歩き回り、ときには彼の親戚を大声で呼ぶと思われているのがこの魂である（ウエアービッキ）。

Ⅶ　モンゴロイド系・ブリヤート人の多様な神々

ブリヤート人の宗教は多神教の形式である。彼らは超越的存在の部類を持ち、それぞれの部類には、上部で安らいでいる首位の者がいるが、全体としては超越的存在の概念は持っていない。最も地位の高い精霊は空に居住している。それぞれ、それ自身で九十九の名前を持ち、二つの集団（西の *baruni*、東の *zuni*）に分かれている。西の精霊は親切で、彼らは数において五十五もいて優勢で白い精霊と呼ばれている。東の精霊（数は四十四）は悪戯好きで、黒い精霊として知られている（ハンガローフ）。

バンザロフは、老モンゴル人が天の崇拝者であったのは、昔は真実であったかもしれないと話している。しかし、現在私達は彼らの中に、全体として分割できない、個別の体を寄せ集めたに過ぎない奇妙な天の概念を見出す。また、クレメンツは次のように述べている。アガピートフとハンガローフによる「シベリアのシャーマニズム研究資料」から、神話の説明を大気の理論と呼び、大気の状態をそれぞれ擬人化して曇り、明るい、冷たい、嵐などの状態により九十九の精霊を説明している。

西の精霊　バラガンスク地域のブリヤートの間では、西の精霊のチーフはハーンティルマステンジェリ *Khan-Tiurmas Tengeri* で、クディンスクブリヤートの間ではザヤンサガンテンジェリ *Zayan-Sagan-Tengeri* である。西の精霊だけでなく、特定の第二の精霊はブルハーン *burkhans*（あるいは *khats*）と呼ばれ、一般的に西の全て、あるいは良い創造者ザヤン *zayan* はこのチーフの次に位置している。

東の精霊　西のこれらの精霊と対照的に、東の精霊は人間に対して敵対的で、彼らは人間の間に、不幸、口論、病気、死を送ってくる。最初のうちは、これら精霊の二つの部類の間には違いがなかった。しかし、これらの精霊の間で起こった口論の結果、自分達で分割した幾ばくかが東に行った。そこで彼らは東の精霊として残って以来、永久に他の精霊や人間に対して敵対的となった。ブリヤートの幾つかの間には伝統がある。たとえば、クダ川のこれらブリヤートでは、白精霊は黒精霊よりも古く——他で丁度述べたように、関係がない伝統かもしれない。東の精霊のチーフは、バラガンスクブリヤートの間ではアタウランテンジェリ *Ata-Ulan-Tengeri* である。また、クディンスクブリヤートの間ではヒムカーバグドテンジェリ *Khimkhir-Bogdo-Tengeri* である。黒精霊だけでなく、勿論他の劣った創造者達は彼に対して下位にある（ハンガローフ）。

西の精霊の役割　ブリヤートは、目に見える空は人間がどのような仕事をしているかをときどき眺めるために、西の精霊が見通す扉を持っているという。もし、彼らが異常な若干の不幸を見るならば、彼らはカァッ *khats* と呼ぶ第二の精霊の子供達を、人間を助けるために確実に送る。もし、一人の男性が偶然空を見上げ、この扉が開くのを見るならば、彼は非常に幸運であり、そのとき彼が天から尋ねられた全ては、彼に与えられるに違いない。この扉が開いた短い時間に、栄光は地上に落ち、稀な美しさにその形を変える（ハンガローフ）。西の第二の精霊の内で最も重要なのはハーンシャルガンノーヨン *Khan-Shargan-Noyon* とブカノーヨンババイ *Bukha-Noyon-Babai* の精霊である。

クディンスクのブリヤートの間では、他の慈善的な精霊は大きな尊敬の中に抱かれている。なぜならば、それらの名前サ sa（お茶）が示すように、彼らはお茶の葉の精霊を守護し、そして彼らブリヤートが為す奉納は、決してタラサン *tarasun*（別名 Arhi, アルコール飲料）でなくて、常にお茶からなっているからである（ハンガローフ）。また、バラガンスクブリヤートは慈悲深い精霊の間に「全地上の主人、あるいは支配者」を含んでおり、彼は灰色の髪の毛をした老人（名前を *Daban-Sagan-Noyon* という）として象徴されている。彼の妻は、常に年老いて白髪である。ブリヤートは秋の収穫後に、この良い創造者にタリガン(共同体の供儀)を事前に手配する。さらに、イルツークのオルホンスク地域のブリヤートは海の「主人」に供儀を捧げる。バラガンスクブリヤートは、常に重要な神々を持っている。概して、全体の景色のあらゆる特徴はその「所有者」が持っている。たとえば、湖や川にはよく知られた精霊がいる。森には、森の「支配者」が住み、精霊は人間にとり有害である(シャシコフ)。

精霊への祈り　ブリヤートが事実上出会う多くの「所有者」と向き合うための心得は次のような祈りに示されている。それは「汝、高い山のこだまの番人よ。汝、広い海の風の番人よ。高い山に止まる私の主人よ。荒れ地に住まう私の神よ！　必要に応じて、私達を支えよ！　凶悪な年には惜しみなく与えよ。不作の月には、肥沃さを私達にかなえよ！　私達がユルトの中で座っているとき、汝は私達にとって危険ではない。私達が外にいるとき、あなたの力を妨害するものはない。暖かい夜に、汝私達に光を与えよ。暑い正午には、私達に陰を送れ。悪を私達から追放せよ。私達の近くに良きものを運べ！　汝、あなた自身を創造主としたのだから、全ての危険から私達を救いたまえ！　汝、私達の汗した顔を黙認することなく、黙っていないで、私達の胸躍る心を黙認することなかれ。私達の頭領である保護者よ、汝私達の口に食べ物をつくれ！　私達のユルトの扉を通り抜けて明るい光線を送れ、私達の煙の穴を通り抜けて、私達に太陽を見せよ！」と。

西と東の精霊　霊界における特別な部類は「鍛冶屋」の形成で、勿論鍛冶屋は西部で白であり、東部は黒である。前者は人間を保護し、病気の彼らを癒す。彼らは西の精霊の次に位置し、人間に彼らの技術の知識を与える。最初の白の鍛冶屋は、天では良い創造者であった。西の精霊の命令で、白の鍛冶屋と黒を地上に下らせたとき、鍛冶屋は空に残った。彼には一人の娘と九人の息子がおり、彼らの全ては鍛冶屋であった。

東の精霊は、西の精霊と同じ数である。彼らのチーフはエレンハーン*Erlen-khan*で、彼の家族である。彼らは、人間に対して悪戯に明け暮れているけれども、彼らは西の第二の精霊と、ときどき仲介者イルシ *ilshi*（あるいは *bydek*）として交流し、実践のための他の機能を何も持っていない。勿論、九頭の「牛カァツ *khats*（第二の精霊）」がいて、彼は西の良い創造者達に属しているが、彼らの力に従うことはない。

悪い精霊の地域には二つの土牢があり、その一つの土牢は大きく、ここは最も偉大な黒シャーマンが死後に行く場所（それは *Khara-Erlen-Noyon* の規則の下にあって）で、もし統治者が好意的であるならば、魂は一人土牢を離れることができる。もう一つの土牢は小さく、そこはシャーマンにとり近づきにくく、エレンハーン *Erlen-khan* の直接の支配下にある。西、あるいは黒の「鍛冶屋達」は東の精霊により特別に保護されており、地上の最初の「黒」鍛冶屋に鍛冶屋の技術を教えた。後者は七人の息子を持ち、彼ら全員が偉大な黒「鍛冶屋」である（シャシコフ）。

バラガンのブリヤートは、あらゆる病気は創造者が持っていると信じている。このように、病気は彼らの地域では共通しており、炭疽病 *Sibirskaya yazva*（ブリヤートは *bomo*）は「所有者」を持っている。イルクーツクのウジンスク地域のオルゾーブ氏族は、二つの大きな白い岩 *Bumal-Sagan-Shulun*（文字通り「白い石が落下してくる」）があり、それらは空から落ちてきたと信じられており、住民によって崇拝さている。

死後のシャーマンの魂　偉大なシャーマンの魂は死後に創造者となり、人間の保護者となる。黒シャーマンの魂さえもが、黒い創造者として人間の商売を取りまとめると言われる。あらゆる遊牧民や氏族は自身の創造者――つまり、死去した男性シャーマンか女性シャーマンの魂を持っている。彼らの死体は火葬用の棺に入れ、近隣の森の木の上か、山の上、彼らから「山の古老」と呼ばれている場所に置かれる。あらゆる地域に、そのような「古老の山」がある。というのは、そこには共同体の供儀する場所タリガン *tailgans*（あるいは *kiriks*）が作られ、他の劣った精霊と一緒に捧げものをしてなだめる必要があるからである。これら「古老」は全くの地方の神々で、彼らが属している特定地域の外では崇拝されない。

オンゴン　勿論、オンゴン *ongons*（シャーマンの祖霊）、あるいは「黒」と「白」の崇拝物には二種類の部類がある。彼らは異なった精霊を象徴し、さまざまな種類の素材、通常は皮などで、異なった形をしているが、しかし一般には人間の顔をしている。オンゴンの一種類は、人々の慰めのためだけに役立つことで知られており、ナーダニ *nadani* は夕方の娯楽の一つとして与えられた名前である。シャーマンは夜会の間に若者を楽しませるために、これらオンゴンにより象徴される精霊を呼び寄せる。呼び寄せた精霊が到着すると、シャーマン自身はオンゴンとなった振りをして、出席者を犠牲にして冗談を開始する。人々は決してどのような異議もしてはならないばかりか、楽しむ振りをしなければならない。というのは、これらのオンゴンは陽気に騒ぐか、さもなければ怒った別の方法で迎えなければならないからである(シャシコフ)。

動物の扱い　ブリヤートは動物に関する多くの伝説を持っているにもかかわらず、それらは大部分神話の形態で、動物は決して神々の地位まで上ることはない。若干の動物は来世を持っていると言わねばならない。たとえば、馬、鷲、ハリネズミ、白鳥、狐、そして野原の虫などでさえもである。蛇は神話の中と同じように、儀礼の中でもしばしば象徴化される。熊は、他のシャーマンニズム信仰者の信仰や儀礼の重要な役割を果たしているが、ブリヤートの神話や儀礼の中に入っていないのは、奇妙な事実である。

太陽と月　太陽と月は精霊の主要な守護の一つである。物語の多くに彼らは男性としての存在、妻として女性を得る象徴とされている。日食や月食がある理由は、それらが胴体か肢のない、頭だけを持った怪物により飲み込まれたからであるとバラガンスクのシャーマンは言う。そのとき太陽、あるいは月は「私を助けて！」と叫び、全ての人々も大声で叫び、怪物を怖がらせるために大きな不快な雑音を出す(アガピートフとハンガローフ)。

人間の三つの構成要素　ブリヤートは、人間は三つの部分から構成されていると信じている。物質的な体、低い魂、呼吸は人間だけに属する魂である。低い魂は死と関係している。それが体から離れたとき、死が起こる。呼吸は睡眠と類似した関係を持ち、人が睡眠しているとき体に残っている。バァトロフは死後の魂の歴史を次のように関連させている。人間に死が来たとき、エルイク（悪い神）は彼の魂の一つを捕らえ、裁判のために悪い精霊のチーフの前に連れていくという。この魂が捕らえられた後も、人間は九年もの間生きているが、以前のように健康と強さを楽しむことは決してない。魂の第二の部分は大地を離れないで、人間の死により死んだ魂に変化し、魂は地上の住処で以前に従い、そこでまさに類似した方法で生き続ける。死んだ魂には異なった部類がある。魂の第三部分は人間としての形で再び生まれるが、バァトロフはいつどのようにしてこの輪廻転生が起こるのか、そのことを私達に語っていない。

死んだ魂は、さらに死んだシャーマンの魂ともなり、ときどきブリヤートはそれらに供儀を供えるとバンザロフは言う。そのとき、これらの死んだ魂は上記で論及した良い創造者の部類を形成する。死んだ魂は、シャーマンの生活の中での質からすれば、多少強力である。これは場合によると、死んだシャーマンの魂に関しては、文字通り彼の世襲あるいは家系によるものとバンザロフは考えている。しかし、シャーマンの魂に対する他の論及から、ヤクートの精霊アマギットのように、それは超自然的、シャーマニスティックな力を意味する言葉であることは明らかであると思われる。あまり重要でない死んだ魂は、時折誰かにより実行されるかもしれない献酒以外も、他のいかなる慰撫のための奉納品も、シャーマンにとっては必ずしも受け取らないわけではない。

幾つかの伝統によれば邪悪な人、死んだ子供のいる女性の魂アダ *Ada*（あるいは *anakhay*）に対しては供儀はなされず、それらの魂は一つ目、悪霊、悪意ある精霊で、常に同じ家に残るものの代表ウルス *ulus*（遊牧民の野営テント）とされている。それらの魂は、ときどき犬か猫の形をして、常に一つ目で夜に彷徨、誰もが彼らの不愉快な臭いを嗅ぐことができるが、それらを誰もが決して見ることができない。彼らは怒った人間、火、金属、武器、小さなヒースの低木などを見ることを恐れている。簡単に怯えているけれども、彼らは家から簡単に追い出せないばかりか、彼らは七歳以下の子供に特に害を与えるので、両親は子供を守護するシャーマンを頻繁に前もって手配する。

あまり重要でない死んだ魂はウーハー-ジィ *ukher-ezy* と呼ばれている。これらは非業の死により死んだ女性の罪深い魂である。それらに供儀は為されず、誰もが恐れている。彼らは死んだ女性の魂を見ることができる同じ人々により見ることができるが、しかし他の人々は彼らの臭いによって気づくことができる。これらの女性が、実際に暴力以外で彼女達の生命を終え、通常の出来事で成り行きにより死んだとき、地上を彷徨ってやって来る。クレメンツは、人間の魂から発生した悪意ある精霊の他の二つの種類（悪意ある鳥の形をした *mu-shubu* と *dakhuls*）についても言及している。

Ⅷ　フィンの人々・二つの部類の神

シベリア北西部の先住民に関する報告では、ウゴルオスチャーク、ボゴール、そしてサモエードなどについて、ゴンダッティが彼らの宗教について話すとき、ボゴールの神話に最も注意を払う。ボゴールの神は二つの部類、すなわち良い神と悪い神に分けられると彼は言う。慈悲心のある神々のチーフはヤニ-トーロン *Yanykh-Torum*（*Numi-Torum* と *Voykan- Torum* とも呼ぶ）である。主要な悪い神はルクール *Khul* である。しかし、ヤニ-トーロンは最高神ではない。他に彼よりも高い創造主 *Kors-Torum* がいて全ての神の先祖である。

創造主　人間に対して彼ら自身の姿を決して明らかにはしていないし、ボゴールは彼ら自身で自らを描くことはできず、ボゴールが彼（創造主）を知っていることは何でもが劣った神を通じて知るに過ぎないという。彼は、決して地上に降りて来ることはないが、ときどき一番年上の息子の長男ヤニ-トーロンを地上に送る。長男は人間の形をしているが、しかし彼の衣装の素晴らしさから、彼は神のように輝いている。彼は、彼の父のように決していかなる武器も持っていない。およそ、一週間に一度だけ、彼は人間の仕事がいかに進められているかを見るために地上に降りて来る。もし、ボゴールが雨を降らせ、あるいは良い天気を彼に祈るならば、彼は黒い雲の中に住んでいる歳下の弟に、それは必ず為すべき必須のことと命令を与える。弟は兄のように人間の姿をして、雲の中で牙を持ったマンモスのようなトナカイに乗っている。弟のトナカイは水の樽を積んでいる。トナカイの動きが緩やかになると、彼はトナカイを鞭打つ。トナカイは一撃で突入して、樽の水をこぼし、地上に雨となって落ちる。

慈悲心のある神々のチーフ　次の話は、チーフのヤニ-トーロンの息子について、彼らが成長して、父が彼らを地上に送ったことが語られたものである。彼らが地上に到着すると、彼らはその頃地上に住んでいた英雄と戦い始めた。平和をもたらすために、チーフは息子を呼び出し「彼とあなたの間で、私の家の前に立っている銀の柱に、明日誰が最初に手綱を縛れるかにより、兄弟や人間の兄として、統治者となすであろう」と彼らに言った。次の日、最初に現れたのは歳若い息子であった。そのとき以来、彼は兄弟や人間の統治者となり、彼らは平和を保つように努めた。チーフは七人の息子を持っているが、彼も創造主もいずれも娘を持っていない。これら後者の神々は第二の階層で、特に個人、家族、氏族と関係している。これら神々の範疇では、それ自身で特別な供儀の場所を持っている。

暗闇の精霊(チーフを*Kul-Odyr*、あるいは*Kul*と言い、第二の暗闇の精霊は*menkva*)は、彼らの形を変化させる力を持ったコリャークの精霊に似ている。彼らは円錐形の頭を持ち非常に背が高いことで代表される。彼らはときどき人間を殺してむさぼる。他の悪意ある精霊は森に住んでいる。彼らは犬の足と羽を持っている。また、森には森の精霊が生きている。彼にはたくさんの娘がいて、娘達は彼女達の夫と一緒に暮らすように人間をそそのかす。もし、彼女達が成功すれば、このようにして捕らえた人間の父親に幸運をもたらすであろう。

水の中には、闇の精霊と同じに、善神が住んでいる。最初はヌミ *Numi* の神によって送られ、魚に変身した。フィンの人々の神話では、ボゴール人の間では英雄ポカチャ *pokhatur*（あるいは *odyr*）に関する話が非常に豊富である。これらの英雄は、彼らの間で、特に女性に関して頻繁に口論や喧嘩をしていた。それゆえに、ヌミの神は地上に大洪水をもたらせて彼らを懲らしめた。

神々と偶像の象徴が木や金属、皮などで作られた。それらは、通常非常に形が無作法で、今ではこれらの人々はロシアの商人から非常に安価な子供の人形を手に入れることができ、彼らは自身で偶像を作るのを止めている。

人間の三つの構成要素　フィンの人々の信仰によれば、人間は三つの部分から構成されているという。それは体、影、魂である。魂は人間の死後、同じ氏族の幼児に、もし氏族が消滅していたならば他の氏族の一つにと次々に回されるが、決して動物に回すことはない。影は冷たい地下界に行き、オビ川の河口の向こうの氷の海に位置し、暗闇の精霊のチーフによりさらに支配される。ここでは、影は地上での生前の生活と同じ期間生き、同じように――トナカイの繁殖、釣りなどの娯楽に関心を持つ。そして、影はより小さく、さらに小さくなり、それはゴキブリ（幾つかによれば、実際にゴキブリに変化して）よりも小さくなるまでになり、最後には完全に姿を消す。

一四　幾つかの儀礼（Chapter XIV. Some Ceremonies）

Ⅰ　チュクチの人々

チュクチの儀礼は共同体に不可欠な繁栄を目的とした実践のために行なわれ、さまざまな呪文による犠牲はそれらの儀礼の主要な要旨である。

定期的儀礼　レンダーチュクチだけの定期的な儀礼は家畜の群れと関係し、それらを彼らは「犠牲」または「本物の犠牲」と呼んでいる。「厳密に言えば、あらゆるトナカイの屠殺は犠牲であり、一定の規則に従った実践である」とボゴラスは言う。動物が刺された後、チュクチはそれがどちらの側に倒れるのかを見るために注意深く眺める。傷ついた側に倒れることは他の側に倒れるよりも縁起が良くない。また、前後逆に倒れるのはさらにより悪く、良くないことが起こる前兆である。トナカイの他に犬も屠殺され、ときどき代わりの犠牲として捧げられ、また柳の葉とか雪さえもが代わりに捧げられる。多くの犠牲は善なる精霊に捧げられる。勿論、悪い精霊にも犠牲が行なわれるが、これらに対する捧げ物は真夜中に、真っ暗闇の中で為され、決して喋ってはならない（ボゴラス）。

定期的な供儀　多くの定期的な供儀は秋の屠殺、冬の屠殺、鹿の枝角の儀礼、新月の供儀、火への供儀、狩猟の幸運の供儀、雄の野生トナカイを殺すことと関連した儀礼である。これら季節の儀礼の他にも、感謝祭の儀礼もある。それらはそれぞれの家族が年に一度か二度、また異なった出来事の場合も実行しなければならない（ボゴラス）。

四つの供儀　ボゴラスは海のチュクチの儀礼について次のような概要を報告している。海のチュクチの定期的な儀礼は秋の開始の季節に短い二つの儀礼が開かれ、しばしば二つがともに関連している。その一つは死者の供儀である。他は海に対する供儀で、後に続く冬場に海の氷の上で、アザラシ狩りの確実な幸運のためである。また、秋の遅い時期、あるいはむしろ冬が始まる時期に、主たるその年の儀礼が実行される。それは海の神に捧げられるか、倒れて殺された海の哺乳動物の精霊への謝恩の儀礼として為される。春の早い時期に小舟の儀礼が続いて行なわれ、それは季節の到来のための準備として為される。夏の最中に支配者である精霊への儀礼が実行される。これは、春の早い時期に海の動物を殺した精霊への感謝のためである。これら四つの儀礼は海のチュクチとアジアイヌイットの両方に非常に類似した儀礼である。これらに対して、冬の小屋から夏のテントに移動する間にもたらされる幾つかの僅かばかりの儀礼を付け加えなければならない。

その他の供儀　海のチュクチの多くが冬の最中に星の精霊にも供儀を捧げる。そして、春の最中にもトナカイ飼育者による枝角切りの儀礼に類似した儀礼(同じ名前で*Kilvei*)が実行される。鯨に対する供儀は、追加的に鯨が殺されたり、死体が海岸に漂流したり、そのときどきに実施される。

勿論、海のチュクチが値の付いた犠牲として屠殺することができるのは犬だけである。しかし、コリャークと比較して、彼らは犬に対して慈悲深く、犬を殺すのはあまり多い数ではない。このうち、他の場合のように、チュクチはアメリカイヌイットとコリャークの中間を占めており、犬を犠牲にしない。また、コリャークは彼らを構成するほとんど全ての動物を殺す(ボゴラス)。

海の神への供儀・第一日目　海の神に対する献身的な儀礼は、海のチュクチの間では特別に重要である。家族のためにアザラシの腸の外套(それは、海の神と彼の家族が着ている物に類似していると言われる)、儀礼用の頭被り、祈禱のへら、祈禱師を象徴した絵が用意され、網が頭上に垂らされ、さまざまな鳥や小さな櫂の像がそこから吊り下げられる。炉端のそれぞれの側にはトナカイの皮が敷かれ、二枚の皮は家の寝室を象徴している。小さな木の像で象徴された海の神は、家の入口、灯りの場所に置かれ、灯りは皮の一方か寝室のいずれかに置かれている。ここでは、海の神は儀礼が終わるまでの間残っている。灯りは海の神の前に置かれ、三日間の儀礼の間ずっと燃え続ける。アジアイヌイットのように、これらの人々の間では木ではなく、第二の灯りが、海の神が居る場所の前で燃やし続けられる。脂や肝臓を混ぜ合わせて作られたデザートが神のために供儀される。最初の日は、家族はただ祭りのために、歌を歌い、舞を舞い太鼓を叩いて楽しむ。

第二日目・混合婚　第二日目は招待客と特にシャーマンに属し、シャーマンは順番に太鼓を叩き、歌を歌う能力を示さなければならない。この日多くの村で「贈り物の交換」と呼んでいる行事が行なわれる。通常、招待客は寝室の入口に集まり、さまざまな家庭用品を運んできて、彼らは交換して欲しい物を大声で要求し、押し合いながら分配する。家の主婦は捧げられた物は何でも得て、要求された物は何でも交換のために与えなくてはならない（ボゴラス）。場合によっては、交換は親戚関係だけの間で行なわれ、またボゴラスが「集団結婚」と呼ぶように、特に結婚式において伴侶とそれらの人々の間でも行なわれる。男性は結婚相手に一人の人を妻の所に送って特定の品物を尋ね、後に寄贈者の男性は尋ねたものと同等の品物を妻に贈る。

第二日目の儀礼の一部を形成しているもう一つの多様な儀礼は、ボゴラスが言ういわゆる「交換ダンス」である。それは「混合婚」と言って、成員間で行なわれ、グループの男性成員がパートナーとして女性の一人と一緒にダンスをすることで開始される。女性が彼の前でダンスをする間、男性は何回もただ見ているだけである。しかし、彼女がダンスをしている間、彼女の足の下の地面を覆うためのトナカイの皮を提供しなくてはならない。ダンスが実行されている間、他の踊り手は静かにして、他の見物人と一緒に見ている。ダンスの後、男性は女性に若干の贈り物をしなければならない。そして、次の夜に彼ら自身の間で品物を配り、彼らそれぞれが相手を得て去り、彼らは一緒に寝る。次の夜には、女性の夫と男性の妻は同様なダンスをして、その中で男性は前の夜の贈り物と同等のものを与え、そしてそれぞれが新しい相手と組みになり、他の夜に一緒に寝る。そうしたダンスは主に従兄弟や他の親戚の間で手配され、チュクチの間では、頻繁に混合婚のちぎりが装われる。反対に、混合婚による新たなちぎりは、交換ダンスを通じて完結するかもしれない。

第三日目・女性の日　海の神儀礼の第三日目は女性の日である。今度は太鼓の打ち手、踊り手として行動するのは女性達である。新たな細目は寝ずの番としてのそれで、それは海の神のために保たなければならない。海の神は全ての時間を家に留まっていると思われている。この監視は年上の男性か女性により保たれ、その役はしばしばこの目的のために招かれたシャーマンである。シャーマンは鯨の脊椎骨で作られた椅子に座り、超自然的な客を目覚めさせないように、抑制された調子で歌を歌い太鼓を叩く。最後の夜の監視の見守り役は女性でなくてはならない。

最後の日の夕方に、トナカイを料理し、肉は招待客の間で分配され、彼らは出発の際に分け前を家に持ち帰る。最後に、海の神の像は灯り火で燃やされる。そして、供儀のためのトナカイの全ての塵は集められ、最後の儀礼まであらゆる海の獲物を殺したものも象徴的に返すために海に投げ込まれる。この同じ象徴的な行為は、海の儀礼のほとんど全てで実践されている。

Ⅱ　コリャークの人々

コリャークは将来の安全な繁栄のために、超越的存在に犠牲を捧げる。これらの供儀において、犬かトナカイの犠牲の傷口から幾らか流れ出る血は悪霊カラ *kala* への捧げ物として、「この血は汝悪霊カラに対するものである！」という言葉と一緒に、地面の上に撒かれる(ヨヘルソン)。このように、私達はこれらの人々の間での血の犠牲は、慈悲深い存在に対するのと同じように悪意ある存在にも捧げられるのを見る。

季節の祭り　時折の供儀の他にも、コリャークは定期的あるいは季節的な幾つかの供儀の儀礼を持っており、全ては彼らの暮らしに頼る動物の儀礼と関連している。このように、海のコリャークは海の動物を崇拝し、レンダーコリャークは家畜の群れを崇拝している。これは次のような祭りの一覧により例証される。

海のコリャーク　(1)鯨祭り。(2)冬の間革製小舟を片づける祭り。(3)革製小舟の進水式。(4)仮面を被る祭り。

レンダーコリャーク　⑴夏の牧草地から家畜の群れを連れて帰る儀礼。⑵子鹿祭り。

共通した死の祭り　⑴熊祭り。⑵オオカミ祭り。⑶狐狩りと関連した実践の祭り。

狐狩りについてのヨヘルソンの記述は、レンダーコリャークと海のコリャークの両方に共通した儀礼的な典型的実践として、ここでは引用されている。

オオカミ祭り　海のコリャークはオオカミを殺した後に、丁度熊祭りと同じに続行して、家畜の群れと一緒にその皮を得る。そして、彼らは炉辺の近くに一本の先の鋭い棒を置き、それに一本の矢を縛り付けるか、あるいは接合部分で矢を地面に打ち込む。男性の一人がオオカミの皮を着て炉辺の周りを歩き、同時に家族の成員は太鼓を叩く。オオカミ祭りは「オオカミを突き刺す祭り」と呼ばれている。この儀礼の意図ははっきりしない。私はヨヘルソンの記述から、コリャークからそれに関連したいかなる説明も得ることができなかった。「私達の先祖はこの方法で為してきた」と、彼らの全てが言う。私はコリャークの間でのトーテミズムの存在に関して、直接的な兆候を発見しなかった。しかし、これらの祭りの間にオオカミや熊の皮を着ることは、トーテム祭りの特徴と比較して、その中に家族や氏族の一部の成員がオオカミや熊の皮を着ることでトーテムを象徴しているのかもしれない。

オオカミ祭りは、家族での比較的長い旅行のための準備ができていないときには熊祭りと異なっている。その理由はこれである。つまり熊は、将来にわたって熊狩りが安全に成功するために、熊の肉は繊細と考えられ、多くの儀礼と一緒に送られ、同時に祭りは殺害した動物とその親戚の怒りから人々を守るために取り上げられる。一方で、オオカミは食料として役立たないばかりか、荒涼とした場所を旅行する者にとり危険である。彼にとっては、目に見える動物の状態にないものは危険である――というのは、一般に北部のオオカミの群れは人間を恐れているからである――しかし目に見えないもの、擬人化された形は危険である。コリャークの考え方に従えば、オオカミは豊かなトナカイの所有者で、またツンドラの強力な支配者である……「そして」、特に「オオカミ」を狩猟した他者に対して「彼ら自身」で復讐する。レンダーコリャークは、家畜の群れに関する報告でオオカミを特別に恐れる理由を持っており、それは強力なシャーマンと悪い精霊としてこの動物をみなしているからである。

オオカミを殺した後に、レンダーコリャークは一頭のトナカイを屠殺し、頭を切り落とし、それを体の中に入れ、殺したオオカミと一緒にして祭壇の標柱の上に掲げる。トナカイの頭は、顔が東向きになるように置かれる。それは高い存在への供儀であり、こうして家畜の群れを襲うオオカミを許さないよう求める。特別の食べ物が夕方に準備され、オオカミは餌を与えられる。その夜は、彼らオオカミの親戚がやって来て復讐をしないように、太鼓を叩き、またオオカミを楽しませるために踊りを踊り、寝ないで過ごす。太鼓を叩きながら、彼ら自身でオオカミに挨拶をし、人々は「良いことがありますように！」と言う。そして、高い存在に挨拶して「良いことがありますように！オオカミが悪をもたらさないようにして下さい！」と言う(ヨヘルソン)。

Ⅲ　アイヌの人々

熊祭りは全ての古代シベリア人と共通し、若干の新シベリア人においても名高いが、それはアイヌの間では最も高い発展に到達している。私達は、ここでのこの祭りの際立った特徴に関する短い説明を、カルージンの報告から次のように加える。

熊祭り・小熊の飼育　冬が終わりに向かっている頃、アイヌは熊の子供を捕まえて村に連れて帰り、その村で女性により餌が与えられて育てられる。それは十分に成長して、通常ときには九月か十月のいつか起こる木の檻を開けるときまで、祭りを催すために待機する。祭りの前に熊を捕らえて勾留したことに対し、精霊に謝罪がなされ、熊の扱いが最も親切になされたことへの保証が与えられる。そして、これ以上動物に餌を与えることができないこと、それを殺さざるを得ないことが説明される。

祭り　祭りの運営を委任された人は全ての親戚、友人、村のほとんど全員を招待する。祭りが開始される前に、献酒が主催者と招待客により家庭の炉火で作られる。犠牲は主催者にとり神聖な家の角で、住処の精霊の「所有者」に対してなされる。熊を飼育した女性は熊の近寄る運命に、彼女の悲しみを示すために涙を流して泣く。仲間は熊の檻に近づき、造られた献酒と若干のワインが特別の器で熊に与えられる。女性と少女は檻の周りで舞を舞いながら、手を叩いて歌を歌う。それから、熊の里親、そして以前の祭りで他の熊を育てた女性は檻の前で、彼女達自身で両目に涙して舞を舞い、熊に向けて両手を差し伸べ、親愛の情を込めた言葉を述べる。

犠牲　幾つかの儀礼的式典の後に、熊は檻から引き出され、紐が首の周りにしっかりと留められ、一本の棒が祭りの人々の連合した力で熊の喉に押しつけられる。そのため熊は窒息死する。厳粛に熊の体を横たえ、熊が雌の場合には、さらにおびただしく手の込んださまざまな装飾物で周りを飾る。犠牲の熊の精霊に食べ物と飲み物が捧げられ、熊の精霊を喜ばせ華やかせることを意図し、宴会と歓楽が続く。熊の皮は剥ぎ取られ、内臓が抜き出され、頭が切り落とされ、血は壺に集められて招待客の間の男性にだけ飲まれる。勿論、肝臓も食べ尽くされ、儀礼に参列した女性や少女それぞれも小さな一部分を受け取る。食べ物の残りは、翌日の宴会のために保存され、男女の招待客全員もこれをともに食する。

Ⅳ　チュルク系

⑴ヤクートの人々

ヤクートの間では、血に関するものと関さない二種類の供儀の儀礼がある。

二種類の供儀　血に関する儀礼は黒シャーマンの諸精霊のために為され、血に関さない儀礼は善なる精霊アイと所有者のために為される。そのために、もし人が、供儀が黒かあるいは白の精霊のいずれかに捧げられることを事前に知らなくても、これは儀礼の本質から確認することができる。血の供儀は慈悲深い神 *Urun-Aiy-Toyon*（統御者−父−主権者）に為されるものではないとはいえ、未だにそれは特定の動物を彼に捧げる習慣がある。つまり、仕事のために用いられなくなったり、また献身的な雌馬が乳を出さなくなったりした動物である。以前には、それは大草原を自由に走り回っていた、子馬を持つ全ての雌馬をこのように捧げる習慣があった。

若干の善なる精霊がいて、それらはこのような名前を持っているにもかかわらず、未だに誤用の部類にある（トロシュチャンスキー）。選ばれた犠牲の肉と飲み物は火を通して彼らのために作られる。黒シャーマンの諸精霊への捧物は和解と協定の性格を持っている。悪霊は人間の若者（魂の一つ）を持ちたがるので、シャーマンはその代わりに動物の身体的魂を与える。

二つの祭り　ヤクートには民族の祭りが二つあり、それは春の祭りと秋の祭りである。名前が示すように、最初の祭りは一般に慈悲深い善い精霊のための祭りとして、概してよく知られた祭りである。後の秋の祭りでは、それは特定の競技と遊戯が続き、演劇が春と冬の間の争いとして象徴的に演じられる。一人の男性が春を象徴する白い衣装を着て白い馬に乗り、同時に他方は黒い衣装か赤みがかった衣装を着るかして、対応する色の馬に乗っている。秋の祭りは秋に催され、春の祭りのように戸外であるが、しかし夜に催される。それは黒い精霊のために捧げられ、特に精霊の創造者のために捧げられる。最初の春の祭りは氏族の父により指揮され、第二の秋の祭りは九人の男性シャーマンと九人の女性シャーマンの指図の下で行なわれる（シェロシェフスキー）。

(2) アルタイの人々

この儀礼の記述は、ミハイロフスキーによって与えられているように、伝道師ウエアービッキやよく知られた語学者であり旅行家のラドロフの作品から編集したものである。

第一日目・善神に対する供儀　儀礼は二日か三日、むしろ夕方から続けられ、最初の日の夕方は準備のための儀礼により占められる。一つの場所が牧草地の樺の木の雑木林に選ばれ、そこにシャーマンのカムは装飾されたユルト（天幕）を建てる。これには頂点に旗を付けた若い樺の木が植えられ、低い枝は切り落とされ、幹に九つの刻み目が階段の象徴として刻み付けられる。

ユルトはペンフォルド *penfold*（小さな檻）で囲まれ、この入口の側に馬の毛の縄の輪を取り付けた樺の木の棒が置かれる。供儀の馬の頭の保持者はこれらの出席者の間から選ばれる。カムが繁茂する樺の木の小枝で馬を飾ることで、その魂が善神の住処に疾走してくると、馬の魂はそれとどこへでも同行する。そのとき、彼はそれぞれの名前の一つを呼び上げ、タンバリンで精霊を呼び集め、それぞれ到着したことを「私もここに居ます、カム！」と答える。彼は話しかけるようにして、まるでその中に精霊を捕らえるかのようにタンバリンを動かす。彼が助手を確保し、カムはユルトの外に出てガチョウに似せて作った案山子の上に乗り、あたかも翼を広げて彼の両腕を羽ばたかせ、大声でゆっくりと聖歌を歌う。それは「白い空の下で、白い雲より上に。青い空の下で、青い雲の上に。空の方へ上がれよ、鳥よ！」と。

ガチョウは応答して（勿論、シャーマン自身を通じて）一連のグァーグァーとした鳴き声で――カムは見物人の助けを借り、未だ羽を付けたままの馬で、犠牲の馬の魂を追跡し、不本意ながら犠牲となった馬の模型の上でいななき、彼は馬の魂の守護、馬の毛の輪綱に付けた棒でペンフォルドに魂を追いやる。激しい奮闘の後、馬のいななく声と雑音が馬の魂のもがくのを模してシャーマンのカムによって出され、後者の魂を自由にして逃げ去らせた。遂に、それは取り戻され、カムによりネズの木が一緒にいぶされ、カムはガチョウから降りた。そのとき、実際の供儀の馬はカムにより運ばれて清められ、その後で大動脈を切り開かれ殺される。骨と皮で実際の犠牲が作られる。肉は儀礼に参加した人々により食べ尽くされ、最上の選ばれた肉はカムに分配される。

第二日目・カムによる供儀　儀礼の実践で最も重要な部分は第二日目の日暮れの後に起こる。そのとき、カムは彼の力の全て、演劇的な技術の全てを発揮しなくてはならない。宗教的演劇の全体が実践され、カムの天空の善神への聖地詣での様子が説明される。ユルトの中で火が燃やされ、カムはタンバリンに十分に火を当てる。つまり、精霊は捧げられた肉と歌で家族のシャーマニスティックな力を擬人化する(ミハイロフスキー)。

それは「これを受け取って下さい。カイラハーンよ！六本の角を持ったタンバリンの統御者、鈴の音で近くにやって来て下さい！私がホッケー！と叫んだとき、敬意を表せよ！私がミー*Me*！と叫んだとき、これを受け入れよ！」と。

祭りを組織し、ユルト(天幕)を統御し、家族の力を象徴する火の「支配者」は、類似した祈りで挨拶をされる。そのとき、シャーマンは容れ物を取り上げ、目には見えない招待客の精霊の集団が飲む音を模倣して唇で音を立てる。シャーマンは同席者に肉の一口分を分配し、同席者は見えない精霊の象徴としてそれらをむさぼり食う。九つの衣服に飾り紐で飾り立てた綱、ユルゲン(善神)に対する家の主人からの捧げものは、シャーマンによりネズの木でいぶされ、シャーマンは歌う。それは「馬が運ぶことのできない贈り物――アァー！アァー！アァー！人が持ち上げることのできない贈り物――アァー！アァー！アァー！三部分から成る襟を持った衣服――汝の目の前でそれらの衣服を三度回しなさい、それら衣服を馬の覆いとしなさい、アァー！アァー！アァー！喜びに満ちた王ユルゲンよ！アァー！アァー！アァー！」と。

次に、カムは最初にシャーマンの衣服を着て、タンバリンを煙にいぶし、最初に、また二回目に多くの精霊に呼びかける。それはタンバリンを叩いて精霊を呼び出すためで、到着するとそれぞれが「ここです、私は。カム！」と答える。天の鳥は次のように呼びかけられる。それは「天の鳥、五番目の天の鳥よ！汝、真鍮の強力な爪を持ち、銅のそれは、月のかぎ爪である。そして、氷のくちばし、羽を広げて力強く羽ばたけ、長い尻尾を扇のように広げて。左の翼は月を覆い隠し、右の翼は太陽を隠す。汝、九羽の鷲の母、旋回することなく、汝よ、飛べ。飛べ、イディル *Edil*、汝疲れることなく！歌で近くに引き寄せよ！軽く、私の右目を引き寄せよ、私の右肩を、汝の休息の場とせよ！」と。

憑霊　その応答はシャーマンの唇から来た鳥の叫び声で、「カガー、カー、カー、カー、カムよ！私はここに来ている！」と。カムは、巨大な鳥の重さに、うつ向きになっているようである。彼のタンバリンの音は高く、高く鳴り、彼はそこに集まった数多くの精霊の保護者の重さによろめく。ユルトの中に植えられた樺の木の周りを何度も歩き回り、シャーマンは門口に跪き、案内人に対して精霊の番人に援助を求める。彼の要請がかなえられ、ユルトの真ん中に出ると、体の下の部分の発作的な動作が起こり、不明瞭な言葉がつぶやかれ、猛烈にタンバリンが叩かれる。そこで、彼は家の主人や女主人、子供達、親戚など、精霊を集めたタンバリンで、胸に触り、太鼓の棒でそれぞれの背中を触るなどの方法で、彼らを抱擁して浄化する。これは、彼が太鼓の棒で主人の背中から、不潔なものを全て擦り落とした後になされる。なぜならば、背中は魂の座席であるからである。こうして、全てはエルイク（悪い神）の邪悪で有害な影響から解放される。そして、人々は彼らの場所に戻り、シャーマンは「全ての潜在的な不幸を戸外に追いやる」と、シャーマンの予言を彼が理解するように、主人の耳を塞いでタンバリンを打ちながら、彼の先祖の精霊と力を彼の中に追いやる。無言劇で、彼は家族の成員それぞれを胸当てと帽子とで包み、そのときエクスタシーの状態に陥る。彼はタンバリンを狂気のように打ち、あたかも憑霊したかのように走り回り、樺の幹に刻まれた最初の階段に登った後、火と樺の木の周りを走り、雷の音を真似する。

七つの天界　次に、彼は馬の魂を象徴した馬の衣装で被われた長椅子に乗り、次のように叫ぶ（ミハイロフスキー）。「第一段に、私は上がった、アイハイ！　アイハイ！　私が到達した一つの階、それはシャガーバァタ *Shagarbata*！　一番上の「樺の木の階段」に私は登った、シャガーバァタ！　私は満月の日に登った。シャガーバァタ！」と。

カムは天の一つの階から別の階へと、急いで馬の上を通過する。ガチョウは、もう一度疲れた馬の魂の場所を得て、馬に一時的な安心を与え、カムにより間接的に彼の悲哀と関係する。第三番目の階層において休息がなされ、カムは切迫した不幸を予言し、それぞれの階層において供儀が捧げられることになっていることが宣言される。もし、彼が雨の多い天気を予告するなら、彼は次のように歌うであろう。それは「六本の道のカラシュリル *Kara Shurlu* 低地には水がしたたり、有蹄の四足獣はそれ自身で保護することができず、かぎ爪を持った動物はそれ自身で維持することができない」と。類似した予言は、空の他の場所でも為されるかもしれない。

馬が休息しているとき、旅行は続けられ、その展開はあらゆる新しい階層ごとに樺の木の上のより高い階の一つに到達したことを示している。変化に富む多様性はさまざまな挿話の紹介により実践が行なわれている。天の第六番目の階層は最後まで挿話的な場面を持った場所であり、これは喜劇的な色合いを持っている。シャーマンは隠れたノウサギの足跡を追跡して捕らえるために、彼の召使いを送る。一時しても、追うことは不成功であったために、新たな人物が紹介された。しかし、彼らの一人は召使いをあざ笑い、遂にノウサギを捕まえることに成功した。

天の第五層において、事前にカムは超越的創造者に面会し、将来の多くの秘密を教わり、その幾つかを彼は声を出して伝える。天の第六層においては月に対して、第七層では太陽に対して敬意を払う。というのは、これらの天は発光体の住居であるからである。ほんの少しのシャーマンだけが、天の第九層に登るに十分な力を持っている。彼の力により到達できる最も高い層に到達すると、カムはタンバリンを手から落とし、太鼓の棒で穏やかに叩き、ユルゲン（善神）に謙遜しながら次のような請願を行う（ミハイロフスキー）。

それは「第三の階段に導く支配者よ、三つの群れの持ち主、ユルゲンよ、出現した青いアーチ形の天井。それ自身が示す青い空、ぐるぐると回る青い雲、到達するのが困難な青い空、水から遠く離れて、陸上の一年の旅、父なるユルゲンに三度高揚せよ、月の斧の危機を避けよ、汝、馬の蹄を持つ者は誰か。オー！ユルゲンよ、汝、全ての人間の創造者よ。私達の周りを騒がせているのは誰か。私達全てに牛を授けてくれた、汝、ユルゲンよ。私達を悲しみに落とさないで下さい！私達が悪なる存在に耐えるつもりであることを認めて下さい！人間に付きまとう悪なる精霊よ、私達に見えなくせよ。私達を彼の手の中に渡さないで下さい！永遠の時を計る、汝よ。散りばんだ星空は巡る。人間を罪ゆえに、咎めないで下さい！」と。

ユルゲンから、シャーマンは供儀が受け入れられたのかどうかを教わり、そして富と来るべき収穫の特徴に関しての最も確実な情報を受け取る。勿論、彼は神がどのような犠牲を期待しているのかを知る。そうした場合には、シャーマンは犠牲を提供して契約を結ぼうとする隣人に対し、供儀の動物の色や外観さえも説明して指示をする。ユルゲンと彼の対話の後、シャーマンのエクスタシーは最も高い地点に到達し、完全に疲れ切って倒れ込む。そして、馬は彼から離れて上昇し、タンバリンと太鼓の棒を彼の手から取り除く。短い時間の後に、ユルトの中は静けさが支配し、その間にシャーマンは目覚めたように起き、両目を擦り、彼のシャツから汗を絞り出し、あたかも長期に留守をしていたかのように、居並ぶ一同に丁寧に挨拶をする。

第三日目　これで特別な時間の祭りは完結するが、しかし通例は、特に裕福な人々の間では、第三日目は宴会と神々への献酒で費やされる(ミハイロフスキー)。

Ⅴ　モンゴルの人々

モンゴルの人々の間での供儀は、(a)定期的か公的なもの(タリガン)、(b)時折か個人的なもののキリク*kirik*かのいずれかである。

定期的供儀　バンザロフは、ゲオルギが随分と昔の十八世紀後半に、モンゴルの人々の間での三つの定期的な供儀の祭りを観察していることを紹介している。それは、春、夏、秋の祭りである。バンザロフはこれらの祭りの起源を西暦紀元前の時代にまで、その足跡をたどっている。

夏祭り　最も近年に記述された祭りは白い月と呼ばれ、それは儀礼を挙げて祝い、あらゆることを更新するための象徴を意味している。大地が再び青々として、家畜の群れが増殖し、乳は余るほどに豊富であるとき、カルムイクの人々はクミス(馬乳酒)や薬草や馬などのこれら全ての贈り物の犠牲を得る。犠牲の馬は綱に縛られ、二本の棒の間で引っぱられる。馬の背の男性は、若駒に乗ったもう一人に同行され、並ぶ犠牲の馬に沿って通り過ぎながら、馬達の上に馬乳酒を注ぎ、桃色の布切れを馬のたてがみに縛り付ける。こうして、犠牲は捧げられる(バンザロフ)。

秋祭り　モンゴルの秋の祭りは白い月と同じように非常に古代的である。バンザロフは西暦以前の記録にそれに言及しているのを発見し、中世にもマルコ・ポーロの著述の中にそれが触れられており、マルコ・ポーロは、それは八月二十八日の名高い祭りであると言っている。この儀礼は「白い月」として知られ、モンゴルの人々は祝賀の日の時からを新年の日付として用いている。これらの人々の大多数は冬の年の始まりとして祝い、しかし古い日付とくっつける人は僅かであるけれども「白い月」のように、新年と呼んでいる。

春祭り　十九世紀中頃のイギリスの旅行者がアルタイ山脈の谷間で、春祭りの祝賀を目撃して、次のように記述している。春に、カルムイクの人々は神々に犠牲を捧げる。金持ちは馬を、貧しい人々は羊か山羊の犠牲である。私は儀礼の一つに出席した。一頭の雄羊が持ち主に導かれ、持ち主は牛と羊の群れの大いなる増殖を望んだ。羊は聖職者の助手に手渡され、助手はそれを通常の方法で殺した。聖職者は近くに立って、東を見ながら、祈禱の歌を歌い、神を目覚めさせるために、大きなタンバリンを打ち始めた。そのとき、羊と牛の大多数に彼の要請を行った。羊は皮を剥がされた。そして、祈りを完全に終えたとき、皮は柱の上の枠組みの上に被せられ、その頭は東向きに置かれた。タンバリンは雷のような音を轟かせ、野外での祈りの聖歌の儀礼が続けられた。肉が大釜で料理され、そして人々は大きな祭りを続けた(アトキンソン)。

より盛大なブリヤートの儀礼に限って言えば、ハンガローフはそうした儀礼はおよそ三十にも及ぶと言及しており、またこれらが全てを意味しているのではなく、完全な目録の作成を可能にするために何年かの継続調査が必要であると言っている。

個人的儀礼・子供の成長を願う代理儀礼　バラガンスクブリヤートの間では、あらゆる男の子は、未だ幼年期にある間、将来の大人の生活と同じように、彼らを守ってくれることを確証するために、西方の第二の精霊に一定の犠牲を捧げなくてはならない。これら四つの供儀(i. *morto-ulan-khurgan*, ii. *erkhindkhi-ulan-khurgan*, iii. *Charga-tekhe*, iv. *yaman-khonin-khoer*)は間違いなく、全ての少年が捧げなくてはならないが、女の子にとっては義務的なものではない。これらの犠牲の他にも、性とは無関係に、全ての若い子供の代理として為す他のもの、男性の創造者と女性の創造者がいる。これらは子供の代理と呼んでいる。私は子供の代理の儀礼に関するハンガローフの記述を、ここに引用してみたい。

ブリヤート人に子供が生まれた後の近いうちに、シャーマンの依頼か、あるいは自らが率先するかのいずれかにより、子供の代理と呼ぶ儀礼の実践のための仕切り壁が準備される。一人のシャーマンが儀礼の実践のために招かれる。シャーマンが現れると、水が泉か、あるいはときには湖や川から運ばれる。水を汲む前に、幾らかの銅貨が水を得る場所に投げ込まれる。草原の雑草の一束と、他に急いで九本の絹糸が準備される。あらゆることが準備されたとき、シャーマンは男性の創造者と女性の創造者に対して献酒をするために、次のような言葉を音読する。それは「突進するかのような、若者よ、茸のように急成長する、少女よ。草原の草から、彼らは一本の鞭を作り、泉の水で、彼らは沐浴して整え、九本の絹糸と一緒に、彼らは一本の鞭を作った」と。

この後に、水は容器の中に注がれ、熱せられる。それから、彼らは草も容器の中に入れ、急いで帚が作られる。子供達は九つの石を浅い容器を取り囲むように置き、シャーマンは「黒い石は扉、黄褐色の石は中庭」と言う。そして、彼は帚を取り上げ、水のしたたるそれで、子供を軽く叩くが、決して叫び声を上げて彼に語ってはならないばかりか、急いで成長しなければならない。そこで、九つの結び目が九本の糸で作られ、それらは子供の首の周りに置かれる。水はユルトの床にこぼされ、帚は扉の向こうに悪霊の侵入を防ぐために置かれる。このようにして、子供の代理ウカンハードラ *ukhan-hudla* の儀礼は終わる(ハンガローフ)。

家の主人の儀礼　一般に、ブリヤートの儀礼はシャーマンにより実践されるが、少数の人々の若干は、たとえばそれらはオンゴン(シャーマンの祖霊)に「食事を与える」ように、家の主人により行なわれる。女性のオンゴンは女性により作られ食事が与えられる。しばしば、動物が短い期間か、より長い期間、あるいは生涯にわたってオンゴンに捧げられる。そのような動物はいかなる重い仕事にも用いてはならないし、結婚している女性がそれに触ってもならない。モンゴルの人々にとっては、この習慣は献身と禁忌の両方を意味している（シャシコフ）。

動物の献納のもう一つの事例は、ときどき主人が死んだとき馬が献納として実行されることである。その馬は禁忌であり、また決して重労働をさせてはならない。通常の状況下で、ブリヤートが死んだとき、彼の馬は殺されるか、あるいは草原に自由に走り回るように放たれる（グメリン）。

第四部　病理学（PART IV. PATHOLOGY, Chapter XV）

一五　北極ヒステリー（Chapter XV. 'Arctic Hysteria'）

シベリアの病気　シベリアで特に流行している病気の間には、梅毒と「北極ヒステリー arctic hysteria」とがある。後者の名前のもとに、いくつかの異なった神経症の病気が、この主題を論じる著者達により、一般に含められてきた。それらが流行しているより地域的な、つまり東や北東ではハンセン病が燃え広がり恐れられている。「シベリアで荒れ狂う流行病（炭疽病やヨウ病）」は牛や他の動物、勿論人間も炭疽菌により――南西や広く湿地地帯で引き起こされている。それは、しばしば虫に刺されることからも伝染するが、しかし伝染はこの病気で死んだ動物の皮からも運ばれるかもしれない。

さまざまな病　人間においては炭疽病とヨウ病の二つの形態、つまり外部的と内部的な問題がある。後者はほとんど確実に致命的である。それは、一般に敗血症を通じて体力の崩壊により現れ、しばしば一日ないし三日、あるいは四日以内に死によって終わる。

炭疽菌、その外形的な形態について、パラスは次のように記述している。最初病気の症状は、突然にいかなる年齢性別の健康な人間でさえもが、かゆみに悩まされる。次に、特に何箇所かの激しい腫瘍により、それらはハエが刺すか、あるいはトンボ *horse-stinger* に起因するものと思われる。この腫れは、人々が肌の表面を覆うか覆わないかによるが、一般に顔、そして馬を含めて股の付け根や腹部に起こる。それは素早く大きさと固さが増大し、無感覚になり、私達の正常な肉の、その下に到達し、忍耐強くそれを感じないようになるまで、人は針で腫れ上がった部分を刺すことができるかもしれない。この中央の固い腫瘍は、昆虫が刺したのと類似した赤か、あるいは青みを帯びた箇所となり、通例外部の部分として発見される。そして、もし治療がなされなければ、壊疽による腐敗がそれ自身さらに拡大するであろう。不吉な最初の段階の間、忍耐強さは内部の不快さを感じさせないばかりか、吹出物の増大で、彼は頭痛、不安、焦燥感で悩み、それは恐らく危険の恐怖の当然の結果となる。私に同行して、この病気で苦しんでいた何人かの農民は、最初にこの兆候が彼ら自身で明らかになった後、彼らが小川や水の見える所を通過する度に、自分自身非常にかすかながらも、弱々しく、今にも気絶しそうに感じたと語ってくれた。パラスは、この病気は通常牛にとっては致命的であるが、もし農民達がありふれた治療を利用するならば、人間にとっては致命的ではないという。フォークは、この病気の範囲の限界がウラル山脈から中国国境までで、五月から九月の間の時季、つまりトンボが活発になる期間にそれが流行すると述べている〔現在は抗生物質により治療可能〕。

ハンセン病はアムールとサハリン地域で特に流行している。シェロシェフスキーはヤクートの間でもそれを観察しているし、ピウスーツキはギリヤークの間、また隣接する幾つかのツングースの人々の間でも多くの事例を見た。最近これについて言及したピウスーツキは、ハンセン病がサケの一種を食べることに起因し、特定の病気に苦しんでいるとギリヤークの人々は考えるが、漁師には簡単に発見できないと言っている。ハンセン病患者からの接触伝染による伝染病を避けるために、多くの衛生学上の予防策がとられており、ハンセン病はその名前に決して言及しないようギリヤークに恐れられている。シャーマンでさえもが、受難者を取り扱うために引き受けたがらないが、それにもかかわらずピウスーツキはシャーマンにより治療されるハンセン病患者の二つの事例を報告している。病気の魚を食べることが、この病気の原因とみなし、現在のキャフタ〔現ブリヤート共和国〕で十六年間を送ったタルクは、魚を常食としている人々は肉を食べて生活しているモンゴルの人々以上に、ハンセン病にかかりやすいと注意している〔現在ではハンセン病の治療法が確立している〕。

ヒステリー症　多くの著者はヒステリー症の病気について、原初的な人々の間で、極度にかかりやすい傾向に注目している。多くの呪術宗教的現象の下にあるヒステリーは別としても、旅行者達は洋の東西を問わず原初的な人々の間に、宗教的な関連性のない疾患に基づく類似した神経症が広く行き渡っていることに注目した。それは、ブラジルやカフィルの人々、コイコイやジャワの人々、ペルーやアビニシアの人々、アフリカ系やイロコイの人々、ニュージーランドやマダガスカルの先住民などの人々である〔クローリー〕。

北極ヒステリー　北部アジアにおいて発見される神経症の病気の形態は「北極ヒステリー」と呼ばれ、恐らく形態の幾つかが全体として北極地帯特有と思われるのは北部を通じて同一の徴候であるからである。この病気の言及はシュテラー、クラシェニーンニコフ、グメリン、パラスなどのより年上の著者の作品の中でなされている。そして、より完全な報告としてはボゴラス、マック、シェロシェフスキー、プリクロンスキー、シュレンク、ピウスーツキ、カルージン、ホイットニー、特にヨヘルソン等の頁の中に発見される。

先住民に見られる症例　先住民の宗教生活と関係したヒステリー、そして「霊感」の形態としてそれらをみなしている症例は、シャーマニズムを取り扱ったボゴラスなどの本の章で論じられている。ここでは、私達は先住民自身が病気の徴候として認めるこれらの形態の報告、さまざまな旅行者により与えられているそのような症例の報告から、ここでも最も特徴的な一部を引用するつもりである。

事例(1) 発作　「かつて」とマックは言う。ヤクートの居住する地帯のビリユィ地域を旅行していたとき、何人かのツングース人と一緒に森の中のユルトに宿泊した。眠るために横になっていると、一人の女性の甲高い大声と叫び声に動揺させられた。これがおよそ三十分続いたとき、起き上がりその問題が何であるかを見にいった。叫び声が発生しているユルトの中に入ると、ツングースの男性が妻の寝室の側に座り、彼女の手首を握っているのを発見した。彼女の髪は全て完全に顔を覆うように振り乱され、彼女は四方八方に頭を激しくうなずき、犬のように泣き叫びわめいていた。私は彼女の顔を見ることができなかったが、彼女の夫の表情はこういったことに全く慣れていることを示していた。彼は、これらの襲来は頻繁に発生し、昼とか夜にやって来ると語った。三十分ほどユルトに残り続けた。そして、私の通訳の誰もが、女性が唸り声を発していることに何もすることができなかった。私が小屋に帰った後も、彼女の叫び声はしばらくの間続いた。その後について話すと、これらの襲撃の猛烈さが徐々に低下して、病人は深いため息をして、静かになり、全く正常に話をし始めた。

事例(2) 模倣　中央のビリユィ村では、マックは非常に共通した病気に苦しむ多くのヤクートの女性を知っていた。その病気は患者のそのものを、彼女達が意味する何でも、ときには全く品位のないしぐさなど、傍観者が全てのしぐさや言葉を模倣して示すものであった。ヤクート領を旅行していた初期の頃に、ヨヘルソンは模倣による不愉快なことに襲われた。それは彼が特定のユルト〔家〕で立ち止まったとき、彼が知っている女性がロシア語を話せないのに、彼と仲間が話していることを半端な言葉で繰り返したことである。彼が厳しく一瞥して不愉快な態度を示したとき、彼は気にすべきでないと仲間に言われた。なぜなら、女性は単に模倣狂に過ぎなかったからである。この事例の中には、視覚的にそれ自身で何気なく暗示しているように、何人かの若者達が踊りを始めると、全ての村人、年寄り達さえもが彼らの踊りに追従する。ヨヘルソンは全く一人では立ち上がることのできない一人の老婦人の実例として、彼女はそうした状況で立ち上がり、手助けもなく彼女が疲れ切るまで踊り始めたことを報告している。

事例(3)　発作　一人のヤクートが、どのようにして女性の一人に病気が始まったのかをマックに語った。彼女は十八歳の息子と一緒に森の中に入っていったとき、一頭の熊と遭遇した。熊は、彼らを見ると両手で立ち上がり、女性もまた怯えて逃げようとして、熊の両腕の中に倒れた。斧で彼女の息子が熊の頭蓋骨を二つに割るまで、彼女は地面に投げ飛ばされ、獣により引っ掻かれた。そのとき以来、女性はこれらの発作を起こすようになった。マックは、子供達が人々に向かって歌うとき以外、通常の声でめったに話さないヤクートの多くの子供達にも出会っている。

事例(4)　発作　シェロシェフスキーはヤクートの間での類似した上記の病気の症例について記述しており、人がこのものまね狂いからの苦痛、突然の不安感から、恐怖の原因に対して小刀や斧を取り上げると言っている。ヨヘルソンはこの病気の実例に関して、それは彼らが他のときには決して使用しない性愛的表現の発言を病人が引き起こすことを認めている。ときどき、予想外の音がしたときなど、病人は震え上がり、そして後方に突然倒れる。

ヨヘルソンは彼らの間での興味ある幾つかの症例について、次のように記述している。ある夜、私はロシア人——彼は犯罪者としてコリマ川流域に送られていた青年——と一緒にヤクートの家で寝ていた。見たところ強くて赤い頬の女主人は、若い男性が好きになった。そして、官憲が彼に割り当てた住宅の場所を離れるとき、若い女性はヒステリックな発作を起こし、彼女はその間中、彼女の感情を語るために即興で歌を歌ったと。ヨヘルソンが勝手に翻訳した彼女の即興は次のようなものであった。それは「睾丸を持った友は翼を好む！　ヤクーツクの南から、初めて会った友よ。しなやかな陰茎をもった友よ、男性的な凛々しい顔と素晴らしい心で！　私は非常に油断のない友に会った。私は友として、彼と決して別れはしない！」と。

彼女はこれを約二時間何度も繰り返し、そして深い眠りに落ちた。この間中、脇には女性の夫、勿論若い子供も居合わせた……。夫は妻を愛しており、彼女に嫉妬したが、発作の間中、彼は妻を誘惑してかき乱している悪霊に対してだけののしった。「それは認め難いことである」として、ヨヘルソンは続ける。その発作は見せかけの問題だけであったか、あるいは自己暗示に起因していた。そうした行為は少しも若い女性にとり有利でないばかりか、女性は愛の感情によりかき回され始めていたに過ぎなかった。それは、彼女が何をしているのか、自分では分かっていないためとヨヘルソンは思ったと。

事例(5)　発作　コルコドン川〔コリマ川支流〕の側で、ヨヘルソンはヒステリックな発作の間、若い女性が歌っているのを聞いた。彼女はユカギール人であったが、ツングース語で歌っていた。発作の後、彼女の体は弓のように折り曲がり、彼女の両手は固く握り締められていた。ヨヘルソンが彼女の両手をつかんだとき、痙攣は終わったが、彼女は意識不明の状態が長く続いた。彼女の回復後に、母親は彼女にロシアの紳士が治してくれたことを知っているかどうか尋ねたとき、彼女は知っていると答えた。というのは、彼女に憑霊した悪霊は、彼を撃滅しようとしたができなかったからである。この症例では、「悪魔」はツングース語群を起源としていたに違いないという。

事例(6)　催眠　ときどき、北極ヒステリーを経験する人々は、催眠暗示hypnotic suggestionに対して異様に感受性が強く、暗示は彼らが起きている間に経験する。通常の催眠トランスhypnotic tranceの症例のように聴覚ばかりでなく、視覚的印象が病人に暗示として受け止められている。そうしたことは、上述したように、しばしば小屋では風のような自然現象が、動物などの鳴き声として聞こえることで認識され、病人に暗示を与えるものとして、病人に近くで意図的に与えられる。一つの症例として、ヒステリー性の女性がヨヘルソンに関連した言葉で、催眠術に掛けられた。その話は猥褻な性格で、適当な身振りが後に続いた。他の症例では、病人は意図的に、しばしば悪意のある暗示で返答をすると、ヨヘルソンに語った。また、ヒステリー性の女性が若い男性の指揮で、馬の尻尾をつかみ、若い男性が離して行かせるようにと命令するまで動物に引っぱられていたという。

事例(7)　模倣　特に、コサックは北極ヒステリーに苦しむ人々をだますという。ヨヘルソンは、かつて網の外に魚を投げ出している老婦人に出会った。ヨヘルソンと一緒にいたコサックの一人が、突然網に近づき、彼の歯で一匹のサケを捕まえ、川辺から丘の上に登って逃げ去った。普段は、ほとんど両足を引きずることしかできない老婦人が同じようにした。コサックが丘の頂上に到達すると、彼は引き返して川に向かって駆け下り、川に到着する寸前で止まった。しかしながら、女性は水の中まで真直ぐに走った。彼女の歯の間から魚を引き抜いて落とさせると、彼女は意識を失い地面に倒れた。コサックの後を走っている間、老婦人は弱々しく「十分だ、十分だ！」と繰り返していたが、自分の意志で止めることはできなかった。症例は、病人が命令に従った後、彼女がからかわれていると知って、彼女が苦痛に襲われることで起こったものだった。

事例(8)　模倣　ヤクート村のロドシェボ〔ルナ川流域〕で、ヨヘルソンのユルトの近くに、何人かの男性と家の女主人、四十五歳位の女性が立っていた。彼女は非常にヒステリーを患っていた。突然に、ヤクートの若者が野原に向かって走り出し、彼の上着の下に雪を押し込める振りをした。ヤクートの女性は同じようにしたが、彼女が雪の溶ける冷たさを感じたとき、家まで走って帰り、小刀を取り出し、隠れている若者を捜しに行った。

事例(9)　模倣　プリクロンスキーは、ヤクート地域で幾つかのこのものまね狂に関しての事例を記録している。一つはベルホヤンスク〔サハ共和国の町〕の床屋の事例で、もう一つはアムール川の汽船上で起こった事例である。そこでは、船内に居た全ての人々が模倣狂メラク *merak*（*ämïrakh*）に苦しんでいる男性を犠牲にして、彼ら自身で楽しんでいた。彼らは水の中にものを投げ込んでいる振りをした。男性は同じようにして、自分の全ての財産を投げ出した。

三つ目の事例はレナ川のオリョーミンスク〔現サハ共和国南西部〕において観察された。通常は、全く慎み深くて内気でさえあるヒステリー性の女性が模倣狂の攻撃の間、猥褻な身振りをする何人かの人々により苦しまされ、その身振りの全てを真似した。プリクロンスキーはカシン博士と親戚だったことに関し、挿話を引用している。博士はこの病気について非常に興味を持っていた。かつて、トランスバイカルのコサック第三大隊の行進中に、一連隊が全て先住民から構成され、その兵士達は命令調の言葉を繰り返し始めた。大佐は怒りを増大させ、男性達にペラペラと悪態をついた。しかし、さらに彼は悪態をついたが、彼の後に続いて、元気よく彼の悪態を兵士の合唱として繰り返した。

事例⑽　恐怖　パラスはラップランドのサモエードの間にも恐怖が多いと断言する。また、カムチャツカの住民のツングース人、多くはないがエニセイ川のタタール人は、時折「激しい恐怖の状態panic-struck」となるという。予期しないときに触られるとか、突然呼ばれるとか、口笛を吹くとかして、これらの人々を恐怖と突然の出現により、憤激状態に投げ込むという。この方法でより多く影響を受けていると思われるサモエードやヤクート人は、遠くに物を運ぶとき、彼らは何をすべきかを忘れて、最初に彼らの方法で小刀や斧、あるいは攻撃用の武器を持ち、もし彼らから与えられる力と武器により予防できないならば、恐怖のために傷を負わせたり殺したりするかもしれない。また、もし両手両足を自分で叩いて遮ろうとすれば、叫び声をあげ、地面の上に転げ回って狂人のように夢中で喚くかもしれない。サモエードやオスチャークの人々は彼ら自身のために、そうした人々を確実に救済する方法を持っている。それは、トナカイの皮か、あるいは一袋のトナカイの毛に火を付け、病人の鼻の下で煙を吸わせる。この場合、失神して全くの昏眠状態となり、しばしば二十四時間も保たれる。

事例⑾　恐怖　パラスはそうした「激しい恐怖の状態」についてサモエードの他の幾つかの症例について言及している。それはスリエフ〔人名〕という人物からシベリアで耳にしたものである。一七二二年に、このスリエフが若いサモエードのシャーマンに出会った。シャーマンは見知らぬ人が近づいてくるのを見て、殺しに来たと想像し、スリエフに指を差し出し、彼がその両手をつかむことで、逃げる機会を失った。しかしながら、後で危害を企てるつもりはないことを通訳から幾つか説明され、シャーマンは自身で気持ちを取り戻した。それから、そのシャーマンに黒い手袋を付けさせると、直ちに両目をグルグルと動かし、断固たる決心で手袋を凝視し、道にあった斧を持ち激怒して、確保されないままに狂気の発作に陥った。そのシャーマンは武器に失望して、荒れ狂い、金切り声を出し、手袋を外すために手を振り、走り回った。そして彼は手袋を熊の爪とみなし、他人がその手に触れることを恐れ、見物人が力づくで手を握り、それを脱がせると回復した。

事例⑿　プロブロクト　グリーンランドのイヌイットの間の神経性の病気の事例はホイットニーにより次のように記述されている。先住民の間で、最初にプロブロクト *problokto*(＝*piblokto* ピブロクトともいう。北極ヒステリー)の事例を観察したのは九月十六日の夕方、エタ(地域名)に帰宅したときであった。イヌイット(名前を'Tukshu という)は、小舟から離れると突然夢中になって話し始めた。彼は、自分で刺繍したあらゆる衣服を、イヌイットの装飾が不足していると言って引き裂き、自分で水の中に投げ入れた。彼は超自然的な力を保有していると思われ、四人の男性でようやく彼を抑えることができた。彼の狂気は一時的で、直ぐに自分自身を取り戻すことを知っており、次へと深刻な結果が続くことなく、私は彼の驚くばかりの捻転を楽しげに観察した。しかし、それは非常に深刻な問題で、彼が小舟に居る間に、ピブロクト(神経疾患)が人を襲うことがときどきあり、舟を追跡しているとき、あるいは苦しんでいる人の世話をするには力不足の人がいたときなど、実際にそれは非常に深刻である。

事例⒀　プロブロクト　もう一つの症例がホイットニーにより、次のように記述されている。私達は長くて陰鬱な夜(十月九日)の間際にいた。世界中に新たな恐ろしい静寂がやって来て、それは切迫している悪い運命——ときには触ることのできない漠然とした、神秘的なことについて話すように思われた。私達全員が認めるその暗闇は、とりわけイヌイットの女性の間で顕著であった。その夜の一時半に、女性の極度に達した声――金切り声と驚くべき声で、それが何を意味するのか直ぐに分かった――誰かにプロブロクトがやって来て、気が狂ったような――その叫び声で熟眠から目覚めさせられた。急いで服を着て外に出た。遠くで激しい氷の音がして、一人の姿が走り回り荒れ狂っていた。甲板長とビリー〔人名〕が私に加わり、直ぐに私達は腰のあたりまで、三フィート〔約91.5cm〕も積もった雪を切り抜けながら足跡を追った。遂に、彼女の所に達し、そして驚いたことに、それがツングース人であることを発見した。彼女は必死にもがいており、彼女を小屋まで連れ戻すのに私達三人の協力した力を必要とした。そこで、彼女は――片方の手と胸の一部が僅かに凍傷にかかっており――調子が悪いことが発見された。三十分後に静かになり、彼女は再び理性的になったが、攻撃は彼女を非常に弱らせたままにして去った。その間、彼女の赤ん坊は裸で泣いており、犬達は小屋の中の全ての食べ物を食べていた。

事例⒁　プロブロクト　猟師が旅行から帰って来た後のある夕方に、ツングース人がプロブロクトにより再び襲われた。彼女はイグールigloo〔冬の家〕から外に飛び出し、自分の衣服を無理に剥ぎ取り、自身で雪だまりに飛び込んだ。ホイットニーは彼女の夫の手助けのために走ったが、婦人はライオンのように強く、私達は全員で漸く彼女を取り押さえることができた。氷点下八度の強い北風が吹き、イグールに連れて帰ることができる前に、彼女は凍傷になると思ったが、若干の奇跡的な方法で、少しも凍傷になることさえもなく免れた。イグールに連れ帰った後、彼女は子猫のように弱くなり、数時間後には全く彼女自身となった。丁度二つの攻撃が記述される前には、ツングース人はプロブロクトを決して恐れていることはなかった。

症例の分類　これらのことや他の少ない詳細な報告から「北極ヒステリー」の名前で、さまざまな神経疾患の病気が理解されている可能性が高いと思われる。このように、プリクロンスキーやシェロシェフスキー、ヨヘルソンなどはそれらを分類しようと試みており、第一に神経疾患の病気には主要な二つの型、ヒステリー性発作メネリック *menerik*（*miinarik*）と模倣狂アムラック *ämürakh* があることを識別している。より正確な分析は多少暫定的でなければならないが、シベリア先住民の間では、その資料は神経疾患の次のような分析結果か、または神経疾患の徴候を根拠としているものと思われる。

i　模倣狂　シェロシェフスキーによれば、ヤクートは模倣狂をアムラック *ämürakh*、ユカギールではイルコニ *irkunii*、ツングースではオーラン *olan*、コリャークではメンキー *menkeit*、アイヌではイム *imu* と呼んでいる。ラドロフはアミラック *amiruk* の言葉を「敏感な」、同時にアミュラック *amyrakh* を「不平」を意味する語として翻訳している。そして、ヨヘルソンはユカギールの言葉でイルコニは「震えること」から派生した語であるという。言葉の証拠が示すように、この最初の病気の症状は、彼の恐怖や臆病さなど、病人の非常に大きな感じやすさにある。この恐怖、つまり病人が最も卑猥な言葉を大声で叫ぶか、あるいは彼の恐怖の原因が極端な感受性の他にも、この病気、すなわち全ての視覚や聴覚の印象を繰り返す傾向のもう一つの症状がある。

ii　神経疾患　ヤクートのマナリア *Mänäria*（*mänärik* マナリック。神経疾患）は、トゥラニック（*Turanic* トゥランの人々）言語の一部では「気の狂った」とか「狂気の」を意味する。ヤクートは「気の狂った人」に対する特別な言語にイルビッツ *irbit* を持っている。もし、他のことで適用すれば、イルビッツは「駄目な性格」を意味する。それは、ヒステリー性発作 hysterical seizures（*menerik*）型に対し、ユカギールはカルモコル *carmorcl* の言葉を持っている。彼らがエロメン *elomen* と呼ぶ精神的な異常性、そしてツングース人が名付ける神経疾患のメネリック *menerik*（ヒステリー性発作）はナウニャン *naunyan*、つまり「悪霊による憑霊」のことである（シェロシェフスキー）。

ときどき病気は定期的で、どんな明白な直接的原因もなしにやって来るが、しかしヒステリー性発作のメネリックは通常衝撃、あるいは突然の苦痛により引き起こされた。病人は痙攣で苦しむか、あるいはトランスに入り falls into a trance、遠吠えするか、あるいは踊り、ときどきそれはてんかん発作で終わる。先住民はこの病気を悪霊の影響に帰し、この影響が多くの場合、外国起源として言及しているのは奇妙である。たとえ彼らがこれらの言語を話せないとしても、ヤクートの病人はヤクートの中でツングースやユカギール語で歌うであろう。しばしば、発作は何日か続き、長い時間の睡眠を伴うという。ここではてんかん発作、つまりヨーロッパ型の病状がシベリアでも、勿論観察されていることは言及すべきである。ボゴラスは、チュクチの人々は、この病気は速く進行し、ほとんどの場合受難者の死で終わると言っている（ヨヘルソン）。

iii　眠っている間に歌う　これは旅行者によりしばしば観察された病気の独特の形態である。それはユカギールではイエンドイエンヤイーティ *yendo iennt ya etei*、ツングースではネイヤニイ *nayani*、ヤクートではクトゥラ *kuturar* と呼ばれている。病人が目覚めたとき何を歌っていたのか、彼は歌った全てを覚えていない（ヨヘルソン）。ボゴラスが言うには、夜の間中、何事もがより憂鬱というわけではなく、先住民のこれら幾つかの家やテントの中では、単調で悲しみに沈んだ即興の歌により起こされることがある以上に、もし唄い手が目覚めさせることがなければ何時間も続くという。

iv　神経症の病気の他の型　ボゴラスにより以下のように記述されている。それは悪夢のように夜にやって来る。攻撃の間、呼吸は短く現れ、血がさっと顔に上り、ときどき受難者はその場で窒息する。突然、旅行の間にそのような病気で苦しんだ一人の男性は、どんな家に入ることも許されないし、暖かい火、あるいは温かい食べ物も与えられないとほとんど確信している。

v　ヒステリー疾患　ときどき性愛狂いの症状があるとはいえ、ピウスーツキは日本語で癪*shaku*、膣の痛み、あるいは膣痙と呼ばれる性的障害の特別の種類について語っている。それはヒステリー性疾患の種類で、むしろ極東では一般的で、アイヌの間でも知られている。ギリヤークやアイヌの神話には、夫を早く亡くして苦しむそうした女性についての論及がたくさんある。

vi　鬱病と随意死　二つは区別された集まりを形成している。

鬱病(うつ病)　鬱病に影響されている人は無感情で無頓着で、少ししか食べず、動きが軽快でない(ヨヘルソン)。

随意死　「随意死 voluntary death」はチュクチの間では規則的な習慣である。それは近い親戚の死に対する深い悲しみ、病気と無力、それとも家での口論か、あるいは単純な生の倦怠的感覚の結果に関する報告である。ボゴラスは「随意死」のこれらの原因について、さまざまな事例を知っていた。若者はそうした場合に身を委ねて自殺する。というのは、彼らは精神的肉体的に苦しむ人に、死に至らせる「補助者」としての行為を、非常にめったに見ることはないからである。円熟した、あるいは高齢者が自身の要請でいくらか近い親戚により殺される。ときどき高齢者が殺される習慣は、チュクチにはそのようなことは存在しないが、しかし実際問題として、高齢者が殺されるのは、彼らが病身としての厳しい生活のために、むしろ死を選ぶからであるとボゴラスは考えている。

随意死には三つの方法がある。つまり、小刀か槍で刺すか、絞殺するか、矢で射るかである。殺害の儀礼の前に決まり文句が厳粛に宣言され、その後に退却の合図がないのは、精霊がその約束を聞き、その違反を罰する可能性があるからである。最後の時の前に、人は「脂肪の多い肉と外国の食べ物」を奮発して食べさせられ、彼の願いが満たされる。息子の手による死は痛くないと思われている。しかし、もし他人がそれを加えるならば、それは非常に痛いと信じられている。随意死はむしろ自然死よりも好ましいとみなされており、実際に後者は諸精霊 *kelet* の仕業と考えられている。死に対する決断力の表現は公式の違反で、彼らを罰することになるけれども、人自身の意欲により死ぬことは精霊の悪意から自身を自由にすることと同等の価値があり、同時に精霊への供儀となる。この種の死で死んだ人々は死後により良い住まいが得られるとみなされているがゆえに、随意死は自然死よりも良いことではないけれども、しかしそれは称賛に値するとさえみなされている。彼らは北極のオーロラの赤い激しい炎に居住し、セイウチの頭で一緒にボール遊びをして彼らのときを過ごしていると。ときどき、この種の死はいわば世襲的なものと言われ、チュクチはそのような場合、彼の父はこの方法で死んだのだから、彼も見習うことを望んでいるという。

神経疾患の規則的発生　これらの事実を議論するに当たり、「北極ヒステリー」の研究を行なった誰もが精神医学の専門家でなかったことを心に留めておくべきである。しかし、旅行者の記述を得ることで、フィールド全体を見渡すことは、シベリアにおける神経疾患の分布に関し、一定の規則的発生の暗示を与えてくれる。

(a)女性は、特別にこれらの病気に対する傾向があり、またシャーマンはそれらに対して特定の感受性の強さを持っている。プリクロンスキーとシェロシェフスキーの二人は、この心身の苦悩に少しも陥りやすくないヤクートの婦人はほとんどいないという。

(b)ヒステリー発作のメネリックは、主に若い女性と若干の若い男性、特にシャーマンとして修行している彼らが、静寂さにより著しい模倣狂、病人の受動的態度に反し、激怒に襲われてときどき中断され、それは一般に三十五歳から五十歳までの年齢の人々の間で出会うことが観察されている。

(c)これら二つの神経疾患は、最近になり北極地域にやって来た人々、つまりヤクート、ツングース、若干のロシア移民の間で多く出会う。同時に、そこに長く住んでいる人々の間でも、鬱病、自殺の傾向など、その他の神経性の慢性病が見たところより頻繁に起こっている。

(d)全ての事例の中で、遊牧民やトナカイ放牧民は、この病気の型に陥る傾向がより少ない。しかし、これは彼らの生活様式のためだけに限るものではない。また、勿論トナカイを飼育する人々は実質的に良い位置にいるという事実、そして時折の大災害の結果を除いて、そうした多くの困難を受けることがない。このように、飢饉の間に、村の住民の半分がときどき一時的に、あるいは永久的に、精神的な異常をきたすことを私達は知っている。そうした事例はヤドリンツェフやプリクロンスキーによっても目撃されているし、また先住民と関係を持っていたヨヘルソンやボゴラスによっても目撃されている。

特定地域における神経疾患　私達は、こうしてシベリア北部全体と南部の一部では、その地域において人々は、世界で知られたいかなる地域よりも神経疾患が多く、人々は恐れているという結論に至った。このように、この地域においては、そうした「随意死」の慣例は好意的に見られており、そこでは最高の特定のシャーマンが高い思いやりを楽しむのと同じように、個別的にヒステリー性の世襲が為されているに過ぎない。しかし、「随意死」の慣例にしても、シャーマンのヒステリー性発作のいずれにしてもが先住民自身により、そのようにみなしていないがゆえに、そのように病気の名前を私達が適用することは正当なことではない。これは私達の観点からの病理学上の彼らの本質の一つの側面であるに過ぎず、それらは正常であるか、それとも超正常なものである。しかしながら、特定の疾患は先住の人々の目でさえも、病気とみなされている。何が精神疾患と霊感からの病気とを分ける自然な線であるのか、それを言うことは困難である。

ヒステリー発作とシャーマンの発作の区別　ヒステリー発作 *menerik* を経験した若者は、シャーマンになる良い機会を持っている。あらゆる事例において、この病気は悪霊のせいにするが、しかしシャーマンにとっては、それは悪霊と一緒に努力して取り組み、これらの精霊をいかにしてなだめるかを学習する実習として望ましいことである。それと同時に凡人にとっては単に「病人」として精霊あるいは悪霊の犠牲者に過ぎない。ヒステリー発作さえもが、シャーマン自らの制御のもとでbe under his control 消滅させ、進展させることができる限りにおいて、シャーマンにとっては神経疾患でないことは真実である。もし、シャーマンが程よいときに精霊を制御controlし、精霊を呼び出すinvokeことができないならば、彼はシャーマンとして存在することを止めるであろう。もし、私達がヒステリー性の形態、あるいはヒステリーに対する遺伝的気質を遺伝型のシャーマニスティックな才能と呼んだとしても、それは非常にしばしば予備的な期間に試みている間にだけ発達するに過ぎず、それは先住民の病気によるものと呼ぶのと同じく、そうした高度な形態では決してない。

病気としての共通したヒステリー　「北極ヒステリー」の名前は呪術宗教的な現象として旅行者の一部が与えたもので、病気として先住民にみなされる神経的な病苦の一部であると思われる。実際に、記述されている大半の事例がヒステリー性の実例とみなすことができるという意見に対し、さまざまな症状に関する批評が私達にもたらされている。しかし、列挙されている大部分の事例はヨーロッパと一致しており、従ってこれらの事例の大部分は適切に北極ヒステリーとして記述することはできない。経済と地理的状況は神経疾患の進行と繋がっていることは疑いないが、しかしそのような慢性的な病気が他の地理学上の地域でも出会ったときから、「北極」に特徴的なものとしてそれらを分類することは明らかに間違っている。

誤解された情報　未だ記述されている症状の全てがヨーロッパでよく知られたものというわけではない。私達の間で全く知られていないのは模倣狂、つまり無意識に全ての身振りを模倣する独特の症状を持つ事例である。常に、これは病気として先住民にみなされ、もし彼が梅毒やハンセン病にかかっているならばそうせざるを得ないように、それに襲われたシャーマンは彼の職業を諦めるであろう。この病気の独特の形態は、恐らくは「北極ヒステリー」の名前で旅行者により暗示されたものであり、北極地域における全てのヒステリーがヨーロッパで流行しているものと異なり、実際に異常な「北極」とそれらを旅行者に確信させたからである。「北極」の用語を当てたのは、一見して大半の旅行者が北極の状況、つまり暗い冬の日中、明るい冬の夜、厳しい寒さ、静寂さ、景色の一般的な単調さ、食料の欠乏などにおいて、これらのヒステリー疾患に帰するに十分であったと思われる。これらの神経疾患は暗闇の季節、あるいは一つの季節から他の季節へと移行する時期に、特別に頻繁であるという観察事実は、同じ結論を示している。

赤道地域の神経疾患　しかし、残念なことにこの仮説に対し、私達は北極地域の特質について持っているものが赤道地域の人々の間と同じ症状であることを見出す。マレー半島での何人かの旅行者は、ラタ *lātah*（驚愕反応）という名前で知られている模倣狂と類似した神経疾患について説明している。その完全な説明はクリフォードの著書、『褐色の人々の研究』に見られる。というのは、比較のためには彼の説明を引用しなければならないからである。

ラタは心身の苦悩、つまり一つの病気で、人はそれがどんな名前かほとんど知られていなくて、それは特定の男性と女性に自制を失わせる原因となっている。というのは、場合によっては長期間かあるいは短期間、いつでも彼らが驚くか、あるいは突然の衝撃を受けるからである。この症状の間、彼らは非常にしばしば、いかなる人もがそうするように駆り立てることなく、どんなときにも、ほとんど常に、ひどく悪い言葉を用いるにもかかわらず、彼らは自らが同一であることをはっきりと理解できないか、あるいは模倣の能力以外何でも用いる。そうしたときに、彼らの注意を引き付ける機会に偶然出遭ったいかなる人もが、身振りにより彼ら自身でそれを為すために、簡単な装いによりいかなる行動も為すことができる。偶然にラタになった男性か女性を驚かせることにより、赤の他人はいかなる意志を行使することなく、私が話している状態に誘導することができる。これは心に留めておくべきことである。というのは、ラタが多くの点で催眠暗示hypnotic suggestionに似ているにもかかわらず、初期においていかなる場合も自発的に意志の力を放棄しており、重要な点において異なっているからである。

事例(1) ラタ　クリフォードがこの疾患の被害を経験(1887-8)したのは彼の料理人自身だった。彼は――シベリア患者の何人かのように――重い様子で料理を不器用に作り、無感動で見たところ少しも神経質ではなかった。最初は弱々しいサットSat（料理人）に見えたわんぱくな少年だった。少年は、まるで火に手を入れたがるような身振りをした。サットは彼の暗示に従って、指を火傷させた。彼に対してどのような言葉もが、最も静かな方法で話しかけてさえも、彼は漠然と知性のない様態で何度も繰り返したために、この後彼の過度な暗示性が慢性状態となるまで、サットは非常にしばしばこの方法で異なった人々を困らせた。

それはこの頃のことであったとクリフォードは言う。私の一行の中の他の人々の何人かに精神的な苦悩の兆しの症状が現れ始めた。ラタに感染したと連想して理解してはならない。というのは、聞いてみると、彼らが私の身内に加わる前に、何でもが偶然に激しく驚いたとき、誰もが時折発作になり得る条件を持っていることを発見したからである。しかし、可哀想なサットは、それらの原因となっていることに制御する力を失いlose the control、苦悩の完全な虜の存在となっているように思われ、彼らは今のところまだ彼ら自身に影響を及ぼす不自然さを持っていた。

一人の老人が彼の病気を利用するのを人々に禁じるようにとクリフォードに求めた。クリフォードが観察したラタの全ての事例はありきたりの一つであつたが、程度においてのみ異なっていた。病気で影響を受けている疑わしい人を驚かせることは、常に大きな負担であった。引用できる事例が若干ある。かつて、サットの弱点を最初に発見した同じ少年が、誰もいない家の中で彼が恐怖となるという事実を利用して、料理人が友達、勿論その人もラタで、一緒にキンマを静かに噛んでいるのを発見し、その少年は突然藤の鞭で音を響かせて騒いだ。それぞれはラタとなって鋭く叫んで飛び上がり、お互いに注意をそらすものが何もなく、彼らは他者の身振りをそれぞれが模倣することに陥った。というのは、後で教わったことから判断して三十分近くも、これらの二人の男性はお互いに向き合って座り、狂ったように漫然と盛んに身振りをまね、汚い言葉を用い、お互いの体のあちらこちらを揺さぶっていたからであるとクリフォードは言う。彼らは壊れて奇妙な影響を与えている間の時間、お互いに目をそらして見ることは決してなく、遂に全く疲れ果て、消耗し、最初にサット、そしてトレガンヌ〔マレー半島の東海岸〕の男性が発作で床の上に倒れ、薄くて白い泡を口からものすごく噴いていた。

これに関しては、完全に恐怖の不在を強く認識させる。マレー人はあらゆる行動を真似して飛び上がり狼狽し、虎のように怯える、ラタに関する民俗について多くの物語を持っている。それは、ラタが非常に広がりのある疾患で、それゆえに物語や伝統さえもがそれに関係している。

事例(2)　模倣　クリフォードの報告に従えば、ヨヘルソンの記述と同じように模倣狂の絵を非常に鮮やかに思い出させる。私自身は見たことがあるとクリフォードは言う。それは固く節くれて、何年もの間悩まされてきた一人の女性が、彼女の病弱を知っており、偶然に出会った通行人のように、まるで彼は自分の衣服を脱がんばかりのしぐさをしており、一人の老婆が自転車を動かすのを真似るように、激しく不格好な努力をして、貧弱な衣服の最後の一枚を脱ぐのを、丁度見たことがあるとクリフォードは言う。

ラタの広がり　クリフォードは、この病気がそれ自身最も激しく現れる特定の状況を観察することが可能な多くのラタを患う人々に出会った。このように、ヤクートの間の事例では、ラタは貧乏な間の人々と同じように栄養豊かで穏やかに養育された人々の間でも発見される。それは男性の間よりも女性の間にしばしば多く見られ、また常に大人に限られている。クリフォードは、あらゆる大人のマレー人には一定の広い地域にラタが存在するとさえ考えている。

ラタの被験者を驚かせる程度は、彼の体の動作を制御しcontrol the movements of his body、外側からのあらゆる暗示をすっかり模倣して自らの制御に従うことができなくすることである。それは何に対してであるかは、事実を観察することから見られることである。つまり、ラタになった人は、もし実際に期せずして前者が後者の前で彼の注意を引き付けるならば、男性の制御に優先して彼らの行動に従うであろうし——風に揺り動かされる枝の動きの揺れを模倣するのと同じくらい直ぐに人間として行動するであろう。機械的な暗示の繰り返しはラタの側の自発的なものではないことに、勿論少しも疑問はない。確かに、サットは自発的に自分の手を炎の中に差し入れたのではないし、また女性が非常に慎み深く内気な地域での老婦人は、彼女自身の意志作用で通りすがりの知らない人の面前で自分の服を脱いだのでは決してない、とクリフォードは言う。

気候極限のヒステリー　このように、模倣狂の主たるこの性格は、ヨーロッパで知られていることから「北極ヒステリー」を識別する唯一の形でないとしても、「北極」という用語を生じさせたのは、マレー人の間でも見られることを見てきた。それゆえに、恐らくその発達を説明するために極度な気候、北極気候のせいではなく、それゆえに「北極ヒステリー」という表題を捨てて、「気候極限のヒステリーhysteria of climatic extremes」を指示することの方が望ましいと思われる。しかし、残念なことに、その豊かな民族学的文学にはアメリカの赤道地域における、その徴候については表現されていない。アフリカ、あるいはメラネシアさえも、マレー人のラタあるいはシベリアの模倣狂と類似したものが存在している。このように、環境の説明が唯一の可能性ではなくて、私達は北極の人々やマレーの人々が他に共通した何かを持っているかどうかを尋ねなくてはならない。ここでは、民族間の要因がそれ自身を暗示している。

気候の極度性と民族の性格　模倣狂の資料から、私達はそれが新シベリア人（ヤクートとツングース）の間で主に起こっており、それらの人々は古代シベリア人よりも、より典型的なモンゴル人であることを見てきた。ロシア移民の間で発生している模倣狂に関する僅かな記録は私達の仮説を否定するものではない。なぜならば、これらいわゆるロシア移民はしばしばウラル山脈から向こう側は同じモンゴロイド群系であるからである。ロシア人がアーリアン群系のヨーロッパ系ロシア人か、あるいはモンゴロイド群系のアジア系ロシア人のいずれであるか、より明確に限定された情報を持っていることが、この点を決定するうえで重要である。この関係における記録に対して興味あることは、生活の状況が神経疾患を発達させることに繋がっている人々、つまり確実にアーリアン群系のシベリア政治亡命者の間で、模倣狂が発見されなかったことである。もし、模倣狂と驚顎反応がモンゴロイド民族の性格と常に関係していること、そして気候の極度性がその疾患を成長させる場所として、将来学術調査が示すならば、この病気はモンゴルの精神心理学的特質の詳細を知るための指針を形成するであろう。

催眠暗示との類似性　しかしながら、この章を閉じる前に、そして同時にもし模倣狂と驚顎反応に関する医学的な定義を提供しようとするいかなる意図も否認するとすれば、私達はこの病気がヒステリー型の語を正当に用いることができるかどうかに関して、私達の疑問を表しておかねばならない。模倣狂と驚顎反応により苦しんでいる患者の精神状態は、舞踏病*chorea*で苦しんでいる患者の精神状態と類似したヒステリー性の患者と関係した状態にある。つまり、勿論模倣狂と驚顎反応は意識不明で、その後に彼は行動するかもしれないし(ときどき彼は受動的で、ときどきは攻撃の原因に向かって狂暴で)、そのとき彼は彼の心に従って行動する暗示の命令を防止することができない。この点で、彼は催眠暗示の被験者に似ており、その存在の相違は模倣狂と驚顎反応が起こっている間、彼は正常から異常な状態に全くすばやく行動し、多少長い期間、催眠暗示にある間は、人が暗示している意志に対する媒体として従属することが必要である。

模倣狂とヒステリーの区分　舞踏病のようなヒステリー患者と違い、模倣狂と驚愕反応は襲われている間、本気になって自分自身を傷つけるかもしれない。シベリアにおける模倣狂は、しばしば同時にヒステリー的な人であり、また模倣狂の攻撃はヒステリー的な人間により同時に起こり、先行して起こるか、従属して起こるかであることを発見するのだが、それでも私達はその名前をセント・ウイッスの舞踏 *St. Vitus's dance* と呼ぶことができる以上に、模倣狂をヒステリーと呼ぶことはできない。

模倣狂で苦しんでいる人々について、先住民により保持されている小さな関心事は次のような出来事の中に示されている。ヨヘルソンに一人の先住民が「気にしないで」と言うと、ヨヘルソンは怒った。なぜならば、一人の老婦人が「それは模倣狂に過ぎない」と先住民が言うあらゆることを、後に続いて繰り返したからである。

原初的な人々の病気について研究し、その意味を明確にするには、そうした人々が病人とみなしている方法の報告を得る必要がある。このように、シベリア先住民の間では、ヒステリー発作で苦しんでいる人は強力で有力なシャーマンになるかもしれず、同時に模倣狂で苦しんでいる人は社会的に重要ではないとみなされ、また梅毒、ハンセン病あるいは炭疽病で苦しんでいる人は特別の制限と障害により社会から隔離さえされるかもしれない。

S・M・シロコゴロフ

『ツングースの人々の精神的複合』（抄訳）

Sergei Mikhailovich Shirokogorov,
"The Psychomental Complex of the Tungus, 1935"

第二二章　シャーマニズム一般（Fourth Department Capter 22. SHAMANISM IN GENERAL）

94　用語「シャーマニズム」の起源（Capter22-Section 94. Origin of the term "shamanism"）

シャーマニズムの語　科学的用語としての'shamanism'の語は、'shaman'から派生したものである。そのためにその起源を最初にたどっておかなければならない。'shaman'の語は、十七世紀にツングース人と出会ったロシア人により、錯綜した観念として西洋社会に紹介された。次の世紀、十八世紀になると何人かの旅行者、たとえばグメリン、ゲオルギ、パラスなど、勿論歴史家のミュラーなどは、サマン*saman*、サーマン*šaman*、ハマン*haman*などの名前で用いられていた、一部ツングース人の間でよく知られた実際の儀礼的実践を専門家として記述した。この専門用語は、恐らくはツングースの人々がロシア人からサーマ*s'ama*として認められ、サーマとして用いていた西部地域のツングース人の言葉を借りて、'shaman'の形で西欧に錯綜した観念として取り入れられたものと思われる。ヨーロッパでは、その言葉はロシアよりも少し後で出現した。その言葉はイデスというロシア人の旅行者（中国に赴任したロシア大使）の作品を通じて紹介されたのだが、よく知られるようになったのは十八世紀終わり頃に過ぎない。実際に、シャーマンは、最初は「異教徒の妖術師」の類いとして理解され、その意味が門外漢を含めて私達の時代にまで生き残ってきたし、部分的にはそのものの現象を理解する妨害の原因となってきた。

シャーマンは外来語　実際に、その元々の事実を観察してみると、満州語である*saman*の語は全く異なった現象‘*p'oγun saman*’（*clan saman*など）を容認しており、精霊を扱う専門家を示す人のことを包括的に表す言葉としても‘*shaman*’の語が支持されている。この点で、‘*shaman*’という歴史的な用語と「ツングース語」との間の類似性について興味がある。というのは、その語には三つの事実が存在するからである。つまり事実についての不十分な知識でもって一般論を述べる「西欧の傾向」、また「象徴主義」としての強い影響、さらに用語の起源が付随的に扱われているなどの点である。しかし、これら歴史的に二つの語の間の違いは、若干の興味があるところである。示されるように、外国起源のサマン*sama*の用語は、西欧の調査者が出会う前に、ツングース人によって吸収されると同時に、「ツングース Tungus」と「ツングーフ tung-hu」の用語はツングース語の中には導入されなくて、両者は異なる起源と異なる民族集団として言及されてきた。シベリアの他の民族集団全体に観察が拡大し、それらの集団の人達さえもが知らなかったサマンの語は、キリスト教や他の「宗教」と対立する一般的概念として民族誌学者達により運ばれ、新しい宗教様式としての‘shamanism’へと一般化され、唯一つのものとして歩み出した。

誤解された用語　民族誌学的な要素、その複合化した様式からなるシャーマニズムは、勿論世界の異なった地域に生活する民族集団の中にも見出される。それは、この地上で‘shamanism’はさらに広義な意味でも受け取られ、複合化と関連してキリスト教、仏教、道教、ラマ教〔チベット仏教〕など、さらにエジプト、アッシリア、バビロニア、ローマ、ギリシャ人など他の歴史的によく知られた集団の古代「宗教」など、知られているさまざまな複合化した形態のように、すでに用いられている用語の一つとして形式を整えることができなかった。医療技術が実行されているという理由により、悪く理解されるとか、「呪術 magic」の語としてときには判断されたりもしてきた。「宗教」の複合化を指し示す精通したよく知られた集団を超えて、医療技術のさまざまな事実は、勿論同じ一般的な分類項目の中に含められながらも、そのとき以来僅かな科学的価値さえも全く失われ、さまざまな一風変わった奇妙で「原初的」な習俗として収集されて機能し始めた。そして、ヨーロッパ文明の偉大さを映し出すものとして、「恐ろしい話」を考える方法として推論され、巧妙な著述家の天才的想像力として取り扱われてきた。そのような結果として――彼らは生活したり仕事をしたりしている民族集団のうちの大きな集団の精神的な複合化を明確な形として単に代理しているに過ぎず、思考の趨勢は著述家達にとり最も破滅的なものになった。

新たな研究　しかし、'*shamanism*'に関する本質的な現象形態についての学術調査は、それ以上は行なわれなかった。一方で、事実の収集が行なわれ、僅かな知識と分析による解釈上の仮説が一時的に流行したがそれほどでもなく、むしろ着実に進展した。それら一つ一つの理論は提案され拒絶されたために、私達は未だに完成した解釈に迫ることからほど遠いところにある。しかも、私達は断片的な事実や古い形式を一般化することを認め難い若干の珍しく広範囲の記録を持っているに過ぎない。ヨーロッパの人達の創作としての'shamanism'は崩壊し、私達は最初の調査地点、ツングース人のshamanismに逆戻りしなくてはならない。

シャーマンの語源　ツングース語での用語は、多分サマン*sama*としてもたらされたが、その後幾つもの変更された言葉となって満たされている。実際、私達は⑴saman,（Nerc. Bir. Khin. Mank.）（Ur. Castr. Neg. Sch., Barguz. Nom. Poppe.）（Manchu Sp. Manchu Writ.）、⑵haman,（Lam.）（Kirensk Tungus, Czek.; Vilui, M.）、⑶saman,（Tum.）、⑷s'aman~s'ama,（Barg. RTM. Amur.）、⑸s'ama~ šaman ~sama（Goldi groups, Schrenk, Schmidt.）（Oroci. Sch.）〔民族の略称名は翻訳編末の⑵民族名に付録として別記した〕などの言葉も持っている。つまり、全てがよく知られ、ツングース人の集団がシャーマンの言葉を変更した一つとして持っているものである。若干の記録の中には、発音の調子や音量により顕著な第二の集団と区別されたものとして出会う。私自身の記録の中の大部分においては、第二の「a」の部分が高い音色のために音楽的発音として識別できた。しかしながら、満州語の*sama*は*sáma*と最初の音節を強調している。その発音は「*ā*」と長引かせることで、その音色（より高い調べで）により高められ、両方とも変化が生じているようである。最後の「n」は「y」（満州（現中国東北部では））に変わるかもしれないと一般に観察されており、またそれは完全に消えている場合もある。実際に、多くのツングース語の方言の中にあるこの言葉、最後の「n」は接尾辞として表されているように思われる。というのは、それは*s'aman'al*の形態の中で複数生じた方言など、改変と省略の問題であるからで、若干の他の方言は元の*sama*から生じたもので、「n」は接尾辞とみなされ、また全体に他の集団では*samanal*とか*samansa*などの語も当てている。これらの事実は興味あることである。というのは、それらは相当に古い言葉で、その同化は類似性により構成された接尾語の事実が示しているからである。これは*samnas'ik*（Bir. Nere.）、*hamaγik*（Lam.）、つまり「シャーマンの服装」などの型の派生語と対応している。そして、*sama*（RTM.）、*samdo*（Bir.）（満州語からの派生語、*samadambi* → samda.）、つまり「シャーマニズムの儀礼的実践として」、さらに*hamanda*（Lam.）と比べて、同じく語幹の*xaman*から生じたものである。

シャーマンとは・共通認識　ツングース人の言語全ての中に、このシャーマンに関する用語が言及されている。それは「シャーマンとは精霊を統御mastered spiritsする男性女性の両方において、彼らは自らの意志で自分自身の中にこれらの精霊を取り入れるintroduce these spiritsことができ、自らの中に引き入れた精霊の力を用い、特に精霊に悩まされ苦痛を受けている他の人々を助ける、つまりその能力の中に、彼らが精霊を扱う特別に複雑な方法を所有していることである」（イタリックで強調）という。

そのような意味はツングース人の方言や言語全ての中で相互に関連している。その中で他に意味のない満州言語を除けば、氏族の言葉が増大して、一般的に精霊崇拝に必須な、儀礼を執行するための朝廷の専門家と同じように、今やそれは祈禱を執行する特別な人で、主に氏族の精霊に供儀を捧げる言葉と関係している。ツングース人の言語の中の非常に多くの言葉は *sama*（*n*）から派生したものである。しかし、これらの派生語の他には *saman* と関係のある言葉はなく、孤立した専門用語として存続し、そのために人は他の可能な、この元の用語を借用して適応しなければならず、常に根源の意味論的なさらなる変化の可能性を念頭に保たれている。

サマン(sama)の語の分布　現在知られている'*saman*'の語を含む他の民族集団としては、それらは *samán*（イワノウスキー）、*saman*（ポッペ）を用いたダウール Dahurs〔アルタイ系のモンゴルツングース〕の人々だけに限られている。この歴史的な言葉は、中国で十二世紀にペリオにより *šăn-man, saman* として確認され、読まれて転写され、記録されているヌーチャン *Nuichen*〔エニセイより南の地域、南ツングースの人々か〕の言語と一致する。実際に、中国語本文の彼の翻訳は次の通りである。それは「*chanman*、つまりそれは *jucen* というルーマニアの言語で、邪術師の一人である」と。その言葉が十二世紀に満州で存在し、中国では邪術師と呼ばれていたのであろうという専門家の言及は本当のようである。ツングース人が意味している中には、*saman* の言葉は他の言語の中では知られず、それらは他の言葉（コワレフスキーは、満州語の言葉 *sama* と同じく、モンゴルでは saman の語を与えている）がある。

類似した用語　現在、ツングース人の近くで隣接して生活を営んでいる他の民族集団の中で、そうした用語としては、(1)それはモンゴル人達のブガ、ボガ、ブゲ、ブウ（*bügä, bögä, buge, bü*）で、ツングース人のシャーマンと同様の現象を表現するのに用いられている。また、それは「邪術師」とか「邪術」などとしてトルコの人々の用語とも比較されている。(2)モンゴル人はウッダガン *udagan*、ブリヤート人はオドゴン *odogoŋ*、ウッダヤン *udayaŋ*、ヤクート人はウッドイヤン *udoyaŋ* など、若干のツングース人の集団により順応して用いられている「女性シャーマン」の用語に、たとえば イッダコン *idakon*（Mank.）（Ur. Castr.）、オッダコン *odakon*（Nerc.）、オッダヤン *odoyan*（RTM.）、

イッドコム *idokom*（Barguz. Nom., Poppe.）などがある。モンゴル人の意識の中では、モンゴル人（ブリヤート人）とヤクート人により明らかに直接的に影響を受けている。また、その用語は満州（RTMを除く）のツングース人の集団、勿論アムールや沿海地域など、ほとんどで用いられていないことに注意すべきである。(3)カム *kam* に基づくその用語はトルコ語を話している集団の中に見られるが、しかしツングース人の方言の中には入っていない。ツングース人の方言には、後で論じるような若干の他の用語を所有しているけれども、彼らは技術的な人達であるにもかかわらず、*saman* のようなそうした重要性は持っていない。

ラウファーはチベット語のアバ *aba* と中国語のブウ *bu*（*wu* 'shaman?' S. Sh.）とは一緒で、一連のブガ *buga*（精霊）、天空神崇拝と関連しているとしているが、勿論それはしばらくの間据え置き、それには私達としては関わらない。一連のウッダガンはモンゴル語を話す集団やヤクート語と一緒に残存していると思われる。というのは、北部ツングース人によりその借用語であることは明白で、ツングース人自身が認めているからである。

サンスクリットの *śramana*　幾つかの言葉の比較は、他の言語の言葉と一緒に、ツングース人の言葉 'shaman' を形成してきており、すなわちその最初はサンスクリットの *śramana*（沙門）から *saman* を遠回しに引き出してきたことは間違いがない。この類似した評論を積み重ねたとしても、今やそれらは歴史的で民族誌的な関心を持つに過ぎず、私達が困難でも一つのことに立ち向かうのは、つまりいかにして中央アジアから東アジアへと一つの用語が移住できたかを示すことにある。実際のところ、歴史的な瞬間とか、誰がここまでどのような方法で運んだのか、どのような目的でその言葉が元のものと取り替えられたのか、正確に示すことのできる直接的証拠を持っていない。しかしながら、事実の分析において困難にさせていることは、通常議論の相手により想像されるほど大きなものではなく——つまり複雑であっても、そうした用語の移転や民族誌的要素はよくあることであり、シャーマニズムやシャーマンに関しての事実はこの種の多くの事例を私達に与えてくれる。

シロコゴロフの結論　私の最終的な結論として――それは北アジアにシャーマニズムと仏教の広まった歴史の全ては詳細に進めるときに明らかとなるであろう――いまや、私は西遼 *Kidans* と後の東アジアの人々が維持しているものを通じて、中央と東アジアの間の関係について明らかにするつもりである。満州の人々とダウールの人々の先祖達は、両者とも *saman* の用語を持ち、勿論仏教にも精通していた。シャーマニズムは非常に古い複合体ではなく、それは仏教（そしてラマ教）から借りた要素で充満しており、その限りでは、すでに示してきたように精霊との複合と関係している。*saman* という用語はこれらの民族集団を通じて紹介され、モンゴル語と複合化して結びつくことを逃れたと想像される。中国語の san-men は、saman に対しては信頼性がない。

学術用語として　示されるように、私達はツングース人でない集団やツングース人の集団の間でさえも、私達がここで‘shaman’と呼んでいる現象に関して若干の異なった用語を発見する。用語 *saman* の欠如は、シャーマンの集団の中に、異なった用語の運び手を含んでいることについて、私達を妨げることはないであろう。このように、‘shaman’の用語は、学術用語として用いられるに違いない。この観点から、恐らく心の中ですでに想像していたそれらと一緒に記述して、ここで複雑化し、意識したり意識しなかったりすることで困惑させることを避けるために、その用語は完全に除外されるものよりも良いものとなるに違いない。言い換えると、象徴（出発点、第一歩）としてのシャーマン‘shaman’は、ツングース語を含めた研究上の基礎付けとして、恐らく私のシャーマニズムの説明に対応して、新たな機能を与え、議論を活発化させねばならないであろう。

この種の議論においては、「象徴」は議論全体を間違った方向に導くことになるかもしれない。しかしながら、私は新しい用語を紹介することはしない。なぜならば、ここで議論した事象に対して適用される‘shaman’の用語を守ることができることを期待するからである。非常に広い一般化に関連した利用により、この用語が使われることを除いて、さまざまな悪意ある腫瘍から同時に排除することで——邪術 sorcery、妖術 witchcraft、呪医 medicine-man などとシャーマニズムを関連づけた理論として——‘shaman’の用語は未だに保ち続けられているかもしれない。

用語シャーマニズムとは　私はシャーマンと関連したツングース語の複合化した状態を *shamanism* と呼んでいる。この用語は、当然他の集団に複合化して所有されることで、一般化して混乱させることなく広がるであろうし、それらは類似した一つとして尊重されるかもしれない。また、それらが類似しているかどうかにかかわらず確かな民族集団からの複合により普及することに原因があり、あるいは実際には類似の事例として観察され、同じ形になっているからかもしれない。当然、私達は‘shamanism’か否かを扱うかどうかにかかわらず、意味を明確にする方法として、確かな考え方を持っていなければならない。従って、私はツングース語の中に観察される、シャーマニズムの主要な特質について、今や次の段階に進むであろう。

95　シャーマニズムの公式的性格（Capter22-Section 95. Formal characters of shamanism）

A　精霊を統御すること（統御者・熟練者）

通常の人間がシャーマンとなる最も重要で特徴的な状態は、彼が少なくても一群の精霊の統御者になることである。この関係については用語エジェン *ejen*（Manchu Sp.）、エジェン *ejen*（Bir.）、オジャン *ojan*（Bir. Kum. RTM.）、オジェン *ojen*（Nerc.）、オディン *od'in*（Khin.）によって表現されている。そのような精霊は、精霊達の統御者、つまりシャーマンの口を通じて当然のように呼びかける。統御された精霊が特に悪意を持っていたり優しかったりすることがあることから、どのようなことがあっても統御者が精霊の保護者でもなく、また統御者シャーマンは精霊によって「選ばれた」者でないと、私達は想像している。このシャーマニズムの様相はシャーマンの細部や「選定」が論じられるときにはっきりと知ることになるであろう。

統御者とは　「統御するmastered」精霊の扱いについて、当然に「統御者master」と彼の「使用人servants」との間の関連に関して既存の複雑な考え方に依存している。複合化したツングース語と満州語によれば、統御者は自らの中に精霊を取り入れたいと望むとき、精霊達を養い待遇して世話をしなければならない。shamanとマファ*mafa*（僧侶などの専門家）の間の違いは、それゆえに非常に重要である。後者のマファは、人々と一緒にいかにして精霊と接触し、招来させるかを知っているが、しかし彼は精霊と戦わなければならないし、精霊の「統御者master」ではない。他方、精霊に憑霊された人a person who is possessed by spirits（たとえば、明らかに幾分神経質で精神病の人）とシャーマンとの相違点は、勿論重要である。というのは、シャーマンは自身の意志で、彼が望めば自らの中に精霊を取り入れるthe shaman introduces spirits into himself at his own willことができる。つまり、換言すればシャーマンは、精霊の居場所として委ねるために彼自身の身体を用いるthe shaman uses his own body as a placing for spiritsからである。精霊の自発的な取り入れA voluntary introduction of a spiritは、勿論シャーマニズムの特徴的な一つであるが、しかし勿論精霊は誘いにより他の人々の中に呼び入れられたり、取り入れられたりするかもしれない。同じことは次の段階、つまり精霊の排除expulsionについても真実であり、それは一般の人々の力を超えたところにある。

シャーマンの条件　このように、シャーマンの中で、精霊を自発的に取り入れたり排除したりすることは、特に「統御すること」を容易にさせることのみのためにある。この違いがいかに大きく重要であるかを強調しておきたい。それはシャーマンの選定が実行されるとき、その人が精霊により憑霊されているthe person is possessed by the spiritsか、あるいは精霊が人により憑霊されているthe spirits are possessed by the personかどうか、識別に関して常に非常に慎重なツングース人によってはっきりと理解されていることである。もし、上記に記されたような感覚で人が精霊を憑霊することができない the person could not *possess spirits*ならば、ツングース人も満州人も誰もがシャーマンであることを認めないであろう。

B　お気に入りの精霊

複合の原理が指し示すことに関連して、精霊が取り入れられたときシャーマンにより用いられる後者の存在について、シャーマンはいろいろな特色を持った幾つかの精霊を持たなければならないことが指摘できるであろう。実際に、精霊が憑霊する数はさまざまな活動に起因している。シャーマンはシャーマンとしての専門職に就く最初に、シャーマンが他の精霊、あるいは少なくてもそれらの精霊を知っており、手助けをしてくれる唯一の精霊(通常は複合化した複雑な精霊)を持っていると思われる。実際のところは、通常シャーマンは専門職に就く初めにおいて、非常に多くの精霊を持つことはなく、徐々に精霊を統御して熟達する。しかしながら、もしシャーマンが精霊との統御的結合master marry spiritsに失敗したとすれば、彼は特別の力を身につけることや他の精霊と戦う手段を用いることなどについて、同族の仲間や同族外の人達により本当のシャーマンとして承認されることはないであろう。そして、彼はいかなる「世論」の獲得もなしには、シャーマンの実践を諦めざるを得ない可能性が高い。シャーマンとして承認される前に候補者は最小限確信して精霊を統御mastered spiritsしなければならないことは、このように明言されるであろう。

本当のシャーマン　従って、シャーマンが承認されるか承認を失うような事例は、全てのツングース人の集団の間ではよく出くわすことである。ツングース人や満州人は言う。それは「小さなシャーマン」であると。つまり、彼や彼女は「本当のシャーマン」ではないからである。シャーマニズムの実践が、新たな精霊の欠如を理由に放棄されたとき、人はもはやシャーマンではないという。先ず、最初に統御される精霊の数は民族集団の間での考え方に依存しており、たとえば満州の人々の間では、それは精霊の一覧表(Chapter14)でも示すように、精霊の数は全体を含めて非常に大きく、北部ツングースの人々の間ではあまり大きくない。第二に、数年の間にシャーマンは訓練することで、精霊の数は増加しなければならないと想像されている。観察された事実から、満州のツングース人の間では、初心者と一緒の精霊の数は五から六で、同時に良き生涯の最後まで全ての精霊は直接に、他の精霊の手伝いにより統御されると私は推測している。示しているように、勿論精霊を保持する数はシャーマンの力を評価することになる。つまり、シャーマンがより多くの精霊を持つほど、より強力であり、逆もまた同様である。より多くの精霊がいて、より強力であることがシャーマンなのである。結論として、このようにそれは明確に述べることができるであろう。つまり、シャーマンはお気に入りの精霊を持っていなければならない。

C　認識方法

全ての集団の間で、精霊を扱うさまざまな方法が知られている。ツングースの人々の一般的な考え方では、これらの方法に関する知識は二つの事実により表されている。第一に、シャーマンは精霊を扱う方法を学ぶ精霊について知っているか、あるいはシャーマンは扱うべき精霊について知っている。なぜなら、それらの精霊は統御されているからである。そして、第二に、シャーマンは自らの中に精霊を引き付けられないときには、精霊を学ぶことにより、一連の精霊を引き付ける方法、精霊に供儀をして奉納すること、そして一般的精霊についての扱い方などを知らなければならない。

伝統の継承　精霊(彼らの性格とさまざまな要求)の複雑化は、同時代のシャーマン達以前に、より蓄積された主要な構成部分を通じて複雑に創造されて以来ずっと、伝統の仕組みを通じて送り届けられ、新しいシャーマンにより、意識的あるいは無意識的に吸収される。シャーマンが自由に精霊を扱うときの複雑な方法は、シャーマンにとっては義務的なものとみなされている。なぜならば、前の世代のシャーマン達によりすでにその有効性の正しさが確認されているからであり、この複雑化した方法は伝統の仕組みを通じて伝えられ、新しいシャーマンも知っておかねばならないからである。当然ながら、シャーマンになりたいと願う志願者が、ツングースの人々の習慣の中で知られている精霊を知らないとすれば、それについて承認することはできないからである。そのようなわけで、全ての集団の間には、シャーマンとして知っていなければならない手の込んだ精巧で複雑な方法が存在している。だからといって、用いている方法に違いがあるという理由で、民族単位で所有している精霊を知らない他の集団のシャーマンを承認しないということを意味しているわけではない。満州人はツングース人のシャーマンの力を認めているとはいえ、後者のツングース人は満州人の「儀礼」やその方法について何も知らないけれども、満州人のシャーマンに関する資質を否定しないばかりか、これらのシャーマンは、満州人あるいはツングース人のそれぞれの精霊を取り扱うことはできないとシャーマン達は言うであろう。

新たな精霊の導入と変化　それでも、方法に関する知識の必要条件は、これらの方法が新たな人物により補強されることができないと推定することはできない。実際のところ、その方法は変化している。というのは、新しく統御した精霊は自身の方法と必要条件を持っているかもしれないからである。一般的な態度としては、満州人とツングース人は、新しい精霊と一緒に導入されて運ばれてきた新たな方法の何かを見ることが好きである。これらの方法を導入するシャーマンは「偉大なシャーマン」とみなされている。彼らが自身の中に取り入れる精霊を持たないとき、シャーマンにより用いられる方法の複雑化、変化の原因には外国からの影響がある。もし、方法が実際に有効であり実効性があるならば、満州人とツングース人は彼らの近隣の間で知っている新しい方法の導入に反対することはない。このように、精霊を取り扱うための方法の複雑化は徐々に変化しているが、しかしその一部は、常に伝えられ、シャーマンの能力が認知される条件に役立っている。場合によっては、方法の複雑化はシャーマニズムの典型的な面ではない儀礼の硬直した組織を変化させるかもしれないことに注意すべきである。しかし、目に見える衰兆の一つであると同時に、シャーマンの自由な想像力と新しい方法の発明による工夫には限度があり、また無制限なとき、民族の承認を超えた個々の現象として変質させるかもしれない。それはこのように明確に述べることができるかもしれない。つまり、民族集団におけるその機能性についてシャーマニズムは、少なくても部分的には供儀や祈りの儀礼での精霊の取り扱い方、勿論精霊を導入する方法、この活動の全てにわたる複雑さにおいて、確かに方法の複雑化した語義であると思う。

D　承認されている用具

ここに記述されている全ての集団と他の民族集団の間において、シャーマニズムの存在が真実であることを証明するのに疑われるかもしれないが、そこではさまざまな用具が儀礼の実践の間にシャーマンにより用いられているのが発見される。これらのシャーマニズムを行なう道具なしには不可能で、またそれゆえにそうした用具を持っていない人は、シャーマンとしての機能を果たすことができないとみなされている。このように、用具はシャーマニズムの複合を構成している無条件で絶対的に必要なものとなっている。しかし、この複合の構成は非常に変化している。

最小限の用具　実際に、私が観察することのできたツングース人の間での最小限の用具は「トイル *toli*」で、それは中国製の真鍮の鏡による垂れ飾りと太鼓であった。「トイル」は精霊の宿り場としてなくてはならない必要なものであり、太鼓はシャーマンの自己励起、自らを刺激し奮起させる間の必要な用具で、それなくしては、シャーマン達は自らをエクスタシー、恍惚状態state of extasyへと移行させることはできない。さらに、その儀礼的複合は、シャーマンが幾つかの服装を着けて、たとえば下界の精霊達や天界の精霊達の助けを受けてシャーマニズムを行なっているとき、大きな局面に到達するであろう。

精霊の宿り場としての用具　これらの儀礼の衣装は完全な盛装から成っている。つまり、頭飾り、コート、ズボン、前掛け、靴、あらゆる装身具を付け、精霊の宿り場placings for spiritsとしてたくさんの数で示し、前述の章で記述したように満州のシャーマンの間では、それは大型の絵や太鼓などである。実際に、シャーマンが儀礼に必要なあらゆる付属物で満たされるとき、シャーマンは幾つかの精霊を統御し他の精霊と戦い、シャーマンの目的はより容易に達成できるであろう。装飾が限られているときは、シャーマンの力は減じられ、たとえばシャーマン達は特別な服装なしには下界に行くことができないし、私達が精霊の事例と方法についてみてきたように、そうした旅行は状況によっては必須のものである。服装とその構成の重要さは民族単位の中でこの複雑な特質に依存している。

地域的な差異　満州のシャーマンの間では、服装それ自体はむしろ簡素で、彼らが言うように特別な頭飾りは僅かで、時折特別な頭飾りなしでさえも行なうことができる。外バイカル〔ロシアのバイカル湖の東〕のバルグジンツングース人とネルチンクスツングース人の間では、服装は非常に複雑で、シャーマンは完全な「馬具」なしには下界に行くことができない。そうした服装の豪華さからすると、固定した判断基準はないが、しかし地域的にも民族的にも複合化したものを取り入れることにより全ては依存している。一時的な服装が儀礼を促進し、また民族集団によってそれらの服装が変化するように、それらの服装はシャーマニズムを行なう性格に依存している。

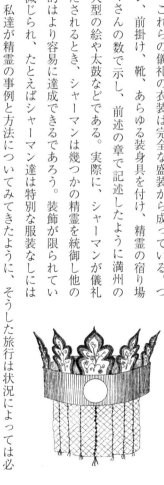

服装の差異　たとえば、それは精霊の種類と個々のシャーマンの性格、シャーマンにより統御される精霊の種類、シャーマンの一団、そして個人的にさえも、裕福の程度に依存している。彼らのうちの何人かは、他のシャーマンができないような豊かな服装に飾り立てるためのお金や精力に余裕がある。服装の形は民族集団や集団の中でもさまざまに変化することが、勿論指摘できるであろう。

服装の変化　服装の変化はそれらの組織的な作製方法と同じ状況に依存している。たとえば、幾つかの要素や複雑さは伝統の仕組みを通じて、個々のシャーマンにより義務的に採用される。そして、常に新しい要素は既存の複雑化したものと競合しないという制約のうえで、新しく取り入れられたものは近隣からの借用の結果、あるいは自身の創案の結果としていずれもシャーマンにより導入される。古い複雑化したものの増大するこの過程は、古いそれらに対する新しい要素の置換として並行して存続するかもしれない。このように、内容や複雑な用品の変化の観点からは複雑になって安定化しないばかりか、縮小してなくなることはシャーマニズムの崩壊の原因となるであろう。示されるように、集団は地域のシャーマンである権威者に従わなかったり、ときには新たな用具を持つ者は同じ権威者により破壊されたりするなど、実際にそうした事例は集団の間で観察される。

シャーマニズムの構成要素　ここでは、永久な用具の他に、特別にシャーマニズムするときに作製され、ただ一度だけ用いられるものもあることが付け加えら

れるであろう。実際に、シャーマニズムする場合、永久の用具なしでさえも、仮の支度、その場限りの服装で行なわれるかもしれない。このように、永久用具の欠如はシャーマニズムの複合、複雑化の欠如を未だ示してはいないが、この状態は衰退を含む要素の典型である。そして、シャーマニズム的用具、特別の服の形とか、音楽や他の器具など、さらに精霊の宿り場などは、シャーマニズムの構成要素として絶対に必要なものであると、私は明確に述べるであろう。

E　基礎的な理論

シャーマニズムの実践を仮定するとき、シャーマンは若干のシャーマニズムの基礎理論を容認しており、たとえば精霊に関する一般的な理論、特にそれらの性質、そして精霊を取り扱う特別な実効性などについて述べることができる。しかしながら、これはどのようなシャーマンもが、彼や彼女がなすあらゆることを説明することができる理論家を意味しているわけではない。それどころか、多くのシャーマンはシャーマニズムを行なうたくさんの実施方法について説明ができない。また実際に、それらは精霊と精霊の統御に関する厳密で入念な理論の上に基礎づけられているが、多くの場合シャーマン達はシャーマニズムを実践することの意味に関して全く気づいていない。

シャーマンについての理論と仮説　つまり、シャーマニズムは民族の構成要素であり、シャーマンは民族の活動の機関なのである。しかし、シャーマンについては若干の理論と仮説があり、知っておかねばならない。それは以下の通りで、「精霊が存在すること、また人間の魂を含めて一つの場所から他の場所へと精霊が移動すること、さらにこうした感覚で精霊を統御することができる」という、そうした可能性を認めることである。当然ながら、あらゆるシャーマンは何を為すべきかを知っていなければならない。シャーマンは統御する精霊の性格と扱うべき精霊について知っていなければならない。実際に、若干のシャーマンはシャーマニズムに関する本当の理論家であり、同時にその他の若干のシャーマンは理論の知識に、むしろ限界がある。同じことは、事実に関する知識とも関係している。

シャーマンの個人的差異　シャーマンの中には、他の民族集団の精霊についてもよく知っている偉大な百科事典編集者のような人物がいると言ったとしてもあながち誇張したことではない。同時に、シャーマンが個人的に接触できる精霊の数には非常に限界があることを知っているシャーマン達も存在している。シャーマニズムの問題に関する理論的な関心の変化量や事実に関する知識の変化量は個々のシャーマンの性格に依存している。しかし、最小限の理論と事実の知識を示すことについては、シャーマンになるために無条件に絶対必要なものである。従って、次のことを明確に述べることができる。それはシャーマンにより理解されているようなシャーマニズムの基礎的な理論は、シャーマニズムに関する認知のための形式的に制約された条件の一つに過ぎないということである。

F　承認されたシャーマンの社会的地位

私がみることのできる限りにおいて、これはシャーマニズムの最上の正式的な特徴である。私達は、一人の人間がいかにしてシャーマンになるかを、後ほどみるつもりで、ここでは若干の必須な状態についてのみ指摘することで十分であろう。シャーマンが一族、あるいは定住地（あるいは自分達の領域）にいないときには、シャーマニズムを行なう者を求めることになる。

候補者の条件　実際に、シャーマンとなる候補者はたくさんいるが、しかし彼らの中で「シャーマン」になる者は全てではない。示してきたように、候補者は確信した方法を知っていなければならない。また、精霊の数を確実に把握していなければならず、精霊を「統御」し、必要最小限の理論とシャーマニズムに関する実際の知識を持っていなければならない。候補者がこれらの条件を納得しているとき、彼らは候補者となることを受け入れるであろう。しかし、そのような承認だけでは、シャーマンになるには十分ではない。候補者は精霊を理解することができ、それをどのように用いるか、いかに深く精霊に関する一般的知識があるか、共同体の道徳的必要条件を満たしているか否かにかかわらず、シャーマニスティックな方法を実際に示すことが必須である。これは人々の苦悩や慢性的な病気を手助けするために一連の実践が示されることにより、候補者の道徳的性格について、総意により確認されるであろう。

シャーマンの承認　シャーマンは専門家になるための期間を幸運にも通過したとき、シャーマニズムに必要な道具一式を作製するとか、精霊のために規則的に供儀して祈る際に援助を受けるであろう。この準備段階の後に、彼はシャーマンとして承認され、そして人々は彼の助手を探し求めることになるであろう。そのとき、彼は一人のシャーマンとして役目を果たすであろう。全てのツングース人の集団の中には、シャーマンであると偽ってシャーマンの振りをする多くの人達がいるが、しかし彼らは彼らが属する単位の他の人々によってそのように承認されず、また実際にシャーマンになることはできない。つまり、人々は彼らの援助を求めるつもりはないからである。

シャーマンと社会組織　最多数の事例において、一般に、満州の全ての事例の中でも、シャーマンは一族の組織と関係を持っている。しかし、一定の一族とシャーマンの親密な関係はシャーマニズムの絶対的な特性ではない。というのは一族の組織が完全に破壊されたとしても、シャーマニズムは異なった社会的単位として構成され、生き残るかもしれないからである。たとえば、一定の領域とか、村単位とか、専門の特性を持ったグループの中などである。主要な状態は、彼が仲間の信頼を受けることにより、その仲間の一人として識別された集団の中に存在している。そうした承認は、彼の役割を示す。たとえば「特定のシャーマン」のように、区別するための特定の名前をシャーマンに与えることにより、通常注目される。示してきたように、用語そのものは二次的な重要さであるが、しかしこの用語（象徴として、つまりより制約された中での「出発者」と関連して、実際にどのような「意味」があるかが重要である。二次的な重要さについては、シャーマンの地位が割にあうものなのかどうか疑問である。というのは、儲けの多い有利な職業なのか、それとも個人的な損失を伴う職業なのかということである。シャーマンの職能を彼自身で引き受けることは、共同体のどのような仲間に対しても特別な社会的地位の就任であり、シャーマニズムの公式的性質の一つであると、このように明確に述べることができよう。

シャーマニズムの公式的性格・シャーマニズムとは　この章の段落では、全ての役割としてシャーマニズムにとって絶対に必要な重要な公式的性格を以下のように列挙することで締め括ることができるであろう。(1)シャーマンは精霊の統御者である。(2)彼は統御することのできる精霊の集団を持っている。(3)承認された用具や伝達に複雑な方法がある。(4)実践する理論上の根拠がある。(5)シャーマンは特別な社会的地位を引き受けている。これらシャーマニズムの性質は、他の多くの複合の中で、最初の二つの性質を除くと、「シャーマニズム」と呼ぶことができないことになる。たとえば、満州における氏族*p'oγun*やマファリ*mafar'i*〔祖霊崇拝の専門僧〕の現象においては、すなわち特別な方法、用具、理論上の根拠、社会的地位など、私達は他のあらゆる性質を受けているからである。勿論、ラマ僧は上記に示された全ての特色を所有している〔別の箇所ではshamanとmafaを区別しているので矛盾している。ただ、満州のmafar'iはmafa samanのことかもしれない〕。従って、上記の性質について全てを覆ったこれらの複合体だけを、私はシャーマニズムと呼ぶことができるであろう。

96　シャーマニズムの精神的状態（Capter22-Section 96. Psychomental conditions of shamanism）

シャーマニズムの基本　実際に、シャーマニズムを捉える最初の条件は、第二章で記述したように精霊の存在の認識である。この観点から、シャーマニズムの基本は「アニミズムが存在する特別な仕組み」にあり、あらゆるアニミズム的な仕組みがなければ、この目的に適わないからである。たとえば、精霊を実際に扱うラマ教ではこの目的のために使うことができない。素人の理解でも、同じことは精霊に対処する他の実際の組織においても本当である。ここで、その理論がそうした精霊を認めるか認めないかにかかわらず、民族集団にとり二次的に重要であることを指摘しておかなければならない。というのは、実際にどのように精霊と関係しているかは、彼らがよく知っている精霊であり、それらは彼ら自身の考えによれば、彼らの心を表現し、また組織の形式理論にはよっていないからである。

ラマ教(チベット仏教)との違い　ラマ教が使用することのできない理由は、ラマ僧により精霊は優しいか悪意あるかを識別して統御することができず、またツングースの人々は、むしろ精霊の潜在的な慈悲心に疑い深く、同時に彼らは最も悪意のあるそれらを統御することができ、またこの方法で彼らは「善と悪」の複合化した問題を解決できると信じているからである。この態度は、ツングースの人々の全く異なった精神的行動の複合化した複雑さを明らかにしてくれる。さらに、ラマ教により扱う精霊の仕組みの中に無理に押し付けられた仏教の道徳的教えの複雑さが、ツングースの人々の関心を超えて存続している。同時にツングースの人々によれば、それは優しさと悪意ある精霊であり、ラマ僧にとっては実際的に取り扱うなど、両者の釣り合いがとられることで、むしろ簡単な問題にもかかわらず混乱させている。同じことは、演じることと道徳とを組み立てることの二つの力に関する認識上、基礎づけられた他の組織においても当てはまる。

道教との違い　勿論、中国人の道教信者が用いているその方法は、ツングースの人々の必要条件として当てはまるものではない。ツングースの人々は言うに違いない。中国の道教は異なった精霊を持っており、ツングースの人々の精霊をどのように取り扱うのか知らないと。ツングースの人々の中に付随的に出現する、この複合化した民衆的な代表例、つまり道教ではツングースの人々が直面する精神的な問題を解決することはできない。精神的問題は、これらの道士を受け入れても、道士であることを偽る人々は詐欺師か、単なる簡単なマファか、全くの奇術師かであり、そのためにしばしば「貧しい無学なツングース人」と馬鹿にする誠意のない人として取り扱われる。外国の文化と複合化した反応に関するツングース人の問題については、私は他の場所で再び考えるつもりである。

シャーマニズムの条件　精霊を統御する能力がシャーマニズムの第二の重要な条件であり、それなしにはシャーマニズムは存在することができない。ツングースと満州の人々だけが自らの精霊を管理することができ、それらの数は非常に多いと彼らが言うように、ツングース人と満州の人々はこれら二つの条件を意識している。

エクスタシー　シャーマンやシャーマン候補者の間で、エクスタシーの状態state of extasyで、非常に多くの精霊を監視することは、個々人の不安定な気持ちなくしてはできないと思ってさしつかえない。確かに、通常シャーマン候補者の間でのエクスタシーextasyは半分精神錯乱half-deliriousしたヒステリー的状態hysterical conditionになり、それはシャーマンの間では、正常な安定状態と非正常な不安定状態の二つの間の境界線上に存続する。いかにして自分自身をエクスタシーの状態に至らせるかを知らないシャーマン候補者は、決してシャーマニスティックな力を持っていることを人々に信頼してもらえることはないであろうし、シャーマンになることもできない。

シャーマニズムの精神的条件　シャーマニスティックな実践を始めようとする限りは、次のようなことと関係していると述べることができるであろう。それは、この儀礼を選んだ人々がヨーロッパ的な複合で観察するとき、無条件に「正常」とみなすことはできず、意図的であろうと意図的でなかろうと精神的な状態になることを目的にしていると推定するからである。これはシャーマニズムの重要な精神的条件である。すでにみてきたように、非常に多くの精霊の数は、「個々人そして集団の適応に対する不安定性」という一般的な状況下にある場合、環境と状況に応えて「制御するcorrect」（たとえば、通常民族的な環境が与えられていて）ことの欠如や自らを保護する行動などの欠如を表現する制約に対して責任があると思われる。

精神的不安定　勿論、病理学上は感染症の結果に帰し、激しい精神異常の形式をとった神経質的な複合、精神障害の事例であると彼らはみなされている。示しているように、ツングース人や満州の人々の間での精神的な不安定さは個体変異の研究対象となっている。後者は、より多くも少なくも強烈であり、彼らはより小さくても、あるいはより大きな人々の集団にも影響を及ぼすことになるであろう。勿論、私はこれらの障害について、次のような主たる見方をしている。それは本質的な病気の結果に帰すべきでなく、脳に悪影響を及ぼす病気の結果として、またそれは定期的な変動と仮定すべきでなく、同様に「老齢化の標準状態」として、これらの集団による老衰消耗症の事例と理解すべきでない。実のところ、ときどき起こるこの精神的不安定性は集中して激しく、そうした人々の大きな集団は集団全体の存在が深刻に脅かされるような影響を受けることになる。実際に、これらの状態は大きな自己暗示の結果であり、彼らは同じ精神的な方法で取り扱われるであろう。

シャーマンの使命・安全弁　そのような方法として、第一に特別な精霊の助けを受けたシャーマンによる扱い、また病気などの面倒を起こす精霊を追い払うことへの考慮、第二に一所に集中して苦しめる精霊、それらを統御する、そうしたことはシャーマンの候補者となった間からシャーマンの使命として成し遂げられる。シャーマンが存在するや否や、諸精霊は好きなようにする自由はなくなり、その結果精霊達は人々から離れることは勿論のこと、人々は病気になることはなくなり、病気を生み出す原因はさらになくなる。実際のところ、多くの数の人々に影響を与えていた病気の原因は消え去り、そして平和が戻ってくることになる。そうした仕組みは、合理的に一つの可能な方法として理解されているに過ぎない。つまり、それは民族の単位としての適応の結果、全く無意識に創造されたものと私達は思うことであろう。この意味で、シャーマニズムは自動調節の機能を持った精神的複合の結果であり、シャーマンは一種の安全弁safety valveでもある。

私にとり、個人的にこれまで知らなかった集団の間のシャーマニズムに関する断片的な記述から知ることのできる限り、ツングース人と他の集団の両方において、シャーマンとシャーマニズムの機能のこの様相は、ツングース人と満州人の僅かな集団の調査に限られるものではない。勿論、それらは実践的形式が伝統として確立した複合体として明確ではなく、また理論的側面はツングースの人々の間ではあまり進展していないのだが、しかし複合化の要点はほとんどの場合同じである。

シャーマニズムは衰退しない　私は、議論されている現象が民族の崩壊や衰退状態を起こしているという「異常な」ことの一つとは考えていない。実際に私達が可能なことは、この推測に決して同意しないことである。民族を構成する集団、それはたとえば十七世紀の満州の人々、そして恐らくはブリヤート人の一部の人々もシャーマニズム的な実践を行なっており、少しも衰えることはなかった。ツングースの人々の集団、それはここに記述している多くの集団と同じように、幸運にも異民族の圧力に抵抗することができ、それは悪条件にもかかわらず、古くからの水準の人口を維持し、勿論シャーマニズムも実践されていた。私達の眼前にこれらの事実がある以上、私達はシャーマニズムが異民族間の状況から結果として生じたと言うことはできない。他方、精神的な不安定性は民族を構成する集団の衰退の様相を示す一つであるが、少しも疑うことはなく、不安定性はシャーマニズムにとっては都合のよい根拠でもある。他の疑問は、シャーマニズムが衰退する集団の間でいかにしてどんな影響で、完成された組織なのか否か、あるいはそれが組織されているかどうかにかかわらず機能しているのかである。

シャーマニズムの出現　このように、シャーマニズムの存在は、民族を構成する集団の集中的な成長と衰退、特に具体的な条件にかかっているばかりでなく、それは記述された民族誌学的複合と集団の精神的条件、すでにその最終的な完成した形で知られているシャーマニズムの存在、あるいはこの複合の創造を暗示する形にかかっている。人口の衰退と文化の喪失を見せているツングース人と他の集団の間で、また一般的に目に見えて衰退している集団において、通常シャーマニズムは衰退する様相において出現し、同時に個々の精神的複合は全く安定し、またこのようにシャーマン候補者の出現が関係している限り、シャーマニズムの衰退の根拠さえもがないことに、ここで注意しておくべきである。

シャーマニズムは抽象的概念ではない　上記の集団の内部の状況に言及し、またシャーマニズムの複合を完璧に絵にするためにも勿論重要なことで、この複合が存在する集団があるに違いないことは追加しても間違いないであろう。というのは、集団適応の結果、さらにそこには集団を組織化し、幾つかの伝統的な仕組みを保持することは必須のことでなければならないからである。後でも示すように、この条件はシャーマニズムを理解するために非常に重要であり、それは抽象的概念とみなすことはできない。

シャーマニズムの精神的な条件　上記で述べてきたように、シャーマニズムの精神的な条件は四つの側面として、その特徴を次のように述べることができる。(1)シャーマニスティックな実践は、当然シャーマンの存在を前提として、エクスタシーの状態に落ち入った falling into the state of extasy 感情のときだけに起こる。(2)シャーマニズムは、大勢の人々に病気など特定の形の影響を与え、精神的状況に害を及ぼし、手当を必要とする、そうした民族集団の間にだけ存在すると言ってもさしつかえない。(3)シャーマニズムは精神的複合を自己調節するための仕組みである。(4)シャーマニズムは、本質的に集団現象である。今もなお、より厳格には、シャーマニズムは民族集団が持っている存在に関する理論的な背景と可変的な心因性の現象との両方に依存した民族的な現象である。

97　シャーマニズム（Capter22-Section 97. Shamanism）

私達は、前の二つの節で概説した形式的で精神的な性格を一緒に結合させるとき、複合としてのシャーマニズムの思想を形成することができるかもしれない。この定義で、このことだけで、私はツングースと満州の人々の間で観察される民族誌的現象に関してシャーマニズムとみなすつもりである。

さて、なぜ私は上記で列挙した若干の性格は少しも見つけられないのか、あるいは異なった精神的状態の異なった機能を見つけられないのか、なぜ集団の上にそれを拡大することを望まないのかは明らかである。実際に、もし私達が同じ表題の下での複合、マファ主義のようなものを含めるならば、その成熟型について満州やダウールの人々の間で観察されるであろう。また、もし中国の精巧な「風水」の仕組みの複合化した用語を含めるならば、中国の田舎の複合化した基本的な状態の一つとして正統なものとみなすであろう。さらに、もし私達が呪術師、呪医、ヨーロッパの妖術師などと混同するならば、どれも鮮明な結果を得ないし、これらの現象に光を投げかけることは決してないであろう。そのような疑似科学的な一般化は、たとえ共通の要素からの抽象化に支援されたものであるとしても、「民衆の迷信」「異教徒の習慣や慣行」「アニミズム」「原始心性」などの旧式の説明となんら異なるところはない。

複合体としてのシャーマニズム　この観点が全ての読者に容認されるであろう、その希望を満足させることはできない。そして、シャーマニズムをより一般的な現象の特別な事例として論じることに提案があるであろうと私は思っている。実際のところ、精神的な心配事と戦う複雑な補強の技術や医療技術により取り扱われる多くの病気さえもが容易に識別されるかもしれない。数百の事実は、シャーマニズムが「医療技術の原初的形態」であることの当然の結果として、その証明を支えるために実を結ぶに違いない。これは真実の一部分に過ぎない。なぜならば、シャーマニズムは同様に他の機能も持っており、たとえば医療技術としてではなく、「良い統治」として集団の精神的安定の一般的調節の機能も持っているからである。

勿論、複合体としてのシャーマニズムは初期の基本的な環境を形成する多くの事実を含んでおり、その中に環境の問題を論理的に位置づける際に、それは幾つもの一般的な環境現象として説明される。それは「合理的探求」の仕組みと呼ばれるかもしれない。実際に、それはそのようになされていた。しかしながら、そうしたシャーマニズムの識別方法は正式で正確なものではない。なぜならば、すでに示してきたように、シャーマニズムはさらに複雑なものであり、また結果として「合理的探求」であったとしても、それは構成要素として含めることはできないし、シャーマニズムの実践的な側面を「合理的探求」とみなして、シャーマニズムの中に含めることも、またできない。最後に、何人かの著者、おそらく大多数の民族誌学者は、シャーマニズムは「原始宗教」として取り扱い、シャーマニスティックな実践は「宗教現象」とみなしている。もし、そのように、いずれにしても「宗教」が医療技術、標準的な精神状態、「自然哲学」などを含めてある程度まで理解されているとすれば、それらの要素の中にシャーマニズムを発見することとなる。ただ、それは明らかに矛盾しているか、それともシャーマニズムは精霊の複合化、それらの特質に関する理論を含めて、極めて狭い感覚で取り扱われることになる。しかし、その場合には、「宗教」は倫理的な要素、恐らくはその多くの重要な点、ときにはその要素だけを奪われることになるであろう。

シャーマニズムは精神的均衡の調整　実際のところ、複合体としてのシャーマニズムは倫理的道徳とは関係がなく、その最も必須の要素は医療技術と同じように、上記で記述した方法により精神的な均衡を調整することである。実際、他の民族集団におけるシャーマニズムの幾つかの機能は、「宗教」とは決してみなさない全く異なった要素を取り込んでいることであろう。宗教一般の中で特定の「宗教」としてシャーマニズムに接近することは、シャーマニズムと対立した他の宗教と対比して表現することにより発見される。しかし、そのような対比を為すことはできない。なぜならば、彼らのなかには最近になって改宗した民族集団により理解された仏教やキリスト教などの宗教と並行して、シャーマニズムは完全に生き残っているからである。実際、いかなる宗教もが精霊の観念に反対することはなく、完全にそれらが独立した存在としてシャーマニズムと対立しているわけではない。

シャーマニズム・派生的に形成された複合体　「医療技術」「哲学」「宗教」と一緒にシャーマニズムを完全に同一視することは不可能であることを強調することにより、またシャーマニズムがこれら複合化した特有の若干の要素を含むことを指摘することにより、私はシャーマニズムが未分化な複合体、原始時代の原始的複合の一種などと言うことは望まない。それは「医療技術」「哲学」「宗教」の複合体から分化する出発点であるからである。実際に、そうした接近方法は「原初的」な人々として多くの著者により使用されているが、しかしそれは現象をはっきりとさせるのに役に立たない単なる仮説に過ぎず、「未知」についての若干の説明により、単に人の心を静めるに過ぎない。実に、シャーマニズムは一続きの「進化する」過程における初期の複合体ではなく、派生的に形成された複合体である。そのような推論は実際の機能の見地から、またこの複合体の所有者の認識から、全体として要素ごとの複合体の分析から描かれたものである。実際、その推論はそうした間違った分析を基にして描かれたものであるかもしれないが、しかし一般のシャーマニズムと関係した歴史的証拠とその要素は私達の分析結果を十分に支え、シャーマニズムの派生的性格を示している。

第二九章　シャーマン(1)（Capter29. THE SHAMAN）

132　一般的思考方法の過程（Capter29-Section 132. Methods of the common thinking process）

シャーマニズムの機能　シャーマニズムの機能に関する記述と儀礼の分析から、私達は一族の安全弁（他のいかなる地域社会においても同様に安全弁）の機能としてのシャーマンが共同体や個々人に影響を与えていることを調査研究するために、異なった方法を用いて理解することができる。先に示した方向（Chapter26）を要約して述べると、平均的なシャーマンは彼の技術を実践に適用してやみくもに続行することはしない。しかし、常にシャーマンはその場合の性格をよく考えてそれを処理し、またその性格によっては特別な方法を選ばなければならない。

シャーマンの診断方法　従って、最初に為すべきことは事例を分析し、その後に原因を突き止めることである。シャーマンの診断方法は分析と承認された推論の方法に基づくものであり、他のどのような診断方法とも異なっていない。シャーマンは、先ず病気や事故など過去に起こった経過、他に似た事例があるか否かなど、またこれは個人的な事例か、他の人々と同じ現象であるかどうかなどについて質問する。さらにシャーマンは発熱、身体の個別の部分の痛み、発熱の特徴、それらが起こるときの一日のうちの時間と頻度など、全ての症状についてよく考える。また、可能ならば援助を必要とする人とも話をする。最後に、シャーマンは原因に達すると直ちに、あるいはしばらくして止め、結論に至る。シャーマンは結論に到達するや否や、問題が複雑な場合には決定を延期するであろうし、その他の場合にはいかなる一定の決断も、一連の等しく可能な解答も下さない。シャーマンの診断は病気などの問題の発生する、その「原因」の形態について、次のように組織的にまとめて述べることができよう。

病気の原因　すでに示したように、それらは次のように整理できる。(1)伝染性の病気の場合、精霊かあるいは直接的に外部からの物理的要因(たとえば、「虫」、「微生物」など。Chapter15)のいずれかで象徴される。(2)個々の身体的な問題、たとえば精神的外傷による機能不全に帰すべき問題、老齢、象徴的な言葉で表現されるような原因からの疾患、または外部の自然界による病原体によるもの。(3)前の章(Chapter28)でも説明したように、これらの問題の概念に準じた精神的性格による個々の問題、それらは幾つかのグループに分類されるであろう。それは魂とか、ただの象徴された原因によるとか、仮想的な精霊による直接理解などの要素による個々の機能不全などのいずれかに帰すべき問題として分類される。また、それらはある程度現実とみなされ、民族集団と個々のシャーマンの持つ個別の度合いにより容認されているだけである。

診断の実行　想像した結果の観察から問題の原因を発見するこの過程は、状態の兆候的分析と直接に情報、同じように証拠物を得ることに基礎づけられ、一般的なヨーロッパの診断法となんら異ならない。診断の結果の通告の形、同様に「診断の実行」の形も勿論必須であり、またシャーマンは「習慣」により条件づけられており、それは診断方法の基礎をなす診断と理論に影響を及ぼすものではない。実際に、シャーマンが結論を下すとき、彼は人々の習慣を考慮することなくそれを実行することはできない。診断と関連して何か特別の実行が、このように創造されるかもしれない。これは全く明白であり、もし私達がヨーロッパの医療行為を思い出すならば、開業医は結論を出す前に、勿論「実行」の行為を確信していなければならない。というのは、たとえば彼は急ぎすぎてはならないし、たとえ後者の場合は一目見て完全に明白だとしても、その事例について考えていることを明らかに示さなければならないし、それを深刻になさねばならない。また、彼はときには結論を必要とする以上に、忍耐強く診察しなければならないからである。

患者からの信頼　患者の信頼を勝ち得るもう一つの方法は、短時間に検査した後で、検査したことについての医師の「見解」を適切に示し、再び慰めの言葉をもって速やかに結果を伝えることである。さまざまな方法は、本当の「実践」の中で解明されるべきであり、これらの重要性は害にならない薬よりもしばしば大きな意味がある。一部の民族(ヨーロッパ人)集団の間で、勿論用具は心理的な影響が大きく、従って数が増大して、新しい事実を集められないばかりか、単独で「効果」を生じさせることができない。勿論、私は本当に正直な医師のことを考慮しても、医師は患者の気に入るような心理的説明を「実行」しなければならない。ここでは、不誠実な医師については検討外である。患者との関係が良好であるとき、勿論シャーマンには彼らの方法が用いられる。なぜならば、それは診断を受け入れて行なう彼らのために、とりわけ重要だからである。それゆえ、これらの事例の多くの部分は精神的複雑さの事例である。

精霊による原因の発見　方法の選択において、シャーマンは精霊と診断方法に関しての論理的検討が大いに困難であるので、彼は必要なことを実行しなければならない。実際に、ほとんどの事例において、シャーマンは自身で自分の精霊を呼ぶために、複雑な実行に頼る必要はない。そこでは、シャーマンはその患者が然々の「精霊」、あるいは簡単な「病気」を持っていると宣言して、彼は医療的治療をするかシャーマン自身により援助するに違いない。しかしながら、ときどきシャーマンはその問題の原因(治療するために)を発見して彼を助け、支援してくれている精霊を導入して儀礼の実行をしなくてはならない。このような実行、つまり通常の全く社会的な慣行や儀礼が執り行なわれる。そして、シャーマンは自分で調べたことの結果を伝えるか、あるいはそれはシャーマンの中に入った精霊が存在する間に、託宣するシャーマンの言葉からシャーマンの助手により理解され、集まった人々に伝えられる。これが精神的な性格の問題の場合に、特に行なわれる。なぜならば、シャーマンは患者の間に入って儀礼を行なっている間、患者の信頼を得なければならないからである。この儀礼主義は付随的に扱った（Section 113）——占いと発見の複雑さを増大させるであろう。

シャーマンの診断　シャーマンの診断は特別の言葉、民族集団の間で存在する自然に関する概念に準じた言葉だけでなされるであろう。シャーマンの干渉を必要とする数多くの状態は、ツングースの人々により容認された理論と仮説で全てを網羅することはできない。そこで、たとえば現代ヨーロッパの病気の象徴である「インフルエンザー」「髄膜炎」、そして先ほどの人の発熱、その他などと同様に、彼らは精霊の象徴を分類する。勿論、シャーマニスティックな診断方法は厄介な病気の仲介者（私は、診断が仮説に依存することなくなされる全ての事例を省略した）を非常に細かく詳述することに到達することはできなかった。しかし、一方で、シャーマンはあらゆることを取り扱わなければならない「呪医」ではない。シャーマンは有効と思われる示唆と催眠と説得による簡単な世話だけである。たくさんの実例に関する理論と仮説は精霊に対する取り扱いの問題を説明しており、実際にそれはこの方法で取り扱うことができないし、当然シャーマンは診断に失敗することになる。このように、勿論正確な診断をなす可能性は進歩の度合い、問題の分類の程度に依存している。ここでは、診断におけるシャーマンの個人的能力についての疑問が当然生じる。しかし、この疑問については、私は後ほど逆戻りするつもりである。なぜならば、今私は一般的なシャーマン的な診断について話しているからである。

シャーマンと医師の役割　前述の一連の作業で、このように私は診察の方法がヨーロッパの医師のこれらから、原則として異ならないで用いられていることを示してきた。しかし、結果の違いは極めて大きい。シャーマン達は細部にわたって問題を分類しないで、多くの問題を象徴的に網羅する。同時に、先端医療は可能な限り、良い結果を相対的に扱い、また医療のねらいが対処である限り詳細に説明を行なうであろう。シャーマンのねらいは呪医とは同じではなく、またシャーマンが阻止できない問題のさらなる識別と分類については、恐らく関心がないことをもう一度指摘しておかねばならない。一方、同族の精神的な複雑さ、勿論個々の複雑さにも完全に精通したシャーマンはヨーロッパの医師以上に、より簡単に患者の状態(常に象徴を用いて、複雑化した魂、精霊などを表現する)について、常に患者の精神的複雑さを大雑把にしか知らない珍しい診療所の精神病医から離れ、恐らく見つけ出すであろう。実際に、医師の主たる役割は個別、そして大衆の精神的複雑さについての調整ではなく、病気の治療にある。同時に、個々の調整と大衆の精神疾患はシャーマンの主たる役割であり、また診断のねらいは精神的な機能不全を詳細に見つけ出すことである。シャーマンの一日の実践について注意深く観察すると、私は多くの事例において、シャーマンは簡単な方法でそのこと自体を記述していることに気づいた。もし、シャーマン達がこれらの方法だけを用いているならば、普通の人々とあまり異なることはないであろう。しかし、困難な事例では、シャーマンは普通の人々により用いられている簡単な論理方法の複雑さでは組み立てることのできない認識方法を用いることになる。とは言っても、これらの特別な方法の全てはシャーマンの特別な特権ではなく、それらは複雑さに特質があり、これは複雑な複合としてのシャーマンとシャーマニズムの特別な性格を構成している。

理論の省略形　私がここで意味しているのは、所定の民族集団の単位で一般的に用いられているその過程を受けて、「単純な論理過程」と言っているだけである。しかしながら、その過程は同じ組織と関連して長い使用の後に大きく略されているかもしれない。実際に、一連の推理(事実と確立した「諸々の真理」に基づき)は、事実と事実、推理と推理へと中断なしに関連づけられているかもしれない。そうした組織は、所定の集団単位のどのひとつでも明らかであろう。しかし、これらの組織の長い間の使用により、思考の過程を大きく省略しているかもしれない。いかなる民族集団の単位もがそれ自身の民族誌学的な連続性を持っており、それは個々においてある程度の変化を仮定している。一般的な順序として、それが論証されることができるとき、論理的で容認されたものとして重きを為すことになる。しかし、思考の過程は、常に民族誌学的「理論」の存在に関して厳格な組織においては事を進めることができない。というのは、それはゆっくりすぎて、省略されているからである。多くの人が考えるように、より多くの省略が発生し、連関する間の空間が広がることは意識として刻印される。明らかなように、思考全体の過程は高次の条件反射の組織であり、関連性の脱落は簡単な「省略形」からなっていない。しかし、確立した新しい組織はそうした機能を反映している。精神的で複雑な現象として瞑想の生活を過ごすシャーマンは、当然急速な思考の省略された組織を努力して理解することで、精霊の贈り物として素人目にも現れる。また、同時に素人の活動分野に関してはそれを注意しないで同じ方法を用いているのかもしれない。

思考と点検　それは、すでに知られた組織と関連させねばならない新しい状況の要素があるとき、異なった状態となる。もし、民族誌学的複合体が新しい要素、あるいは新しい要素と関連した組織を知らないとすれば、それらは最初の試みとして、想像的な組織との橋渡しにより、古い組織と必要とされる要素とが関連して出現する。点検や反復を試みた後に、関連する過程はそのように容認された普通の組織（個々人や民族集団の単位、最も精神的にゆっくりとした個々人さえも）として変化してゆくに違いない。しかしながら、そうした橋渡しは普段民族集団が必要としている条件を、一定の間隔を空けて切断することなしには、為すことができない。その過程は、もし必要とするならば、発見され、恐らく後で関連を持って、知っていることから知らなかったことへと、知る方向性で大きな間隔を空けて、一緒に進んでゆくであろう。この事例の場合、結果が民族集団の単位により紹介され容認される前に、民族誌的論理を排除することも勿論必要であろう。しかし、思考と点検の過程は事実に基づく結論との関連に限定されことはなく、それはすでに存在している組織との関連性(省略した思考の既存の組織)の複雑さにより勿論条件づけられる。また、激しい感情と未だ関連づけられていない新たな想像的要素を生み出す生理的状態、またそれは関連性の不足による選択を意味するのかもしれない。これは経験的に点検済みで、それが拒絶することができないとき、新たな経験(事実の観察、推論、あるいは関連する組織)のために、それは感情を表す。そして、生理的状態は存在に対する原因となり、ずっと主張し続けるであろう。省略思考の組織と関係することは、中断(彼らの性格として民族誌学的に)を除いて推論の民族誌学的連続の存在(採用された)により、たとえば数学的、あるいは「真理」の組織と関連して点検済みである。

直感力　シャーマンは広く省略した思考方法を用いる。それは、シャーマン達は同じ問題について、常に「瞑想している」からである。直感力、つまり省略思考の助けによる想像力を用いることで、シャーマンに対する危険性はさほど大きくない。それゆえに、彼らの思考の過程は常に経験的に点検済みで、彼らは諦めないで彼らの組織を徐々に修正する。さもなければ、シャーマンにとっては機能しないからで――それは、第一に経験的な組織への適応でもあるからである。そのうえ、シャーマンの信用は大きく、彼らは正確に「橋渡しする」ために経験的に真実を証明する時間があり、また彼らは自分達の思考の過程について全ての関連性を直ちに示す必要はない。

シャーマンの思考方法　まず、第一にシャーマンは主として取り扱う事例の特質に起因し、また優れた直感力に依存しており、それらは常に一般的な問題解明方法の枠組みに入れることはできない。無条件で正確な問題の解明は、ときどき僅かに説得力と神秘的なものを残すかもしれない。というのは、推論の論理的過程における関連性が不足しているからである。実際に、発見はシャーマンにより為されるが、それはシャーマンの特質の存在により単に推測に成功したに過ぎない。それは、頻繁に精霊に憑霊される人としてのシャーマンの権威に支えられることが必要で、精霊は成功のために助ける責任がある。シャーマンの直感力、つまり「特別な才能」と「非凡な才能」はしばしば精霊の能力として説明される。さらに、シャーマンにより為される発見は、非常にしばしば事実に起因している。シャーマンは、つまり既存の知識の限界と類似性や三段論法など容認された形式による硬直し固定した思考に基づき、既存の論理思考の民族的典型を解読するという技法を用いる。シャーマンは、それらを処置するために、正確で完全な既存の方法で結論を為すため、つまり関連性欠如の導入、精霊の新たな特性形式を象徴化するなど、強力な手法を持っている。そして、シャーマンにより認められる可能性のある新しい精霊はツングースの人々によっても容認されている。それは、ときどき同じように全く異常で、ヨーロッパの中でも確立した作業仮説は自然科学者も承認して認めている。しかし、これらの仮説は——というのは「真実」であると説得し宣言するためにも——ツングースのシャーマンの新たな精霊の組織と同じくらい誤りがある。実際には、全てのシャーマンがそれに従うわけではない。

古いものと新しいものの橋渡し　シャーマンにより容認できる結論（そして新たな仮説）を為すためには、民族集団の単位に与えられ用いられている「行為」の形式の中に委ねなければならない。つまり、それは既存の民族誌学的複合体（新たな結論、仮説などの導入）の「解読者」として、ヨーロッパ人にとっては必須である。ヨーロッパ人は処方、実験、「論理的」解釈などの組織から、表面上説得力のある新たな考えを示さなければならない。環境と「精神的」なものについての知識の蓄積により、生活は固定化した「真実」や「仮説」の形式を変化させる。通常、それは他の前もって確立した「真実と仮説」の解読を通じて成し遂げられ、その儀礼による実行は主要で重要なものとなる。この意味で、科学者の仕事と成功は既存の民族集団の単位において、精神的な民族誌学的複合に依存している。そして、恐らくより以上の努力がそのものの発見のために、さらなる「儀礼的実行」としてなされるに違いない。それで、民族集団の単位において、そこでは複雑さへの固執は強く、実行はそれ自身単独で狙いをつけて発展するかもしれない。さらに、科学が専門化するときには、儀礼の実行さえもがその機能力を全く失うかもしれない。これは一般的な新しい真理を探索することに言及するものである。しかし、ツングースの人々に関する実例は、「古いもの」と「新しいもの」の橋渡しに関して、それらの全ての真実は当然民族誌学的現象、たとえば明確な民族的集団単位の精神的に複雑化した要素のように、幅広い儀礼的実行として、全体の変化の規模を私達に与えてくれる。

直感と推量　シャーマンが「原因の発見」で自らの直感力を用いる限り、他のシャーマンと異なるところはない。シャーマンは出来事について知っていることから未知なることまで、その方法について既存の民族的な複雑さに対する解読方法を用いている。実際に、シャーマンは既存の民族誌学的複合を熟知し所有した状態のこの方法のみを用いることができる。というのは、さもなければ彼の複雑な「解読」方法は単に一貫しない当て推量に変わってしまい、実際に彼の民族集団の単位において解読されないままの状態で、全く実を結ばず不必要なものとなるであろう。これは私達の時代(ヨーロッパの複雑な複合)の「思想家や哲学者」と比較すると、彼らは現代の知識に熟練することができないで、直感力と当て推量を用いている。しかし、この場合においてさえも、知識は最も基本的な失敗から彼らを救い、また一貫しない片言の存在から「教え」を救うことになる。実際に、これら「思想家と哲学者」は既存の民族的複雑さにおいて機能的な目的を持っている。つまり、彼らは住民の一部の無学(相対的に、民族単位において)な人々、そうした環境状態を貫いて、見せかけにより満足を与えるからである。これは時間の大きな損失と実際を学ぶために脳を精一杯働かせることなしに、そして一般的な知識を獲得することなく到達することができる。そして、それは一部の人々に希望、つまりそうした浸透は誰もが自由な余暇と希望を持つことを成し遂げることができるものを残させる。最後に、それは夢(感覚的に快適な状態)の流れを通じて導かれ、「霊的認識の神秘的力」により特別な世界を「開放」して、この人々を喜ばせることになる。この種の「思想家と哲学者」はツングースシャーマンの間にはめったに会うことはない。というのは、彼らの機能は異なってはいるけれども、表面的にシャーマンの直感力を観察すると、思考と当て推量は劣った類いの思想家に、上記で指摘されるような類似したことが現れるであろう。「劣っている」ということについて、私は相対的な考えを取り入れる――つまりシャーマンの直感による実質的な成果は、上記で簡単に述べた「思想家」と等しい。しかし、ツングースの人々と他の集団の間の知識の総量を考慮すると、「思想家」は彼らの民族と民族誌学的複合において、劣った位置を占めていることになるであろう。このように、「真理」に到達する方法としてのシャーマンの直感力は、既存のツングースの人々の知識と関連させるとき、それら以上に勝っているであろう。

133　特別な方法（Capter29-Section 133. Special methods）

特別な方法　一般的な方法を除いて――つまり、単純な論理方法や直感力――シャーマンは知覚作用や想像的思考を強め、さらに直感力を強めるための特別な方法を有している。それらの方法は以下のようなものである。思考力で読み解くとか、少し離れた所との情報交換とか、普通の夢から自動的に示唆を受けるとか、そしてエクスタシーによるなどである。より小さくも大きくも程度に応じて、これら全ての方法は一般の人々と同じように用いられるが、しかしシャーマンの間では、これらの方法は彼らの技術として必須の条件となる。

情報交換の方法　前述の章において、私はすでにツングースと満州の人々の間で、思考を読み解く人の存在について観察された若干の事実について提供した。私は、事実から形成された推理に基づかないで、恐らく表面上、特別な種類の身体的波形を用いて直接情報交換する、そうした読み解くことの可能性を疑わない。さしあたりは、これら「波形」についての存在は仮説である。しかし、これは少なくても一時の間に合わせとはいえ、疑いのないことである。というのは、非常に多くの事例において「思考の解読」の現象は、単なる「直感力」あるいは偶然の一致——つまり個々の二つ、思考の類似において、単なる結果と理解することはできないからである。この独自性が全てのシャーマンの性格ではなく、若干のシャーマンはそれより劣り、他のシャーマンはより偉大である。しかし、全てのシャーマンはこれを試みる。短距離での情報交換は、みたところ同じ身体的状態に基づいている。シャーマンは異なった方法によりそれを達成する。すなわち、シャーマン達は彼らの夢の中で、あるいはエクスタシーの間に為すか、それとも「通常」な状態にあって、集中した状態で「強く考え」て「強く望む」ことでそれを為すかもしれない。これらの事例全てにおいて、シャーマンは彼らが情報交換するために「魂を送る」という。たとえば、それは日光によって乱されない波の伝達として、良い時間帯である夜中によく為すことができることを指摘しておかねばならない。もう一つの状態、つまりシャーマンは暗がりで、より簡単にエクスタシーを成し遂げることを忘れてはならない。

知覚による情報交換　他方、間隔が空いている間の情報交換の知覚作用は、動物が知覚する仲間と情報交換を行なうように、しばしば動物の形式で象徴的になされる。たとえば、熊、犬、蛇などの動物は眠っているか（睡眠状態で）、幻覚（満州のビラルチェンレンダーツングース人の間で）のいずれかの間に現れる。しかし、これらの情報交換は、勿論聞こえる声の形で知覚されているか、あるいは記述されていないだけかもしれない。ツングースの人々は「私はそれをしたいです。なぜならシャーマンがそれを望むからです。私はそう感じます」と言う。最後に、彼らは少しも知覚がないというわけではなく、伝達は無意識のうちに受け取り、情報交換により行動が伴うことで結果として生じることになる。シャーマンが親しい間柄のときには、互いに離れた所から情報交換をするし、敵対関係にあるときには、情報交換をして戦うと断言する。これらの事例の若干の分析は極めて困難である。なぜならば、その情報交換が離れた所で本物か否か、どちらかを決定するのは易しくないからである。実際に、思想や感情の類似は一般的な出来事である。さらに、二人の個人（情報交換をする場合、彼らの一人が他人か、一人かあるいはお互いに二人がシャーマンである）がお互いに知らないとき、たとえば緊急の場合に、シャーマンが他のシャーマンの助手を呼び出したいと思ったときなどの場合がある。これらの現象の性質は明確でないが、しかし私はそれらを否定したり、「正当化」の欠如を口実にして拒絶したりすることをあえて行なわない。

情報交換・夢とエクスタシー　少し離れた所からの情報交換や思考の解読はシャーマンにより広く用いられている認識過程の省略手段である。夢とエクスタシーは特別な性格ではあるが、しかしそれらは同じ目的を補い、認識の理想的な手段である。

通例、困難な症例やシャーマニズムを実行するときなど、シャーマンは夢に頼る。しかし、シャーマンは異なった目的を持って眠る。若干の事例をすでに示したように、特に満州のシャーマン、勿論ゴルジの人々（アムール地域のツングース人）も、ロパーチンの記述によれば、儀礼実行の前に眠り、精霊は眠っている間にシャーマンの中に入ると思われている。北部ツングース人のシャーマンは勿論眠るのだが、しかしその後でエクスタシーがやって来る。最後の事実から、睡眠は一般に目的を確実に為すために必要であり、私がみる限り、それは儀礼実行の前に必要な一時の休息である。しかし、エクスタシーの状態での目覚めは、勿論純然たる儀礼主義（けれども、それはなお儀礼主義を含んでいるかもしれないが）ではなく、半分意識状態でエクスタシーに達することは易しく、それゆえシャーマンは儀礼実行の前に眠ることになる。シャーマンが特別な情報を知りたいとき、つまり睡眠状態でいろいろな問題を解決したいとき、それは事例により異なっている。この方法の仕組みについては、私がそれをみることができる限りのことを、以下に記述する。

夢の仕組み　周知のように、睡眠は一定不変の生理学上の状態ではなく、心霊作用を受けやすい生理的機能の中断の異なった度合い、それは知覚作用の生理学上の全ての機能について完全に除去することから始まる。そして、精神作用の複雑な複合の完全な停止、幾ばくかの要素の部分的な除去に至るまでを示している。実際に、「精神作用」が関係している限り、勿論その除去の度合いには異なったものがあるのかもしれない。しかしながら、非論理的な夢の構造の側に、非論理的な性格の自由な夢が、観察した事実としてそこにある。それらは完全に論理的ではあるけれども、しかし想像的要素の導入と一緒に、ときどき生理学的複雑さにより条件づけられている。このように、それらは非論理的な解釈としてではなく、最終的な結果として現れるかもしれない。夢の重要な状態の一つは、常に「民族誌学的」で、思考の複雑さがあることである。なぜならば、眠気におけるこの精神的複雑さの領域の一部の除去、それは新たな事態により当面の問題の解決を行なう機械的思考を残しており、民族誌学的思考の複雑さを含まない若干の要素は、従ってこの複雑さの限界の中では解決することができないからである。機械的思考が複雑さを扱う影響から自由であるとき、特にもし幾つかの関係が欠如しているならば、一層よくその作用を成すかもしれない。これは、夜とか昼間とかいずれでも、眠気の後の時間に難しい問題の解決を任せる一般的に用いられている方法である。実際に、これは精神作用を上手く実行するために必要とされる休息と解釈されている。しかし、意図的にせよ非意図的にせよ、これを行なう誰もが、夢において人は毎日精神作用が連続しており、ときには困難な問題の解決、それは突然やって来て、夢の中か最初に目覚めた瞬間のいずれかに発見することを知っている。それにもかかわらず、もし人が困難な問題に直面して解決することができないならば、後者は意識からしばしば脇に置いておくか、――解決の過程は顧みることなく残存して――いわば遠ざけ、「潜在意識の層」の中で解決するであろう。これら全ての事例において、そのねらいは、つまり思考の民族誌的複合の代わりとして一時的にその影響を隠すのと同じである。阻止することが必要とされるとき、またそうした思考の行為の結果の提示が必要とされるとき、関係の欠如は伝えなければならない。このように、この方法は「潜在的な思考」から本質的に異なっていないし、また問題点はそうした思考のために都合のよい状態の創案についてだけである。

シャーマンと夢　シャーマンは確定し承認されたものとして、この方法を採用し、必要なときに定期的に用い、また彼らは精霊に関して既存の仮説と理論によりそれを説明する。この方法が邪魔しないだけでなく、その使用は正当化されて合理的に扱われる。シャーマンは名言の形で「意外な新事実」を受け取るかもしれなし、あるいは離れた所からの情報交換のように、それは若干の特別な象徴化により表現されるかもしれない。それゆえに、シャーマンは「夢」の分析に非常に注意深く、それらの若干を「意外な新事実」とみなし、同時に他者はそれら「夢を見ている」部分とみなし、二つの異なった種類の夢のための異なった言葉を持っている。満州のシャーマンは、ときどき三十分程度眠って、精霊からの意外な新事実を受け取る。満州のシャーマンの表現は、「精霊を招く」ために夢を見る。つまり、それは招いた精霊である。

思考過程の特別有利な状況の創出が関係している限り、エクスタシーは単に手段に過ぎない。仕組みとしては、それらが知覚作用の部分的、または全体的な除去、あるいは既存の思考の民族誌学的複合の影響を除去することで発生する。そのために、それは思考の直感力と想像力が妨害されないよう出会うか、それとも妨害が可能な限り最小限に減じることである。しかしながら、シャーマニズムにおけるエクスタシーが全く別個の役割を振る舞い、その狙いが思考のために有利な条件での創作だけでは成り立たなくなって以来、私はそれを特別に部分的に取り扱うことにしている。

134　エクスタシー（Capter29-Section 134. Extasy）

エクスタシーとは　シャーマニスティックな儀礼実行において、私は異なった形態やエクスタシーの異なった度合いを観察したことがある。それは簡単な決まり文句の方式で、硬直状態と定義されるような現象ではない。場合によっては、エクスタシーは簡単な病的興奮、つまりヒステリー性発作とみなされる状態に近づき、そしてもう一つの変化の極みとしては、エクスタシーはシャーマンの精神的な複雑さが彼の普通の行動と違わない慣例化した儀礼にあり――彼はただ単に「儀礼的実行者」に過ぎない。

エクスタシーの精神状態　最初に、私は儀礼実行中のシャーマンの精神的状態について記述しておきたい。それはシャーマンが単なる「儀礼実行者」ではないときには、ヒステリー性発作は起こらないことである。

儀礼実行に関する記述について、私達はシャーマンが明らかに睡眠状態の継続した状態にあり、そうした間に精霊が彼の身体の中にやって来て、そのとき構成要素である彼の「正常な」状態は、少なくとも部分的に消えて除去され、睡眠の後に儀礼的実行が開始されるのをみてきた。シャーマンの状態について、「シャーマンは精霊が彼の身体の中にいることを信じ」て、彼はまるで精霊が代行していると言わんばかりに行動し考える。そうした状態は全ての人々に知られており、人々はそうした度合いの異なった複雑さを理解することで、彼らは全て詳細にそれ(この複雑さ)を記述し、またこの複雑さを持った人々についての行動を、度合いに応じて記述することができるかもしれない。

個性の二重性　偉大な演劇やオペラの芸術家、同様に音楽家達は、彼らがそれらを知っているか理解しているものとして、その複雑さを事実と思い込んで装っている。「有能な」、たとえばドストエフスキーのような類型の作家であり心理学者は、その複雑な複合性がそれら（彼らは同様に、その現実性に刺激されること）により創造されることを事実と思い込み、そのとき書いたり詳細に書き進めたりして、彼らは自身の状態を記録するに過ぎない。作家、写真家は勿論写真を写すのだが、しかしそうした写真は「生きている」ものではなく、事例の大多数は「人工的な創造」のように見える。精神医学により、私達は個性の二重性の事例、幾つかの個性の中に、「個性の分裂症」があることを知っている。そうした状態は、このような状態により影響を受けた人が、共同体の「通常の」成員として行動することは不可能で、重大な形であると思い込まされているからかもしれない。異常な状態は、事実としては彼らの意志で他の複雑な複合が起こることはないと思い込むことでなっている。それは、彼らの意志で変更することはできないが、しかし複雑な複合化は彼ら自身により「達する」ことができる。勿論、他に薄れさせて隠す異なった度合いの形もある。それは、優れた作家が記述のための複雑さを、作家は記録する力を失わないで、まるで外からの観察者であるかのように装う。「二重性」の事例において、個性の一つは他者の個性として観察し、また個性とさえ「戦い」を実行するかもしれない。「善良な」と「邪悪な」精霊の存在に対する正当な理由は、そうした二重人格により条件づけられている。というのは、そうした状態で、精霊は単に正当化の根拠として、また同時に有害な結果を無効にする手段として奉仕するからである。精神的発作により影響を受けた個人の行動は同じ性質である。つまり、それは発作があったとき、確実に計画されたことに従って行動しなくてはならないことになっており、その人は無意識か、ときどき意識的に、そうした行動が可能なように彼自身を精神的で生理学的状態の方向に仕向けて行動する。知られているように、これは容易なことではなく、常に身体的にもまた快適なものではない。さらに、ヒステリー的発作 hysterical fit は、一時的か永久的に、社会的にその人を動けなくして、またヒステリーになった人は通常の生活状態において、勿論彼ら自身を制御 control することができない。しかし、意識と知覚作用の全ての要素の絶対的除去があるというわけではなく、彼らの若干の人は発作中もよく機能を果たす。

シャーマンのエクスタシーとは　シャーマンのエクスタシーにおいて、二重性の程度と意識要素の除去、同様に民族誌学的複合の破壊は可変的である。しかしながら、両方の側には限界があり、シャーマンの状態は抑制されない精神的発作uncontrolled hysterical fitに転換してはならず、エクスタシーを抑制してはならないからである。これらの限界の範囲内で、エクスタシーの厳しさのさまざまな程度と有効性が識別されるであろう。というのは、そうしたシャーマンの状態が生じるためには、特別な精神的状態を所有していなければならないからである。まず、第一にシャーマンは二重人格の能力ability of doubling、恐らくは個性から切り離すsplitting personality能力を持っていなければならない。第二に彼は思考する仕組みを制御する確実な力certain power of controllingを持っていなければならない。第三に彼はこの状態の中に彼自身を運び込む方法を知っていなければならない。第四に彼はこの状態にある間ずっとその状態を維持し、統制する方法、それは儀礼実行の実際的な目的のために必要とされ、常に儀礼参加者の存在と儀礼実行のねらいが考慮されなければならない。

エクスタシーの結果必要とされることを提示できないシャーマンは下手なシャーマンとみなされる。そして、エクスタシーが発作に転換した人(その人が自分自身を制御controlできなくて)は精霊に所有、憑霊されたとみなされ、従ってシャーマンになることはできない——彼らは治療されなければならないし、同時に本物のエクスタシーになることができない人はシャーマンになることができないが、しかし「氏族の祭司」つまり供儀師や祈禱師の儀礼実行者になれるかもしれない。

シャーマンの生理的精神的状態　エクスタシーの間のシャーマンの生理的精神的状態はその状態と一緒に関連して若干の興味ある現象を示すが、しかしそれはエクスタシーの状態が生じる方法について最初に詳述しておく必要があるであろう。

私達はこれが睡眠中に起こり、そのために明らかに強い自己暗示の事例がここにあり、それは部分的な無意識状態の間に一つの行動を引き起こすことに気づく。しかし、非常に多くのシャーマンが、たとえエクスタシーの前に「眠る」行動をしたとしても、彼ら自身でエクスタシーに入る準備のための練習を積むことを実践する。シャーマンが太鼓を鳴らし始めると、断続的にますます増え、そしてその速さと激烈さが減じてくると、それと一緒に一定の経験的リズムを発見し、シャーマン自身により生理的精神的状態の中で暗示が起こるようにするために――精霊が接近し――「二重性」という直接的な結果をもたらすかもしれない。精霊がシャーマンの身体に導き入れられるや否や、シャーマンは彼の状態をただ維持し続けなければならない。

エクスタシーの維持　これは太鼓を叩き続けることがシャーマン自身か助手によって実践され、リズムを維持して彼らの歌と一緒に強く認識させることにより儀礼参加者を感化させる。そのことはシャーマンを「手助けすること」になり、シャーマンのエクスタシーを強烈なものへと達成させる。数人のシャーマンが、もし儀礼参加者がいなければ実行することができないと私に語った。彼らのうちの一人が、「下界に行くために、全ての人々が私を助けて捧げてくれる」と明確に述べてくれている（バルグジンのツングース人）。私達は、常に観客がシャーマンにより連続して影響を与えられるのを見た。そのため、シャーマンにより放出される永続した影響の流れが形成され容認され、幾人もの個々人により強められ、個々人のさらなる興奮がシャーマンに送り返される。私達がシャーマンのこの状態を理解するかどうかにかかわらず――儀礼参加者と一緒の彼の関係、相互の催眠と暗示、あるいは特有の波としての均一で物理的形態、連続した興奮の直接的な相互影響はシャーマンや儀礼参加者が複雑化することである――こうしてシャーマンのエクスタシーは維持される。この理由として、シャーマンはこの実行に参加しないただの「見物人」の存在（敵意ある疑い深い存在）を好まないからである。しかしながら、もし彼らがシャーマンの一族に属していない人々であったり、他の民族集団に属する人達であったりしても、彼らがシャーマンの儀礼参加者として、調和を破壊しないならば参加に反対しない。

エクスタシーの維持方法　リズミカルな踊りは精霊を呼び、精霊を保持しておくための両方に同じ結果をもたらす。服装から生じる複雑な音は、勿論同じねらいで用いられる。私は服装を着けないで、シャーマンがエクスタシーを生じさせることができなかった満州と他のツングース人のシャーマンを観察したことがある。シャーマンはときどき自分自身で状態を引き起こし、そこにおいてシャーマンは実践（エクスタシーを生じさせ）したくなり、このようにしてエクスタシーを維持することができる。二つの方法が広く用いられており、つまりそれは喫煙することと酒を飲むことである。しかしながら、シャーマンは通常儀礼の実践の前に喫煙も飲酒もどちらもしない。しかし、シャーマンが精霊を交換するとか、付随的に興奮しやすい性質とかのときには必須で、またシャーマンが疲れたときなどには喫煙や飲酒を行なう。通常、これらは喫煙や飲酒をしたい精霊であると想像されるが、しかしときどきシャーマンは二つの精霊の間では、喫煙をしても差し支えない。喫煙は通常喫煙パイプか、シャーマンが急いで喫煙したり、中断なく喫煙をしたりするかもしれない幾つかの場合など、いずれかのときになされる――私は五回か六回次々とパイプで喫煙するのを見たことがある。シャーマンは勿論イソツツジ〔シャクナゲ科〕、あるいは他の気持ちのよい匂い（多くは針葉樹）のする植物の煙を吸うか、中国人でさえ香料を吸う（集団間では、たとえば満州、ダウール、それにめったにしないが満州のツングース人のシャーマンなど）。同じ結果はロシアのウォッカや中国の酒のような、アルコールの飲み物を飲むことで生じさせる。酒に強い人は儀礼の実践中にさらに一本のウォッカを飲むかもしれない。場合によっては、シャーマンは酒を飲むのを控える。というのは、シャーマンは飲むことは助けにならないばかりか、彼らを弱くしてしまうというからである。実際のところ、シャーマンがエクスタシーを維持するために必要な限界を超えたとき、あるいは興奮剤により疲れて、エクスタシーが維持できなくなる程度に酔ってしまうかもしれない。儀礼参加者は酒に酔っぱらったシャーマンを見ながら笑うであろう。

エクスタシーの間ずっと、シャーマン（私は数人の女性シャーマンを観察したことがある）は頻繁に泣き、そのために顔は流れる涙で覆われ（バルグジンやビラルチェンツングース人）、脈拍は非常に速い。しかし、エクスタシーの深まった瞬間に、シャーマンの魂は他の世界にあると想像され、脈が遅くなるとエクスタシーが弱くなり、ときどき困難さを感じることができる（私は全ての集団の間でたくさんの観察をした）。しかしながら、シャーマンが単に儀礼として行なうときには、脈拍に対するそうした影響はない。

エクスタシー中の状態　シャーマン達によれば、彼らはエクスタシーの間、身体の極度の軽さを感じるという。この感覚は、勿論上辺は病人にも伝達される。というのは満州の人々は儀礼の実践を行なっている間、シャーマンは地面に横たわった病人の側でステップを踏み、そのときシャーマンは非常に身体の軽さが感じられると断言するからである。実際に、身体の軽さを感じる、他の言葉で言えば、体力の増大は一般的な現象である。すでに述べたように、装具は三十キログラム以上の重さがある。そうした重さは簡単に着ることができず、それにもかかわらず装具は身体に均一に配置されている。私は、ある日ビラルチェン（満州のレンダーツングース人）の間で見たのだが、老齢の女性シャーマンが装具を身体に付けたとき、装具を持ち上げることができず、文字通り動くことができなかった。しかしながら、精霊が彼女の身体に入ったとき、彼女は簡単に動いて、とても迅速に動いた。他の事例で、私は半分耳が聞こえなくて、半分目が見えない八十六歳のシャーマンを観察した（彼は一人で歩くことができず、目が不自由で、日中にシャーマニズムを行なった）。シャーマンは身体が弱く衰えていたので、支えなしには動くことができず、通常トナカイに乗るにも手助けが必要だった。装具は極端に重く(老シャーマンは徐々に鉄製の装具をたくさん集めていた)——私の判断では、その重さはおよそ四十キログラム——そして、その装具を身に付けて、老人は精霊がやって来るまでの間地面に横になった。そのとき突然変換〔transformationトランス状態〕が起こった。シャーマンとなった老人は若者のように飛び上がり踊り、彼と一緒にシャーマニズムを行なっていた姪と同じ位に声は強かった。

装具とエクスタシー　多くの儀礼実行で、私は助走なしに、彼らが立っているその場所(あまりにも小さすぎるテント小屋)で跳躍するのを見た。そこは能力のある者にとっても、儀礼を実行することはできない。ツングースの人々は、装具の重さの追加がないときでさえも、スポーツマンである。ツングースの人々は、シャーマンはときどき三メートル以上の高さもあるテント小屋の隙間にある頭上の煙に触れることができると力説する。私はこれを見たことがない(これはツングース人の一部の単なる幻覚ではないであろうか!)。しかし、私は一メートルほどの高さに彼らが跳び上がるのを見たことがある。実際にそのようにするためには、ずば抜けた筋肉の伸張がなければならない。シャーマンの装具の重さは、勿論特別に軽そうに投げるのも事実で興味がある。実際に、装具の重さはシャーマンのエクスタシーが生じるのを妨げるに違いなく、そうしたことはシャーマンが余分な重さからの影響を抑制して無効にするための追加の努力を特別に為さなければならない。もし、シャーマンがエクスタシーに到達することができないならば、彼は儀礼の実行を為すことができない——装具はさらに重くなるばかりである。重い装具がエクスタシーをさらに増大させるために必要となる。実際に、シャーマンの初心者は、普通は軽い装具で、同時に経験豊かな老練なシャーマンは非常に重い装具を持っている。ツングース人が言うには、若いシャーマンは重い装具を着ることができないという。満州人の間では、彼らのシャーマニズムを行なう形態が、特に最近その事実が立証され、ダウールツングースの間の人々と同じように、装具はそれほど重くはない。

儀礼中の状態　シャーマンの一人（ビラルチェンツングース人）が、精霊が入ってくるといつも、シャーマンは大変熱く感じ、そして耳に音の高い雑音があり、自らを理解することができず、精霊が何を言っているのか記憶することができないと私に語ってくれた。熱のこの感覚は表面上の一般的な現象である。というのは、私は私自身で儀礼を実行中のより熱くなったシャーマン（迅速に動く踊りの前の）に触れたことがあったからである。

他に好奇心の強い奇妙な現象の中に、「突然の妊娠」についてすでに論じられている事例（Chapter27）は注意すべきである。シャーマンの助手がシャーマンの腹部を検査することを求められると、精霊は女性シャーマンを離れ、腹部は以前より奇妙さを帯びている。シャーマン達はさまざまな経験を生じさせる。たとえば、彼ら自身で負傷するとか、出血するとか、燃えるように熱くなるなど、いずれもが有害な結果なしに生じる。シャーマンはナイフで自分の胸を切っても、翌日には赤い印があるだけであると、ツングース人は言う。シャーマンが座り、そして長い集中力の後に彼の額から血が落ち始める。熱い鉄や木炭を操作したときの活動など、僅かな結果だけが生じ——次の朝には、両手は赤いけれども、しかし火傷はしていない。私は自身でこれらの事例を観察したことがないが、しかし「良いシャーマン」は全くしばしばそれを行なうと、ツングース人は力説する。精霊は、つまり紹介したようにこれを為すためにシャーマンに許可された特別な言葉、巧みな精霊と呼ばれている。

エクスタシーの生理的状態　もし、私達が疑わしい事実を脇に置いておくとすれば、非常に増大したシャーマンの物理的力、つまり彼の生理学的状態は通常の人々とは同じでなく、それをはっきりと見た私自身の観察結果が残ることになる。エクスタシーはずば抜けて非常な精力を必要とし、そのために私が観察したシャーマン、そして実際にエクスタシー状態にあった全てのシャーマンは儀礼実行の後動くことができず、また全身が汗で覆われていた。その脈拍は弱くて遅く、息づかいは浅くゆっくりとしていた。彼らの若干は半分の意識状態にあり、同時に特定の瞬間に、意識不明になっていたかもしれない。

儀礼中の死　シャーマニズムをしている間に、特にシャーマンが下界に行っているとき、シャーマンの死が突然起こることがあるとツングースの人々は言う。ときどき詳細に記述したそうした事例が、満州を除いて、全ての集団の間で、さまざまな場合に私の調査と関連していた。シャーマンの死の理由について、ツングース人の説明では、彼の魂が戻ってくることができなかったからで（魂の帰還の印は意識を回復することである）、他の精霊や他のシャーマンさえも途中で止めることがある。従って、あらゆる可能な方法により、彼の魂を呼び戻すために、特別な手段がとられなければならない。そのために、このような理由で下界へシャーマニズムをすることは、非常にめったにしか実践しない。そのものの事実は信じられなくもない。というのは、もしシャーマンの心臓が十分に強くなければ、そしても し彼が、たとえば動脈硬化症か他の類似した具合の悪い点があれば、それは静かな行動を必要とするからで、死は儀礼の実践中に奮闘のために発生するであろう。他方で、もし自発的な事例で、死が他の民族集団（たとえば、タブーを犯したオーストラリア人のように）の間でも知られているとすれば、シャーマンの状態は同じ類型である。シャーマンは自分の魂が捕らえられ帰ることができないと確信して、心臓と呼吸する機能を制止し、それらの低下は実際に儀礼の実行の間の特定の瞬間に観察される。ザバイカルトナカイ遊牧民のツングース人の間では、シャーマニズムを行なうこの形態は危険なものと信じられており、それを実践するのは僅かなシャーマンだけで、三年間に一度だけそれを行なった。

助手の役割　エクスタシーと通常時の間のシャーマンの心理状態の分析は、シャーマンが関係している限りにおいて、儀礼の実践は既存の思考様式の影響から「考える機械」を自由にした特別の状態で創造された方法に過ぎないことを示している。しかし、シャーマンは「神経質で興奮しやすい」ことに適した状態と完全な意識状態との境界線上に存続していなければならない。また、助手の役目はよりよく理解されるかもしれない。助手は実際に手助けし、シャーマンの質問を尋ねて彼の精神過程を管理し、完全に意識を戻してはいけないシャーマンのために部分的に感知する。助手は常に説明をしなければならない。それは、シャーマンは通常彼が何を言ったかを記憶していなくて、エクスタシーのときは初めから終わりまで、経験のない人にはシャーマンのことが理解できないからである。

エクスタシーの感覚　エクスタシーの状態は、恐らく非常に楽しく気持ちのよいものであろう。というのは、通例シャーマンはエクスタシーによりシャーマニズムをすることを好み、ときどき彼らは儀礼を心待ちにしているからである。実に、それは社会の求めに応じて、シャーマンとしての心を保たねばならず、実際にむしろしばしば観察されるように、儀礼の実践により社会を鼓舞させねばならないからである。しかし、その場合シャーマンは一人で、彼自身でエクスタシーの状態になることが非常に頻繁であるけれども、全てのシャーマンがそうというわけではない。シャーマンはエクスタシーとなり、同じ理由で人をときどきびっくりさせるような、異常な興奮状態となって振舞っているように、私には思える。また、人はとかく創造的なエクスタシーの状態になりやすく、たとえば詩人、音楽家、その他など、「創造的雰囲気」を求めているように思える。シャーマンは儀礼実行の前に、長い間何も実行されなかったとき、彼らは不快さと痛みさえもが感覚的に増大し、「心と頭の重さ」を感じるとシャーマンは言う。それでも、儀礼を実行した後の翌日、つまり上記でその状態を比較し観察したように、彼らは自身で「身体が軽くて心地よい」と感じる。

断食と禁欲　ときどき、シャーマンは彼ら自身でシャーマニズムをする（エクスタシーをする）ために、一定の期間（時間と日数を与えられて）断食をして、準備することを指摘しておかねばならない。この断食の実行は満州の人々の間でも知られている。同じグループの現象として、満州人の間では、性交の制限も含まれている。しかしながら、これらの制限は精霊の理論をさらに適用した結果で、同様にシャーマンの生理的精神的な状態と若干関係しているかもしれない。実際に、断食をすることや性交を慎むことはまれに観察され、彼らはむしろ個別の方法をとっている。若干の個別的事例では、断食や食べ物の種類を確実に拒否することが、エクスタシーを容易にさせる方法であると私に説明した。これらの場合には、私達は食べ物の未消化から、単に胃を軽減させているに過ぎないと言うべきである。実際に、若干の食べ物の種類によっては多少消化を容易にさせることができる。しかし、若干のシャーマンは精霊からの特別な啓示の結果とこれを説明しているが、それは単に「正当化」しているだけである。

シャーマニズムの拒否　勿論、シャーマンがシャーマニズムをしたがらない特別な状態がある。実際のところ、むしろしばしば彼らは特別規模の大きなシャーマニズムを行なうことを拒絶する。先にも示したように、少なくても若干の集団の間では、外界にシャーマニズムをすることは三年に一度実施されるに過ぎないからある。シャーマンは人々の性格が好きでないとか、疲れすぎていたときとか、あるいは儀礼の実施が最近行なわれた場合などは、拒絶するであろう。そのような全ての場合、シャーマンは精霊が働かないという理由を付け加える。同じ傾向としては、月経や妊娠の期間、出産後の一定の期間、儀礼の実践を慎むことがある。このような場合、説明が加えられている。それは精霊が女性を好まないと。しかしながら、精霊に関して満州とツングースの理論は、女性のこの状態について簡単に和解させることができる――そして、他の事例においても為すことができる――同時に、本当の理由は、たとえば彼女が特定の生理的状態にあるときとか、彼女が出産後に未だ十分に強くないときとか、彼女自身でエクスタシーとなり、儀礼を実行することが不可能であるからと思われる。精霊の理論はシャーマンの一部においては単なる正当化に過ぎないと私には思われる。同時に、実際にそうした女性シャーマンの状態が肉体的に疲れていた状態にある間、知られているように、通常よりも興奮して発作にかかりやすく、そのためにエクスタシーが発作に変わるかもしれない。

その他、心理的に興味ある状態はシャーマニズム（エクスタシーが本物か、あるいはそのように想像されることを含めて）をすることには正当な理由付けがなくてはならないことで、すなわちシャーマニズムをするために、若干の「理由」がなくてはならない。前でも示したように、そうした「理由」は、主に同じ氏族の人々を助け、そのために彼ら自身がエクスタシーの状態に運び入れ、そのときにシャーマン自身はシャーマニズムすることを望まなくても、若干の理由、つまり刺激となるに違いない。

シャーマニズムの記録　さて、私はいろいろな視点から興味ある事例について記述するつもりである。ビラルチェンツングース人の女性シャーマンは、録音記録を作成するために彼女のシャーマニズムを実践することについて、私達に尋ねた。むしろ、私達の側のしつこい懇願の後で、シャーマンは承諾し、それを為すことをいとわなかった。彼女の側の主たる反対理由は、病人がいないことと、シャーマニズムのために他の理由がないことであった。そこで、それはカップ九杯の粟の雑穀と「赤葡萄酒」（赤く着色して砂糖で甘くした酒の溶液）一瓶を精霊に供儀することで決定した。シャーマンは正式にシャーマニズムをするための装具、服を着た。彼女は精霊を呼ぶために試みると、精霊はやって来たが、しかし、どんな深刻な理由もなく呼び出されたことに抗議した。怒った精霊は「悪い言葉」さえ使った。それにもかかわらず、彼女は自分でエクスタシーの状態をもたらすことができ、その間に彼女は最も悲しげな方法で泣き、歌を歌った。この後、それ自身猛烈で直ちに強くはっきりと、突然雰囲気が変化した。実際には、それは本物のエクスタシーに彼女自身をなさせることが非常に困難で、それにもかかわらずそうなることを彼女は望んだ。

この現象を完璧に記述するには、シャーマンがより経験豊富なときには、自分自身でエクスタシーに入ることのできる能力を必ずしも用いていないことに注意しなければならない。節約とでも言うべきか、この方法を用いているからである。しかしながら、実践の儀礼が、シャーマンの治療を必要とする聴取者や参加した人々への影響に対して、シャーマンを注意深く観察しても、後者は本当のエクスタシーではないことに気づくことはない。当然ながら、若いシャーマンは観衆の心理の中に長く実行し、浸透することなくして、これを為すことはできない。これは彼が儀礼を実行している部分に「感じる」ことのない芸術家の能力と彼とが比較されるけれども、しかし彼の実行の心理的効果を全て詳細に知り、完全な熟慮により行動している。同じことは、一連の当意即妙な言葉などにより、聴衆を制御する経験豊かな話者によってもなされる。

135　シャーマンと精霊（Capter29-Section 135. Shaman and spirits）

シャーマンと精霊　私達はすでにみてきたように、シャーマンと精霊の間の関係は「統御者」と「使用人」の間の関係として明確に定義できよう。しかしながら、そうしたことはシャーマンが実際に良くて強い人間であるときの関係に過ぎず、同時に弱いシャーマンは簡単に餌食になり、精霊の手先となるであろう。

シャーマンの心理の観点から、主要な二つの型の精霊がいることは疑いない。実際にはさまざまな心と精神の状態があり、一般的な思考方法ではさまざまな問題を解明するために十分でないとき、シャーマンが社会的機能としての儀礼行動と自身の使用のために必要とする精霊がいる。もし、シャーマンが有害なさまざまな精神障害の状態に敏感でないならば、精神的機能障害の状態を象徴化し、またシャーマンによって「統御され」なければならない精霊がいる。シャーマンの歴史に関する記述において、私達はみてきたように、シャーマンは精神障害を持った生活経歴により始めたのかもしれないが、しかしもしシャーマンが精霊を統御master spiritsできないか、あるいは先に示したように、彼自身を制御できないならば、彼の機能を保持し続けることはできない。

シャーマンの精神的状態の複合理論　シャーマニズムに対するそうした接近により、シャーマンの精神が関係している限り、私はシャーマンの精神的状態に関して全ての初期の説明を脇において考慮しない。それらは、ほとんどが類似の原理により基礎づけられた演繹的推論の結果であるからである。ヨーロッパの複合的な理論として描かれたものを除いては、これらは関心のない理論である。しかしながら、見たところでは新しい科学的な形態で、特に注意に値する新しい理論がある。ここで、シュテルベルクのシャーマニスティックな複合の性的特徴に関する理論をみると、全体としてシャーマニズムを覆っている一般化と、最も離れた現象の民族誌学との間に類似した問題が顕著に現れていることである。シュテルベルクは『原初的宗教における神々の選び』において、シュテルベルクが言うように、性的な夢について告白したゴルジシャーマンの観察により、最初にその理論が推進された。つまり、「シャーマニズムにおける神の選びに関する性的な動機、原初的人間の心の単純性と自然性についての問題、それらはゴルジシャーマンに会う前までは、私には決して生じなかった」と。そこで、私達はつまりゴルジなど、独自の視点から始めることができる。

精霊の特徴　シュテルベルクによれば、シャーマンにより選択された助手としての精霊と最高位の精霊がいて、そこから他の疑問として「選ぶ人間と選ばれる精霊の間の親密な関係、つまり動機の問題が発生し、なぜ特定の精霊が彼の選択に際して特定の一個人として定められ、保護者と手助けになるのか」(前掲書)である。助手の精霊と最高の精霊との間の特徴は一定の答えを持った特徴として紹介されていることは明白で――精霊の特徴――つまり「最高存在」が仮定され、そしてそこから他の結論として「選定」が為されたものとなる。さらに、「保護者と助手」はもっともな概念、「選ばれたもの」として修正され確認されることになる。これらの全ての要素、「選定」「最高存在」「保護者」などはツングース人の考え方と明確に相容れないし、そして理論の実際の鍵は最初の疑問に属し、そうしたとき全体の解釈は確立される。事実の推測とその足場はそれを支えるために想像される。

精霊との関係　記録された事実は、若い男性シャーマンの事例で、彼は精霊の一つを愛することになり、勿論シャーマンの主要な精霊となった。シュテルベルクは特別に強調して、その精霊をジャミ *djami* と呼び、同時に他の精霊はシウェン *sywen* と呼んでいる(私は、*supra* と書き換えることについては、若干の疑いを持っている。前掲書)。しかしながら、この事実については、何も格別なことはない。アジャミ *ajami* は精霊の集団の頭であるチーフとして、たとえばイムケビックとロパーチンによりすでに示してきたように、つまり正確には私達が満州の複合体でみてきたように、何かが示されている。当然ながら、個々のシャーマンのあらゆる特定の事例において、精霊集団はシャーマンにより統御されることで全ては信頼されている。ゴルジの研究者がすでに示しているように、どんな集団もがそのように統御されており、そして集団の首領、通常シャーマンの一連の示威行動により――アジャミ(参照イムケビックの「材料」)がいるかもしれない。したがって、異なったアジャミが存在するかもしれない。さらに、ゴルジの言葉アジャミは、これらの精霊(たとえば、ロパーチンの前掲書と他の多くの箇所)にしか適用されない――アジャミフォナルコ *ajami fonalko* は亡くなった人の精霊のための特定の場所と判断する。厳密には、同じ場所は満州やツングースの人々の間でも観察される。最初に統御される精霊、他の精霊を統御するために助けるその精霊は、当然ながら統御される精霊の集団の中では特別な地位を持っている。*mi* が節尾辞の、専門用語アジャミは、恐らく他の北部ツングース人の方言で、それは *aja(n)* ~ *haja* として表現され、知られていない。しかしながら、私は類似性を強調するつもりはない。満州の人々においては、そうした精霊は主要な精霊と呼ばれており、それは「最高の精霊」や「保護者」ではない。

シャーマンと精霊の性　さて、疑問なのは、最初の精霊が常にシャーマンと反対の性であるか否かである。シュテルンベルグは、それがそうなることを望んだし、彼はいろいろな情報源、異なった集団からも事実を集めている。まず、彼は私の初期のロシアで出版したもの(「小論」など)を引用している。その中では、私は新しいシャーマンの「選択」に関する略述を加え、すでに上記の章(Chapter28「シャーマンの選出」)で詳細に話している。実際のところ、女性の候補者は、彼女が彼女を愛する精霊により憑霊されたが、それを統御できないという理由で拒否され、そして彼女はシャーマンになることのできない異常な人間とみなされた。シュテルンベルクはこの重要な状態を省いているが、興奮した発作の性的な症状については強調している。そして、シャーマンが初心者で良いロシア語を話すことができず、それに彼女は若干の性的問題で明らかに影響を受けていたと、シャーマンの記述に関して強調している。シュテルベルクは、他のシャーマンは女性の精霊もまた持っていると力説して、そして他の一般化も続けており、それはシャーマンの行動には、彼が踊っているときに性的な性格を現しているというものである。実際に、外国語を用いて、短い期間に人々と一緒になって行なう、そうした調査研究は容易ではない。シュテルベルクは自らの想像力に夢中になっていて、装具の主要な部分である低い位置にある装具を動かして、小さな装身具の音を出してみることができず、単純な事実を確かめることができなかった。しかし、これらの動作は僅かながらも性的な意味を持ち、固定観念によって心に影響を与えることができる。実際には、これらの事例の全ては満州、そしてゴルジの人々の間で収集したものである。その他の事実、事例としてはヤクートとブリヤートの人々の間で収集したもので、それらは事例として用いる前に非常に注意深く綿密に調査する必要があり、また当然最初に、その現場について詳細な調査研究を必要としている。私は、シュテルベルクにより外に運び出された事例については脇に置いて考慮に入れない。なぜならば、彼らはそれらを自然なものとみなして選択しており、そうした場合厳密な科学的一般化は不可能であるからである。しかしながら、若干の民族集団の中には、一般的な現象として、そして満州とツングースの人々の間での例外的な現象として、そうしたことの発生する可能性を否定する思考からは、私は離れた所にいる。たとえば、私と関係する事例では、女性候補者は「シャーマンとなることができ」、そのときに彼女は完全に性的な理由で、男性の精霊に憑霊された(彼を統御できなかったが)からである。しかしながら、ツングースと満州の人々が関係している限り、この種の一般化は不可能であり、また「精霊による選び」の状況は、これらシャーマンの間では観察されない。そのために、新しい理論はここで論じる集団に広げるべきではない。

精霊と精神疾患　前の記述(Section128)で私達がみてきたように、それらはシャーマンになるための予備的な状態についてである。そうした一つとして、多くの人が精神疾患になることであり、それは氏族の人々の多く、あるいは氏族の限られた人達に影響を及ぼすことになる。実際問題として、もし新たなシャーマンの「選定」に遅れが生じるならば、精神疾患は氏族の非常に多くの成員に影響を及ぼすことになる。それでも未だに、精神疾患の範囲は、精霊と関係した集団の特徴に依存している。精霊が氏族全員により承認されないばかりか一つの集団、一つの家族(*wujala* 氏族の事例、Section131)にさえ限られる事例があり、そのために非常に限られた成員のみが精神疾患による影響を受けるかもしれない。さらに、人が新しく発見された、非常にしばしば外国起源(満州のツングースの人々の間でのドナ *dona*)の精霊により通常のように影響を受けて精神疾患となる個別の事例がある。本当に、そうした外国や個別の精霊は他の氏族の人々にも同様の影響を与えることになり、そして示したように、それは氏族の精霊になるであろう。最後に、鋭くはっきりとした精神疾患があるのではないが、しかし発生に対しての恐怖があり、それが新たなシャーマンの「選定」を刺激することがある。さらに、集団(氏族、あるいは一定の領域)の精神生活に関して取り締まる人として、新たなシャーマンを必要とすることがあり、またこの場合は専門のシャーマンになるために候補者に「教育」

を開始することで十分である。

シャーマン候補者と精霊　根本的に異なった最初の関係が精霊と専門のシャーマンになるための候補者との間にあることは明らかである。それらは画一的ではない。精神疾患が多い場合には、しばらくしているうちに、シャーマンの候補者は精霊を統御し、一人の人を除いて彼ら全員は精霊を統御することができなくなる。その精霊は現存する氏族シャーマンの考えで連れてこられ、その考えにより人に統御されることになり、その精霊は他の人々に危害を加えることがないであろう。個別の精神疾患の場合は、理論に従って、その人は精霊に憑霊される。そして、このようにして後者の精霊を統御することは、候補者を治療する手段の一つとなる。候補者や他の人々に危害を与えることから彼らを予防するために統御された精霊の場合、勿論精霊に影響された人を治療するために、遂に候補者は精霊の統御者となる。

統御された精霊　一つのことが明白である。つまり、これらの事例全てにおいて、候補者がシャーマンとなり、彼が精霊の「統御者」としての機能を果たすとき、その精霊はツングース人の方言、満州語でエジン（*ejin~ejen*）の言葉で表現され、「統御者」として判断を下すことができるだけである。この関係は満州でエジンベキカレンベ *ejimbe kicalemb'e*（満州語表記で *ejen be kicetembi*）と表現され、つまり精霊は彼らの統御者のために働くことになる。

精霊の制御と統御　本当に、精神的問題の場合には、統御されなかった精霊のために、自身の複雑な精神的状態を統制して、そのあとで彼はシャーマンとなる最初の原因であった状態よりも、それ以上に影響されることなく、実際にシャーマンは自らを統御する。さらに、シャーマンは自らを制御 self-control する技術の練習を積むことで、より精霊を統御することになる。そして、彼は練習の過程をへて習得したさらなる能力、さらなる精霊（精神状態、あるいは危険な想像）を統御 masters する。

統御する精霊の種類　ツングース人の集団の間では、シャーマンとしての職歴の初期には、シャーマンが統御することのできる精霊の数に非常に限界がある。彼らの間での最初の精霊は、つまり精霊が候補者の中にやって来て（憑霊して）、後で他の精霊を制御しcontrol over管理するために用いるのだが、ときどきシャーマンの生活の間に、恐らくシャーマンの生涯でもほんの一度に過ぎないほどだが、非常にまれにやって来ることがある。たとえば、キンガンツングース人（モンゴルや満州などに居住）の間では、女性シャーマンは彼女の中に女性の精霊が精霊自身でやって来て、本当のシャーマンとなったのは十五年目であったからである。その後二十年の間、この精霊はやって来ることなく、恐らくは私が話したように、精霊は再び決してやって来ることはないであろう。しかしながら、これはシャーマンにとり偉大な精霊であり、精霊はときどき定期的に供儀を受けている。クマルチェンツングース人（満州のレンダーツングース人）の間では、そうした精霊、つまり最大のシャーマニズム的精霊は、通常オグディナセブン *ogdina sevėn* と呼ばれている。しかしながら、常にオグディナ *ogdina* は一般に「善良」で「強力な」精霊として引き合いに出されるかもしれない。つまり、そうした場合、シャーマンはオグディングサマンと呼ばれるであろう。同じことはビラルチェンツングース人でも引き合いに出されている。彼らの間では、私は偉大な一部のシャーマンがすでに示したように、性を持たない複雑なマルユウ *malu* の精霊を憑霊させることにより始めることを観察した。通常、初期における女性シャーマンはこの複雑な状態、つまりトカゲ、蛇、亀など、それらが隠れたり遠い場所へ旅行したりするなど（霊魂の具象化、つまり「精霊の理想化」、解放など）に対して単純な徴候だけを用いている。その他の精霊の徴候は、後でやって来る。たとえば、私が示したように、初期のシャーマンは僅か三つの精霊、つまり満州の精霊の場合、アマルユウ *a malu*、アハダルニィ *a hadarn'i* とドナ *dona*（外来精霊。氏族外の精霊）を持っているに過ぎなかった。年齢と実践により、精霊の数は氏族の精霊の他に、三十以上に増えるかもしれず、ドナなどのいろいろな精霊が存在することになる。後者の間では、概してヤクートの精霊（そのとき、シャーマンはヤクートの言語で話すことになっている）、ツングースの精霊、まれに満州、ダウール、中国の精霊さえもがいる。勿論、個別の精霊が存在し、それらはシャーマンから簡単に離れる（氏族の精霊はそれをしない）ことがある。

統御する精霊の数　満州の間では、その状況は僅かに異なっている。精霊の一覧、つまり記録されている存在自身が知られて以来、多くが変化せず、シャーマンは彼らが最初に二つの精霊を統御しなければならないと信じている。つまり、*mafa saman*〔祖霊崇拝に関わるシャーマン〕と *mama saman*（マハシャーマンとママシャーマン、それらの名前を私は発見できなかったのだが）を支援するために最も重要な精霊であり、またシャーマンの間で創作され始まったものであった。当然ながら、それぞれあらゆる氏族には「先祖霊」の観念があり、シャーマンを主に手助けするものとして、同時にやって来る。しかし、それらは主要な精霊にはならない。そうした精霊は徐々に形づくられて既存の精霊となるか、シャーマンにより個人的に合同化され新しい精霊の一つとなるかである。先祖霊は他の精霊以上にシャーマンと一緒に働く精霊であり、全ての精霊に命令する。シャーマンの間では、選定は大きな変化の対象である。現在では、通常若干の精霊、ツングース（キレン *kilin*）、中国（ネカン *n'ikan* とジェルジン *jergin* 両方）、モンゴル、ダウールの精霊などがいて、それらは付随的には主要な精霊となるかもしれない。統御する精霊の数は、職歴の初めにおいては少なく、しかし徐々に増大する。通常、シャーマンは二十から六十の精霊を思い通りにすることのできる権限を持っているが、しかしそれらの全てを用いるわけではない。しかしながら、理論的には一覧にある全ての精霊は統御し支援されることになっている。従って、実際には個々の精霊の一覧は、異なった氏族では同じではないものが用いられている。同時に、精霊と一緒に関係するこの儀礼は、勿論異なっている。

それは以下のように一般化することができる。シャーマンは「精霊の統御者」である。統御した最初の精霊を持っているが、しかし特別な地位にあって、常に必要とするわけではない。精霊は氏族の精霊か、外来の精霊の一つであるかもしれない。シャーマンと最初の精霊、また重要と思われる精霊（満州では *dalaxa*, ツングースでは *ogdina*）とに性的な確かな傾向はない。一般的に、精霊の数はシャーマンの個人的能力や経験、つまりシャーマニズム的活動の期間など、同じようにシャーマンの活動により生じた自身の変化による精霊の数の漸減などの状況の変化に従っている。

シャーマンと精霊との関係　精霊を統御することがシャーマニズムの主要な特徴ではあるが、シャーマンと精霊との関係は統御者と奴隷、つまり精霊の意志と権利を剥奪するようなものではない。ある程度は、シャーマン自身と精霊との間のこれらの関係を人間の側に移動させる。ツングースや満州の人々の複雑な複合が、彼らが統御する人の性格を考慮する必要性が認められて以来、たとえば少年とか、奴隷的な従属者、労働者、上官と部下の兵士などの関係のように、勿論彼らは精霊の性格的特徴をよく考えている。シャーマンは、これらの精霊が特定の性格に従って、さまざまな願いを持っていることを知っている。また、シャーマンは性質の悪い、悪意ある精霊、瞬時も信頼のできない精霊がいることを知っている。さらに、信頼される精霊、シャーマンにとって為になる仕事であることを願う精霊、あまり貪欲でない精霊などがいる。

要するに――精霊の性格は人間の性格の再現であるが、しかしさらに若干の精霊は人間よりもより強力で、そのために精霊を管理することは非常に困難を引き起こす。シャーマンはあらゆる種類の起こりうる事柄について準備ができているに違いなく、またシャーマンは全く複雑な方針をやり続けなくてはならない。というのは、ときどきシャーマンは大いに精霊に悩まされるからである。疑問なのは、どんな種類の方針が採用されたのであろうか。もし、シャーマンがあまりにも頻繁に供儀に奉仕することで、「弱い心」を見せるとすれば、シャーマンは精霊を恐れているという考えを形成して、精霊達は働かなくなるばかりか、ますます多くの供儀を必要とすることになるであろう。

そのために、シャーマンはこの方法を乱用してはならない。強力な手助けを続けなければならず、シャーマンにより「ひどい扱い」をされねばならない精霊がいる。そして、シャーマンが恐れをはっきりとさせない限り、シャーマンは安全である。しかし、もし精霊がシャーマンを弱っているとみれば、彼を直ちに攻撃するか、あるいはひとり彼を離れて、そのために他の精霊に襲われるかもしれない。もし、いつ何時でもシャーマンが彼の制御力controlを失うならば、精霊達は彼に死をもたらすであろう。私はすでに、自殺した若いシャーマンの事例を引用したことがある。まれとはいえ、そうした事例がときどき起こる。心理的にみて、この事例は明らかである。それは、シャーマンが彼自身の制御を失ってloses control、被害と自己暗示の観念が致命的な問題に彼を至らせたからかもしれない。危険な精霊を無効にするために、シャーマンは精霊との間で一種の戦いを引き起こす。そのため、少なくとも一時的には、シャーマンは危害を加えられることはないであろう。このように、精霊を制御する方法さえもが、人々の生活する間で用いられる方法の再現である。

シャーマンをやめる動機　多くの事例で、精霊がシャーマンにシャーマニズムの実行を要求し、シャーマンはそれを拒むことができないことに注目すべきである。――これが、シャーマンがシャーマニズムをしたいと思う動機である。シャーマンによって引き起こされた新たな精霊との間の戦いは、シャーマンの精神生活の注目すべき投影である。そこでは、釣合いを保つため、他の精霊と戦うための追加を必要とするシャーマンの複雑な要素と矛盾した戦いがある。この方法は無害な一つとはみなされない（ビラルチェンツングース人によれば）。それは、シャーマンが自らの使用人である精霊と衝突すると、それ以来シャーマンが完全に彼の制御力controlを失うことになるからである。シャーマンがそうした戦いに巻き込まれたとき、彼は通常事故、病気による体力の消耗、そして私が知る限り、ツングースの人々によると、自らの精霊、または統御されない他の精霊と協定することで、精神異常などを理由として、自らの人生を終えることになる。

シャーマンの悲劇　そのシャーマンの悲劇は、彼が彼自身の氏族の精霊を捨てることができず、彼は外来の精霊、あるいは彼の個人的な精霊しか捨てることができなかったことにある。しかし、この務めさえもが、ときどきシャーマンの技術を超えており、精霊は幾度も戻ってくることになるかもしれない。概して言えば、精霊の退去はシャーマンの経歴の初期においてはそれほど頻繁に実行されるものではない。しかし、経験豊かな老練なシャーマンの場合は、完全に精霊を統御した後に、それを行なうことができる。経験豊かな老練なシャーマンは氏族の精霊と彼を悩ませないように視線を保つだけである。彼ら精霊はシャーマニズムをすることや供儀さえも要求しないであろう。まれな事例としては、精霊は彼が非常に年を取る前とか、精霊の扱いに経験を積んで慣れてくる前に、ひとりシャーマンを離れることがある。しかしながら、この場合には、彼は安全弁の機能を用いて処理することができず――若干他の人が精霊により病気などに冒されるか、後者は新しいシャーマンにより統御されることになるかもしれない。これらの事例は、精神的に複雑化して矛盾が生じる老齢化や若干の要素(たとえば、性的な複雑化など)との均衡を失ったときなど、シャーマンの精神的状態の変化と正確に一致する。しかしながら、シャーマンが氏族の人々の信頼を失った場合には、精霊は氏族の他の成員にも影響を与えることになり、シャーマンはシャーマンとしての機能を終えることになる。シャーマン自身が精霊、その他に影響を与えられたときを除いて、常に強くてより経験を積んだ、つまりシャーマンが彼の助手としてやって来るかもしれない。しかしながら、他のシャーマンの干渉はシャーマンによっては好まれない。というのは、シャーマンに影響を与える精霊が、シャーマンを手助けする精霊と混在化することは、シャーマンにとっては危険であるからである。

複合化した精霊の世界　ツングースの人々によるそうした複雑化した関係、「擬人化」は純粋で、精霊の想像的世界の人工の構築物のようなものかもしれない。しかしながら、もし私達がさまざまな精霊の性格やそれらに関する全ての仮説的な関係を注意深く分析するならば、私達はこれらの精霊がさまざまな精神的要素と複雑な複合の単なる象徴化に過ぎないことを発見するに違いない。ツングースの人々は擬人化した存在として、これらの精霊を表しているわけではないことが勿論指摘できる。しかし、ツングースの人々の心の中では、あまり重要ではない「存在」（ツングースの人々の感覚として）、それらは供儀、人間の行為などを通じて、非実体的な存在に満足していると考えられる。これらの精霊に対するツングースの人々の態度に関する記述には、犠牲の儀礼から推論して、「醜悪で見ると恐ろしい邪神」とか、「風変わりなシャーマンの装具」とか、「恐ろしげな精霊」などと描写し、他の精霊からシャーマンを保護する精霊、この複合化した問題に関して完全な無知を示しているに過ぎないことである。これらの精霊は仮説であり、それらの若干はヨーロッパの複雑な複合と同じに、つまりそれらの人々、特にシャーマンに関しての精神生活の観察に明確に述べられた仮説により公認されている。また、それらはツングースの人々が長い期間適応してきた後で正規の精神的複合として役に立っているものである。

集団の安全弁　若干の状況について検討してみたい。シャーマンは彼の精霊に対してときどき犠牲を差し出さなければならない。ただ、もしシャーマンが頻繁に供儀をしすぎると、精霊は背くかもしれない。また、もしシャーマンが精霊を無視するならば、シャーマンに危害を与え、復讐するかもしれない。もし、私達が「特定の精神的要素」によって、「精霊」にとって替わるとすれば、シャーマン自身によりシャーマンの複雑な複合に一定の点検をするために、定期的な犠牲は実際的な手段として理解されるに違いない。犠牲の後で、シャーマンは精霊を制御しているという確信を感じる。もし、シャーマンが精霊を恐れているとするならば、それは単に彼にとって若干の重要な変化と彼の複合的な変化があって統御することができないに過ぎない。そして、彼は犠牲により精霊を快適に満足させようと試みる(ツングース人の考えに従って)――もし、彼がそれ以上精霊の制御をしないならば、精霊達は他の人々に影響を及ぼし、人々はもはやシャーマンを信頼しないに違いない。従って、それはシャーマン自身の複雑な要素により、感化されることに自分自身を許さないようシャーマンに勧める。最後に、精霊の軽視は精神的要素の一つの偶然的な成長の状況のもとで、シャーマンをそうした状態にさせたものである。それはこの精霊によるシャーマンの統御、あるいは集団の安全弁として実演する彼の能力をなくさせる結果となるであろう。これらの状態の全てに、私達は単にシャーマンの精神生活の複合化した状態について象徴化し、規制する方法の仕組みに完全に適応させることは、長い間の観察と実験の後に引き起こされたに過ぎない。実際に、これらの象徴(精霊)は仮説に基づいているのだが、しかしそれらの機能はその象徴から苦痛を受けるものではない。精神生活における現象は、現代科学がそれを理解するように、同じ形式で理解されるわけではないが、しかし「それは統制されて」おり、その構成は「本能」と「複合体」の概念で表す心理学者により為されるよりも、恐らくもっとよく分析(精霊の象徴として)されるであろう。

シャーマンの葛藤　他の事例を取り上げてみよう。精霊の有害な活動を無効にするために、シャーマンは彼ら自身の間で精霊を戦わせる(同士討ち)が、しかしこれは推薦する方法ではない。精霊に対してシャーマンの精神的複合の要素を取り替える際に、私達は精神的状態の安定性がひどく欠けた一枚の絵を獲得する。そこには若干の要素が支配的性格、他の精霊に影を投げかけるものとして成し遂げられるであろう。全体として、シャーマンは精神的に何らかの障害を受けた者であるかもしれない。シャーマンが不慮の事故で死んでさえも、そのことは、私達の用語法で、躁病状態と呼ばれるであろうことが述べられている。ツングースの人々によれば、シャーマンは精霊と一緒に試みるときに、彼自身を誘惑することを許してはならないし、また他のシャーマンが彼の助手になるかもしれない。恐らくこの中では、ツングースの人々は、しばしば単なる精神的なもの、精神的問題のお決まりの心の状態と過小評価するヨーロッパの心理学者よりも正しい。実際には、精神的興奮は簡単に統制管理することができる。もし、若干の良い方法が見つかるならば、恐らく失敗の正当な理由を見つける必要はないであろう。また、現在不治になっているらしい若干の精神的状態の説明として、病理学的解剖学や病理学的化学の仮説に頼る必要はない。彼ら自身に対するシャーマンの内部的葛藤は安全弁として実用的に用いて彼に委ねる。ツングースの人々はたくさんの事実を観察する鋭い能力で覆った後に、これらの結論に達した。私達の観点からは、ツングースの人々の仮説は間違っているとしても、しかし問題の実際的な解明としては、それは完全によく働いている。

悪意や過度の欲望などに対する精霊抑制の形態は単なる象徴化に過ぎない。彼らは、「崇拝物」の図像や祈り、あるいは挨拶文の引用文以上に、彼らの機能をよりよく理解するであろう。そうしたことは、精霊とシャーマンとの間の「関係」である。そこで、私は供儀の助けにより精霊を実際に管理する若干の実例について述べるべきであろう。しかし、最初に私は供儀が為される形態が、実際のシャーマニズムの本質を理解するための大きな重要な問題でないことを強調しておきたい。それらは民族学に対して若干の資料を提供するところの、他のどれよりも民族誌学的な現象として興味があるからである。

精霊への供儀　精霊に対するシャーマンの供儀は、同じ規則性をもって全ての集団の中で捧げられているわけではない。トランスバイカリアンのレンダーツングースの人々は、供儀を為すべきであると感じたとき、供儀は捧げられる。それは数年前までさかのぼるであろう。満州のツングースの人々の間での供儀は、さまざまな動物(多ければ多いほど良い)からなり、定期的に三年に一度は捧げられる。大筋において、シャーマンは、次々と彼により統御された全ての精霊、つまり彼に憑霊した精霊を示すために呼び出し、最初にシャーマニズムをすることについては同じである。シャーマンは、精霊達が自分の近くに残存していることで、自分の願いを精霊に話しかける。儀礼実行の後に、シャーマンは柱に登り、そこで彼はしばらくの間残る。シャーマンは、儀礼実行の全ての瞬間において、援助する実践者を注意深く点検し、能力のある人には、木で作った特別の目印を付ける。シャーマンの生涯の間に、彼は六回の定期的な供儀を捧げる。氏族シャーマン clan shaman と自由シャーマン free shaman（out of clan shaman）とにより実行される供儀の間には違いがない。

儀礼の実践　満州の人々の間での儀礼の実施はツングースの人々と比較して一般的に複雑である。儀礼は中国陰暦の最初の第二日目に実践される。シャーマンにより援助された全ての家族（すでに示したように、彼らはパオ *jarumbo* あるいは *jarun bao* と呼んでいる）はさまざまな犠牲を彼らと一緒に運び、その犠牲（入口の正面で、私は全てが成熟した豚を一度観察したことがある）は広い床暖房の脇に設置した精霊を祀る祭壇の正面に置かれていた。中心となる助手がこの床暖房の上に座り、犠牲と祭壇と一緒に右側に小さな机が置かれていた。シャーマンは犠牲の前である。そして、高齢者は名誉ある高座を占領し、他の人々はシャーマンの後ろに立ち、同時に子供と一緒の女性は高齢者の後ろの床暖房の上に座る。儀礼の実行は夕方の八時に開始された。シャーマンは、精霊がやって来て儀礼に従わせるために必要なものを身に付ける。というのは、精霊を呼ぶために、シャーマンは庭に出て、帰ってくるからである。助手は精霊が導き入れられたことを承認しなくてはならない。もし、シャーマンが失敗するならば、シャーマンはもう一度庭に引き返し、再び帰ってくることになるであろう。精霊は儀礼、つまり「言葉」によって承認される。四つか五つの精霊が導入された後で、シャーマンはさらに若干の精霊を導入することを尋ねる。もし、シャーマンが疲れていたり、歳をとっているか精神的に弱かったりすれば、それを断るかもしれない。しかし、もしシャーマンが強い男性であれば、彼は夜中を通じてシャーマニズムを行なうであろう。儀礼を実行している間、私は三人もの助手がいる中心となる助手の脇で一度観察したことがある。彼らは太鼓を叩いて「援助」し、最後には全ての精霊を空で朗読し、同時にシャーマンは単調な「ケェクゥ！」の言葉で確認するだけである（儀礼を止めるものとして、「象徴的」に確認するために、シャーマンにより広範囲に用いられている）。

136　シャーマンの間の戦い（Capter29-Section 136. Wars between the shamans）

戦いの本質　シャーマンの心理的な面での興味ある一つは、シャーマンの間で戦いを行なうことである。それは全てのシャーマンが為すわけではないが、しかしこれらの僅かが「たちの悪い人」として、ツングースの人々にみなされていることに注意すべきである。この個人的な状態は後に議論するが、しかしここで私はその「戦い」に関して詳細に伝えるつもりである。というのは、彼らはシャーマンの心理や精霊との関係を理解するために私達を助けてくれるからである。「戦い」の本質は、他のシャーマン、あるいはその精霊に直接の危害を望むシャーマンの精神的影響により成っている。ツングース人の方言として、彼らはブル *bulog*（Ner. Barg.）とか、ブルン *bulen*（Bir Kum.）――つまり、一般に「戦い」と呼んでいる。そして、文字通りキムン *k'imun*（Bir.）は――つまり、「敵意、邪悪さ」など、またキムン *k'imun*（Marlchu Writ.）など、一連の派生語を意味している。

シャーマンの戦い　トランスバイカリアンのレンダーツングースと満州のツングースの人々によれば、シャーマン間の「戦い」は非常に一般的であるが、しかし「戦い」の存在を完全に否定する満州のツングースの人々には、そのように言わなかった。ツングースの人々は外国（氏族や民族外）の民族単位のシャーマンの敵意に対して、戦いに帰することを気にしており、そうした集団は民族の心理の反映として非常に興味のある事実である。

事例(1)　技術的に競争形態としての悪い戦いや通常の殺人は夜に、夢の中で行なわれるが、しかし勿論戦いや殺人は目覚めた状態の中でも発生するであろう。私は、ここでバルグジンツングース人によって書かれたものの翻訳から、若干の説明を加えてみたい。

ある夜に、シャーマンは塩水の沼地で狩りをしていた(1)。そこに座って、シャーマンは夜にわずかに煌めく炎を見た。彼はその炎に気がつくと直ぐに、刀を引き抜いた。すると、炎は弱まった。そこで、彼は静かに座り続けた。その後、彼は家に帰り、その出来事を次のように報告した。「そのようにサイグニィ *Saŋɤuni*〔シャーマンの名前〕はやって来た！(2)静かにせよ、私を眠りにつかせよ」と。そして、彼は眠りにつき、そしてシャーマンとなった(3)。彼が眠っている間に、侵略者シャーマンの後を追って、サイグニィのテント小屋に着いた。サイグニィは入口に座っていた。彼は座ってサイグニィに小言を言った。「あなたは見ています。私はあなたが寝ているとき、あなたをもう少しで捕まえるところでした。あなたは悪い人だ。なぜ、あなたは炎の形でやって来たのか?」と。サイグニィは頭を垂れて、黙って座っていた。シャーマンが話すのを止めたとき、サイグニィは彼に言った。「今後、私は決してそうしませんと。

(1)塩水沼地の脇の土地での特別な狩猟方式は夜に行なうものとして訪れている。猟師は何時間も座り、動物を待った。(2)サイグニィはもう一つ別のツングース人シャーマンの名前である。(3)「シャーマンとなった」のは、シャーマンが長い道程を旅する彼を許すことで、精霊の形の一つと偽ったことを意味する。

事例(2)　ここには、バルグジンツングース人とヤクートシャーマンの間の争いを描いたもう一つの物語がある。「偉大なシャーマンがいた。彼には歳下の兄弟がいた。シャーマンは、雲の形で、兄弟に向かって直接やって来るヤクートシャーマンを見た」。「さて、私達は何をすべきか?」。「私は知らない。何かあなたが欲することをしなさい」。

「そうすれば、私は行きます」。「彼は雲の形でやって来て、ヤクートシャーマンの頭上に立ち、雷で彼を三回打ち、彼を殺した。彼は帰っていった。しばらくした後に、ヤクートシャーマンはさらに大きな雲の形で再びやって来て……同じことをした」と。

事例(3)　ビラルチェンツングース人の間での、シャーマン間の争いは競争を根拠として、勿論氏族間の敵意を根拠として発生したのかもしれない。これらのシャーマンは、後ほど明らかにするような理由で、戦うシャーマンとして偉大な恐れを持っており、そして彼らは何らかの合図に従って彼らを承認する。戦うシャーマンは彼の身体近くに保った両腕を決して持ち上げず、両腕で穴を保護し、装具の両脇に整える。それを通じて奉仕するシャーマンの精霊はシャーマンに乗り移る。競争の理由は、たとえば病人の取り扱いにシャーマンが失敗した場合、同時に他のシャーマンが成功した場合に発生する。そして、最初のシャーマンは自分で復讐しようと試みるであろう。彼は異なった動物や物事の形、オバリィラン *oboleran* (Bir. Kum., cf. *ubalambi*, Manchu Writ.)を第二のシャーマンの接近や彼を襲う形として思い込むであろう。一つの物語は、彼らが物理的にお互いに大きく隔たって分離していながらも、彼ら自身が熊と虎に変身し、人々の面前で戦った二人のシャーマンについて私に語っている。これら偉大な戦士の一人は「馬の戦車」に変身し、その戦車は自らを隠す手段として特別に力があると考えられていた。戦いにおいては、全ての手段は彼らにとり効果があり得る限り、良いものと考えられている。

事例(4)　ダンカン氏族に、性質の悪い男がいた。ある日、彼は氏族のシャーマンに、つまり非常に小さな魚の形をした精霊を、シャーマンの小さな酒の容器に注いだ。シャーマンはそれに気がついたが、それを人に見せることなく、彼は非常に注意深く酒を少しずつ飲み始めた。しかしながら、飲んでいると、彼は魚を飲み込んでしまった。そして、彼は「気が狂ったように」なり、直ぐに死んだ。同じシャーマンが、他の氏族の他の多くのシャーマンを死なせた。

私にこれらの事例を報告したダンカンの男性は、自身の氏族のシャーマンと一緒に常に非常に慎重で、シャーマニズムをするために彼を招待しなかった。

事例(5)　私がよく知っている他のシャーマンは、長い時間一人のクマルチェンシャーマンと「戦い」を連続的に続けていた。この戦いの間に、彼女は全ての家族と、そのうえ全ての馬を失い、彼女は他の地域(サンビラ川)に離れなければならず、そこで目が不自由となった後、シャーマニズムをすることを諦めた。

事例(6)　前世紀の初めにやって来た満州のレンダーツングースの人々は、彼ら自身のシャーマンとクマルチェンシャーマンとの間でともに連続的に戦ってきた。そうしたシャーマンをビァンツカ *buiantka* と呼んできた。最後のシャーマン(彼らの兄弟と義理の姉妹は生きており、私に詳細な事例と彼らの親戚の名誉ある生涯を語ってくれた)は亡くなった(1912)が、彼は彼の敵クマルチェンにより(頭を脇に回して)手足を切断され(かなり離れた距離から)、そして彼の人生の大部分をそうして生きた。

事例(7)　戦うシャーマンは、他のシャーマン(彼らの魂)にとっては特に危険で、彼らは下界からの帰り道で捕らえる。誰もが彼らを好まない。というのは、常に彼らは他のシャーマンから彼ら自身(彼らの魂)を隠すためにさまざまな策略を演出するからである。かつて、ビラルチェンツングース人はシャーマンと一緒に出かけた。一頭の熊が彼らに近づいてきて、男は直ぐに熊を殺したいと望んだ。しかしながら、シャーマンは熊を殺すことを止めさせた。というのは、彼は熊が彼自身、つまり彼の魂が熊の脇にいるからと言ったからである。前に述べたように、シャーマンはいろいろな事態を考えて、そのためにそれらを承認することは到底不可能で、人は彼らに思わず危害を与え、そしてシャーマンと精霊の間の両方に敵意を引き起こさせるからである。シャーマンが戦っているときに、他のシャーマンが入り込んだ動物を見分けることができない敵のシャーマンを見つけた後も、彼らはこっそりと調べて――いろいろな動物——本当の身体を見つける。もっとも害にならない鳥や昆虫は、そうしたシャーマンにより宿り場として用いられる。いろいろな形をいかにとるか、その方法を知っているシャーマンは、彼ら自身気がつかないで、彼らの敵の全ての動きについて知っているからかもしれない。

事例(8)　人々、同族の人々さえもが援助のためにそうした戦うシャーマンを呼ぶことは恐れられている。主たる理由はこのようなものである。こうしたシャーマンはたくさんの敵を持っており、そして彼らがシャーマニズムをするために家族の所にやって来たとき、彼らは精霊により用いられるはずの道(Section47参照)をそのままにしておく。後者は氏族の精霊(シャーマニズム的でない)、つまり彼らと精通した精霊と混同するかもしれない。もし精霊(シャーマン)が戦うならば、そのとき彼のより狡猾な精霊は道を支配し、氏族の精霊を襲い、人々は不運なシャーマンにより病気などに襲われるからである。

事例(9)　ビラルチェンツングース人の間で戦うシャーマンは、通常彼らの外来の精霊として——その言葉を使っている。それゆえに、外来の言葉をよく使うシャーマンは、戦うシャーマンであることに対して、この言葉を用いているようである。ここで注意しなければならないのは、彼らは氏族によって選ばれていないことである。シャーマンの間での戦いは、シャーマンが保護している魂は子供達にとって特別に危険である。一つの事例として、ビラルチェンツングース人の間で、子供の魂を捕らえたシャーマンは戦いを始めた。彼は相手を打ち負かし、そして子供は悪い病気になった。このことは、子供の父親にそれを報告した他のシャーマンにより発見された。子供の父親は問題の原因であるシャーマンを撃退することを決意した。この事例は氏族の人々により議論され、人々は妨害しないでこの事例から離れることを決意した。というのは、シャーマンは自身が精霊から被害を受けており——「これは精霊の仕事」であったからである。精霊アイアマル *iamalaičen sevèn* の起源は、勿論シャーマニズム的戦いと関係している。一人のシャーマンが彼の精霊を送り、精霊は他のシャーマンが座っていたカヌーを引っくり返した。そのシャーマンはずぶ濡れになった。このシャーマンの精霊は人々の間に記憶として残り続け、外来精霊となり、そのとき以来精霊アイアマルとして知られている。

事例⑽　敵のシャーマン（精霊）が弓と矢（霊的な）を用いた。男性、あるいは動物が弓に当たったとき、動物は矢によって生じた傷のようなものをそのままにして立ち去った。動物は通常直ちに死ぬが、人間は病気となり三日か四日の間に死ぬかもしれない。これらの傷が治る可能性はない。ときどき、全ての（飼い馴らされた）動物がこの方法で殺されることがある。そのとき、家族の成員は殺され、遂には同じ氏族の全ての成員が殺されることがある。氏族の人々を守るために代わりに彼自身が被弾した不幸なシャーマンは、命中しなかったばかりか矢を脇にそらさせ、直ちに見つけた最初の人に向けて自身の矢を射った。それがオロニズム olonism（Section84参照）の事例である。主要な問題は、通常シャーマンは彼らが戦ったことを告白しないことで、そのために彼らを観察し、戦いの結果を見るだけで、人はこの結論に到達することができる。

戦いの原因　この若干のシャーマンの習慣はツングース人の間、たとえばビラルチェンツングース人とクマルチェンツングース人の集団の間で引き起こされたもので、むしろ一般的には消極的な態度にシャーマンを向かわせている。できる限り、人々は彼らを避けることが好きである。しかし、戦いの多くの事例では、その原因はシャーマンにおける彼ら自身に存する。つまり、良い性質の人間（シャーマン）は戦わないし、また彼らはシャーマンにより攻撃されたなら直ちに語るであろう。そのための手段は戦うシャーマンに対してとられるかもしれない。

戦いの本質　シャーマン間の戦いの記述は先に示したように、実際にはシャーマンのかき乱された精神的状態の説明である。疑いの余地がないほどに、彼らはシャーマンに対する致命的な問題で極度の形に達した迫害の躁病に悩まされ、ツングースの人々によれば、シャーマンはしばしば死ぬことになる。動物や人間の大量の病気の性質についての疑問は、それらが弾丸で生じるのと同じように、小さな潰瘍の徴候によるもので、私はあえて答えないけれども、潰瘍化の後、数日して死ぬことになる。この病気、つまり明らかに伝染性（炭疽菌か）の因果関係について提案することは不可能である。というのは、私は自分自身これらの事例を観察していないからである。その他に興味ある点は、その可能性を私達は否定しないが、離れた地点での伝達がシャーマン（悪い性質の人間）により、他のシャーマンに示唆的に影響を与えるために用いられていることで、その場合は彼らにとって他のシャーマンを全滅させるための強い武器となることである。

シャーマンのこの状態について、躁病の進行形は非常に典型的である。シャーマンの迫害を取り除く方法の一つとしては完全にシャーマニズムを止めることで、ツングースの人々に従えば、それは戦うシャーマンの野望を満足させる良い方法と言えるかもしれない。実際に、シャーマンが自らを制御controlできなくなったとき、それはエクスタシーにとって重要な状態で、彼は迫害の躁病が再発して陥る、そうした精神的状態を避けなければならない。若干のシャーマンはそれをすることができなくて、迫害するシャーマンの陰謀の継続のために彼らは死ぬまでシャーマニズムを継続すると言われている。

ビラルチェンツングースシャーマンの事例の小さな詳細として、シャーマンが酔っぱらって魚を飲み込んだことは興味がある。というのは、それは酔っぱらいが影響を受けるよく知られた状態を表示しているからであり――シャーマンは確かにアルコール中毒症であった。私は彼について多くのことを見出せなったが、しかし彼の人生の間、むしろ彼は度の強いアルコールの酒をしばしば気ままに大量に飲んでいたと私に語ってくれた。しかし、この点について、全てのシャーマンがアルコール症を経験しているわけではないことに注意すべきで——彼らの大多数は彼ら自身アルコール飲料の穏健な消費者であることを示しており、彼らの若干は完全に節制している。

上記で示した一連の事例のように、勿論私達はツングースの人々が、ときどき彼らが為すことが可能な以上に戦うシャーマンの影響のせいにする傾向を示していることをみるかもしれない。というのは、混乱した神経状態(「逆さまの」)を経験したレンダーツングースシャーマンの事例、つまり病気は、恐らくは彼の精神的状態の結果ではないが、しかし知らない病気の説明として、クマルチェンシャーマンのせいにされたからである。同じことは、伝染性の事例についても言えるかもしれない。

事例の要約　上記で述べたことは、以下のように要約できるであろう。シャーマンの戦いは、恐らくシャーマンが出会って、一度生じたことを遠く離れても暗示により、後まで連想の形式で維持しているという現実的な根拠を持っている。また、迫害されたシャーマンは躁病の影響を受けても、それはある程度まで、自身を制御 control する方法により、つまりエクスタシーを回避することにより治療されるかもしれない。さらに、恐らくアルコール中毒はこの躁病状態に対して都合の良い状態で、勿論少なくても若干の事例、つまり戦いの後の目の障害とか、「曲がった頭」など、他の病理学上の状態は疑わしい。そして、多くの事例は僅かしか知られていない病気の説明として、戦うシャーマン(伝染病など)には全く不相応なものに起因している。ツングースの人々はシャーマンによるこの状態、つまりそれは戦いの回避と隔離することからの「良き本性」(精神分裂症ではなく)の条件から出現したものとして、その可能性を除去するために最善を尽くしていることに、特に注意しなければならない。

これらの事例の頻度については、正確な資料を持っていないが、私の調査では「戦い」の報いとして、僅かではあるが目の障害を負ったシャーマン(ビラルチェンツングース)とダウールシャーマンに会ったことがある。他の事例については、それらは不確かであった。観察した何人かのシャーマンのことを考慮すると、これは相対的にみて、シャーマン間の珍しい出来事であると想像されるが、しかしそれは他のシャーマンによって示唆され、シャーマンの人生を脅かすものとして存在するかもしれない。しかしながら、これらの事実がシャーマン間のそうした精神的な一般的現象を提示するものではないが、しかし私が理解したものとしては、むしろ例外的であり、シャーマニズムの機能的な側面についての考えを確認するものとして、珍しい事例であることを読者に注意しておかねばならない。

137　シャーマンの性格と能力（Capter29-Section137. Character and ability of the shaman）

シャーマンの性格　私が、別の機会にすでに指摘したように、シャーマンの個人的な性格とさまざまな能力は非常に重要である。候補者の中から、より優れた知識と技能を持った者が選定される。候補者の性格は、勿論考慮される。もし、候補者が「良い心」を持っているならば、シャーマンになることを許可されるが、もし彼が明らかに悪い傾向であれば、彼は拒否されるであろう。しかし、ときどき選定の後に、「悪い心」が現れることがある。事実、シャーマンの活動において、善悪の性質があることを認めている。しかしながら、シャーマンが精霊の影響下で行動し、部分的にそれが非常に悪い場合、事の事態は複雑である。そのために、個人的には若干のシャーマンは大変良いのだが、十分に力のないシャーマン、彼らは人々に危害を為す精霊を阻止することは不可能である。同じことはシャーマンの個人的能力と照合しても真実で、それはシャーマンとして個人的にではなく精霊（熟練した精霊は尊敬してボァブカ *balbuka* と呼ばれている。Section52.Bir. 参照）に起因している。このように、この点ではシャーマンと精霊の間の関係として、確かな考えはない。私は、ツングースの人々の心について、シャーマンと精霊の両方は同じであるという印象をときどき持っていた。以下のような感覚で理解されるこの何か、つまりシャーマンの個人的な能力について問題がないとしても、しかし問題はシャーマンに統御されている精霊にあり、こうした精霊は他にないとしても、シャーマン自身の親友、分身なのである。他の別の観点では、シャーマンと精霊は独立した存在でもある。後者の場合、問題の所在はシャーマンの個々の道徳性と知的性格が考慮に入れられていなければならないことである。知的な人はよりよく精霊を管理し、直接に精霊の活動を望み通りに管理するかもしれない。

有害な精霊　悪い性質のシャーマンの考えは、特にビラルチェンツングース人の間での流行である。ほとんど全ての外来精霊であり、氏族シャーマンにとっては有害であり、悪い人であると彼らは信じており、同時に除外されるのは氏族シャーマンに対してなされる。しかしながら、氏族シャーマンでさえもが悪い人である場合もあるが、しかし彼らは外国、つまり氏族の外側の人々にだけ危害を与えることができる。というのは、氏族の精霊は氏族の人々には危害を与えないからである。他の集団のシャーマンは危険で、通常悪い性質の人とみなされている。私は、後でこの疑問に帰るつもりだが、そのときシャーマンに対するツングースの人々の態度を論じるつもりである。

良いシャーマン　良い精霊の所有として、ツングースの人々に象徴化されることは、彼に立ち向かう状況に対処するシャーマンの個人的な才能である。私達は彼が診断するとき、良き観察者であり、心理学者であらねばならないとみなしている。貧相なシャーマンが異なった方法で試み、儀礼に従って行動する間に、善良なシャーマンが彼の妨害を助けられるか否かで、良いと定義されるかもしれない。診断の技術は精霊にある。しかしながら、私が見て、むしろ親密に知っていた若干のシャーマンは善良とみなされ、同時に彼らの知能のどんな特別な徴候も気づくことができなかった。他方、私は言葉の感覚が共通しており、むしろ知性的に優れていた若干のシャーマンに会ったが、しかし彼らは良いシャーマンではなかった。ツングースの人々の知的能力に関する正確な定義に至ることは簡単な仕事ではないし、またシャーマンの実践において、恐らく主たる方法は共通した現象と関係して実情は明白で、知性からの結果ということではない。

悪いシャーマン　私は、記述された具体的な事例と、私が個人的に知っているシャーマンから見つけ出した限りにおいて「悪い心」を持っているとみなされた、これらのシャーマンは若干の精神的な影響を受けている。そして、その精神的状態について、彼らは他の人々に向かって敵意の行為を犯していたかもしれない。それは前の節で記述した方法と同様に、そうしたシャーマンは人々や家畜に対する策略により告発される。ここで、私はビラルチェンツングース人の間で収集した若干の事例について提示しておきたい。

事例(1)　優れた狩人の青年が、動物を殺すことに失敗した。彼は二度行なった。彼の父は、年老いていたがむしろ金持ち(彼は若干の貯蓄と二十頭の馬を持っていた)と、そのようにみなされていた。そして彼らの精霊を用いて妨害した悪意ある若干のシャーマンがいるに違いないと考えた。というのは、息子は優秀な狩人であったからである。老人は狩りにおける息子の成功をねたむシャーマンさえも知っていたので、老人は「もしあなたがあなたの全ての精霊を得たとすれば、それは良いことである」と冗談を言った。

事例(2)　ここで、私は悪い心を持ったシャーマンについて、ビラルチェンツングース人の間で記録された典型的な物語を示す。ダンカン氏族において、非常に悪い心を持った年老いたシャーマンがいた。彼は悪い策略を人々に用い、若干の人々の馬と、他に子供を失わせた。そこで、四人のシャーマンは彼を殺すことにした。あるとき、彼は樺の皮を集めに出ていった。彼はカヌーを離れ、森の外れに行った。彼が最初の木に近づいたとき、一頭の熊と一頭の虎を見たとたん、直ちに彼を攻撃してきた(熊と虎は四人のシャーマンによって送られた精霊であった)。彼は斧でもって、自らを防ぐことができ、さらに二頭の動物と戦い、カヌーに引き返した。彼がカヌーに近づいたとき、彼は「さて、彼ら(人々)全員を皆殺しにしてやる」と言った。彼はテント小屋に到着すると、自身でシャーマニズムの装具を身に付け、三日三晩シャーマニズムを行なって、その後突然死んだ。しかしながら、死ぬ前に、彼は近くにいた人々に「それでもなお、あなた達全員は私に従うであろう」と言った。実に、そうした死は最悪であった。というのは、精霊はシャーマンの後に残存し、一つの家族から他の家族へと移動し、そして全ての氏族の人々が苦しみを経験したからである。精霊は、他の人々には捕まえることができなかった。というのは、死去したシャーマン以外、どんな他の統御者も持つことを望まなかったからである。

事例(3)　私がこの集団に囲まれていたとき、この精霊を送るための問題が議論された。良い(強い)シャーマンが三年か多くても五年のうちに精霊を送るであろうと言ったが、しかし困難を伴っただけであった。実際に、彼らはダンカン氏族の人々のいない地域にその精霊を送るのが良いと議論した。しかし、精霊の一時的国外退去のためさえも、おびただしい豚と一頭のノロジカとヤマシギの犠牲が必須であった。私が訪問した一年前に、氏族の人々の一人、その息子がおびただしい供儀にもかかわらず、精霊のために死んだ。しかしながら、このとき悪いのは父親と一緒に掟を果たさなかった氏族の人々で、二頭のノロジカと三羽のヤマシギの代わりに、彼らは一頭のノロジカと二羽のヤマシギしか供えなかったからである。父親はこの必須の犠牲を減らしたことに、多少の間違いを感じた。

事例(4)　悪い性質のシャーマンはどのような理由もなしに危害を与えた。ときどき彼らの力は強く、そのために指で刺すだけで動物を殺し、家畜さえも殺した。この痕跡は皮膚の黒い点である。満州の人々の間でも、「悪い性質」のシャーマンは、勿論見られる。上述の多くの事例(Section113参照)のように、シャーマンの道はシャーマンによって生じた不幸である。しかしながら、それはこの氏族に所属するシャーマンによって生じたいかなる不幸も、恐らくこの氏族内のことではなさそうである。

事例(5)　良い声を持ち、踊りが上手く、表現力豊かな方法でさまざまに太鼓を叩くシャーマンは、儀礼の実践と関係している限り、良きシャーマンとみなされている。儀礼行為の説明から、私達は彼らの技法がいかに重要かをみてきた。良い技法は高く評価されることは当然であるにもかかわらず、それは恐らく、つまりエクスタシーと観衆の一定の行動を維持する技術を高く評価され、はっきりと理解されることはない。

誠実で公平なシャーマン　多くの事例の観察から、私はシャーマンの誠実さと彼の役割を実行する公平さは、経験不足の良き代償であるという結論に至った。シャーマンが誠実で公平な人であるとき、観衆への影響力はさらに大きく、そしてこうした活動はより効果的である。しかしながら、他から習い覚えたさまざまな方法を用いた技巧は、勿論ツングースの人々が言うように、「シャーマンは実際には精霊を持ってはいないが、しかしいかにして実践するかを知っている」ということに注意すべきである。従って、シャーマンの技法を理解する人々へ及ぼす影響はあまり大きいものであるはずがない。

シャーマニズム的機能を公平に実践するには、二つの状態により影響を受けるかもしれない。つまりそれは、⑴若干のシャーマンは他の人々の信頼からの大きすぎるくらいの感覚を所有する。なぜならば、彼らは見ることで同意し、そうして公的な意見に彼ら自身を不本意でも適応させるからで――そのため彼らは「指導者」としての役割を失うこともある。⑵若干のシャーマンはそれらの役割から具体的な利益を得ようとしている。最初の事例は、むしろ若干のツングース人の集団の幾分自由な性格であり、個人的な感覚として、氏族の人々の間での助長は許されている。当然ながら、若いシャーマンはこの影響力により敏感であり、そしてこうした彼らの若干は観衆の気を散らす単なる原因となるかもしれない。一時的な成功にもかかわらず、そうしたシャーマンは人々への影響力を徐々に失うこととなり、そしてそのとき彼らは良きシャーマンと思われなくなる。私は北部ツングース人の間では、シャーマンに関する具体的な関心を持つ事例を観察していない。

見せかけのシャーマン　それは満州の人々と異なっている。個人的な関心の要素は非常に強く、むしろ影響、つまり氏族の人々や外の人々と一緒に関係する煽動的な方法の結果としての増加する形態であり、そうした後に個人的な影響を失うか、あるいはこの役割から具体的な利益の形で結果が生じる。これは氏族のシャーマンでないシャーマンにとっては特に真実である。彼らの活動の実際の刺激はこれらの役割によって生じた利益にある。そのようなシャーマンは、依頼者を支援しようとして彼らを引き付けるために、あらゆる種類のトリックを用いる。そして、彼らは当然に彼ら依頼者からの誠実さと本当の熱愛を失うことになる。彼らは単なる簡単な専門家になって、シャーマンとして生活し、そして満州の人々の間で本当に影響を与える楽しみをめったに持たない。そうしたシャーマンでさえもが、北部ツングースの人々のような集団に接したとき、人々を助けようと捜している人々にどんな良いことをしても、人々が彼らを信じないで、困難な地位にある自分自身を発見するであろう。

職業シャーマンの場合　みたところ、ダウールの人々の間では、ほとんど職業的なシャーマンprofessional shamansのこの形式は、さらに先の段階、ステージに到達している。つまり、彼らは地元のシャーマンlocal shamans、つまり中国では医師、満州ではマファリ*mafar'i*と一緒に競争して、一つの場所から他の場所へとときどき旅をする。中国人の間では、シャーマンはただ他の職業シャーマンと一緒に競い合うだけで、職業シャーマンは単独で商売として活動しているだけである。実際のところ、私が見た彼らの全ては、このタイプで、満州とツングース人は同じであると言える。ツングースや満州の人々の目では、中国のシャーマンは「専門僧」と「医師」とはあまり異なるところがなく、そして明らかにシャーマニズム的な力は否定的である。

誠実なシャーマン　ツングースの人々の心について、シャーマンの異なったタイプとしては、「彼らの心の特質」、つまり誠実さとして分類されるように思われる。この状態が氏族の人々に対するシャーマニズムの実際的な結果として大いに作用して以来、候補者の個人的誠実さは、彼がシャーマンの代理になって従う前から、常に重きをなしている。候補者は、この地上では完全に拒否されるかもしれない。本当に良いシャーマンは誠実な人でなければならず、彼の役割からのいかなる個人的な利益、それを得ようとするいかなる考えも除いて、彼の氏族の人々や他の人々に貢献しなければならない。

138　シャーマンによる知識の蓄積（Capter29-Section 138. Accumulation of knowledge by the shamans）

知識の貢献者としてのシャーマン　シャーマンの活動についての状況を完全にするために、シャーマンがツングースの人々の知識の後援者、よく言えば貢献者であることを追加しておかねばならない。

儀礼の実践やエクスタシーの状態にある間のシャーマンの精神的状態に関する記述において、私はシャーマンについて、心理学の研究と病人や観衆の精神性に関し、非常に深く進まねばならないことを示してきた。シャーマンは——つまり新たな精霊、あるいは古い精霊の新たな出現に関して、彼らが分析するところの観察者であり、事実の収集者である。示してきたように、依頼人を取り扱う実際的な儀礼において、第一に精神的に面倒な状態に関して、彼らはさまざまな新たな方法を発見した。この知識の全ては、特に発見するのにあまりにも物事が多すぎ、あるいはツングースの人々が他の集団と接触して入り交じっているときなど、シャーマンは非常に忙しくしているかもしれないが、精霊とその扱い方法に関して既存の理論と調節しておかなければならない。既存の文化的伝統、複合に対する新たな文化要素との調整は、「良き」シャーマンによって連続的に行なわれる実際の創造的な仕事である。私が新たな方法に関する分析と入念な推敲について話したように、これは創造的な適応性への感覚について理解せねばならないことであることを、私は強調しておきたい。私達がそれらを理解するように、現象の大部分は単に簡単に象徴化されているだけか、あるいは精霊の複雑な文化複合やそれらの間の特別な既存の文化との関係は精巧に象徴化されている。事実、もしヨーロッパ人の反応のように、人がシャーマニズム的理論を聞き、シャーマンについて推敲された方法を見たとしても、シャーマンの全ての労作は躁病性の精神錯乱、純真な人々に対する詐欺、「迷信」、性的関心などとしてその姿を見られる。まさに、シャーマニズムは通常そのように描かれている。シャーマニズムの側からは、第一にこれは「ヨーロッパ的文化複合」の用語と分析により「翻訳」がなさねばならず、その後なら、それは偉大なヨーロッパ哲学の若干の偉大な哲学理論よりもより精神錯乱とはみなされることはないであろう。とはいっても、ときどき全てが精神錯乱の複合(ときどき実はそうなのだが)によるものと関係しており、とりわけ文化的複合から抽出されるものは、ただの要素だけである。

知識の伝承　もう一つ他にも、つまりシャーマンの若い世代、つまり候補者にとって獲得した知識の伝承、そしてシャーマンの選定に関する心配がある。若い世代の教育——知識と伝統の保存の仕組み——は、科学的な研究に関して出版することは知識の蓄積の手段として、当然知識の蓄積状態の一つである。しかしながら、この方法では知識の一部が伝承されるに過ぎない。というのは、シャーマンは彼らの候補者に知識を伝承することをしばしば拒否し、候補者は十分に準備されることを信じていないからである。

シャーマンは、彼らを理解することのできない人々の持つ適正な能力に関する事柄を、しばしば語ることを拒否する。彼らは、「単純」で、「共通」した人々に説明するために、そうした掛け離れた人々への特別な用語さえも持っている。しかしながら、シャーマニズムにおいては、「神聖な」とか「禁止する」、ましてや「禁忌する」ことについては何事もない。唯一の問題は、あらゆる人がシャーマンを理解することができなくて、それゆえに無知な人と一緒に語ることはシャーマンにとっては無益なことである。調査研究者の多くが、シャーマンの無言症、彼らの敵対的態度、そして研究者への待遇、いかなる返答にも満足する無知な人など、彼ら自身でシャーマンを発見することを妨害されることは怪しむに足りない。「原初的人間」や他の想像上の解釈に関して、ヨーロッパ人の理論からの結果として生じる最も矛盾した質問から成るさまざまな「質問事項」を持って調査旅行をする人々にとり、それはとりわけ真実である。ヨーロッパの学者は無学なよそ者が彼の実験室に入ってきて、繊細な器具を太い指でこづくことを許すとか、実験室での実験中に学者の性的な複合への影響に関して、皮肉な笑いでの質問を許すことなどはないと私は確信する。極端な礼儀正しさと「文明」の典型的な力の過度な釣合いのために提示する必要性のある認識だけが、そうした研究者を退場させることによりシャーマンを守る。

調査者とシャーマン　シャーマンに関する私の体験において、特にもし人が他の外国の文化的複合である「万年筆とメモ帳」や他の装置で、彼らを悩ますことがないならば、人が彼らに僅かな理解を示すや否や、彼らはますます多くのことを説明することを望むという私の結論に達した。人がシャーマンから「学ぶ」ことを望むとき、彼らは専門家、非常にしばしば嫉妬深く彼らの生活を成り立たせている職業上の秘密を暴露することを怖がって、権威を示すことを気にする若干のヨーロッパの専門職よりも、この点で容易である。そして、その専門職は、未だ頻繁にそうした考えがあっても――彼らの貧しい精神的な知識を奪われることを恐れて、他の人々から彼らの考えを提供することを隠す。私は連絡を閉ざして、関係を確立することができなかった若干のシャーマンがいた。初期においては、主にこれは私の経験不足の結果であったかもしれず、また後者は実際に、若干のシャーマンとは彼らの役割についての考えを実行することができたが、しかし彼らは雄弁ではなく——いかにして言葉で彼らを表現するかを知らなかった。これは、特に女性シャーマンにおいては本当で、彼女達は内気で、交流することの困難さが増すばかりであった。

知識の習得と伝承　知識の習得や伝承はシャーマンにとり「良き」機能で、特に心理的な専門性が関係している限り、当然一般的なツングースの人々の平均以上に、シャーマンは幅広い知識を持っていなければならない。事実、シャーマンの多くが新しい知識を習得することに常に関心を持ち、彼らは自分達の専門性の問題に関連した会話に多くの注意を払い、そして彼らは有能な人々と一緒にこれらの問題を討議することに時間を費やすことができる。

しかしながら、多くのシャーマンが同様に、これを尊重しているわけでないことを指摘することは余計なことである。彼らの全てが「論理的作業」に等しく関心があるわけではないし、また彼らの全てが新しい知識を習得することに関心があるわけではない。候補者がいかにしてシャーマンとなるか、またシャーマンの役割を記述することから、それはシャーマンの間に異なった傾向と異なった類型があることは明白である。シャーマンは、良き診断医であることを除けば、非常に良き儀礼実行者である場合がある。また、彼は良き儀礼実行者であることを除けば良き診断医である場合もある。さらに、彼は儀礼実行者でも診断医のいずれでもなく、また彼は理論的な作業に言及することについて関心がある場合もある。これらの型は適合の結果であって以来——彼らはときどき認識しないで複雑な状態から結果を生じさせ——彼らの間にある創造的な力の段階的変化は、たとえばヨーロッパの大学において人が多くの種類——教授からそれらを目にするのは、教授は単に思考の再生産の仕組みがあるだけであり、それ以上に観察されることはない。この簡単な事実は、調査研究者により非常にしばしば見逃されてきた。

知識の蓄積者　知識の蓄積者としてのシャーマンの役割は専門的役割として捉えるべきでない。あらゆるツングースの人々はこれをなしており、またあらゆるツングースの人々はシャーマニズムに関心を持っており、このようにシャーマンと親しく接触している。しかし、シャーマンがこの分野で専門家となって以来、実践においてさまざまな事例と出会い、この文化的複合の面で、尊敬をもって良い地位を得ており、当然ながら「一般」の人々以上にこのフィールドでより知られ、理論家となっている。

第三〇章　シャーマン(2)（Capter30. THE SHAMAN）

139　シャーマンの社会的関係（Capter30-Section 139. Shaman's social relations）

社会的関係の二つの特質　シャーマンの社会的関係には二つの特質がある。第一は、シャーマンによって精霊を統御spirits masteredするために確立された関係。第二には、依頼者とシャーマンによって確立された関係である。すでにみてきたように、勿論精霊には氏族生まれの精霊と外来の精霊がいて、従ってシャーマンの種類には氏族シャーマンclan shamansと「氏族外out clan」(氏族に所属しない)のシャーマンがいる。しかし、両方の種類のシャーマンは承認される必要があり、それらはどちらも複雑な選定の儀礼、つまり候補者の本物の試験と実際の議論、あるいはシャーマン自らによりシャーマニズム的技術の実習に成功するかのいずれかにより、その地位は獲得される。

正式に承認された氏族シャーマンと、個人的能力により認められたシャーマンとの間には、大きな違いがある。つまり、最初の集団のシャーマンは氏族の機能的組織の必須構成をなし、同時に第二の集団は氏族外のシャーマンで、彼らは「外来」精霊集団として限られた集団を広範囲に超えて影響しながらも、個人的な依頼者の集団に極めて限られていることである。

安全弁としての氏族シャーマン　実際に、シャーマンは氏族の精霊を統御し終わった後、氏族の精霊によって影響される悪い出来事の心配から、彼の氏族の全ての成員をそれにより和らげる。そして、いかなる氏族の人々に対しても、直ちに彼の支援を貸すための準備が整っていることである。彼の支援は「精霊が彼によって統御されている *spirits are mastered by him*」がゆえに、効果的で、困難ではないであろう。――つまり、小さな供儀、祈禱、そして精霊との頻繁な会話は問題を忍耐強く和らげるに違いないからである。この方法により、精神的な障害の多くの事例が、ほとんど自動的に治療される。そのうえ、氏族の精霊が、つまり精霊は通常非常に力が強く、そして氏族の人々とよく精通し、よく気を配るとき、精霊達は氏族外の精霊との戦いにおいて、複雑な事例を話さなくてもシャーマンを支援する。また、同族の魂が通常死の世界に到達することができないときには、シャーマンの助手が簡単に支援し、同時に氏族外のシャーマンの精霊が氏族の精霊と入り交じって有害なときには、常に避けなければならない。このように、機能的な観点からは、氏族のシャーマンは「安全弁」として、また氏族の成員の間の精神的な均衡の規制を担当する特別な氏族の係官として活動する。

氏族の分割とシャーマン　氏族とそのシャーマンとの間の関係がどれほど近いかは、ツングースと満州の人々の間で観察したように、新しい氏族の構成の事実から見ることができる。私はソント(Section24, SONT)においてこの問題を取り扱ってきた。そこでは、私は氏族の分割が複雑な結合機能を円滑にする必要性により、条件づけられていることをみてきた。もし、二つの氏族において性比の都合が悪いか、あるいは氏族(特に二者の構成において)の一つに人口の増大か減少の重大性があるならば、人口が多い氏族の分裂は非常にありそうなことである。必要とする時間には特定の規制があるが、しかしブガ *buga*(精霊)に対する分割について宣言した後でさえも、二つの氏族のシャーマンは精霊を分割するまでは、結合の結論には自信がない。それで、新しい氏族が形成され「新しく任命された後輩」のシャーマンは、古いものから分離されなければならない。氏族の精霊を混入することを回避する観点から「理論に従って、別にしなければならない」ことにより、それはなされる。

この作用が実行されるとき、女性は結婚により取り交わされる。精霊を統御するために十分な力で精霊の分割と候補者の出現、それは精霊ブガに対して公式に宣言する前に生じたことが、その分割は言葉の期限、たとえば通常四から五世代前から固定化する以前に実行することができるという意味で、説明されることは興味がある。私は、異なる種類の関係の幾つかの組み合わせを観察してきた。この事実は非常に興味あることである。なぜならば、ここでは社会的組織が精霊とシャーマンとの関係を反映しているからである。しかし、氏族の分割は精霊の分割行動と同じとみなしてはならないし、またシャーマンによって創造された関係の投影とみなしてはならない――氏族の分割はシャーマニズム以上に古いからである。

シャーマンによる人々への支援　必要とされる氏族の人々への支援に対する義務は、氏族により承認されたシャーマンの特別な地位の結果より生じる。実際問題として、この必要条件は単純な形式主義の儀礼実践として、シャーマニズム的な技術の変化を引き起こすかもしれない。これは非常に人口の多い氏族の間で生じ、そしてシャーマンはあまりにも多くの人々の世話をしなければならない。シャーマニズムをするときには、あらゆる技術としてエクスタシーやそうしたシャーマンの側の努力を必要とする。また、後者は頻繁にそれをすることはできないときは、シャーマニズムすることは儀礼主義的な形式に変化して、そのように人々を安心させることができない。満州の人々の間では、シャーマンの多くが単なる儀礼の実践者になっている傾向がみられる。シュテルベルク(前掲書)は、ゴルジシャーマンの間では、非常に鮮やかに下界に魂を運ぶために、彼らの儀礼的実践でいつも忙しく、ゴルジが人々を世話する前に多年にわたって彼を待っていたと話している。このために、氏族シャーマンは、ときどき氏族外シャーマンにより、彼らの技術に代わって就任することがある。さらに、氏族外シャーマンの方を選ぶ他の事情がある。つまり、氏族のシャーマン職の候補者の多くの事例において、ときどき年上の氏族の人々により強制的に用意しても、候補者はシャーマン職の務めを果たしたがらなく、そのために氏族外シャーマンが彼らの職務の全てを引き受ける。なぜならば、それが彼らの使命であり、彼らは通常「承認された」シャーマンの地位を獲得する以前から、多くの精力を使っているからである。

怠慢なシャーマン　他方、ツングースの人々、同様に満州の人々の態度は、常に氏族シャーマンに対してはいくらか部分的な関わりである。その理由はそうした人が氏族にとって必要(私の理解では、安全弁として)であるからで、氏族の不公平性が氏族内の求心性の運動のせいに過ぎないからである。氏族の人々は、もしシャーマンが成功しないならば、常に言い訳を見つける。たとえば、シャーマンは若いか歳を取りすぎていると言われるとか、あるいは精霊が彼の統御に対し働くことに怠慢すぎて疑わしいとか、さらに若干の新たな知らない精霊が行動を疑っているなどである。しかしながら、もしシャーマンが自分の活動に能率的でないところを示すならば、それは経験豊かな年上の者によって見つけ出されるであろう。そして、彼は氏族の一般的な非難、場合によっては彼自身に対して、氏族にとって危険で有害な人として、氏族全員を行動に駆り立てることに直面することになるかもしれない。これは、シャーマンが彼の「悪い心」を明白にしたときの事例である。氏族の人々は他のシャーマンの助けにより、彼を打ち破るか、少なくても彼を氏族外に投げ出すかの決断に至り、それは実際的に極刑と同じに近いことを意味している(Section63参照)。もし、シャーマンが氏族の人々により高く評価されないならば、彼は職務を諦めるであろう。しかし、示すように、これは容易ではなく、ほとんど不可能である。

シャーマンの中立化　ツングースの人々(満州のツングースを含む、全ての集団)は、シャーマンが中立化することは、氏族の精霊(他の精霊とも、同様に)との戦いのために必要であると認めており、そのため彼らは精霊を持たず、従ってシャーマンを持たないことがより良いと信じている。もし、あることで精霊を除去したいと提案されたとすれば、それを受け入れるための準備ができているであろう。それと一緒に、シャーマンもまた必要とされないであろう。この態度は、一般にシャーマンに支持されないが、それでもやはり、シャーマンに対する消極的な態度を示すだけではど遠い。しかしながら、全てのツングース人の集団の間で、人はシャーマンに対して敵対的な個々人に出会うかもしれない。そして、彼らによれば、誤りはシャーマン自身が発散しているという。シャーマンが、他の同じ氏族の人々により支持されなくなると、彼らの声はより強くなる。そうした活動は、個別の民族誌的複合の洞察に依存し、それらはさらに詳細に、別の章で議論されるであろう。

シャーマンはこれらの中立的で敵対的態度と直面しなければならない。若いシャーマンは、さらに若い下位の人達や年上の人達との関係による社会的複合により束縛される。多くの事例において、この関係は年上の人達により常に共有されているわけではなく、彼ら自身の意見を維持するために、彼らを異なった意見の中に立たせる。シャーマンが特定の時期に至って、年上の集団は小さなものとなったとき、これらの困難さはそれほど大きなものではなくなる。この点で、シャーマンは彼の人生全ての中で彼自身を適合させなければならない。というのは、年上の人々がいてさえも、彼は氏族の意志により拘束されるからである。

シャーマンの地位　上述したように、シャーマンは呪術師や祭司者と同じように権威者にならないことは明白であるが、彼の人生を通して彼は同族の一員として存続し、彼らの地位は同族の氏族組織全体により、シャーマンの振舞う批判的な意見により点検され、後で示すように外の民族集団にまでもツングース人の影響を広げる。

シャーマンの地位の安定による大きな役割は、彼の個人的な成功により果たされている。もし、シャーマンが氏族の若干の人達に対して治療が成功したならば、再び招かれて、そのため彼の地位はより強固なものとなる。すでにみてきたように、儀礼の実践の後、シャーマンは全ての時間を精霊のために使っていた自分の「道筋」を離れる。そのために、シャーマンと依頼者との間には、特有の関係が、精霊と「道筋」が組織の援助により固く確立する。氏族外のシャーマンの影響は、全く彼の個人的な関係に依存し、同時に氏族シャーマンの事例と同じ道筋をたどり、間接的ではあるが、他の氏族の人々全員との関係を結ぶ。「道筋」は、シャーマンがシャーマンと氏族の人々、同族の間の個人的な関係を大いに補強することにより残される。

家族シャーマン　満州では、そうした関係は特別な用語で表現されている。シャーマンはパオ（ジャラン *ǰarun*）において、その家族（ボー *bō*）が世話をする。それで、シャーマンはジャランボーとか、ジャランサマン（家族シャーマン）と呼ばれている。これらの関係は、通常シャーマンの依頼者、つまり特に氏族に所属していない家族において、幼児期から確立されている。もし、シャーマンが十歳以下の年齢の子供を上手く扱うことに成功すれば、彼はタルガ *targa*（家の神聖な場所、そこに掛けられた布）を任されることになる。後者は細い一片の布（飾り紐）がシャーマンの頭飾りに取り付けられたものを意味する。全てのシャーマンが用いる普通の色は赤である。赤い小片に、さらに二つの異なった小片が追加され、たとえば色は黄、青、緑、白、黒色などが加えられる。これらの小片は、シャーマンの頭飾りから二つの丸い真鍮の鈴と若干の房飾りが与えられている。これらはシャーマンの精霊のための社会的習慣として配列され、それらは色、つまりパーンボカ *p'oxun vocko*（家や氏族の精霊）の組み合わせにより精霊を識別することになっている。そうした配列は子供の上着の背中にも取り付けられ（常に、子供が健康であり、親が不注意にならないために）、十歳の年になるまで着用する。当然ながら、神聖な布タルガの持ち主は禁忌された家に、出産後ジャツカボー *jatka bō* とタルガボー *targa bō*（*ilxa mama* 子供などが天然痘、水疱瘡、麻疹などにより病気が生じた間）のときは訪問してはならない。勿論、それらにより人々が最近死んだ場合、シャーマンの精霊はこれらの精霊を「混合」しているかもしれないからである。そのうえなお、世話を受ける子供はタルガと真鍮の鏡トイルを受け取る（女の子は受け取らない）。それは神聖な棚セドム *semde*（満州綴りで棚の意味）に保存しておかねばならない（*sendexen* 満州語綴り。満州語の研究者I. Zaxarovによれば、*sen* は中国の「精霊」。*undexen* は満州語では「平らな板」）——棚は精霊の宿り場として保つために用いられる——そこには、神聖な布が十歳の年齢になった後に置かれる。それは家族シャーマンの棚 *ǰarun samani semde* と呼ばれて、家の精霊と同じように非常に重要で、尊敬されている。シャーマンにより世話をされる人は、シャーマンが自身でそれを推薦しない限り、他のシャーマンからの支援を求めてはならない。そのために、徐々にシャーマンは自分の周りに、永続した依頼人の集団を形成する。一日と十五日の新月（月）毎に、依頼者である信者はシャーマンの精霊に祈りの儀礼の実践をしなければならない。前述するように、毎年、新月（月）の第二日目に、信者はシャーマンの偉大な年々の供儀祭に参列しなければならない（理論的には、信者はたとえ「千里」の道程であっても、参加しなければならない）。そして、供儀のために若干の酒、中国の万頭、お菓子、香料（肉は必須ではない）を持参しなければならない。

シャーマンの報酬　十一月か十二月の収穫の後に、シャーマンは村の全戸を訪ね、あらゆるジャランボー *ǰarumbō*（シャーマンのいる家、家族）から若干の穀物（雑穀、小麦、その他）の供給を受ける。豊かな家族は一トンもの穀物を、貧しい家族はそれよりも少ない穀物を与える。ジャランボーでない他の全ての家では、およそ十五キロよりも少なくない穀物をシャーマンに与える。集めた穀物は一年の間シャーマンを支えるに十分であるかもしれない。通常、異なったシャーマンが同じ家の中で出会うことはないことに注意すべきで、またシャーマンが他の家族シャーマン *ǰarun saman* がいる家の中に入っていくことはない。もし、シャーマンが家に入って、そこで家族シャーマンが行動しているならば、後者のシャーマンは直ちにそれを知って、彼の助手を通じて、それを言うであろう。儀礼の実践は精霊と、特に天の精霊に対する短い祈りから成っている。

シャーマンと信者との関係　満州のツングースの人々の中でシャーマンと信者との間に形成された関係は、世話を受ける人が子供であるときに、未だなお強い。多くの事例では、みてきたようにシャーマンは子供（男性、あるいは女性）の魂を受け入れ、一定の年齢、ときには十二歳か十四歳になるまで、それを守って維持する。シャーマンは彼の保護の下に、他の人々や動物などに返される三部分の構成要素から成る魂の一つを受け入れる。もし、三つの構成要素の全てを取り上げたならば、子供は死ぬであろう。シャーマンは子供に鈴と真鍮の鏡、あるいはシャーマンの装具から何か他のものを呪具として一緒に残す。これらは、その魂がシャーマンにより守られている間、シャーマンの精霊のための宿り場であるからである。その精霊の宿り場は、常に子供の寝る場所の近くで、特別な樺の皮の箱に保存され、それらは決して失ってはならない。もし、紛失したならば、シャーマンに至急報告しなければならず、シャーマンは精霊の宿り場と一緒に、不在の精霊を制御して再び回復するための処置をとるであろう。この機能により、シャーマンの精霊は、実際に子供の精霊の保護者となる。上記に示した期間の後は、子供の魂はシャーマンにより解約され、上記で言及した呪物はシャーマンに返される。魂を元に戻す期間以前にシャーマンが死んだときには、若干の混乱が生じるであろう。しかしながら、全ての精霊、そして当然魂はシャーマンの死後自由になると想像される。もし、シャーマンの魂と精霊、勿論子供達の魂はシャーマンの死んだ当座ならば、他の精霊によって捕らえられることはなく、子供達はいかなる事故も経験することはない。それゆえに、ツングースの人々は年老いたシャーマンに依頼することを控えるし、当然ながら他のシャーマンと戦って、いついかなるときに打ち破られるかもしれないので、彼らは「悪い心」を持ったシャーマンからのいかなる助けも求めない。シャーマンが子供達の魂を集めたとき、彼は彼自身に大いなる従属関係を彼らと結び、そのようにしてシャーマンと彼の信者との間に非常に強い関係、紐帯を形成する。彼らの全てがシャーマンに保護してもらい、彼と仲良くすることを望んでいる。問題が生じた場合、恐らくときには自らの意志に反しても、彼らは彼自身の支持者を形成するであろう。当然ながら、より多数の人々が子供の時代からの永続的な信者であり、より影響が大きいのがシャーマンである。

関係の永続性　シャーマンによる子供達へのこの特別の奉仕が為される他にも、大人の信者達は自分達の問題に関してシャーマンから安心を得て、このとき当然シャーマンと友達となり、シャーマンは多くの大人の信者を長期にわたって蓄積することになる。通常、シャーマンに知られている大人の信者は、彼ら自身で同じシャーマンに話しかける。そのために後者の場合、信者の心理に精通した後は、信者にとっては絶対に必要な存在となる。事実、あらゆる場合に、シャーマンからの示唆が新たに必要とされるとき、シャーマンの支援なしには、ほとんど穏やかな生活を営むことができない。

シャーマンは指導者になれない　実際に、もしシャーマンが普通のシャーマンと氏族シャーマンと同じであり、「戦い」をしないならば、氏族に与える影響は非常に大きなものになるであろう。しかしながら、社会組織の仕組みのそれ自身の厳格さにより、シャーマンは氏族の「長」、もしくは「頭」になることはないであろう。実際問題として、上記の章でも示したように、シャーマンの全く特別な精神状態は、たとえば外からの攻撃に対して人々を彼らの技術で守ったツングース人の英雄マティオカンMukteokanや他のシャーマンのように、彼は非常に有力者であるとはいえ、ツングース人の戦闘的指導者さえもが、そうした「指導者」に彼をならせることを許さない。これらの事例から、私達はシャーマンの個人的な影響は彼自身の氏族を超えて遠くに拡大するのをみるかもしれないが、それは個々の成功の事例ということになるであろう。

シャーマンの社会的地位　シャーマンが好むか好まないか、彼が「悪い心を持っているか」持っていないかにかかわらず、常に彼は自分の技術と個人的人格により、特別な社会的地位、つまりそれは彼と一緒に対処する確実な儀礼主義を自らに課することを、当然と思っている。シャーマンは、年上であってさえ個人的な名前で呼ばれることはない。また、冗談やいじめ、それらはツングースの人々の間での共通のものであり、シャーマンに対して用いることはできない。さらに、通常シャーマンは「年上」として待遇される。若干の集団の中では、「シャーマン」の用語は、シャーマンの居住する場所で使用されることはない。トランスバイカルのレンダーツングース人の間では、彼らは歌う人、それは「彼は祈っている人」（つまり「歌を歌う」人と呼ばれる。Ner. Barg.）——つまり「歌い手」を意味しているのかもしれない。満州や満州のツングースの人々の間では、シャーマンは尊敬語で——アカ *aka*、アキ *ak'i*、あるいはエジェン *ėǯ'en* ——つまり「統御者」と呼ばれている。トランスバイカルのレンダーツングース人の間では、女性シャーマンは外国の用語でアダコン *odakon*（Section94参照）と呼ばれている。

140　シャーマンの経済的地位と困難性

（Capter30-Section 140. Economic position and difficulties of the shaman）

男性シャーマンと狩猟　シャーマニズムの伝承に関する議論において、シャーマンが維持する問題は重要で、新しいシャーマンの選定にも影響することをすでに指摘してきた。シャーマニズムの精神的な性格のために、シャーマンのほとんどがツングースの人々の主要な産業活動——狩猟に関して特別な位置にあることを言及している。実際に、トランスバイカリアンで、アカシカやトナカイのような大きい動物を殺すことができず——それで主にノロジカを狩っていたシャーマンに私は会ったことがある。彼の側からみれば、それは自己暗示の事例であった。一部のシャーマンは虎や熊を狩ることができない。というのは、これらの形が他のシャーマンによって装われて(彼らの宿り場となっている)いるかもしれないからである。シャーマンの多くは銃で狩猟するという保証はない。精霊と取引している間に、他のシャーマンと同じようにときどき精霊に襲われることがある。通常シャーマンは、一人で残っているときには確信がなく、そのためにこのことを、彼を襲う好機としては利用することはできない。ときどきシャーマンは氏族の人々や氏族外の人々を援助する義務があるため忙しく、そのために正規の狩猟者としての時間が持てないことも付け加えておかねばならない。このために、北部ツングースの人々の間では、通常シャーマンは彼らのために狩猟をする他の人と一緒に生活しており、後でみるように家畜、一般にそれらの世話をしている。しかしながら、この事例はシャーマンの生活の完全な制御された形態では決してないが、人が部分的に病弱であるときなど、同じ氏族の他の人により支援され、通常それはツングースの人々の人間関係の許される範囲内で行なわれる。

女性シャーマンと家事　女性シャーマン、彼女達の経済活動は男性シャーマンの仕事と異なり、男性よりもよりよく仕事を行なっている。唯一の違いは、女性シャーマンは、彼女の任務で忙しく、さまざまな手仕事、それは編み物、あるいは装具の装飾、トナカイの用具、さまざまな箱の制作などで時間がない。そのために、家族のための準備はより暇な時間がある他の女性と同じように多くの飾りを用意することはできない。女性シャーマンは、しばしば家に呼ばれるために、彼女の留守の間に子供達を世話する誰かがいなければならない。彼女が乳児期の赤ん坊がいるならば、乳を与えなければならない。しかし、もし子供達が彼女なしでも過ごすことができるならば、他の人々により世話が行なわれるであろう。ツングースの人々の生活の状態においては、これは困難なことではなく——通常ツングースの人々は二つのテント小屋か、二つ以上のテント小屋の同じ集団に留まっている。尊敬される人として、勿論女性シャーマンは他の女性が彼女の仕事の手伝いとして絶対に必要としており、そのようなこととして毛皮の保存処理が期待されている。女性シャーマンの夫は、一般に妻により行なわれている通常の仕事の一部を行なっている。それは、一般に言われていることなのだが、ツングースの人々の間では珍しいことではない。非常にしばしば、男性は妻を手助けし、毛皮の保存処理、とりわけ厚くて重いヘラジカの皮とか熊の皮など、男性だけで仕事を行なっている。

シャーマンの報酬　バイカリアンのレンダーツングース人の間では、シャーマンは奉仕の報酬を受けず、例外として供儀の後に若干の食べ物を得る。つまり、彼は他の招待客と同じに若干の生肉を受け取るだけである。勿論、シャーマンはネッカチーフとときどき装具一式の追加を受けるが、シャーマンの具体的な支援としては、いずれもが重要ではない。シャーマンは決してお金を受け取らない。このように、シャーマン職は専門職になることができず、それはシャーマンが氏族や氏族外の人々への、この奉仕のために稼ぐことだけで生活することを許されているからである。

氏族シャーマンの場合　満州ツングース人の間では、シャーマンはいかなる報酬も決して受け取らない。犠牲の動物の新鮮な血、それを一部飲み、外国（中国、ロシア）から買った酒か、あるいはツングースの人々自身で作ったもの（一部のツングース人の集団により作られた果樹酒）、そしてシャーマンの外套に付けるネッカチーフのような若干の贈り物だけを受け取る。シャーマンは、お酒やネッカチーフがないときでさえ、シャーマニズムをすることを拒否することはできない。彼らは決してお金を受け取らない。ツングースの人々の全てが、シャーマンは豊かになることができないと断言する。実際問題として、個人的に私が知っている全てのシャーマンは、ツングースの人々の平均よりも貧しかった。ビラルチェンツングース人の間では、夫と一緒に女性シャーマンがいて、彼女は貧しく、夫婦は他の人々が所有する家の片隅で生活をしていた。夫は良い狩猟者ではなく、彼女とその子供の世話で妻と一緒に家にいなくてはならなかった。彼らは山に行くための十分な量の服さえ持っていなくて、子供はいつも半分裸であった。バルグジンのレンダーツングース人の間の他のシャーマンは、レンダーの中で最も貧しい男性で、私が彼を知ったとき、二頭のトナカイに彼の所持品と子供を乗せて、彼は歩いていかねばならなかった。狩猟で事故を起こした後は、彼は以前にしていたように狩猟をすることができると、自身を信じていなかった。

シャーマン職への候補者が何か物質的な関心により活気づくことがなく、この観点からは、彼らは低い地位にあり、ときどき貧困からの連続的な苦しい生活になると、このように言われる。しかし、北部ツングース人のシャーマンの間では、もし彼が「悪い心」の人でなければ飢えて死ぬことはなく、氏族の人々や「信者」により支援されるであろうことに注意しなければならない。しかし、それは他のどんなツングース人も同じことである。

満州の氏族外シャーマンの場合　シャーマンの地位は満州の人々の間では異なっている。彼らの間では、シャーマンは報酬なしで氏族の人々のためにだけシャーマニズムをしなければならないが、しかし氏族外の信者は彼に報酬を支払わなければならない。犠牲の説明のところでは、鶏一羽、一ドル（ルーブル）、小さな服のために十分な服地など、それらはシャーマニズムをした後にシャーマンの取り分となると言及した。実情は小さくて、この報酬はシャーマン一人分を支援するだけである。というのは、彼が一日だけシャーマニズムをしてものを運び出すことができるだけであるからである。収穫後の祈禱の習慣として、シャーマンは村の全ての家から穀物の贈与を受け取り、それはむしろジャランボーからの量よりも大きく、シャーマンの位置は満州の人々の平均よりもむしろ良い。実際に、シャーマンが二十、あるいは三十のジャランボーを持っており、それらの一部は豊かであることは全く共通し、そして毎年彼らのそれぞれから穀物を一トンも供給される。新年の第二日目にシャーマンにより集められる贈り物は、勿論重要である。酒、香、お菓子、パンなど多くのジャランからの贈り物は長い間に用いるに十分な量で、売り渡すことさえある。

しかしながら、氏族シャーマンは、私が示したように、氏族内の職務として全く忙しく、そのために彼らはシャーマン職としての有利な職業を作ることができない。しかし、重要なシャーマンは、彼ら氏族により拘束されないので、相対的な繁栄に到達している。

中国人のシャーマンの場合　満州の人々の間では、私は裕福なシャーマンを観察していない――彼らの多くは氏族シャーマンであるが――しかし、中国の人々の間では、シャーマン職は確実に有利な専門職に変わっていた。私の調査中に即座に、私は何人かのシャーマンを知り、この内の彼らの二人は、都市でさえ（満州では*Saxalan*、中国では*Xeixe*）全く豊かな生活を営んでおり、そこでの全てのシャーマンは畑を耕していなかったし、シャーマニズムをするより以外、他のどんな専門職をも続けてはいなかった。ダウールの間では、同じような状態に近いように私には思われる。というのは、私は専門職として生活しているシャーマンに出会ったことがあるからである。

シャーマン職の困難性　むしろ、シャーマンの経済的状況の困難さは一種の殉教の生活を為さしめているのが一人でないことである。そして、シャーマニズムをすることの艱難辛苦、責務と敵意は貧困と関係づけられている。そのうえさらに、彼の活動は多くの制約に拘束されている。彼の魂の将来は不確かで、なかんずくシャーマンは彼のシャーマン職を諦めることはできない。まず、第一に前でもみたように、その職務は大変に神経質で精神的緊張の状態にシャーマンを維持していることにある。個人的には、後者は喜ばしい状態と認められている。しかし、非常に真剣にシャーマニズムをする儀礼的実践により肉体的に疲れを感じたあと以来――それは面倒な仕事で――仕事をした二、三年後には、半分疲れ切った状態となる。この肉体的消耗は儀礼的実践において活力を不経済に使用した結果かもしれず、それはただときどき純粋な儀礼主義と誤魔化しのトリックに基づき、精神的複合の特別な緊張を必要とするものではないが、それは通常、本当のエクスタシーに基づいているからである。もし、シャーマンがしばしば儀礼的実践をしすぎたならば――私は、ほとんどシャーマニズムをしない三つの実践が一日で実行されたときの若干の事例をトランスバイカリアンのレンダーツングース人の間で観察したことがある。大きなシャーマニズムの実践は結婚式などの大きな集会の中で、毎晩実行され――彼は当然疲れた状態となる。私達は、シャーマンが彼ら自身でときどき儀礼の実践を望むのをみてきた。それはシャーマンの個人的な精神的不安定性の印として理解してきた。この場合、シャーマン自身は精神的不安定性のために感受性が強く、もし彼が儀礼の実行に自身で制限を加えないならば、彼は自分自身の精霊の犠牲となるかもしれない。そうして、シャーマンは自分の仕事を実行することさえもできないとき、徐々にそうした状態の中に自分自身をしむけるかもしれない。もし、他に強いシャーマンがいないなら、そこでは誰も彼を助けることができないであろう。

シャーマンの社会的役割　シャーマン、それは氏族の安全弁であり、氏族の管理者であるので氏族の人々、同族の支援を拒否することはできない。従って、彼は自分自身が強いのかそれともそうでないのか、疲れているのかそうでないのか、いずれにしても氏族の人々の世話をしなければならない。しかしながら、シャーマンの精神状態はしばしば注意されず、恐らくは理解されなくて、ただ彼が精神的に「異常な」状態になったときにだけ、彼の状態が注意され、そのときに通常それは新たな精霊の陰謀の証拠とみなされる。このように、シャーマンは彼の任務を怠ってはならない。シャーマンは非常に年老いて肉体的に弱ったときだけ許されるか、あるいはもしシャーマンが女性ならば、彼女が妊娠しているときや一般に禁忌状態にあるとき許される。もし、そうした免責がないならば、シャーマンは彼の地位を失うことになる。しかしながら、これはめったに起こらない。しかし、多くの事例において、人が彼自身の精神的な状態のためにシャーマンとなって以来、それは「精霊を統御するmastering of spirits」ことを必要とし、彼はシャーマンとしての正当性を拒むことは、自身の承認された制御能力ability of self-controlを失い、そのとき自身の精霊の餌食となるかもしれない。もし、この社会的機能を放棄した後、またシャーマニズムを行なう正当性を失った後に、自分の地位を元に戻そうと試みても、彼は彼の氏族や新しいシャーマンとの争いになるであろう。そして、彼は幾ら努力しても成り行きの結果となり、「悪い心」を持った男となる。ここでは、一般の氏族の人々の圧力は——シャーマンが精霊とつながっている場合よりも一層強くなる。

責務の感覚　シャーマンは氏族の安全弁、精神生活の整調者としての機能を持って以来、彼は大きな責務を担っていると永続的に感じながら生活する。一部の事例では、そのことは少しも認識され、明確に述べられていないが、私がここで述べるように、この状況はシャーマンにとっては本当に真剣な要因である。というのは、それは精霊とシャーマン自身との間の既存の関係の複雑な規制の形態をとっているからである。しかしながら、若干の珍しい事例においては、老練な経験を持ったシャーマン達は精神的現象や彼らの規制に関して言葉で事の事態を組み立てて回復させることが可能であり、そのことは役割と責務の両方を次々に増大させることになるであろう。責務に対する感覚は、恐らく必要なときに役割を果たすことのできるシャーマンの準備を伴った状態である。

敵意との遭遇　シャーマンは彼の活動中において、他の困難な事態、つまり——敵意と遭遇する。敵意の態度はほんの少数、あるいは氏族の人々や氏族以外の多くの人々からやって来るかもしれない。私がすでに示したように、一般的な同情を得ることに対するシャーマンの怠慢は、一般的な敵意に容易に成長するかもしれない。事実、もしシャーマンが氏族の人々との関係に過ちを犯したならば、——彼は疑われて、氏族の人々の世話をすることが上手くいかなくなる。もし、いかなる事故が発生しようとも、それはシャーマンに起因するものである。彼は危害の原因に対して咎められることになるであろう。当然ながら、自身を守るために、「悪い心」の男性とみなしている範囲に対して、共同体の外に押し出すために、彼は新たな敵意を引き起こすかもしれない。このような事例では、シャーマンが氏族に属していないときには特に頻繁になる。すでに私が示したように、あらゆる集団間において、常に一般的なシャーマニズムに対する敵意があり、そうしたシャーマンは、もし同情やそのとき少なくても彼らの中立的態度がなければ、老練であっても、ほとんど知られていない初心者であっても勝利を獲得しなければならない。

慎重な行動　シャーマンと精霊との間の関係の分析から、彼自身の精霊と他のシャーマンのそれらとには、勿論彼の精霊と他の精霊とが複合しているのだが、私達はシャーマンのあらゆる段階で、多くのさまざまな禁止、回避、禁忌などと結びついていることをみることができる。彼の家族においてさえも、シャーマンは、もし彼が男性シャーマンならば彼の妻に、あるいは彼女が女性シャーマンであるならば、彼女の夫や子供は言うまでもなく、危害のないよう慎重であらねばならない。そのうえ、たとえば子供の出産や月経のとき、狩猟や漁猟、そして責任ある活動の他の形態のときなど、シャーマンは他の人々に危害を加えることから回避しなければならない。シャーマンの精霊、それは彼の内にいつも持ち歩いているのだが、そのことは常に争いに基づいた他の精霊とのかかわりや継続した問題になるかもしれない。このために、常にシャーマンは他の人々の間で自らを発見するとか、旅行や生産活動を行なっているときなど慎重である。これはシャーマンの周辺に対する特別な注意を意味し、いわんや通常ツングースの人々によって享受される以上の自由なども彼に許されている。シャーマンによる他の人々への態度は慎重な行動に反応して、そのために頻繁にシャーマンは多少孤立した状態となる。

シャーマンの悩み　最後に、通常満州の人々、すなわち魂についての心配に関し、その快活さをシャーマンから奪う特別な状況がある。実際の問題として、この生活から外れているシャーマンにとっては、他の人々に対するほど容易ではないからである。魂はこの世で存続し、精霊によって捕らえられ、その後で統御される。そのために、シャーマンの魂は下界に固定して存在する代わりに、中間的世界に留まって存続するであろう。これはシャーマンの人生の中で悩み事の新たな原因となり、そしてあらゆるシャーマンがこの考えによって絶えず心配する。私はこの疑問に関して特別な節で取り扱うつもりで、また私はシャーマンにより経験した困難な様相についてだけ、現在指摘しておきたい。

シャーマンを諦めてはならない　経済的地位は都合の悪い状態に置かれており、困難な仕事を実行するには、確実性が不足しているために、つまり責任により苦しめるために段階的に実施され、そして自身の氏族の人々や氏族外の人々の敵意と連続的に戦い、シャーマンは彼の役割を諦めないように敢然として立ち向かう。これは珍しく例外的な事例について為しているに過ぎないので、次の節で議論する。シャーマンは自らの役目を諦めることはできない。なぜならば、第一に彼の精霊制御を諦めることにより、彼は氏族の人々を精神的に不安定な状態に巻き込み、精霊の「逆統御」の原因となるからである。ツングースの人々の信念によれば、老いた統御者が存在しているのに、精霊は新しい統御者に容易に服従することなく、当然精霊は氏族の人々に危害を与えることになるであろう。第二の理由は、上記でも示したように、シャーマンは彼の役目を諦めることで、シャーマンになることを強いた状況に対して影響を与えることになる。第三の理由は、つまり氏族の人々の一部の圧力により、さらに大きな悩みにシャーマンを押し入れて破壊することで、「シャーマンは彼の役目を決して諦めてはならない」というのがツングースの人々の一般的な意見である。このように、男性もしくは女性がシャーマンになったとき、彼もしくは彼女は死ぬか精神的な病気になるまで続けなくてはならない。

シャーマンの存続　誇張なしに、シャーマンの人生は困難なものであり、自己犠牲の連続であると言うことができるように思われる。シャーマンの個々の存在の状況を厳しく批評することは、それは当然自己自身への問いかけでもある。なぜ、彼らは自身の役目を諦めないのであろうか、なぜ困難と思われるのに、そうした宿命を候補者は受け入れるのであろうか。候補者から新しいシャーマンとなり、そして後者のツングースの住民の多数により形成され、明確に述べられてきた言及により、第一のこの疑問に答えることができる。シャーマンは自分自らの意志で出現することはない。新しいシャーマンは、全て以前より存在した理論の複合的仕組みから、また多くの精神疾患者から、さらに個々人や精神的状態が感じやすい感受性を継承している人などの結果であり、そのことはシャーマニズム的役割のうえで必要とされている。シャーマンはツングースの人々にとって必要とされている。シャーマンは精霊によって冒されている人々(精神的不安定)を治療することの手助けができる。これは微生物に冒されることの「自己防御」のために必要とされるときなど、彼は非精神的な種類の病気でさえも、病気の人々を楽にする。また、勿論彼は彼の存在によって、彼らの病気からの苦しみに対しても、人々に保証を与えるかもしれない。これは長い間の適応を通じて到達した、ツングースの人々自身の経験的な実験の結果である。さらに、シャーマンは拒否しない。というのは、彼の公的活動が魅力的であるからである。ツングースの人々はシャーマニズムをしているのを見ることに喜びを発見し、またそこに参加することで感情的になることを楽しむ。これは非常に重要な状況である。なぜならば、シャーマニズムはこの刺激なしで安定させることができることはありそうもないことであるからである。あらゆる候補者が、共同体の人々がシャーマンを求め、また彼が共同体の人々を援助するという事実に気づいている。私達は、この「社会奉仕」の複合体、私達にとっては事実と思われる、ある程度のこの自己犠牲さえも、基礎となっている精神的仕組みについて分析する必要はない。しかし、もし私達が自ら意識して選択とそうした条件下での決定を形成することを話すことが許されるならば、個々の観点からみて、この活動の否定的側面は、恐らく明確な印象を与えるものではない。その人の運命の選択や決断の形成は、全てが複雑なものというわけではない。というのは、新しいシャーマンの出現は個々人として限られたものではなく、むしろ集団と関連し、通常知覚されないものとして存続する全体的複合の存在によって決定されるからである。

シャーマンを諦めない理由　もう一つの疑問は、いかにして個々のシャーマンは、彼らが為す仕事に対して自身の地位にあって自身の喜びと代償をうまく利用しているのか、そしてなぜ彼らは逃げ出さないのかということである。この点で、シャーマンの個性は原初的に重要である。まず、第一に多くのシャーマンは彼ら自らが再び病気になるかもしれないという理由で、彼らの役目を諦めることができない。第二に彼らの仕事を続けるように氏族に強制されているからかもしれない。第三に彼らは共同体の有力な成員を為しており、彼ら自身に対する興味を見出しているからかもしれない。第四に彼らは情緒的なエクスタシーなどの状態を体験し、儀礼的実践をすることに喜びを発見しているからかもしれない。そして、第五に彼らはこの仕事を続けることに喜びを発見しているからである。なぜならば、彼らは勉強し扱うこと——意識的に無意識的に——人間の精神的複合の最も精巧な仕組みである知的な満足感を得ているからである。シャーマニズムを行なう個人的な心構えによれば、シャーマンの個々の事例は機密扱いにされているからかもしれないし、またこの点で同様にシャーマンの詳細は、より理解されていないからかもしれない。事実、シャーマニズムの苦しさを受け入れる幾つかの要素は異なった組み合わせの形態と、恐らく場合によっては、艱難辛苦がこの役目から受ける喜びよりも小さいことにあるからであろう。

シャーマンの知的好奇心　シャーマンの役目の容認に対して最初の四つの動機は横に置いておくとして、しかし私は最後の一つを、つまり知的な満足としてゆっくりと思案したい。現実には、全てのシャーマンが精霊に関しての知的好奇心に影響を受けているというわけではないが、私は一部の事例においてそうした人に会ったことがある。先行する章において、観察者であり博物学者として、ツングースの人々と一緒に論じた際に、私達は実際的な結論がなくても、他者以上に知識を拡大しようとする、大きな観察能力を彼らが所有していることをみた。人々と接触することで際どいところに入るシャーマンは、彼ら自身についてそれらの真実を率直に認めなければならない——そして私達はそうしたツングースの人々――観察の並外れた広大な研究分野があることをみてきた。一部のシャーマンが頻繁に彼らの観察したことを考え、さまざまな心理的なぞ(精霊に関する用語について)を解明し、さらに新しい素材を収集し、彼らの分野における常に新しい事柄について貪欲で、精神的で創造的な仕事に関心を持つ他のどんな人々においても、この仕事の分野での知的満足を発見することは、全て驚くべきことではない。私達は見てきたように、シャーマンはツングースの人々にとって「科学」――ツングースの人々の知識の貢献者となるかもしれない。しかしながら、シャーマニズムを確認するために論理的な成果を捜すことはシャーマニズムを正当化するための偽りのわざとらしいものになるであろう――この成果はシャーマンを含む最も有能な人達により個別に適合のためだけに成し遂げられ、シャーマンは「安全弁」として、そしてツングース氏族の人々の精神的調整者として、彼らの困難な役目を果たす実用的な側面を発見するかもしれない。そうした結果はツングース人であるとして人々から賦与されたシャーマニズムの実践の副産物に過ぎない。一部の民族集団においては、そうした成果はないかもしれない。たとえば、満州の人々の間では、私はそれを発見することはなかった。恐らくは、これは満州の文化が前もって中国の文化の要素を採用したことの事実に起因し、中国文化は精神的現象の中に大いに浸透して留まり、それは個別に知的傾向として選定された集団を占拠し、そして前にも記述したようにシャーマニズムを零落させた。ツングースと満州の人々との間の明確な違いについては、私は多くは仮説に過ぎないと説明したが、実際には北部ツングース人の間での調査であり、満州のシャーマンの間の思想家には、私は会っていない。

141 シャーマン職を諦めることとシャーマンの死
(Capter30-Section 141. Giving up of shamanship and shaman's death)

シャーマン職の継承　私は、氏族シャーマン職を諦めたときの二、三の事例について観察したことがある。それは、シャーマンが非常に老齢となり、視力を失い、肉体的にも非常に弱くなるなど、つまり肉体的に不適当となったとき、その事例は発生している。しかしながら、トランスバイカリアンのレンダーツングース人の間でのシャーマニズムの継承に関する事例で示したように、老齢のシャーマンが死ぬことの危険性なしに、同時に二人のシャーマンが存在することはできない。しかし、もしシャーマンが死ぬ気持ちになるならば、彼は若いシャーマンに彼の役目を渡すかもしれない。すでに示したように、非常に老齢となったシャーマンと彼の姪の類似した事例を観察したことがある。しかし、老齢のシャーマンが定期的なシャーマニズムを行なうことができず、そうしたとき二人のシャーマンが少なくても数年間同時に暮らしていた。このような事例では、老齢のシャーマンを無効とみて、氏族の人々は恐らく老齢のシャーマンに心配させないように、候補者を支援するかもしれない。私達が老齢のシャーマンに対して難色を示さないならば、新しいシャーマンの出現についての制限の存在を考慮するとき、禁止や恐らくかつては二人のシャーマンを持つことだけは望まないことがよく理解できる。しかし、実際的には一つの氏族において同時に二人のシャーマンを持つ必要はない。氏族の人口が多くなりすぎたとき、彼らは集団を分割して、新しい単位集団それぞれに自身でシャーマンを持つであろう。私はキンガンツングースの人々の間で類似した事例を観察したことがあるのだが、そこでは老齢なシャーマンが彼の義務を果たせなくて、そのために若いシャーマンが活動していた。

氏族シャーマンの解雇　シャーマンは、たとえば視覚障害を理由にシャーマニズムすることを諦めるかもしれない。私はそうした事例をビラルチェンツングース人の間で観察したことがある。女性シャーマンはおよそ四十歳であった。彼女は他のシャーマンと戦ったために視覚障害となったと説明した。しかしながら、ビラルチェンツングースの人々はシャーマニズムをすることに全く妨げにはならないことを私に説明した。この意見は正当性を示すことはできない。なぜならその理由は前の章でも述べたように、シャーマンは観衆を見なければならないのだが、しかしシャーマニスティックな儀礼では目の不自由なシャーマンによってさえも実践されていたからである。この事例では、女性シャーマンは視覚障害になった後、氏族の人々により簡単に解雇された。

シャーマンの交替　それは、彼らの人生全てを長くシャーマンとして存続して束縛されない氏族外シャーマンとは異なっている。従って、シャーマンの精神的状態がシャーマニズムを強要しないとき、後者は諦めることができ、そして精霊はシャーマンを妨害することはないであろう。唯一の疑問は、いかにして他の一部の候補者に精霊を送り届けるのか、いかにして他の人々を外来精霊から妨害するかである。これらの精霊は、しばしば単独で人々を離れ、また彼らは勿論つきまとうと想像されて以来、彼らを転送することは必ずしも必要ない。ビラルチェンツングースの人々の間では、これらの発生は頻繁に起こり、そしてビラルチェンツングースの人々はそれをこのように説明する。つまり、シャーマンは怠慢となり、そのために恐らく精霊は彼らの統御者から離れたのであろうと。シャーマンの活動、つまり氏族の圧力による中断に関して起こった他の事例がある。シャーマンが自らの無能を示すならば、たとえ若い存在であるとしても、彼は回避した事実により氏族のシャーマンの地位を失うであろう。もし、彼が氏族の人々から招かれないとすれば、とりわけ彼が人々の病気を治療し、あるいは偶然にこの世に残っている人々の不幸な魂を洗い去るために彼が必要でなければ、彼の存在理由は消えてなくなる。早かれ遅かれ、新しいシャーマンが出現し、彼が氏族の人々により承認されるであろうし、そして前のシャーマンが望んで、彼の地位を諦めることを許されることは確かである。しかし、彼は恐らく氏族のシャーマンとしての役目を再び始めることは許されないであろう。シャーマンの無能により、精霊を統御する技術が不足し、エクスタシーを生じさせる欠陥が連続するなら、シャーマンは自らの地位の交替に反対しない可能性が高い。彼は、勿論単に「怠惰」になっただけかもしれない。そして氏族の人々の無言の同意で、シャーマン職を諦めるかもしれない。私が言ったように、そうした事例は、しかし非常にまれとしても起こっている。

氏族外シャーマン　満州の人々の間では、私はシャーマン職を諦める事例を観察しなかった。それは、恐らくは氏族の人々とシャーマンは相対的にまれで無関係であるからであろう。独立し、自由なシャーマンの大部分が、他の民族集団（中国人やダウールの人々）に属して馴染んでいる。もし、シャーマンがより活発にならないのなら、勿論氏族の人々の間との関係を休止する合図である。満州の人々の間でのシャーマンの役目は精霊に祈る人であるパランシャーマン *p'oxun saman*〔氏族シャーマン〕により、あるいは氏族から独立した自由な、一族とは無関係なマファリ *mafar'i* として部分的に応じて従事するかもしれない。

氏族シャーマンの死　氏族シャーマンの死は、氏族の人々の生活において、非常に厳しく大変な出来事である。そのとき、二つの問題に直面する。つまり、シャーマンの死により、シャーマンの魂の解放と残った精霊を再統御することである。満州の人々の間では、三番目の精霊の存在が想像され、その魂は死後の世界へ最後の審判を受けるために行かなければならないが、精霊ボカ *vocko* により下界に下りていくために離れられない。この魂は精霊となり、このとき全てのシャーマンは精霊となる。しかしながら、一部に特別な状況がまた存在している。たとえば、権威者（Section128参照）により首を切られたシャーマンの事例では、その魂はある日の朝の早い時間に精霊により捕らえられ、それは新しく生まれた子供の中に直ちに合体すると想像されている。精霊と一緒の第二の魂オロジィ *olorgi* は、魂を守ることで忙しくしていた。しかしながら、魂は一度に精霊とならないばかりか、五十年の期間の後にだけなるかもしれない。もし、シャーマンの魂の救済が得られなかったならば、精霊となった後に、それは新しいシャーマンが出現するまで、氏族の人々の中にそれ自身が入り込んで、人々を苦しめることになる。同じことは、後に残されている精霊全てにとっても真実である。一連の個人的な精神疾患や集団的な精神疾患さえもが起こることになる。

シャーマンの埋葬方法　シャーマンの埋葬は、シャーマニズム的な装具の一部、つまり三叉の槍が棺の中に入れられ、同時に装飾、太鼓と他の物は箱の中に注意深く詰め込まれて棚の上に、精霊のための宿り場として飾られる以外は、現在の普通の人々の埋葬と異なるところはない。しかしながら、それは示したように(Section70参照)従来からのものではなく、特別な埋葬形態は習慣的なものであった。

シャーマンの死後の魂　このように、満州の人々の間では、シャーマンの魂についての問題は単なる習慣として解明されており、それに関して特別に悩ませるものではない。ただ、北部ツングースの人々の間では、それはそのようではない。シャーマンが死んだときには、彼の魂は下界に行かねばならないけれども、しかしそれは死んだ人よりも「より強力な人」である他のシャーマンにより連れていかなければならない。もし、そうしたシャーマンがいなければ、魂は死の世界に到達することはできない。この世に残った魂は安らぐことなく、他の氏族の人々はその間中、それにより平安な心をかき乱されるであろう。トランスバイカリアンのレンダーツングースの人々の間では、シャーマンの身体は同じ棺、つまり一般の人々が用いるのと同じ標識柱(Section74参照)として直立した棺の中に預け入れられる。全ての用具は精霊の居場所を除いて、シャーマンと一緒に入れるか、近くに立っている木に吊り下げられる。幾つかの標識柱は木製の「鳥」で覆われて直立し、それはシャーマンの魂を運びさる助けとなるであろう。埋葬の儀礼は一般の人々の習わしと異なっていない。埋葬場所に残された用具に触れることは勧められない。それらに触れた人は「精神疾患」になるかもしれず、彼らは「心を失う」など、つまり異常な状態となる。

残された魂の扱い　自由となって残された精霊を集めるために新たなシャーマンは、シャーマンの死後遅くとも九年までに現れなければならない。さもなければ、精霊から多くの他の人が苦痛を受けるであろう。

満州のツングースの人々の間では、未だ大きな困難がある。というのは、シャーマンは新しい魂、つまり精霊になるからである。示してきたように、これらのツングースの人々は精霊の増加をあまり気にしないし、あらゆる新たな精霊は喜びなしに接している。彼らは避けられない悪として、入ることを許される。「悪い死」として死んだシャーマンについて、事例を引き合いに出すと（たとえば、精霊はダンカン氏族の老齢のシャーマン、またその他）、魂は下界に連れていかれることができず、このようにして精霊となる。幸いにも、ツングースの人々は記録書が欠けていることにより救われる。一部の重要な精霊は伝統により保存され、同時に多くの精霊は死んだシャーマンの魂、その他同種類のものから形成され、間もなく忘れ去られる。この方法だけで、私達はこの起源に関するシャーマニズム的な精霊の、むしろ限られた数に関して説明したのかもしれない。

良いシャーマンにとってさえ、死者の世界にシャーマンの魂を運び去ることは容易なことではない。主たる困難さは二人のシャーマンの精霊を混ぜ合わせることにある。もし、シャーマン、その人が最後の移送の活動を実践する人で、死んだシャーマンの精霊を統御することが確実でないならば、この活動を引き受けてはならない。シャーマンによって取り残された精霊は、非常にしばしば「彼らの仲間としてシャーマンに保たれる」ことを欲し、ツングースの人々が言うには、そのためにシャーマンはこれらの精霊と戦わなければならない。

困難な精霊統御　ツングースの人々はこれらの精霊さえもそれら自身を永久に除去し、免れることをより好む。このねらいは、新しい場所に連れていくことにより、あるいは特別な場所に精霊のいる場所を定め、また現在のアムール川のような大きな川で精霊を送るなどのことを試みるのは、恐らくは慎重な手続きであろう。これは氏族シャーマンによってさえも所有している外来精霊と一緒にだけ為すことができる。しかし、これは氏族に永遠に留まっていると想像されている氏族の精霊と一緒には為すことができない。早かれ遅かれ、彼らは新たな統御者を見つけるであろうが、しかし時間的間隔としては、彼ら氏族の人々は恐らく異常な状態となり、ときにはむしろ長い時間をかけて何人かに当たるであろう。私は二ヵ月近い期間の間に、シャーマンにより残されたそうした精霊のために患っていたキンガンツングース人の若者を、毎日観察する機会があった。若者は頻繁に神経質な発作を繰り返し、連続的に「精霊が来ている！　精霊が来ている！」と繰り返し叫び、そして若者は額を拳で叩いて「弓状に湾曲」になった。精霊を統御masters the spiritsする一部の有能な候補者までもが、ときどき数年を要し、人々は苦しんでいることを先にも説明した。

当然、シャーマンは終わりが近いことを知り、その準備ができているが、彼らが生活している間は精霊を除去することができない。それは、それらの魂が恐らく単純に他の氏族の人々のそれらと運命を共有しているのではなく、下界の薄明かりの中で半分飢餓状態となって存在していると思われているからである。それにもかかわらず、それはシャーマンの未来の全ての世代の「労働者」「奉仕者」よりも、わずかに下界に定住する方がましであるからであろう。

142　シャーマンの個性（Capter30-Section 142. Shaman's personality）

シャーマンの個性の調査　前述の節でシャーマンについて扱い、ツングースの人々の社会のこの重要な成員のほとんど悲劇的な外観についてみてきた。しかしながら、彼らがシャーマンと認め理解される限りにおいて、シャーマニズム的な実践の側に「明確な」ものがあることも、勿論みてきた。しかしながら、収集した事実と一般化からはシャーマンの個々の事例に関して鮮明な絵を描くことはできない。選定（Section42, 128参照）に関する記述とともに、私は二人の候補者を描いてきたが、しかし彼らは全く典型的ではなかった。当然ながらシャーマンの一連の肖像写真が与えていることは、私の説明においてこれを十分に満たしているであろうが、しかしこれはあまりにも想像的すぎて後戻りする危険性を帯びた仕事である。というのは、第一に、ツングースシャーマンの個性に関する私の知識がそのように完全であると断言できないし、そのことは私の作成した肖像的事実がそれに対して十分ではないそれら自身により、事実を示すことができるとは断言できないからである。たとえば、私は二年近くの間に、一部のシャーマンを観察してきたが、しかし彼らの個性についての一部の側面までは、私の注意を目に留めることはできなかったかもしれない。この点でも、人は計画に従って機械的に記載することを行なうことはできない――人は個性の中に「深く入り込む」ことを行なわなければならないからである。そうした仕事は、フィールド調査者の可能性を実際には超えて存在している。集合的な肖像を与えることが不可能にもかかわらず、私により観察された一部のシャーマンの個別の性格について論証することは有用なことと感じている。科学的な証拠書類に関する非常に重要なそれらを提出することなしに、私は私の印象について話すつもりである。

事例(1)　バルグジンレンダーツングースの氏族シャーマン　彼はどちらかというと背が高く細くて、鼻筋が通り、髪は青黒く面長で、むしろ足は長い。彼はスラッとした体型に近いけれども、肉体的に強く健康であった。彼は、通常のツングースの人々のように家具があまり備わっていないテント小屋で、妻と二人の子供と一緒に暮らしていた。彼らは二頭のトナカイだけを持っていた。彼の妻は珍しく静かで黙っていた。子供達は普通であった。精神的に異常な徴候はないことが、この家族のどの成員にも観察することができた。彼らに出会ったとき、家族は単独で谷間の湿地の真ん中に住んでおり、近隣は周りにいなかった。シャーマンはおよそ三十五歳で、十年かそれ以上シャーマニズムを行なうことに熟達していた。彼は氏族シャーマンであった。彼は仕事をすることを好まず、狩猟もしなくて、むしろ家に残って瞑想することを好んだ。彼は、ツングース人のこの集団の平均よりも、多少酒を飲むことに夢中であった。ツングースの人々の平均的個性と非常に反対側、実際の個別的要素の一つは、虚栄心と彼個人に対する注意力で、著しく自己中心的であった。彼の最も関心のある気晴らしはシャーマニズム、精霊、そして一般的な自然現象と宇宙の発生などに関する会話であった。しかしながら、彼が確信を持っていなかったとき、これは彼が言葉として使う一般的な事例なのだが、「そのように人々は言うけれども、しかし私自身はそれを知らない」、そして「それが真実であるかどうかにかかわらず、私は知らない」と。彼は安易に意見を受け入れなかったばかりか、あらゆることの論理的関連性、つまり彼の推論としての最も有力な精霊の存在に関して、主要な理論を発見することを望んだ。実際に、宇宙発生の問題と一般的な自然現象は、この理論に影響されなかった。彼がなぜ狩猟をしないか、その主な理由は以前に家畜のトナカイを誤って殺してしまったからで、そのとき以来、彼は「幸運」に恵まれなかったからであった。恐らくは彼の側に、それは単なる非効率的な狩猟の根拠となっていたからか、また恐らくは実際に何か悪いことをしているという心理的恐怖の状態であったからかもしれない。彼はあまりシャーマニズムをしなかったし、良いシャーマンとして尊敬されていなかったが、しかし彼は頻繁に夢の中で他のシャーマン、特にネルチェンスクツングース人の老齢のシャーマンと交信していた。討論することやさまざまな一般的問題に誠実に関心を持つこと自体、私と彼との緊密な関係を成立させることが可能であった。彼が私をよく知ったとき、彼は非常に率直で話し好きになった。彼の話し方には、つまりシャーマニズムに精通していない「一般の人々」の表現が絶えず用いられていた。さらに、彼の儀礼実践では、彼は全く「技術的」で、本物のエクスタシーを生じさせていた。私は少なくとも五ないし六週間、彼と接触する幸運を持つことができた。

事例(2)　バルジンレンダーツングースの女性氏族シャーマン　彼女はどっしりとした体格で、背が高く、三十歳過ぎの表面上健康そうに見える婦人であった。日常生活においては多少瞑想し熟慮し、ゆっくりと運動していた。私は毎日比較的長い時間彼女を見たし、多くの時間、彼女が儀礼を実践するのを見た。私が最初に彼女を見たのは、彼女が下界にシャーマニズムをするために至急に招かれ、小さな赤ん坊と一緒にやって来たときである。それは、先にも示したように、困難な仕事でめったに起こらないことであった。最初に会ったときの彼女の態度は私を避けようとする態度であった。しかし、私が少しの間一人になったときに、上手く、年上としていろいろな質問をして会話することで、私の支援を与えた。私は、シャーマニズムに関する私の関心と、彼女の役目に対する私の同情に同意する彼女の態度とを、はっきりと確認することができた。その後、私はシャーマニズムをする間に少しだけ支援することができたので、彼女は私が望んでいた彼女を観察することを許してくれた。私が彼女に質問をし、儀礼の実践の異なった瞬間に彼女の脈拍を計り、筋肉の硬直状態を検査するなどしても、彼女は抵抗しなかった。そして、私を助けて、私の発見に関心を持ったように思われ、それで私は彼女との交流に失敗しなかったので、彼女は彼女の意見として、正確であったことを彼女は確認した。彼女の態度は思慮深く、自己分析をする人で、彼女自身の精神的状態に関する問題を討議して明らかにした。これらの討論が通常老人の面前で行なわれて以来ずっと、彼女は喋ることをためらうことはなかった。私は彼女の「一般の人々」に言及することを聞かなかった。彼女は彼女の赤ん坊にそれほど愛着していないように思われた。彼女の夫と彼女の関係は、夫が良い狩猟者で、見たところ良い関係であった。家族の具体的な地位は悪くなく――気取っていないにもかかわらず良い服を着ていた。彼女は最良のシャーマンの一人とみなされており、シャーマニズムをすることを拒否せず、完全なエクスタシーの技術を持っており、観衆と関係する限り、明らかに成功していた。異常な徴候のないことは彼女の中に観察することができた。他の女性と比較して、彼女は明らかにより無口であり、通常対話者の目を真直ぐに見ることを避け、目を落とし、ときどき脇を見た。彼らが自由になったときには、彼女は笑うことを気にしないで、冗談を言って無駄話をし、それは通常のツングース人であった。彼女は夜の踊りや、「五時のお茶」の集まりにも参加しなかった。彼女は「一般の女性」と交わらなかった。しかしながら、どんな試みも人々を冷たく扱うことなく、これは単純な習慣としてなされた。彼女は、若干の他の女性がするような、注意散漫な種類のことを単に嫌っただけに過ぎない。

事例(3)　キンガンツングースの女性氏族シャーマン　彼女は既婚者で三十歳くらい、この集団の間の多くの他の女性と同じように見えた。彼女は肉質で、適度に太っており、彼女の行動は素早かった。恐らく、彼女の顔は女性達の平均のそれよりも多少より生き生きとしていた。あらゆる点で、彼女は全く普通に思われた。シャーマニズムに関しての彼女の関心は彼女の儀礼的実践が度を超えているに過ぎないことであったが、彼女は表面上これらを非常に好み、実践することを引き起こそうとしていた。彼女の儀礼実践は「技術的」なものではなく、慣例尊重主義の度合いは全く明白であった。しかしながら、私は一つ、あるいは二つの儀礼実践中に本物のエクスタシーを観察した。彼女は良いシャーマンとみなされていなくて、小さくて重要な儀礼実践、つまり病気の原因を発見するとか、占い、予言をすることなどに対してだけ呼ばれた。いずれにしても、私は大きく重要なシャーマニズム、下界に旅行して魂を取り戻すために行なう彼女の実践については見ていない。私は彼女と友達関係になることには成功、つまり彼女の太鼓を叩く姿を幾分か描くことができたけれども、シャーマニズムに関する――つまり彼女は決まり文句や実践の儀礼主義についてはほとんど話すことをいとわなかったが、「重大な話」（私がそれを理解するように）は可能ではなかった。彼女は他の女性と一緒に若干の仕事をして、彼女達と噂話をしたり、笑ったり、冗談を言ったりして時間を過ごすことに用いた。勿論、彼女は性的なわいせつな話には判然としており、たとえば私に尋ねたり、他の女性達と一緒であったりするときには、精霊の宿り場や人間の性器を紙に素描して私に示してくれた。また、対話を維持して類似した問題や、他の女性と一緒に、禁止の言葉を連発したけれども、それでも氏族の他の女性と比較すれば、若干の節度を持っていた。未だ彼女は非常に熟練したシャーマンではなかったし、彼女の性格は年齢的には変化しているのかもしれない。

事例(4)　ビラルチェンツングースの女性シャーマン　彼女は二十九歳で体型は細く、非常に神経質であった。そのことは彼女の子供、四人のうち生き残ったただ一人の子に向かっての行動で特に目立った。彼女は顔と胸に子供を押し付けて、キスをして非常に優しく見つめた。そのことはツングースの人々の間でも観察されるのだけれども、しかしそうした情熱的な形での表現はむしろ珍しい。彼女の夫は貧しい狩猟者で、狩猟旅行のための馬さえ持っていなかった。彼らは非常に貧しかった。私が数回彼女の助手の務めを行ない、彼女の侵略者に対して保護する処置を一度とって以来、私は私の親切により、その気にさせることに成功した。彼女はシャーマニズムについて進んで話すことはしなかったが、しかし彼女は細部を理解しようとする私を手助けすることを望み、録音機に歌を歌うことさえ同意してくれた。この種の会話に関する彼女の嫌悪感は、彼女が一般的なシャーマニズムについて多くは知らなかったという事実に、主にあると私は推測した。しかし、彼女はそれを「感じて」、それを習得し、いわば経験的に、恐らくどんなはっきりした考えも声に出すことなく、彼女は実際にそれを行なっていた。彼女は非常に内気で、シャーマニズムをすることを望まなかったとき、それをすることを最も断言的な方法で拒絶した。彼女は一番の実践者ではなかった。太鼓を叩く演奏も彼女はいつも上手でなく、踊りにおいても彼女はリズミカルに足を踏み替え、彼女の歌ははっきりしていなくて、それは彼女のエクスタシー状態についても理解するのが困難であった。恐らくは、これは当然の事実で、そのことは彼女が未だ若くて、必要な技術を発達させていなかったからであろう。しかしながら、他の説明は可能で、つまり彼女は非常に内気な状態にあったために、自分自身を制御することができなかったからである。それは本物のエクスタシーに彼女自身をならせることが困難であった。エクスタシーがやって来たとき、彼女はほとんど自己制御 self-control の状態に制御することができた。さらに、何度か、彼女は少なくても観衆の参加者の多数の集団の側に、明らかに否定的態度を持った。非常に都合の悪い状態の下で実践したことは注目すべきことであり、そして示したようにツングース人の女性達にとってさえ、彼女はむしろ困難な状態で生活していた。そのために、彼女は「懸命に努力」した。勿論、私は確実に根気強く、彼女の行動が頑固であることさえも注目した。それは他の事実と一緒に、病的な興奮状態の「ヒステリー」を抑制した強烈な状態の不完全な制御の事例であると彼女が信じていることに、私には気になったからである。しかしながら、数箇月の間彼女を観察して、私は彼女の神経質な発作についてはいかなることも決して聞かなかった。

事例(5)　満州の氏族シャーマン　男性は、およそ四十五歳で、強くて健康で、どこまでも標準的であった。彼は中国人の妻を持ち、何人かの子供のうちで二人が生き残っていた。彼は満州語と一部中国語も読めた。彼は二十年ほど役目を実践してきた。彼の様子から判断して、人は彼がシャーマンであると見ることができなかった。彼は習慣として禁欲的でなく、食べ物や飲み物に関してもまた節度がなかったけれども、彼は大いに評価されていた。彼は良いシャーマンとみなされ、非常に経験を持っており、治療に関しても成功していた。あらゆる場合において、彼は詳細な予備的質問をすることに対して注意して聞き、そのとき必要であれば、常に睡眠状態で決断を下した。ときどき、彼は睡眠なしに質問に判断を下した。彼は良い儀礼実践者で、ときどき強いエクスタシーに襲われる自分自身を許した。彼は一般的問題についてはあまり関心がなく、それらの会話を避けたが、しかし人間の心理状態の良き分析者のように思われ、それについては、彼はいつも興味を持っていた。これは人々の悩み事や同じようなことに関する彼の治療の事例について、特別に注目することでみられるかもしれない。彼は氏族に招かれ、そのときに決定のために新たなシャーマンの選定に関する質問があり、そこでの出来事について、私は彼との際どい接触を取ることができた。彼は主たる悩み事の原因として、精霊の複合的関係をみることを気にしていた。彼の類似した状態の分析において、彼は自らの全ての博識（精霊に関する知識と経験）を用い、理解に従って極小さな詳細に立ち入ることもいとわないで、複雑な事例を説明した。しかしながら、彼はシャーマニズムにより生活し、人々と友好な関係を維持したいと望んで以来、彼は助言において、彼らに対して心地よいものであることを知っており、自らの理論に常に誠実であるというわけではなかった。彼は難しい事例においても、他のシャーマンの援助の誘惑に対抗しなかったばかりか、中国人の医師を呼ぶことに抗議しなかった。一つの事例では、彼は自らそうした助言を与えた。私と彼の友達、つまり私は非常に良い関係にあった満州人と一緒で、彼は常に一部の事例ではその状況を理解できないことを認めることに、むしろ率直であった。選択の事例を上記で記述したように、彼は世論の変動にもかかわらず、本当に真実を発見することに関心を持ち、彼は両方の候補者の行動について詳細に議論した。

困難な個性の類型化　これら五つのシャーマンの異なった類型は、他の事例については前でも、候補者のそれらを含めて記述したように、既存の類型の一部に過ぎない。私の知っている多くのシャーマン、私が見た多くのいずれのシャーマンもが個性的である。個性的な側面を出す努力をしただけで、相違点の一般化が為されていたかもしれない。そうした一般化は異なった目的に役立ち、また目的、つまり真実と事実に関する自然的分類をより以上の状態にすることに役立つであろう。実際に、個別的な精神的複合の観点から、私達はさまざまな変異に出会う。⑴完全に「正常」な状態から典型的な精神異常まで、⑵完全に真実な状態から社会的習慣やシャーマニズム的複合の語義の意識まで、⑶非常に限られた知的な状態から入手可能な事実(既存の複合体)の完全な所有まで、⑷個人主義的で、自己中心的な事例の状態から社会的環境におけるシャーマンの個人的人格の完全な融合まで、⑸シャーマニズム的技術の非常に貧困な知識と貧困な所有の状態から、この技術における実践者の実際の学識と技術的能力までなどである。二つの完全な同一の事例は見つけられなかったが、そうした分類された理論は、恐らくは全く無用で、特にあらゆる民族集団がそれ自身の「色」、その複合形態、勿論さまざまな異なった歴史的瞬間として与えられて出現していることは明白である。というのは、硬直化した既存の分類の仕組み、それらは全く技巧的で、そうした誤解によりそれらが配置されることにより、生きた現象として歪められる恐れがあるからで、私はそれが位置するツングースシャーマンに関する個性の問題から出発した。シャーマンの個性は著しくさまざまで、個人主義的で、彼らは硬直化した仕組みの中で配列することはできない。

訳者注

1　研究者名　付：文献略称一覧
2　民族名　付：略称一覧

1　研究者名（五十音順）

【ア行】

アガピートフ：N. Agapitoff, 詳細不明。先住民の信仰に関する研究に貢献。

アガピートフとハンガローフ：N. AgapitoffとN.F. Kangaloff,「シベリアにおけるシャーマニズム研究資料」E.S.S.I.R.G.S.1884.「シベリア」E.S.S.I.R.G.S. Irkutsk, 1883.「シベリアとアジアを通じての旅行の思い出」Tomsk, 1911.

アトキンソン：Thomas Witlam Atkinson, 詳細不明。「東洋と西シベリア」London, 1858.

アルジェントフ：Argentoff, A, 詳細不明。「北極地域を旅行する宣教師の注意事項」E. S. S. I. R. G. S. Irkutsk, 1857.「北の大地」I. R. G. S.1861.

イスラビン：V.Islavin. 詳細不明。「サモエードの人々の家庭と社会生活」Petersburg,1847.

イデス：E.Ysbrants Ides, 1657–1708. 一六九二—九四年ロシア大使として中国訪問。「モスクワから中国への三年間の旅」一七一八年。

イムケビック：P. Simkevic, 詳細不明。ロシアの民族学者。「バイカル湖周辺と太平洋間の北方民族」一八九五年。ブリヤートハンター、トナカイ遊牧民、ツングース人、ヤクートなどの写真集。ベルリン民族学博物館所蔵。

イワノウスキー：Aleksandr Leonidovich Ivanovskii, 詳細不明。アルタイ地域を調査。

ウエアービッキ：V.L. Wierbicki, ?–1890, ロシア正教会の主席司祭。三十七年の布教の間に、三万六千ベルスタ（38000km）の距離を旅する。アルタイ民族誌学。「アルタイの自然」一八九三年。「アルタイ語辞典」「チュルク語辞典」「アルタイの先住民」など。

ウランゲリ：Ferdinand von Wrangel,1797–1870. 北極海に遠征。「シベリア北極海、エド北海岸旅行」一八四一年。

オスラー：Sir William Osler,1849–1919. カナダ医学者、内科医。オックスフォード大学教授など。「舞踏病と舞踏性疾病」。コプロラリア、汚言症の研究。

【カ行】

カシン：Dr. Kashin. 詳細不明。「ロシアの法医学の書庫」。

カストレン：Matthias Alexander Castrén ,1813–1852. フィンランド民族学者。「シベリアと極北の海への旅」一八四一年、「北欧の旅と研究」一八五三年。

カタノフ：Nikolai Fedorovic Katanoff, 1862–1922. ロシア民族誌学者、言語学者。「一八九〇年カラガスの旅」I.R.G.S.1891.「ターコタタールの民族誌調査」Kasan, 1894.

カルシュ：Ferdinand Anton Franz Karsch, 1853–1936. ドイツ昆虫学・人類学者、カルシュによって性の転換の類似性が観察されている。「原始民族の間の同性愛や少年愛」一九〇一年。

カルージン：Nikolai Nikolaevich Kharuzin, 1865–1900. ロシアの民族誌学者。「古代と現代のラップランドのシャーマン」Moscow. E.R. 1889.「ロシアのラップランド人」Moscow, 1890.「フィンの住居に関する進化の歴史」Moscow, 1895.

クバリー：J. Kubary. ドイツの人類学者。「南太平洋のパラオ諸島」一八七三年。

グメリン：Johann Georg Gmelin,1709–1755. ドイツの地理学者、一七三三―四三年カムチャツカ遠征。「シベリアの旅」一七五一年。

クラシェニーンニコフ：Stepan Petrovich Krasheninnikoff, 1711–1755. 探検家、ロシア地理学者、シベリア探検家。「カムチャツカ地域の報告」Petersburg, 1st ed, 1755. 2nd ed, 1786. 3rd ed, 1818.

クリフォード：Sir Hugh Clifford,1866–1941. イギリスの植民地管理者。「褐色の人々の研究」一八九八年。

クレメンツ：Dmitri Klementz, 1847–1914. 人類学者、中央アジア研究者。一八九一―一九〇五年モンゴル中央で考古学的研究に従事。「ミヌシンスク先住民の太鼓の類型」E.S.S.I.R.G.S. 1890. 遺稿集「一八九一―九五年中央モンゴル考古学的旅行日記」「ブリヤート人」など。

クローリー：Alfred Ernest Crawley, 1867–1924. 人類学者、「性的禁忌」季刊人類学。

ゲオルギ：Johann Gottlieb Georgi.1729–1802. ドイツ生まれ、探検家、地理・民族誌学者、東シベリア遠征。

ケレメンツ：D. Klementz. 生没不明。「エニセイ博物館の保存記録」Tomsk, 1886.「ミヌシンスク先住民の太鼓の類型」E.S.S.I.R.G.S, 1890.「ブリヤートの人々」一八九一年、「一八九一―九五年中央モンゴルへの考古学的旅行日記」「ミヌシンスク博物館の考古学的コレクション」。

コッパース：Wilhelm Koppers, 1886–1961. ドイツの民族学者。父シュミットの理論を受け継ぐ。

ゴロホフ：N. Gorokhoff, 詳細不明。「ヤクート物語」E.S.S.I.R.G.S,1887.「オスチャークの異教徒観」Tomsk,1890.

コワレフスキー：Kowalewsky, 詳細不明。モンゴル研究者。一八二八―三三年シベリア、ブリヤート、モンゴル、中国へ調査旅行。

ゴンダッティ：N. Gondatti, 1860–1946.「北西シベリアの先住民の間の異教の足跡」Moscow, 1888.「アナディリ川沿いのマルコワ村からベーリング海峡のプロビデンス湾への旅」A.S.I.R.G.S. Khabarovsk, 1898.「北西シベリア先住民の熊祭り」I.S.F.S.A.E.

コーン：Felix Kohn.1864–1941. ポーランドの民族誌学者。一八九四年、エニセイスク博物館所員として、帝国科学アカデミーにより満州への探検旅行に携わる。

【サ行】

ザハロフ：Zakharov, Ivan Il'ich, 1817-1885.「全満州とロシア語辞典」Petersburg,1875.

サリチェフ：G. Sarytcheff, 詳細不明。「サリチェフ艦隊の航海、北極の海と太平洋を貫けたシベリア北東沿岸」一七八五―九三年、「チクチーの国を抜けて、ベーリング海峡から中央コムリスキーへのビリングスの旅」Petersburg, 1811.

シェムケビクリー：P.P.Shimkevicli, 詳細不明。「ゴルジにおけるシャーマニズム研究資料」A.S.I.R.G.S. Khabarovsk,1896.

シェロシェフスキー：Waclaw Sieroszewski, 1858-1945. ポーランド人、シベリア亡命、探検家、民族誌学者。ツングース、ユカギール、チュクチについても研究。サハリン、日本の北海道も調査。「ヤクートの領地での十二年」一九〇二年。「シャーマニズム」Paris, 1902.

シェッフェラス：Johannes Schefferus, 1621-1679. スウェーデンの語学者。「ラップランドの人々」一六七五年。

ジャキウブ：Father Jakiuv. 詳細不明。

シャシコフ：Serafim Serafimovich Shashkoff,1841-1882.「シベリアのシャーマニズム」W.S.S.I.R.G.S. 1864.「ブリヤートの民話」E.S.S.I.R.G.S. Irkutsk,1889.

シャルコー：Jean-Martin Charcot, 1825-1893. フランスの解剖病理学神経科医、教授。パリのサルペトリエール病院医長のとき生体磁気説に基づく催眠療法及び解離のデータを収集。磁気理論による催眠を「大催眠」、暗示によるトランスを「小催眠」と呼び、大催眠を支持するサルペトピエール学派とナンシー学派の「小催眠」説とが衝突。一八八九年の催眠に関する国際学会で「ナンシー学派」の正当性が証明される。催眠療法から精神分析に至る道のりを付けたことで知られる。

シュテルベルグ：Lev Shternberg/Leo Sternberg, 1861-1927. ウクライナ出身の民族学者、ツングースの民族学者。アムールとサハリンなどでギリヤーク、オロッコ、アイヌの言語、親族、宗教、民間伝承を研究。"Divne Election in Primitive Religion"1924. 科学アカデミー出版『シュテルンベルグの記録一八六一―一九二七年』一九三〇年。

シュミット：Wilhelm Schmidt ,1868–1954. ドイツの民族学者、言語学者。文化圏説、原始一神教の理論を説く。

シュレンク：Leopold Ivanovitch von Schrenck, 1826–1894. ロシアの民族学者。「アムール地域の自然」1883 –1903.「アムール地域の先住民」一八九一年。

シュテラー：Georg Wilhelm Steller,1709–1746. ドイツの植物・動物学者、シベリアとアラスカの探検家。遺稿集「カムチャツカ地域の解説」Petersburg,1774.「カムチャツカからアメリカへの旅」Petersburg, 1793.

シロコゴロフ：Sergei Mikhailovich Shirokogorov,1887–1939. ロシアの人類学者、民俗学者。元極東大学教授。詳しくは第二部参照。主要な著書に"Social organization of the northern Tungus",1933. と "The Psychomental Complex of the Tungus,1935" がある。

スタドリング：Jonas Johnson Stadling ,1847–1935. スウェーデンのジャーナリスト、シベリアのイルツークなどに遠征。「北アジアにおけるシャーマニズム」Stockholm,1912.「シャーマニズム」Contemp. Rev,1901.

ストロエッキ：Stroyecki. 詳細不明。

ストール：Otto Stoll, 1849–1922. スイスの医師、言語学、人類学、心理学者。「民俗心理学における暗示と催眠」Leipzig, 1906.

ソロビエフ：W. Solovieff, 詳細不明。「ヤクートに残存する異教徒」Siberia, 1877.

【タ行】

タイラー：Sir Edward Burnett Tylor,1832–1917. イギリスの人類学者、「文化人類学の父」と呼ばれ、宗教の起源に関してアニミズムを提唱。ダーウィンの進化論をもとに、人類学を科学的な研究として位置づけ、社会や宗教の発展の機能的な側面を研究。一八九六年オックスフォード大学初代人類学教室教授、一九一二年にナイトに叙される。「人類の初期の歴史と文明の開発の研究」一八六五年、「原始文化」一八七一年などがある。

タルク：Julian Talko-Hryncewicz, 1850–1936. ポーランドの医師、民族誌学者。「科学者と医師の会議回想録」Cracow, 1911.

ツァプリカ：Maria Antonina Czaplicka,1884–1921. 第二部参照。著書に"Aboriginal Siberia, Oxford, 1914.と"My Siberian Year." 1916.がある。

デュルケム：Émile Durkheim, 1858–1917. エミール・デュルケム、第二部、著者注参照。

ドゥニケール：Joseph Deniker,1852–1918. ロシア生まれフランスの博物学者、人類学者、ヨーロッパの詳細な人種地図を作成。「人間の種族」一九〇〇年。

トレチャコフ：P.I. Tretyakoff, 詳細不明。「トルハンスキー地域の自然と習慣」Petersburg, 1871.

トロシュチャンスキー：V.F.Troshchanski,1845–1924. 人類学者。「ヤクートの黒信仰（シャーマニズム）の発展」一九〇二年。

【ナ行】

ニィー：Yaroslav Nil, 詳細不明。大司教、「シベリアの仏教」Petersburg, 1858.

ネメス：J. Nemeth, 詳細不明。ハンガリーの研究者、モンゴル、シベリア調査。

【ハ行】

バァトロフ：Batoroff, 詳細不明。ブリヤート研究者。

バチェラー：John Batchelor,1854–1944. イギリス人の聖公会の宣教師。アイヌの研究家、アイヌの父と呼ばれた。「日本のアイヌの人々」London, 1892.「アイヌ語–英語–日本語辞典」Tokio,1905.

パトカノフ：S. Patkanoff, 詳細不明。「北西シベリア先住民の異教の痕跡」Moscow, 1888.「西シベリアの先住民」Petersburg, 1888-93.「古代オスチャークの生活と英雄—詩と物語より収集」L. A. T. Petersburg, 1891.「極東シベリアの人口統計に関する貴重なデータ」Petersburg, 1903.「地理とシベリアのツングース部族の統計」I.R.G.S. Petersburg, 1906.「シベリア先住民に関する人口増加」I. R. A. S. Petersburg, 1911.「シベリアの人口構成に関する統計データ—言語と民族」Petersburg, 1912.

パラス：Peter Simon Pallas, 1741–1811. ドイツの動物学、植物学者。「シベリアとタルタンの旅」一七八八年。

バルフォア：Henry Balfour,1863–1939. 考古学者、学芸員。

ハンガローフ：M.N.Khangaloff,1858–1918. ブリヤート民族誌学者。「ブリヤートの慣習法」E.R. Moscow,1894,「ブリヤートの精霊祭り」E.R. Moscow,1896.「ブリヤートの間のシャーマニズムに関する新資料」E.S.S.I.R.G.S. Irkutsk,1890.「ブリヤートの結婚式」E.R. Moscow, 1898.「北のブリヤートの生活様式に関する若干のデータ」E. R. Moscow.

バンザロフ：Dordji Banzaroff, 1822–55. ブリヤートのセレンギンスクのモンゴル人学校とロシアの大学で教育を受ける。モンゴルの歴史を科学的に調査研究。「黒信仰、あるいはモンゴル人の間のシャーマニズム」一八九一年は最初の成果。若くして亡くなる。『シャーマニズムの研究』（バンザロフ、ミハイロフスキー著、白鳥庫吉、高橋勝之訳）がある。

ビアード：George Miller Beard, 詳細不明。「メインの跳躍する人」一八七八年。アメリカで記録されている唯一の実例。

ピウスーツキ：Bronislaw Piotr Pilsudski, 1866–1918. ポーランドの文化人類学者。「一九〇三―〇五年サハリンのアイヌとオロッコについての旅行結果」一九〇六年、「アイヌの言語と民俗に関する研究資料」一九一二年。

ビエリャウスキー：Bielayewski, 詳細不明。「氷河の海への旅行」Moscow, 1883.

ピエカラスキー：E.K. Piekarski, 詳細不明。「ヤクート語辞典」E.S.S.I.H. Pt. S. Yakutsk, 1899.

ビェリオウスキー：K.A. Biellilowski, 詳細不明。「シベリア先住民の間の女性達」Petersburg, 1897.

フイッシャー：Johann Eberhard Fischer,1697–1771. ドイツの歴史・言語学者。「シベリアの歴史」一七六八年。

フィンシュ：Friedrich Hermann Otto Finsch,1839-1917. ドイツの民族誌学者。「一八七六年西シベリアへの旅行」Berlin, 1879.

フォーク：Falk, 詳細不明。「ロシアにおける科学的旅行の完全収集」一八二四年。

フジャコフ：I.A. Khudiakoff. 1842-1876. 民謡・民話の収集家。「ベルホヤンスクの人類学」「ヤクートの物語、歌、諺」E.S.S.I.R.G.S. Irkutsk,1891.

プリクロンスキー：V.L. Priklonski, 詳細不明。「ヤクート民族誌」、「ヤクート支配地での三年間」L.A.T. Petersburg,1890-91.

フレイザー：Sir James George Frazer, 1854-1941. イギリスの社会人類学者。一八六九年グラスゴー大学入学、ギリシャ語とラテン語専攻。一八七三年ケンブリッジのトリニティ・カレッジに入学、古典学の研究。E・B・タイラーの『原始文化』を読み、人類学・民族学・神話学に方向をシフト。一九一四年ナイトに、一九二〇年王立学会評議員、一九二一年トリニティ・カレッジ評議員、一九二五年メリット勲位受領。『金枝篇』(*The Golden Bough*, 1890-1936) の著者。「実際のシベリア」一九〇二年。

プリプゾフ：N. Pripuzoff, 詳細不明。「ヤクートの間でのシャーマンの学習のための教材」E.S.S.I.R.G.S, 1884.

プルジェヴァリスキー：Nikolai Mikhaylovich Przhevalsky,1839-1888. ロシアの地理学者。中央アジアの情報を最初にヨーロッパ知らせることに大きく貢献。シベリアのイルクーツク、中国の国境上のウスリー川の主要な支流アムールの流域探検。この探検(1867-69) の成果は「ウスリー地域の先住民の研究」として出版。モウコ野生の馬の発見が注目された。

プリプゾフ：N. Pripuzoff, 生没不明。ヤクートのシャーマニズム研究。「ヤクートのシャーマンの学習のための教材」E.S.S.I.R.G.S. 1884.

ヘスティングズ：James Hastings.1852-1922. スコットランドの神学者。

ペリオ：Paul Pelliot, 1878-1945. フランスの東洋学者、中央アジアの探検家。敦煌文献をフランスに将来。

ボアズ：Franz Boas, フランツ・ボアズ 1858-1942. ドイツ生まれアメリカの人類学者。自然史博物館に関わりながら一八九六年コロンビア大学講師、一八九九―一九三七年教授。アメリカ初の人類学博士課程設置。自然人類学、言語学、考古学、文化人類学など関連分野をまとめアメリカ人類学会設立に尽力。一九〇二年副会長。カナダイヌイット、アメリカ先住民諸語の研究、文化相対主義を唱え、心理的・歴史的要因を重視、民族の内側から文化を記述する研究態度に徹する。A・Lクローバー、Cウィスラー、R・Hローウィ、Rベネディクト、Mミードら数多くの人類学者が輩出。「アメリカ人類学の父」と称される。「未開人の心」一九一一年など。

ホイットニー：William Dwight Whitney,1827-1894. アメリカの言語学者。「マックスミュラーと言語学」New York, 1892.

「イヌイットと一緒に狩猟」一九一〇年。

ボガヤウスキー：P.M.Bogayewski, 詳細不明。「ボチャークの人々の生活様式」Moscow, 1888.

ボゴラス：Vladimir Germanovich Bogoraz, 1865–1936. ロシアの言語学・人類学者。タン・ボゴラスTan-Bogorazとも。一八八九—九九年コリマ川流域でヤクートやチュクチ人の生活様式、伝統、言語、信仰について研究。民族学資料「チュクチ語と民俗の研究のための材料」としてチュクチ語とコリマ地区の民族調査に貢献。「チュクチの人々」一八九九年。一九〇〇—〇二年にヨヘルソンとジェサップ北太平洋探検に加わり、北部沿岸の民族誌学、人類学、考古学を研究。一九〇一年アメリカ自然史博物館の学芸員、「チクチー」「チクチーの神話」などを発表。一九一七年ペトログラード大学の教授。一九一八年以降レニングラードの人類学・民族学博物館に勤務。一九二一年レニングラード大学教授、一九三二年ソ連邦宗教史博物館館長に就任。

ポターニン：Gregory Nikolaevich Potanin,1835–1920. シベリア生まれのロシアの探検家、地理学・民族学者。ロシア地理学協会の要請によりモンゴル，チベット東部，中国北部を調査。報告書「北西モンゴル」I.R.G.S. Petersburg, 1881-85.「中国タングートとチベット辺境および中部モンゴル」I.R.G.S. Petersburg, 1893.

ポッペ：Nicholas N. Poppe, 詳細不明。ロシアの言語学者。ポッペはモンゴル語における先駆的な専門家で、その他チュルク諸語、ツングース諸語などアルタイ諸語の専門家であった。

【マ行】

マッキスモフ：A. Maksimoff, 詳細不明。ロシアの社会学者。「ロシア先住民の家族史への寄与」E.R. Moscow,1902.「集団婚」E.R. Moscow, 1908.「夫と妻、妻と夫それぞれの親戚関係の制限」E.R. Moscow,1908.「結婚式」E.R. Moscow,1909.「性転換」R.A.J. Petersburg,1912.

マック：Richard Otto Maack ,1825-1886. ロシアの地理学・人類学者。「一八五五年アムールへの旅」Petersburg, 1859.「ウスリー渓谷の旅」Petersburg, 1861.「ヤクートのヴィリュイスク地域」Petersburg, 1883-87.

マードック：J. Murdoch,1897-1985. アメリカの人類学者。「バロー岬のイヌイットの人々」一八八七―八八年、「イヌイットの挨拶の研究」U.S. National Museum, 1852.「シベリア起源に関する西側イヌイットの若干の習慣」Washington,1888.「バロー岬探検の民族学報告」Washington, 1892.

マリノウスキー：Bronislaw Kasper Malinowski. 1884–1942. ポーランド出身のイギリスの人類学者。ヤギェウォ大学で数学と物理学の学位を取得（1908）。同年のツァプリカと一緒にイギリスに留学（1910）。ロンドン大学（ＬＳＥ）で人類学を研究した。一九二四年からＬＳＥで人類学の講座を取得し、一九二七年には主任教授に就任。著書に『西太平洋の遠洋航海者』（Argonauts of the Western Pacific, 1922）などがある。

マレット：Robert Ranulph Marett,1866–1943. イギリスの民族学者。一九〇九年オックスフォード大学人類学会設立。一九一〇年にオックスフォード大学の人類学講師（五十六歳）となり、タイラー（1832-1917）の跡を継ぐ。この年ツァプリカが留学。一九一三年オックスフォード大学博士号取得。一九一四年文化人類学部設立（六十歳）、ツァプリカをシベリア調査へ。一九一八―二八年エクセターカレッジ（オックスフォード）学長。タイラーのアニミズム理論を修正し、アニマティズム論を提唱。マナの考えは、「宗教の出発点」一九〇九年、「人類学」一九一二年、「心理学と民俗学」一九二〇年などへと発展。

ミハイロフスキー：W.M.Mikhailowski.1846–1904.「シャーマニズム」1892. この論文に関しては『シャーマニズムの研究』（バンザロフ、ミハイロフスキー著、白鳥庫吉、高橋勝之訳）がある。

ミュラー：Gerhard Friedrich Müller,1705–1783. ロシアの歴史家、民族学者。一七三三―四三年までシベリアのカムチャツカなどに遠征。地図作成のためにシベリアの民族の宗教や儀礼などのデータを収集し分類、民族誌の父と言われる。後に、ロシア帝国の史料編集委員、国立公文書館館長などを務める。「ロシアの歴史集」一七五八年。

モーガン：Lewis Henry Morgan. 1818–1881. アメリカの文化人類学学者。「イロコイの仲間」。

【ヤ行】

ヤドリンツェフ：Nikholai.M.Yadkintzeff, 1842–1894. シベリア生まれのロシア人。シベリア先住民の人々の研究。「The Eastern Review」誌の編集者、幾つかの本の著者。先住民の保護の仕事を行なう。「アルタイのタタールとチャーン」I. R. G. S.1881.「北部先住民の熊祭り」E. R. Moscow, 1890.「シベリア先住民―彼らの生活様式と現状」Petersburg, 1891.

ヨヘルソン：Vladimir Ilyich Jochelson, 1855–1937. ロシアの民族誌学者。コリャーク、ユカギール、ヤクートなどの人類学、言語学的調査研究を行なう。一八九四―九七年東シベリアのヤクート探検。一九〇〇―〇二年ボゴラスと一緒にジェサップ北太平洋探検に参加。一九〇八―一一年カムチャツカとアリューシャンの探検。妻の医師ジーナ・ヨヘルソン・ブロートスキーDina Jochelson Brodskyも協力。一九一一―一二年サンクトペテルブルク大学で講義。一九二二年ニューヨークに移住。ワシントンのカーネギー研究所で科学雑誌に広く貢献。「コリャークの神話」一九〇四年、「ユカギール言語の文法」New York, 1905.「コリャーク」J.N.P.E, New York, 1905-8.「ヤクートの馬乳酒の祭り」New York, 1906.「北東アジアと北西アメリカ先住民の地下住居の過去と現在」Quebec, 1906.「アリューシャン列島」一九二五年、「ユカギールとユカギール化されたツングース」一九二六年、「カムチャツカ」一九二八年。ツァプリカのシベリア研究の助言者（ツァプリカ二十六歳、ヨヘルソン五十七歳の頃）。

【ラ行】

ラウファー：Berthold Laufer, 1874–1934. 東アジア言語の専門知識を持つドイツの人類学、歴史地理学者。

ラドロフ：Vasilievich Radloff, 1837-1918.ドイツ人、ロシアでチュルクの教師として働き、チュルクの民間伝承を記録。「シベリアから」「シャーマニズムとその儀礼」Leipzig, 1885.

リヴァース：William Halse Rivers Rivers,1864–1922. イギリスの人類学者、心理学者。

リュク・ド・ウーシュ：Luc de Heusch,1927–? ,ブリュセル生まれ、社会人類学者。

ルーデック：T. Lüdke, 詳細不明。「世界一周旅行」Petersburg,1834–6.

レヴィ＝ブリュール：Lucien Lévy-Bruhl,1857–1939. リュシアン・レヴィ＝ブリュール。"Les fonctions mentales dans les sociétés inférieurs"（直訳で「下層社会の精神機能」、邦訳『未開社会の思惟』岩波文庫、一九五三年）第二部、著者注参照。

レペキン：Ivan Ivanovitch Lepekhin,1740-1802. ロシアの探検家。「一七六八－七二年旅行日記」Petersburg, 1771-1805.「ロシアにおける科学的旅行の完全な収集録」I.R.A.S. Petersburg,1818.

ローウィ：Robert Heinrich Löwe.1883-1957. ロバート・ハリー・ローウィ、アメリカの人類学者、アメリカ先住民の研究。

ロパーチン：I. A. Lopatin, 1839-1909. オロチ、ツングース人類学的調査。「ロシアの中のアジア」「満州のオロチ」一九二九年。

【付録】ツァプリカ『シベリアの先住民』文献略称（アルファベット順）

A.S.I.R.G.S.：帝国ロシア地理学協会、アムール紀要の節
E.R.：民族誌評論
E.R.E.：ヘイスティングの宗教と倫理の百科事典
E.S.S.I.R.G.S.：帝国ロシア地理学協会東シベリアの紀要（民族誌の節）
I.R.A.S.：帝国ロシア科学アカデミーの紀要
I.R.G.S.：帝国ロシア地理学会の紀要
I.S.F.S.A.E.：自然科学、人類学、民俗学の友の会、帝国学会紀要
J.N.P.E.：ジェサップ北太平洋探検記録
L.A.T.：生きている古代
R.A.J.：ロシア人類学会機関誌
S.S.A.C.：アムール地域の研究会紀要
W.S.S.I.R.G.S.：帝国ロシア地理学協会西シベリアの紀要（民族誌の節）

2　民族名（五十音順）

イヌイット：Eskimo. エスキモー、北極圏のシベリア極東部、アラスカ、カナダ北東部、グリーンランドなどに住む人々。
ウリャンカイ：Uriankhai. モンゴル高原北部に住む人々。
海のコリャーク：Maritime Koryak. カムチャツカ、ベーリング海沿岸に住む人々。
オスチャークサモエード、ウゴルオスチャーク：Ostyak Samoyed, Ugrian Ostyak. シベリア北西部、ウラル山脈の東に住むウゴル系遊牧の人々。
オブオスチャーク：Ob-Ostyak. ウラル山脈東側に住む人々。
オルゾーブ：Olzoyev. ブリヤートの支系か。
オルチ：Olchi, Ulchとも、ハバロフスクのUlchsky地区に住むツングース語を話す人々。
カーシ：Khasis. インド北東部メガラヤ州に住むカーシ語を話す人々。
カムチャダール：Kamchadal. カムチャツカ半島に住む人々。イテリメン人とも。
カルムイク：Kalmuk. カスピ海北西に住む仏教徒。
キタン：Kidan. 契丹。中国東北部から中央アジアに住んでいた人々。
ギリヤーク：Gilyak. ハバロスク、サハリンに居住。ロシア語でニヴフと呼ばれる人々。
クマン：Kumans. 草原の遊牧民。チュルク語系キプチャクの人々のロシア名。西ヨーロッパではクマン人Kumansとよばれた。十世紀ごろまで北西カザフスタンで遊牧生活を送っていた。その後黒海北岸のステップ地帯，カフカス方面へと進出。
コサック：Cossacks. ウクライナ語を話し、ウクライナや南ロシアに住む人々。

コリャーク：Koryak. カムチャツカ、ベーリング海沿岸に住む人々。
サモエード：Samoyed. ロシア北部のツンドラ気候地帯に住みサモエード諸語を話す人々。
タタール：Tatar. 現代のボルガタタール。歴史的には包括的な用語。北アジアのモンゴル高原から東ヨーロッパのリトアニアにかけての幅広い地域に活動したモンゴル系、チュルク系、ツングース系などのチュルク語を話す様々な人々。
チュクチ：Chukchee. チュクチ海とベーリング海沿岸に住む人々。
チュルク：Turkic. ロシア北部、東部、中央部、および西アジア、中国北西部、東部ヨーロッパの一部に住む人々。
ツングース：Tungusic. 中国北東部からロシアのシベリア、北東アジアに住む人々。
トルグート：Torgout. モンゴル系遊牧民、オイラト系の人々。
ニシュネウジンスク：Nijne-Udinsk. ロシアのイルクーツクの人々。
フィン：Finnic. ウラル語族はフィン・ウゴルとサモエード諸語族、バルト・フィン諸語を話す人々に大別される。
ブリヤート：Buryat. ロシア、モンゴル、中国に住むモンゴル系の人々。ブリヤート共和国、バイカル湖を含む。
ボゴール：Vogul. シベリア北西部のオビ川流域に住むマシンの人々。
ボチャーク：Votyak. ウラル山脈西側、北方ユーラシア西部に住む、ウラル語族の人々。
ヤクート：Yakut. 北東シベリアのイルクーツクのレナ川流域、サハ共和国に居住するチュルク系の人々。
ユカギール：Yukaghir. シベリア東部に住む人々。
ラムートツングース：Lamut Tungusic. オホーツク海のツングース海上人。
レンダーチュクチ：Reindeer Chukchee. トナカイチュクチーの人々。
ロシアクレオール：Creoles. シベリアで生まれたロシア人。
ロシアユカギール：Russianized Yukaghir. コリマ川流域の下流に住む人々。

【付録】シロコゴロフ『ツングースの人々の精神的複合』民族名略称（アルファベット順）

Amur：アムール川沿いに住むツングース人。
Barg：トランスバイカルに住むレンダーツングース人。
Barguz：トランスバイカルに住むレンダーツングース人。
Bir：満州に住むツングース人。
Czek：東シベリアビルウイ川に住むツングース人。
Goldi groups：ゲルデグループ。
Khin：満州とモンゴルに住むツングース人。
Kirensk Tongues：イルクーツクのキレンスクに住むツングース人。
Lam：ヤクートに住むレンダーツングース人。
Mank：遊牧ツングース人。
Nerc：ネラチェンスクに住むレンダーツングース人。
Nere：レンダーツングース人。
Neg：アムール川沿いに住むツングース人。
Nom, Poppe：ダウールのツングース人。
Oroci：オロチ、アムールやハバロフクスなどに住むツングース人。
RTM：満州に住むレンダーツングース人。
Sp：満州の記録に残るアイグンツングース人。
Tum：ヤクート地域に住むツングース人。
Ur：ウラルに住む遊牧ツングース人。

解説編

第一章　シャーマニズムとはなにか

はじめに

極めて重いテーマである。多くの先学が、長年にわたって取り組んできた研究テーマでもあるからである。たかだか、木曽御嶽や雲南という限られた狭いフィールドしか持たない、英文学が専門でない者がこうしたテーマで先学に挑戦することに、他の研究者が、「先学の説をありがたく受けて守り伝えて行くことが、教えを受けた後学の務めではないのか」と危惧の念から、心配をしてくれた。確かに、たとえ間違っていたとしても、先学の名前を使って説を固守するのも研究者としての一つの生き方かもしれない。しかし、幸いにローエルの“Occult Japan”を拙訳することで、自らの研究を外からみる機会を得た。何よりも、学問の世界は広いと思った。三十年以上にわたって「前座こそが精霊統御型シャーマン、中座は霊媒でシャーマンではない」という曲解に基づいて、御嶽のシャーマニズム研究が誤解されてきた者にとっては、ここらで広い世界に立って、自らの研究を独自に位置づけてみたいと思った。無謀とも思える挑戦ではあるけれども、些かでも新たなシャーマニズム研究へと進展する契機となれば幸いである。

以下では、「第一節　ツァプリカとシロコゴロフの研究」として、繰り返しになるが二人の研究の要点を筆者の視点からまとめてみた。そして、それらの研究がどのように受け継がれてきたのかを、近年のイギリスの研究者、特に「第二節　ファースとルイスの研究」としてその一部を拙訳してまとめてみた。さらに、シベリアや中国東北部と類似した社会構造を持つ哈尼の氏族社会の宗教、さらに仏教を受け入れて独自の宗教形態を形成している白の人々の社会の宗教など、訳者のフィールドから「第三節　雲南のシャーマニズム」についてなど、以下順に触れてみたい。

第一節　ツァプリカとシロコゴロフの研究

一　ツァプリカのシャーマニズム研究

１ツァプリカ

時代背景　十九世紀末から二十世紀初頭にかけては、西欧社会の産業革命を背景に、ロシアにおいても大河に蒸気船が運行されるなど、急速にシベリア開拓に関心が広まり、シベリアへの学問的関心も徐々に向け始められ、地理学的探検が行なわれるようになっていた。また、ジェサップ北太平洋探検（1897-1902,ボアズなどを中心にアメリカ自然史博物館により実施）など、アメリカにおいてもシベリア地域を含めた北極圏への関心が向け始められていた。ツァプリカはこうした時代を背景としていた。

イギリスへ留学　ツァプリカ（Maria Antonina Czaplicka,1884-1921）はポーランドのワルシャワ出身で、大学卒業後地理教師、ワルシャワ博物館などで自然史を学んで（1906-09）いたが、二十四歳のとき人類学に魅せられ、奨学金を得て（同年のマリノウスキーと一緒に）イギリスのＬＳＥに留学（1910）し、二十六歳のときにオックスフォード大学で社会人類学の学位を取得した。彼女はロシア語、ドイツ語、フランス語、ポーランド語などに堪能であった。そのこともあり、ツァプリカを指導したマレットの勧めにより、先行して研究が行なわれてきた、それまでのシベリア研究

（主に、十九世紀中頃からシベリアの各地に流刑や政治亡命を余儀なくされたロシア人の研究者を中心に、先住民の人々との生活の中で、その民族の言語や文化、シャーマニズムなどの調査が行なわれ、研究誌などに発表された多数の論文や著書など）、それらロシア語で書かれた著書や論文（ツァプリカの紹介する「参考文献」によれば、ロシア人一四七人、一三二著書・論文、その他海外の研究者一五三人、二二五著書・論文）など多数を渉猟した。そして、研究内容にバラツキのある多様で膨大な著書論文を適切に選別し（とマレットは言う）、それまでのシベリア研究の成果を一九一四年、二十八歳のときに簡潔にまとめて出版したのが『シベリアの先住民』（"Aboriginal Siberia, Oxford, 1914."）である。それまで、イギリスの研究者は翻訳に頼った細々とした情報に限られていた（とマレットは言う）が、ツァプリカの研究により、あまり知られていなかった研究者やその著書について、シベリアのシャーマニズム研究の内容が紹介された。そのことにより、一気にシベリア研究の概要が明らかとなり、指導したマレットも認めるように（その優秀さは、序文でも記している）、イギリスの研究者などに高く評価され（マレットは感謝すべきであると言っている）、その後のシャーマニズム研究や社会人類学的研究に与えた影響は極めて大きかった（写真は"My Siberian Year",1916の中扉掲載写真によった）。

シベリア調査　この成果に基づき、マレットの要請で奨学金を得て、この年に遠征隊を編成してシベリア調査に向かうが、途中で第一次世界大戦が勃発する。彼女は友人と残って調査を続け、エニセイ川流域のツングース、サモエード、オスチャークの人々の地など、三千キロを踏破して一九一五年、三十歳のときにロンドンに戻った（このときの調査については"My Siberian Year",1916がある）。余談だが、フランス

で人類学を学んだ若きロシア人のシロコゴロフも、同時期にシベリアや中国東北部のツングースの人々の調査を開始している（ただし、途中で一九一七年にロシア革命により、中国に亡命し、調査を英語版でまとめてロンドンで発売したのは、ツァプリカよりも二十年後の一九三五年になってからであった）。

社会人類学初の博士号取得　この年、彼女は社会人類学で初めての博士号を取得し、オックスフォード大学唯一の女性講師となる。また、一九二〇年には王立地理学協会からマーチソン賞を受けるなど、順調なスタートを切ったかに思われたが、一九二一年に惜しくも三十七歳の若さで亡くなった。もし、夭折していなければ、マレットの弟子として、友人のマリノウスキーと並び二十世紀を代表する優れた人類学者として、さらによく知られたに違いない。

２ツァプリカの研究意義

マレットの指摘　ツァプリカを指導したマレットは序文において、その研究意義について三つの点を指摘している。第一点はシベリアの先住民を文化接触より生じた違いに注目し、社会人類学的な視点から古代シベリア人と新シベリア人とに分け、両者を対照的に比較することで、その特徴を独自に捉えていること。第二点は従来の人類学者は原初的な人々の呪術宗教的生活に対し、一般的な表現としてシャーマニズムの用語を適用して用い、他方では「まるでシャーマニズムが北アジア地域の特定の限られた宗教的経験を表象するものであるかのようにときどき扱われてきた」が、「ツァプリカは手際よく中立的な方針で、地域的な特色、あるいは諸特色とでも言い得る事柄を正当に扱い、さらに原初的な人類の生活と精神に関する幾つかの一般的な共通要素が共に特定の型としてあり、そこで出会ったことを明確に示している」こと。また「シャーマンの性的両義性」についても取り上げ、彼女の理論が社会人類学の非常に好奇心の強い問題として多くの光を投げかけていること。第三点は「北極ヒステリー Arctic Hysteria」について、それらが精神的病理学と理解し、これらの注目すべき事実に関し、最初の組織的報告を行なったことなどであると。いずれもがまとを射た、適切な指摘であると思う。

人類学的研究　では、ツァプリカはシャーマニズムを中立的な立場からどのように捉えたのであろうか。この時点では、自身で直接シベリア先住民の実態調査は行なってはいない。先行するロシア人の研究報告を読んで、人類学的な視点からまとめ上げている。ツァプリカ以前に、ロシア語で報告されたシャーマニズムをタイトルとした論文はそれほど多くはない。参考文献にあげられているのは九名ほどの論文である。このうちツァプリカが多く引用している報告はプリプゾフ、シャシコフ、バンザロフ、ミハイロウスキー、トロシュチャンスキー、アガピートフとハンガローフなどの研究者によりなされたシャーマニズムに関する最初の学術的論文である（三三七頁以下の訳者注参照）。ツァプリカはそれらの論文の他にも、表題にはシャーマニズムの語を用いていないが、先にあげた各地域に居住する多数の先住民に関する膨大な報告を幅広く読み込んでいる。また、同時代の優れたロシアの研究者、ヨヘルソンなどの協力も得ている。そして、それらを適切に仕分けしながら、それぞれの章で古代シベリア人と新シベリア人とを比較しながら、それまでのロシア人によるシャーマニズムに関する先行研究を体系化して八章、一四〇頁にわたりまとめ上げている。そして、最後に「北極ヒステリー」の問題を取り上げることで、ヒステリーは地域的な現象であると同時に、西欧社会にも広く見られる共通した精神的病理現象（舞踏病など、ルイス流に言えば非神秘的トランス）であり、それらがシャーマン、シャーマニズム（神秘的トランス）とは異なる現象であることの指摘は、ルイスなどその後の研究に繋がる大きな示唆を与えたものと思われる。ここではツァプリカが先行するシャーマニズム研究を、シャーマニズムとは何か、その種類、装具、活動、性、霊魂観、儀礼、ヒステリーの問題など、すでにこの時点で、今日のシャーマニズム研究に繋がる方法論により、人類学的に優れたまとめ方をしている。以下では、ファースやルイスなどの理論にどのように繋っているのか、訳者の視点からそれらの要点を抜き書きにしてまとめてみた。なお、紙幅の都合もあるので、その他については省略した。詳細は翻訳編の拙訳をお読み下さい。

３ツァプリカのシャーマニズム研究

第七章　シャーマニズム（Chapter 7）

モンゴルと近隣の人々の共通した古い宗教が、西欧では「シャーマニズム」として知られている。中国人はシャーマニズムを「精霊の前で跳ね回る」と呼んでいるが、その本質を捉えるには至っていない。シャーマニズムは自然崇拝で、外的世界の自然と内的世界の魂を観察する原初的な方法からなっている。シャーマニズムの形態は古代シベリア人が最も簡単なものを持ち、新シベリア人が最も複雑なものを持っている。前者には「家族Familyシャーマニズム」の儀礼と信仰をみるし、シャーマンは家族に限られている。後者の「専門Professionalシャーマニズム」は、専門のシャーマンにより執り行なう集団の諸儀礼である。新シベリア人の間では、専門のシャーマニズムはより強く発達している。古代シベリア人のように、集団生活が不可能な環境にある場合、専門のシャーマニズムは家族シャーマニズムから進化したか、退化した形態かもしれない。古代と新シベリア人のシャーマニズムの間の相違点は、北に移住した新シベリア人（ヤクートの人々など）と、南に移動した古代シベリア人（ギリヤークの人々など）の注意深い研究の結果により証明されている。彼らのシャーマニズムの実践には両者の間に基本的な相違はないが、彼らは簡単に新たな周囲の環境に習慣や信仰を同化させた。古代シベリア人よりも高く洗練された新シベリア人さえもが、確かにシャーマニスティックな影響下に置かれている。

第八章　シャーマン（Chapter 8）

シャーマンの語はサンスクリットのスラム *śram*、スラマーナ *śramana* に由来する。これらの語は仏教徒により、彼ら先住民の祭司の名前として採用された。しかし、バンザロフはシャーマン *shaman* の語は北アジアに起源し、サマン *saman* は満州語で「興奮する人、体を揺り動かす人、精霊を呼び出す人」を意味するといい、ツングースではサーマン（*śramana,* 音読で *shaman*）とハーマン（*hamman*）と同じ意味で、満州語では「私はシャーマニズムする shamanize、私はまじないcharmの前に踊って精霊を呼び出す」を意味しているという。

シャーマンの特質　シャーマンの本質的特質は、興奮するエクスタシーやトランス ecstasy and trances にかかり易く、女性は男性よりも感情的に興奮する傾向がある。ヤクートの間では、ほとんどの女性が神経疾患の苦痛を経験しており、本来女性は男性よりもシャーマニズムをする傾向にある。モンゴルやブリヤートなどの人々の間では、女性シャーマンに対する一つの共通した用語があるが、男性シャーマンの語はそれぞれの民族により異なっている。このことは新シベリア人の移動の間、彼らは女性シャーマンしか持っていなくて、類似した名前で呼ばれている証拠であり、女性起源説の根拠となっている。

シャーマンとは　ヒステリー hysteria、病的興奮はシャーマンとしての素質の底に横たわっているとはいえ、それでも同時にシャーマンは通常の患者が苦しんでいるこの病とは違い、儀礼の間ずっと起こっている実際の発作の過程にある間、自分自身を統御している極端に大きな力 great power of mastering himself を所有している。優秀なシャーマンは多くの特別な資質を当然所有しているが、しかし主要なものは力 power であり、それは機転と知識により獲得し、彼の周りの人々に影響を与えるものである。彼の持つ性格は、彼が生きる人々の間に確かに大きな影響力を持ち、ときどき熱狂的に増大する霊感 inspiration による発作 fit をどのように、いつなすか、また毎日の生活の中で高い「禁忌 tabooed」の態度をいかにして保つかを知っている人である。

家族的専門シャーマン　コリャークの人々の家族シャーマンを全てシャーマンに含めることはできない。それぞれの家族は、特定の期間に儀礼を実行し、特定のときには少なくとも家族の成員の一人はシャーマン流の「精霊」との交流を試みており、こうした家族の成員はシャーマンと似た儀式を行なっているが、儀礼などの統御者 a master of the ceremonies ではない。シャーマンが世襲によるかどうかに関係なく、特別な技術、専門能力と使命 vocation を持った個々の人々だけをシャーマンと呼ぶことができる。古代シベリア人の間では、あらゆる高齢の女性はシャーマニズムをすることができ、その技術を行使することができた。特別なシャーマンの衣装や太鼓を用いていなかったが、しかし簡単な呪文や予言を行なうことができ、そうした家族的な専門シャーマンは存在していた。

シャーマンの召命　シャーマンの召命 calling は世襲であろうとなかろうと、シャーマンは能力、否、啓示 inspired を受けた人でなくてはならない。勿論、シャーマンはしばしば精神異常の境界 verge of insanity にある。これは神経質で興奮しやすい excitable というのと同じことで、彼や彼女が使命を実践する限り、シャーマンはこの境界を通過しなければならない。しばしば、召命に入る前に、人は重い神経質な疾患を持っており、それが起こる。チュクチの女性シャーマンは、三年の間猛烈な狂気の状態にあり、その間に彼女の家族は人々や彼女自身に危害を与えないように、家族は警戒した。シャーマンになる前の人々は、完全な消耗状態で交互に激しい周期的な発作 paroxysms がある。彼らは二日か三日の間、食べ物や飲み物を共に食べずに、動かないで横になっている。最後に、彼らは荒野に引きこもり、そこで召命のために自分自身で準備し、辛抱強く飢えと寒さの時間を費やする。シャーマンになるために召命されたことは、通常ヒステリー、病的興奮で苦しむに等しい。そして、召命の受け入れは、病気の回復をも意味している。信者にとり、召命の容認は幾つかの精霊、あるいは一つの精霊を、守護神か使役霊として受け入れ、それによりシャーマンは全精霊界との交信に参加することを意味する。

召命と訓練　ツングースのシャーマニスティックな召命は、死んだシャーマンが夢の中で現れ、自分の後継者になるようにと夢見る人を呼び出す。シャーマンとなる人は内気で、気もそぞろで、非常に神経質な状態である。オスチャークの人々の間では、父親は自分で後継者を選び、必ずしも年齢によるばかりでなく、能力にも従い、選ばれた者は父親の知識が与えられる。

古代シベリア人（チュクチの人々）は「シャーマニスティックな力を取り入れる」ことをシャーマンの準備期間と呼んでいる。この段階は非常に苦痛を伴って長い。場合によっては、一年か二年、あるいはもっと多くの年の間続く。準備期間中、シャーマンは精神的なものと身体的なものの訓練の両方を通過しなければならない。訓練中の精神的な部分は、正統な精霊、つまりシャーマニスティックな実践においてシャーマンの守護霊である精霊と関係を結ぶことである。通常、霊感を獲得する過程は若いシャーマンには非常に苦痛であり、召命との精神的戦いは、彼らが言うように、額やこめかみに血のにじむような努力をしなければならない。また、初心者の身体的訓練は、歌うこと、踊ること、さまざまな腹話術を含むトリック、いかに太鼓を上手に叩くか、技術の習得には時間を費やして忍耐強く学ばなければならない。霊が出現する徴候に至るには数週間継続され、その期間にシャーマンはほとんど休む暇なく最も激しい活動による訓練が行なわれる。忍耐の目的は最も高い興奮から通常の穏やかな状態まで、すばやく通過する能力は、長い実践的訓練によってのみ獲得される。

新シベリア人の守護霊　新シベリア人のヤクートの間では、シャーマンの守護霊（神）がより高く発達しており、三種類（アマギャット *ämägyat*、エキュア *yekyua*、カリアニ *kaliany*）の「精霊」がシャーマンと関係している。精霊アマギットはどのシャーマンにもあって欠くことができないばかりか、シャーマンの威厳を示す名前でもある。最も弱いシャーマンさえもが精霊アマギットと他の精霊エキュアを所有している。精霊エキュアは、人々から慎重な扱いを要求される。シャーマンの守護霊の間で、最も重要な役割は精霊エキュアにより儀礼を行なうことである。ほとんどの場合「死去したシャーマンの精霊」か、あるいは若干まれな場合、天空に存在する第二の精霊である。精霊アマギットは突然の出来事などを通じてシャーマンの所にやって来るか、あるいは天空の神の神意としてやって来る。

解説

以上は、ツァプリカが先行するロシア人研究者達のシャーマニズム研究をまとめたものの主要点を抜き書きしたものである。この時点で、すでにシャーマニズムの本質に関する多岐にわたる優れた調査研究が行なわれており、ツァプリカはそれらを古代シベリア人と新シベリア人のシャーマニズムとして比較し、例えば前者は「家族シャーマニズム」、後者は「専門シャーマニズム」であることを指摘するなど、人類学的な方法論に基づいて適切な分析を行なっている。また、シャーマンやシャーマニズムの語源は、サンスクリットやパーリ語に由来し、これらの語は仏教徒の祭司の名前として採用されたものであるかもしれないが、むしろシャーマンの本質的特質は興奮するエクスタシーやトランス ecstasy and trances にかかり易い傾向にあることを指摘している。また、バンザロフの論文を引用して、*shaman* の語は北アジアに起源していると言い、*saman* は中国東北部では「興奮する人、体を揺り動かす人、精霊を呼び出す人」を意味しているという。さらに、シャーマン、シャーマニズムとは何かについて、シェロシェフスキーから引用して「彼の持つ性格は、彼が生きる人々の間に確かに大きな影響力を持っている。彼はときどき熱狂的に増大する霊感 inspiration による発作 fit をどのように、いつなすか、また毎日の生活の中で高い禁忌の態度をいかにして保つかを知っている必要がある」と。その他の論文を引用して、「ヒステリーはシャーマンとしての素質の底に横たわっているとはいえ、それでも同時にシャーマンは通常の患者が苦しんでいるこの病とは違い、儀礼の間ずっと起こっている実際の発作の過程にある間、自分自身を統御している極端に大きな力を所有している」と。ツァプリカはシベリア各地の民族のシャーマニスティックな具体的な儀礼を例示し、シャーマンとは何か、シャーマニズムとは何かを裏付けている。

ツァプリカはヒステリー、その他の精神的疾患と区別して、「自らを統御して力を発揮することができる人」のことをシャーマンと言い、すでにこの時点でその本質が捉えられている。未だシャーマニズムの最も重要なキーワード、「制御controlと統御master」の区別など、理論的には集約されていないが、重要な指摘がなされている。後述する同時代の研究者シロコゴロフもまた類似した指摘をしており、当時のロシアの研究者達が、すでにこの時点でシャーマニズムの本質について、かなり高いレベルで知識を共有していたことが知られる。勿論、この当時はジェサップの北極圏探検を通じて、ロシアの研究者達（ボゴラス、ヨヘルソン）もアメリカの人類学者と交流があったので、アメリカのシャーマニズム研究などの影響も受け、研究方法や理論なども共有されていたものと思われる。

二　シロコゴロフのシャーマニズム研究

1 シロコゴロフ

シロコゴロフ（Sergei Mikhailovich Shirokogorov,1887–1939）の略歴に関しては、すでに拙訳『オカルト・ジャパン』（岩田書院、二〇一二年、p332-335）の解説でも触れたが、若干の追加訂正をしながら再度触れてみたい（なお、紹介資料は、主にシロコゴロフの略歴を記したInoue Koichi（井上紘一）の'Tungus Literary Language'Asian Ethnology, 1991, vol. 50/1によった）。

フランスに留学　シベリアのシャーマニズム研究でよく知られたシロコゴロフ（写真）は一八八七年、現ロシアのスズダリに生まれ、一九〇六年から一〇年までフランスのパリ大学（ソルボンヌ、University of Paris, Sorbonne）に留学して、十九歳という多感な年頃に二十世紀初頭の最新の人類学や民族学、特に民族誌学を学んでいる（École d'anthropologie 一八七五年より開校）。シロコゴロフが留学していた当時は、あの有名なフランス社会学・人類学の祖として知られるデュルケム（1858–1917）も一九〇二年から一五年までソルボンヌ大学教授として教えており、さらにレヴィ＝ブリュール（1857–1939）も一八九五年にソルボンヌ大学の講師となり、一九〇八年からは教授に任ぜられ、この時代に活躍している。シロコゴロフが序文でも民族誌学の重要性を触れているところからみて、レヴィ＝ブリュールなどの影響を受けた可能性もある。著書の序論には、二十世紀の新たな学問が強調され、デュルケムやレヴィ＝ブリュールの他に、アニミズム論を提唱したイギリスの人類学者タイラー（1832–1917）、『金枝篇』の著者のフレイザー（1854–1941）、医療人類学の道を開いたリヴァース（1864–1922）、ドイツの民族学者で「原始一神教説」を説いたシュミット（1868–1954）などが紹介され、末尾にはマレット、ラディンとの交流が記されており、当時の最先端の学問を学んでいたことが知られる。さらに、同年代のコッパース（1886–1961）、アメリカ先住民の研究者、人類学者のローウィ（1883–1957）などの名前やその理論が紹介されている。レビィ＝ブリュールの著書、"Les fonctions mentales dans les sociétés inférieurs"（直訳で「下層社会の精神機能」、邦訳『未開社会の思惟』岩波文庫、一九五三年）が一九一〇年に出版されており、シロコゴロフは出版されたばかりのこの本を携えてロシアに帰国（1910）したとも考えられる。

シロコゴロフによるツングースの人々の精神的複合の概念や心理的分析は、レビィ＝ブリュールの著書と読み比べてみて、参考にしたと思われる箇所も少なくないからである。帰国後はサンペテルブルグ大学に学び、帝室人類学・民族博物館で研究に従事しており、一九一二年には調査フィールドとして、シベリアのブラゴベシチェンスク（ロシアの極東進出の前線基地）へ赴いている。

調査歴　『北方ツングースの社会構成』（"Social organization of the northern Tungus",1933. 川久保悌郎・田中克己訳、岩波書店、一九四一年）の序文によれば、シロコゴロフは二十五歳のとき、一九一二から一三年に外バイカル三次探検に加わり、一五年より一七年まではモンゴル（蒙古）および中国東北部（旧満州）の旅行などを行ない、このとき多数の資料を収集したという。この他、ツングースの調査は二十六歳のとき、一九一三年の第四回シベリア探検を組織し、アムール川流域でも行なっている。従って、シベリアでのツングースの調査は外バイカルでの二年、蒙古と満州への調査旅行の三年、アムールでの二年、その後中国東北部のツングース（ダウール）の調査ということになる。シロコゴロフはツングース人の言語や文学が専門であったようで、本人も言うように文献の収集にも力を入れ、チベット仏教の影響を受けた満州のツングース人などを含めた民族誌や民族史を収集し、自らの実地調査に基づき資料の分析を行なっている。シロコゴロフの前掲書『北方ツングースの社会構造』の序文によれば、満州語はモンゴル文字やウイグル文字などを基本としており、膨大な資料を読み、それを英語でまとめ上げたその才能と努力には敬服するばかりである。

しかし、ウラジオストックの極東大学で教授（1918-1922）をしていたとき、一九一七年にはロシア内戦、一九一八年にはロシア革命が起こり、そのために一九二二年には中国に移って上海、廈門、広東（1922-1930）などの大学で教えている。廈門大学で研究員の頃に『北方ツングースの社会構成』を書き上げている。また、一九二七年には広州の中山大学で人類学や民族学を重視して言語歴史学研究所の設立が準備されていたとき、廈門大学から中山大学へとシロコゴロフ（中国名「史禄国」）も招かれ、一九二八年には雲南の彝の人々（イ族）の調査にも加わったが、このときは途中で引き返している。その後、一九三〇年北京の輔仁大学、精華大学で人類学などを教え、この頃後に少数民族の研究で知られた中国の人類学者費孝通は、精華大学大学院に入学してシロコゴロフに師事している。シロコゴロフは一九三五年に『ツングースの人々の精神的複合』（"The Psychomental Complex of the Tungus,1935"）を出版し、マレットを介してロンドンで発売したが、その後一九三九年（十月十九日北京）に五十二歳で亡くなった（没後76年）。シロコゴロフが残した資料の一部、「ツングース語辞典」を、その後シロコゴロフ夫人から引き継いだ（1943）のは、日本の言語学者徳永康元（1912-2003,東京外国語大学、関西外国語大学教授歴任。なお、千葉大学図書館に徳永氏寄贈のユーラシア（徳永）文庫があり、ユーラシアに関する図書が蔵書されている）であった。この辞典は、近年出版されている（『片目考：徳永康元言語学論集』汲古書院、二〇一〇年）。

二人の研究意義　同じ時期にシベリア調査を行なったツァプリカ（1914-1915）と共に、一九一七年のソ連成立から一九九一年の崩壊に至る空白期（この間の研究に、Vilmos Dioszegi,"Tracing Shammans in Siberia"1960. はあるが）を思うと、二十世紀初頭における二人の調査研究は、マレットに認められることで、その後のシャーマニズム研究史の上では極めて重要な研究であったと言えよう。二人の研究者による新たな人類学的方法に基づく本格的なシベリア研究の成果は、一方ではハルヴァやエリアーデのシャーマニズム研究、さらに他方ではイギリスにおけるシャーマニズム研究の上に極めて大きな影響を与え、ファースやルイスなどイギリス人類学へと受け継がれて行くこととなった。二十世紀初頭における二人の研究は、その後のシャーマニズム研究の幕開けとして極めて重要であったと思われる。

２　シロコゴロフのシャーマニズム研究

第四部、第二二章「シャーマニズム一般」と第二九と三〇章「シャーマン」のそれぞれの節から、シロコゴロフはシャーマニズムをどのように捉えていたのか、やや複雑な文章や理論展開もあって多岐にわたるが、ファースやルイスに繋がる理論を中心に訳者の視点で要約しながら拾ってみた。詳しくは翻訳編を参照して下さい。

94　用語「シャーマニズム」の起源（Section 94）

A　シャーマニズムの起源

'shamanism' の語は、'shaman' から派生したもので、'shaman' の語は十七世紀にロシア人により西洋社会に紹介され、十八世紀には、サマン *saman*、サーマン *šaman*、ハマン *haman* などの名前で実際の儀礼を何人かの旅行者が記述した。この用語は、ツングースの人々がロシア人からサーマ *s'ama* として認められ、'shaman' の形で西欧に錯綜した観念として取り入れられたものである。ヨーロッパではロシア人の旅行者の作品を通じて紹介され、十八世紀終わり頃によく知られるようになった。最初、シャーマンは「異教徒の邪術師」の類いとして理解され、現代にまで生き残り、部分的にはそのものの現象を理解する妨害の原因となってきた。元々の事実を観察すると、満州語である *saman* の語は精霊を扱う専門家 specialists in dealing with spirits を示す人のことを包括的に表す言葉として '*shaman*' の語が支持されている。シベリアの他の民族集団全体に観察が拡大し、それらの集団の人達さえもが知らなかった *saman* の語は、キリスト教や他の「宗教」と対立する確実に錯綜した一般的概念として民族誌学者達により運ばれ、新しい宗教様式としての 'shamanism' へと一般化され、唯一つのものとして歩み出した。民族誌学的な要素、その複合化した様式からなるシャーマニズムは悪く理解されたり、「呪術 magic」の語として、ときには判断されたりもしてきた。そのとき以来、僅かな科学的価値さえも全く失われて、さまざまな一風変わった奇妙で、「原初的」な習俗として収集されて機能し始めた。そのためには最初の調査地点、ツングース人の

shamanismに逆戻りして調べ直さねばならない。

B シャーマンの語源　ツングース語での用語は、多分サマン *saman* としてもたらされたが、その後幾つもの変更された言葉となって満たされた。実際、saman, haman, šaman~šama, šama~šaman~sama など、ツングース人の集団がシャーマンの言葉を変更した一つとして持っている。ツングース人の言語全ての中に、このシャーマンに関する用語が言及されており、それは「シャーマンとは精霊を統御 mastered spirits する男性女性の両方において、彼らは自らの意志で自分自身の中にこれらの精霊を取り入れる introduce these spirits ことができ、自らの中に引き入れた精霊の力を用い、特に精霊に悩まされ苦痛を受けている他の人々を助ける、つまりその能力の中に、精霊を扱う特別に複雑な方法を所有していることである」と理解されている。

このような意味はツングース人の方言や言語全ての中で相互に関連しており、氏族の言葉が増大して、一般的に精霊崇拝に必須の儀礼執行のための、今やそれは祈禱を執行する特別な人で、主に氏族の精霊に供儀を捧げる言葉と関係している。ツングース人の言語の中の非常に多くの言葉は *sama(n)* から派生したものであるが、これらの派生語の他には *saman* と関係のある言葉はなく、孤立した専門用語として存続し、そのために人は他の可能な、この元の用語を借用して適応しなければならず、常に根源の意味論的な、さらなる変化の可能性を念頭に保たれている。幾つかの言葉の比較は、他の言語の言葉と一緒に、ツングース人の言葉‘shaman’を形成してきている。

つまり、最初はサンスクリットの *śramana* から *saman* を遠回しに引き出してきたことは間違いがない。結論としては、満州の人々とダウールの人々の先祖達は、両者とも *saman* の用語を持ち、仏教にも精通していた。シャーマニズムは非常に古い複合体ではなく、それは仏教（そしてラマ教）から借りた要素で充満しており、その限りでは、既に示してきたように精霊との複合と関係している。*saman* という用語はこれらの民族集団を通じて紹介された。私達は、象徴としてのシャーマン'shaman'は、ツングース語を含めた研究上の基礎付けとして、恐らくシャーマニズムの説明に対応して新たな機能を与え、議論を活発化させねばならない。私はシャーマンと関連したツングース語の複合化した状態を*shamanism*と呼んでいる。

95 シャーマニズムの公式的性格（Section 95）

A　精霊を統御すること　通常の人間がシャーマンとなる最も重要で特徴的な状態は、少なくても一群の精霊の精霊統御者*a master of spirits*になることである。「統御するmastered」精霊の扱いについては、当然に「統御者master」と彼の「使用人servants」との間の関連について既存の複雑な考え方に依存している。複合化したツングース語と満州語によれば、統御者は自らの中に精霊を取り入れたいと望むとき、精霊達を養い待遇して世話をしなければならない。shamanとマファ（*mafa,* ラマ僧などの専門家）の間の違いは、後者のマファは人々と一緒にいかにして接触し、精霊を招来させるかを知っているが、精霊の「統御者master」ではない。他方、精霊に憑霊された人a person who is possessed by spirits（たとえば、明らかに幾分神経質で精神疾患の人）とシャーマンとの相違点は、シャーマンは自身の意志で、彼が望めば自らの中に精霊を取り入れることができるthe shaman introduces spirits into himself at his own will,つまりシャーマンは精霊の居場所として委ねるために彼自身の身体を用いることのできる人the shaman uses his own body as a placing for spiritsのことである。精霊の自発的な取り入れA voluntary introduction of a spiritは、勿論シャーマニズムの特徴的な一つである。シャーマンの中で、精霊を自発的に取り入れたり排除expulsionしたりすることは、特に「統御することmastering」を容易にさせることのみのためにある。この違いは重要で、シャーマンが選定されるとき、識別に関して非常に慎重なツングース人によりはっきりと理解されている。もし、人が精霊を憑霊*possess spirits*させることができないならば、ツングース人も満州人も誰もがシャーマンであることを認めない。

B　お気に入りの精霊　シャーマンが自らに精霊を取り入れるとき、シャーマンはいろいろな特色を持った幾つかの精霊を持っていなければならない。実際に、憑霊する精霊の数はさまざまな活動に起因している。シャーマンはシャーマンとしての専門職に就く最初に、シャーマンが他の精霊を知っており、手助けをしてくれる唯一の精霊（通常は複合化した複雑な精霊）を持っている。実際には、通常シャーマンは専門職に就く初めにおいては多くの精霊を持つことはなく、シャーマンは徐々に精霊を統御mastersして熟達する。しかし、もしシャーマンが精霊との統御的結合master marry spiritsに失敗したなら、彼は特別の力special powerを身につけることや他の精霊と戦う手段を用いることなど、彼は同族の仲間や同族外の人達により本当のシャーマンとして承認されることはない。そして、彼はいかなる「世論」の獲得もなしには、シャーマンの実践を諦めざるを得ない可能性が高い。つまり、シャーマンがより多くの精霊を持つほどより強力であり、逆もまた同様である。より多くの精霊がいて、より強力であることがシャーマンなのである。つまり、シャーマンはお気に入りの精霊を持っていなければならない。

C　認識方法　すべての集団の間で、精霊を扱うさまざまな方法が知られている。ツングースの人々の一般的な考え方では、第一にシャーマンは精霊を扱う方法を学ぶ精霊について知っているか、あるいはシャーマンは扱うべき精霊について知っている。なぜなら、それらの精霊は統御されるからである。シャーマンは精霊についての扱い方などを知っておかなければならない。精霊の複雑化は、同時代のシャーマン達以前に、より蓄積された主要な構成部分を通じて複雑に創造されて以来ずっと、伝統の仕組みを通じて送り届けられ、新しいシャーマンにより、意識的あるいは無意識的に吸収される。全ての集団の間には、シャーマンとして知っていなければならない手の込んだ精巧で複雑な方法が存在している。精霊を取り扱うための方法の複雑化は徐々に変化しているが、しかしその一部は、常に伝えられ、シャーマンの能力が認知される条件に役立っている。

D　承認されている用具　さまざまな用具が儀礼の実践の間にシャーマンにより用いられている。シャーマニズムを行なう道具なしには不可能で、またそれゆえにそうした用具を持っていない人はシャーマンとしての機能を果たすことができない。用具はシャーマニズムの複合を構成している無条件で絶対的に必要なものとなっている。ツングース人の間での最小限の用具はトイル *toli* で、それは中国製の真鍮の鏡による垂れ飾りと太鼓である。トイルは精霊の宿り場としてなくてはならない必要なものであり、太鼓はシャーマンの自己励起 self excitation、自らを刺激し奮起させる間の必要な用具で、それなくしては、シャーマン達は自らをエクスタシーの状態 state of extasy へと移行させることはできない。これらの衣装は頭飾り、コート、ズボン、前掛け、靴、あらゆる装身具を付け、精霊の宿り場 placings for spirits としてたくさんの数で示し、さらに大型の絵や太鼓など完全な盛装から成っている。実際に、シャーマンが儀礼に必要なあらゆる付属物で満たせられるとき、シャーマンは幾つかの精霊を統御し、他の精霊と戦い、シャーマンの目的をより容易に達成できる。シャーマニズム的用具、特別の服の形、音楽や他の器具、精霊の宿り場などは、シャーマニズムの要素として絶対に必要なものである。

E　基礎的な理論　シャーマニズムを実践するとき、シャーマンはそれらの性質、精霊を取り扱う特別な実効性など、若干のシャーマニズムの基礎理論を容認している。シャーマニズムは民族の構成要素であり、シャーマンは民族の活動の機関である。シャーマンについては若干の理論と仮説があり、それは「精霊が存在すること、人間の魂を含めて一つの場所から他の場所へと精霊が移動 removal すること、こうした感覚で精霊を統御する mastering ことができる」という、そうした可能性を認めることである。シャーマンは統御する精霊の性格と扱うべき精霊について知っていなければならない。

F　承認されたシャーマンの社会的地位　シャーマンが一族、あるいは定住地にいないときには、シャーマニズムを行なう者を求めることになる。シャーマンとなる候補者candidatesは確信した方法を知っていなければならないし、精霊の数を確実に把握していなければならず、精霊を「統御master」し、必要最小限の理論とシャーマニズムに関する実際の知識を持っていなければならない。シャーマンは専門家になるための期間を幸運にも通過したとき、シャーマニズムに必要な道具一式を作製するとか、精霊のために規則的に供儀して祈る際に援助を受ける。一般に、シャーマンは一族の組織と関係を持っている。しかし、一定の一族とシャーマンの親密な関係はシャーマニズムの絶対的な特性ではない。主要な状態は、彼が仲間の信頼を受けることにより、その仲間の一人として識別された集団の中に存在していることである。シャーマンの職能を彼自身で引き受けることは、共同体のどのような仲間に対しても特別な社会的地位の就任であり、シャーマニズムの公式的性質の一つである。全ての役割としてシャーマニズムにとり絶対に必要な重要な公式的性格を列挙すると、(1)シャーマンは精霊の統御者である、(2)彼は統御することのできる精霊の集団を持っている、(3)承認された用具や伝達に複雑な方法がある、(4)実践する理論上の根拠がある、(5)シャーマンは特別な社会的地位を引き受けていること、などである。これらシャーマニズムの性質は、他の多くの複合の中で、最初の二つの性質を除くと、「シャーマニズム」と呼ぶことができない。従って、上記の性質について全てを覆ったこれらの複合体だけを、シャーマニズムと呼ぶことができる。

96　シャーマニズムの精神的状態（Section 96）

シャーマニズムの初期の状況は精霊の存在を認識することである。この観点から、シャーマニズムの基本の第一は「アニミズムが存在する特別な仕組み」にあり、あらゆるアニミズム的な仕組みがなければ、この目的に適わないからである。ラマ教との違いは、精霊はラマにより、精霊が優しいか悪意あるかを識別して統御されることができない点にある。また、中国の道教は異なった精霊を持っており、ツングースの人々の精霊をどのように取り扱うのか知らない。道教では、ツングースの人々が直面する精神的な問題を解決することはできない。

精霊を統御する可能性がシャーマニズムの第二の重要な条件であり、それなしにはシャーマニズムは存在することができない。ツングースと満州の人々だけが自らの精霊を管理することができ、それらの数は非常に多く、ツングースと満州の人々はこれら二つの条件を意識している。シャーマンやシャーマン候補者の間で、エクスタシーの状態で、非常に多くの精霊を監視することとは、確かに個々人の不安定な気持ちなくしては引き起こすことはできない。確かに、通常シャーマン候補者の間でのエクスタシーextasyは半分精神錯乱したヒステリー的状態になり、それはシャーマンの間では、正常な安定状態と非正常な不安定状態の二つの間の境界線上に存続する。いかにして自分自身をエクスタシーの状態に至らせるかを知らないシャーマン候補者は、決してシャーマニスティックな力を持っていることを人々に信頼されることはないであろうし、シャーマンになることもできない。シャーマンが存在するや否や、諸精霊は好きなようにする自由はなくなり、その結果精霊達は人々から離れることは勿論のこと――人々は「病気になることは無くなり、病気を生み出す原因はさらに無くなる」。この意味で、シャーマニズムは自動調節self-regulatingの機能を持った精神的複合の結果であり、シャーマンは一種の安全弁safety valveでもある。

シャーマニズムの精神的な条件は四つの側面として、その特徴を述べることができる。(1)シャーマニスティックな実践はシャーマンの存在を前提として、エクスタシーの状態に落ち入ったfalling into the state of extasy感情のときだけに起こる。(2)シャーマニズムは、大勢の人々に病気など特定の形の影響を与え、精神的状況に害を及ぼし手当を必要とする民族集団の間にだけ存在する。(3)シャーマニズムは精神的複合を自己調節するための仕組みである。(4)シャーマニズムは、本質的に集団現象である。今もなお、より厳格には、シャーマニズムは民族集団が持っている存在に関する理論的な背景と可変的な心因性の現象との両方に依存した民族的な現象である。

134　エクスタシー（Section 134）

シャーマニスティックな儀礼実行において、異なった形態やエクスタシー extasy の異なった度合いは、簡単な決まり文句の方式で、硬直状態 rigid と定義されるような現象ではない。場合によっては、エクスタシーは簡単な病的興奮 hysterical、つまりヒステリー性発作とみなされる状態に近づき、そしてもう一つの変化の極みとしては、エクスタシーはシャーマンの精神的な複雑さが彼の普通の行動と違わない慣例化した儀礼にあり――彼はただ単に「儀礼的実行者」に過ぎない。シャーマンが単なる「儀礼実行者」ではないときには、ヒステリー性発作は起こらないことである。それはシャーマンは明らかに睡眠 sleep 状態の継続した状態にあるとき、そうした間に精霊が彼の身体の中にやってきて comes into、そのとき構成要素である彼の「正常な」状態は、少なくても部分的に消えて除去され、睡眠の後に儀礼的実行が開始される。シャーマンの状態について、「シャーマンは精霊が彼の身体の中にいることを信じ」て、彼はまるで精霊が代行していると言わんばかりに行動し考える。

個性の二重性　精神医学により、個性の二重性 doubling personalities の事例、幾つかの個性の中に、「個性の分裂症 splitting of a personality」があることが、既に明らかにされている。個性の一つは他者の個性として観察し、また個性とさえ「戦い」を実行するかもしれない。精神的発作により影響を受けた個人の行動は同じ性質で、発作 fit があったとき、確実に計画されたことに従って行動しなくてはならない。ヒステリー的発作 hysterical fit は、一時的か永久的に、社会的にその人を動けなくして、ヒステリーになった人は通常の生活状態において、彼ら自身を制御することができないが、彼らの若干の人は発作中もよく機能を果たす。シャーマンの状態は抑制されない精神的発作 uncontrolled hysterical fit に転換してはならず、エクスタシーを抑制してはならないからである。これらの限界の範囲内で、エクスタシーの厳しさのさまざまな程度と有効性が識別されるであろう。

エクスタシーの精神状態　そうしたシャーマンの状態が生じるためには、特別な精神的状態を所有していなければならない。まず、第一にシャーマンは二重人格の能力ability of doubling、恐らくは個性から切り離すsplitting personality能力を持っていなければならない。第二に彼は思考する仕組みを制御する確実な力certain power of controllingを持っていなければならない。第三に彼はこの状態の中に彼自身を運び込むbringing himself方法を知っていなければならない。第四に彼はこの状態にある間ずっとその状態を維持maintainingし、統制regulatingする方法、それは儀礼実行の実際的な目的のために必要とされ、さらに常に儀礼参加者の存在と儀礼実行のねらいが考慮されなければならない。エクスタシーの結果必要とされることを提示できないシャーマンは下手なシャーマンとみなされる。そして、エクスタシーが発作に転換extasy turns into a fitした人（その人が自分自身を制御controlできなくて）は精霊に所有されたとみなされ、従ってシャーマンになることはできない――彼らは治療されなければならないし、同時に本物のエクスタシーになることができない人はシャーマンになることがでないが、しかし「氏族の祭司clan priests」つまり供儀師や祈禱師の儀礼実行者になれるかもしれない。

シャーマンの生理的精神的状態　エクスタシーの状態が生じる方法として、シャーマンが太鼓を鳴らし始めると、断続的にますます増え、その速さと激烈さが減じてくると、それと一緒に一定の経験的リズムを発見し、シャーマン自身により生理的精神的状態の中で暗示が起こるようにするために――精霊が接近しcoming of a spirit――「二重性」という直接的な結果をもたらす。精霊がシャーマンの身体に導き入れられるintroducedや否や、シャーマンは彼の状態をただ維持し続けなければならない。これは太鼓を叩き続けることがシャーマン自身か助手により実践され、リズムを維持して彼らの歌と一緒に強く認識させることにより儀礼参加者を感化させ、そのことはシャーマンを「手助けすること」になり、シャーマンのエクスタシーを強烈なものへと達成させる。儀礼参加者と一緒の彼の関係、相互の催眠と暗示、あるいは特有の波としての均一で物理的形態、連続した興奮の直接的な相互影響はシャーマンのエクスタシーが維持される。また、リズミカルな踊りは精霊を呼びcalling、精霊を保持しておくための両方に同じ結果をもたらせる。服装から生じる複雑な音は、同じねらいで用いられる。シャーマンはエクスタシーの間、身体の極度の軽さを感じるという。この感覚は、勿論上辺は病人にも伝達される。実際に、身体の軽さを感じる、他の言葉で言えば、体力の増大は一般的な現象である。

助手の役割　シャーマンは「神経質で興奮しやすい」ことに適した状態と完全な意識状態との境界線上に存続していなければならない。助手は、実際に手助けし、シャーマンの質問を尋ねて彼の精神過程を管理し、完全に意識を戻してはいけないシャーマンのために部分的に感知する。助手は、常に説明をしなければならない。というのは、シャーマンは通常彼が何を言ったかを記憶していなくて、エクスタシーのときは初めから終わりまで、経験の無い人にはシャーマンのことが理解できないからである。

解説

シロコゴロフの研究で重要と思われる点は、ツァプリカが広くシャーマニズム一般を捉えているのに対して、彼はシャーマンとシャーマニズムに関する定義、及びエクスタシーの内面を深く捉えていることである。

シャーマンとは　シャーマンについては、ツングースの人々がその言語の中に、次のように言及していることをシロコゴロフは引用している。繰り返しになるが、それは「シャーマンとは精霊を統御する男性女性の両方において、彼らは自らの意志で自分自身の中にこれらの精霊を取り入れることができ、自らの中に引き入れた精霊の力を用い、特に精霊に悩まされ苦痛を受けている他の人々を助ける、つまりその能力の中に、精霊を扱う特別に複雑な方法を所有していることである」と、イタリックで記述し、強調している。そして、このような意味はツングース人の方言や言語全ての中で相互に関連しているという。シャーマンは「自らの意志で、彼が望めば自らの中に精霊を取り入れることができる、つまりシャーマンは精霊の居場所として委ねるために彼自身の身体を用いることのできる人のこと」である。精霊の自発的な取り入れは、勿論シャーマニズムの特徴的な一つである。シャーマンの中で、精霊を自発的に取り入れたり排除したりすることは、特に「統御すること mastering」を容易にさせることのみのためにある。この違いは重要で、シャーマンが選定されるとき、識別に関して非常に慎重なツングース人によりはっきりと理解されている。もし、「人が精霊を憑霊させることができないならば、ツングース人も満州人も誰もがシャーマンであることを認めない」という。つまりシャーマンとは「自らの意志で精霊を取り入れ、そのとき起こる発作を制御し、憑入した精霊を統御して、その力を用いて役割を果たし、一定の役割が終わると精霊を排除する（つまり、トランスから覚めさせる）、そうした一連の技術を獲得している人」のことと捉えることができる。この節では、その他「シャーマニズムとは何か」などについて重要な指摘を行なっている。

制御と統御　すでに、シロコゴロフはこの時点で、シャーマニズムを捉える重要なキーワード、'control'と'master'、つまり「ヒステリー的な発作を自ら制御すること」と「自らの意志で身体の中に取り入れた精霊を統御して役割を果たすこと」を用いて定義し、後で触れるファースやルイスに連なる重要な指摘であると思われる。

シャーマンとマファとの違い　現代のシャーマニズム研究に繋がる重要な指摘がなされている。シロコゴロフは体内に憑入した「精霊を統御」することのできる人のことをシャーマンと言い、ラマ僧のマファは精霊を扱う専門家であっても精霊を憑入させて「精霊を統御」することができず、従ってシャーマンではないと両者を区別している。また、シャーマンと祈禱師の違いについても指摘している。

エクスタシーとは　シャーマンは精霊を自らの中に取り入れる際にエクスタシー状態となるが、その状態を「エクスタシーは硬直状態rigidと定義されるような現象ではなく、ヒステリー性発作とみなされる状態に近づき、それを制御し維持した状態」とか、「エクスタシーextasyは半分精神錯乱half-deliriousしたヒステリー的状態hysterical conditionになり、それはシャーマンの間では、正常な安定状態と非正常な不安定状態の二つの間の境界線上に存続する」とシロコゴロフは言っている。そして、その精神的状態の特徴として、エクスタシーが生じるためには特別な精神的状態を所有していなければならないとして、「第一にシャーマンは二重人格の能力、恐らくは個性から切り離す能力を持っていなければならないこと。第二に彼は思考する仕組みを制御する確実な力を持っていなければならないこと。第三に彼はこの状態の中に彼自身を運び込む方法を知っていなければならないこと。第四に彼はこの状態にある間ずっとその状態を維持し規制する方法、それは儀礼実行の実際的な目的のために必要とされ、さらに常に儀礼参加者の存在と儀礼実行のねらいが考慮されなければならないこと」と指摘している。ローエルの言うトランスに近く、木曽御嶽の事例と比較しても的確な指摘であると思う。

エクスタシーとトランス　シロコゴロフの報告は、現代のシャーマンやシャーマニズムの定義など、シャーマニズムの研究史を考えて行く上で多くの示唆を与えてくれるものと思われる。特に、‘ecstasy’と‘trance’をどのように訳すかである。わが国では前者を「忘我」「恍惚状態」とか「脱魂」、後者を「忘我状態」、一部には「変性意識」などと訳して区別してきた。しかし、訳し方によっては、それを用いた意味内容は大きく異なってくることになる。この当時‘trance’も‘ecstasy’も‘possession’も共有された学術用語として研究者の誰もが共通認識を持って区別していたわけではなかったし、今も共有されているとは思えないからである。強いて言えば、シロコゴロフはエクスタシー

'extasy' を用い、アメリカとイギリスの人類学者はトランス'trance-possession'を用いて表現しているが、内容的には両者に違いがない。むしろ、エリアーデのエクスタシー'ecstasy' の用い方が異質であるということになる（エリアーデは'shamanic trance, mystical ecstasy, magical techniques'と言っている。英語版p411）。

従来、シャーマンの痙攣発作状態を表現する語として、トランスtranceとかエクスタシーecstasyの言葉が用いられてきた。ツァプリカの時代には、ロシアの研究者達は必ずしも決まった用い方をしていなかったようで、先にも触れたが、研究者によりあるときは'trance'を、あるときは'ecstasy'を用いて表現している論文をツァプリカはそのまま引用して記述し、彼女は'trance and ecstasy' と並列的に取り扱っている。その後、シロコゴロフは実際に調査を行ない、自著で氏族シャーマンを説明するのに、'extasy'（extaseの古語か）の語を用いて説明し、'trance' の語はほとんど用いていない。しかし、拙訳した限りでは、その内容は先にも示したように'trance' に近い説明である。

通常、'ecstasy' の語源はギリシャ語で、'ekstasis' で「我を忘れる」「多幸感」などの意味があり、転じてフランス語では'extase'となり、「忘我」「恍惚」などの意味で用いられてきたが、'extase' を英訳すると'ecstasy' とか'trance'となる。フランス語の'trance'は、「失神」「催眠状態」などとも用いられ、どちらかといえば心理学的用語に近い。シロコゴロフはフランスに留学しており、'extase' と'trance'を意識して、明確に区別して用いていたとは思われない。先のレビィ＝ブリュールの原書においては'les phénomènes d'extase et de possession'（「エクスタシーと憑霊現象」原書p31）のように用い、'trance' の語に代えて、先例に習い'extase'を用いたのではないかとも思われる。

従来、'ecstasy'と'trance'がいかなるものなのか十分に調査し、実見しないままに、翻訳やそれに基づく類型化が行なわれてきたように思われる。ツァプリカやシロコゴロフの報告などに基づき、ロシアや北欧のシャーマニズムの民俗をまとめたハルヴァの著書（原書はドイツ語なので、田中克彦訳と対比しながら）を読んでみた。ここでは'extasy'をドイツ語でEkstaseと表し、田中氏は「忘我」と訳している。また、ハルヴァの報告、知識と材料のほとんどの部分を引用して（と田中は言っている。田中訳『シャマニズム』の「訳者あとがき」pp514-515）、『シャーマニズム』を著したエリアーデの著書、それを翻訳した堀一郎氏は、'ecstasy'を「脱魂」と訳したと注で断っている。しかし、シロコゴロフが言う'extasy'≒tranceとエリアーデが言う'ecstasy'＝脱魂とは、その意味内容が大きく異なっている。ハルヴァの一行程度の説明（田中訳p478.「シャマンの魂が忘我の状態において肉体から抜けてあの世へ行く…」）を根拠に'Ekstase'を「脱魂（魂の異界への飛翔）」と理解しているが、もしそうであるとすれば、もっと自らがシャーマニズムの実際を観察して、その仕組みの詳しい報告がなされるべきで、資料のみを根拠とした一般化は理解困難である。エリアーデはシャーマニズムの研究書として『シャーマニズム』を書いたのではあるが、シャーマニズム研究を専門としない一般読者のために、実際はどうであれ、主として「お話（堀訳、「物語」）」として書いたと著書の「序言」で断っている（堀訳p16．英語版pxx.）。「脱魂」を絶対として論じる人類学者の説には納得のいかない点も多い。民俗伝承に基づく歴史的な物語と人類学的な科学研究とは区別して論じるべきではないであろうか。ツァプリカもシロコゴロフもシベリアに脱魂のシャーマニズムが存在するなどとはどこにも言っていない。また、エリアーデは英語版でみるとecstasy-tranceと表している箇所があるが、この語からトランスをベースにしてエクスタシー（脱魂）が生じると説明している研究者もいる。エリアーデはトランスとエクスタシーを区別しており、明らかにシロコゴロフのエクスタシーとは異なり、ハルヴァの一行程度の説明に依拠しているが、ハルヴァはその状態を詳しく説明していない点からみて、実際を実見していないと思われる。

エリアーデの場合　エクスタシーが、なぜ日本の研究者の間で「脱魂」と訳され、今も理解されているのであろうか。シロコゴロフは、「シャーマンが太鼓を叩き、跳躍しながら衣装に付けた呪具を鳴らしてしている間に、精霊が身体に侵入して精神的に興奮した状態となる」ことをエクスタシーと言っている。「侵入（憑霊）した精霊により引き起こされる発作を制御（エクスタシーの状態で）し、精霊を統御して、その力で役割を果たす者こそをシャーマンといい、その儀礼をシャーマニズム」とシロコゴロフは何度も繰り返し述べている。ところが、エリアーデは「シャーマニズム特有の要素はシャーマンによる精霊の具現化だけでなく、エクスタシーは天空への上昇、あるいは地下世界への下降を呼び起こすことであることはすでにみてきた。精霊を具体化し、精霊に憑霊されることは普遍的に広まっている現象ではあるが、しかしそれらは必ずしも厳密な意味でシャーマニズムに属するものではない」と言っている（英語版Chapter XIV.'Conclusion' pp499-500）。エリアーデはシロコゴロフの報告を読んでいることは確かであるが、先にも触れたように、シロコゴロフはマファとシャーマンとを明確に区別して、「精霊の統御者」こそがシャーマンであり、マファは精霊に対してさまざまな能力を持っているとしても、精霊を自らに取り込み統御する「精霊の統御者」、つまりシャーマンではないと言っている。例えば、筆者のフィールドに隣接した雲南永寧のモソの社会や麗江のナシの社会も調査を行なったことがあるが、シロコゴロフも中国東北部でラマ僧とシャーマンの混在した実際の姿を調査して、知っていたものと思われる。

しかし、エリアーデは「シャーマン」の語源は仏教にあり、マファの行なう儀礼こそがシャーマン、シャーマニズムとみて、「厳密な意味」ではツングースの人々の憑霊トランスは広く見られる現象ではあるがシャーマニズムではなく、むしろ仏教を育んだインド神話、インド・ヨーロッパ語族の宗教文化に起源があり、そうした仏教と隣接した世界にこそ「エクスタシー（天界との交流）」を中心としたシャーマニズムがあると言って、自説を展開しているのではないかと思われる。仏教が伝播したアジアの地域一帯には、仏教が土着化する過程で土着の宗教を排除し、あるいは取り込み、仏教の優位性を示すために王権や氏族の長に取り入り、さまざまな物語を創作して正当化する仏教説話

（例えば、日本の修験の教祖、役小角のような超能力を使って時間と空間、天界と地下界を自在に飛翔する、あるいは使役霊を自在に駆使するような世界を空想した説話）は少なくない（大理にも、仏教僧の優位性を示すために、観音力を駆使する仏教僧の活躍を強調した仏教説話が多数存在する）。目の前で展開されている実際の憑霊トランスはシャーマニズムではなくて、厳密には（宗教学的にみて）その背後にある共通した潜在的意識にこそシャーマニズムの本質があるというのであれば、どちらに視点を置いて語るかにより、シャーマニズムの理解は大きく異なってくることになる。

シロコゴロフの言う'extasy'とエリアーデの言う'ecstasy'とを、王権神話などとも結びつけて壮大なシャーマニズム論を展開するか、両者を切り離し、区別して実際の人々の生活に即したシャーマニズム論を展開するのかは研究者の関心により異なると思われる。混乱の原因は両者を区別しないままに'ecstasy'を全て「脱魂」と日本では訳して論じてきたところに問題があったのではないかと思われる。しかし、ローエルに連なるアメリカの人類学も、ツァプリカやシロコゴロフに連なるイギリスの研究者も後者に立ち、経験的で実証的な研究を行なっており、ここではシロコゴロフの言う'extasy'とエリアーデのマファ、修験の役小角を空想したような「ecstasy＝脱魂」と訳した論とは明確に区別して論ずるべきではないかと思われる。シロコゴロフもまた、シャーマンのエクスタシーの状態について、「シャーマンは精霊が彼の身体の中にいることを信じ *shaman believes that the spirit is in him* て、彼はまるで精霊が代行していると言わんばかりに行動し考える」と言っている（Section134,p362）。

実際の分析に当たっては、例えば精神医学者の佐々木雄司氏（「我国における巫者（shaman）の研究」一九六六年）は、エリアーデの ecstasy（脱魂）と区別して、むしろ trance を指標として分析を行なっている。筆者もまた、エリアーデの説は、ツァプリカやシロコゴロフの論を避けて、ハルヴァの民俗資料に基づく宗教史的視点からのシャーマニズムを論じたもので、実際とも異なると思われ、アメリカやイギリスの研究史の流れに沿った用い方でもないから、有効ではないと思っている。

シロコゴロフは、エリアーデが言うようなエクスタシーは「天空への上昇、あるいは地下世界への下降を呼び起こすこと」などとは言っていない。断片的には天界や地下界を語った記述、儀礼も見られる程度である。エリアーデもまた「天界や地下界へ魂が行く」とは言っていない。英語版では'induced'（induce「する気にさせる、誘導する」。ラテン語で「導き入れる」）と表現している。訳し方の問題と、それを十分に検証しなかった側の問題ではないかと思われる。むしろ、シロコゴロフは「シャーマンは儀礼実行の前に眠気がして、精霊は睡眠状態にある間にシャーマンの中に入り、その後でエクスタシーがやって来る。エクスタシーの状態での目覚めは、勿論純然たる儀礼主義ではなく、半分の意識状態である。それゆえシャーマンは儀礼実行の前に三十分程度睡眠状態となり、精霊からの意外な新事実を受け取る」（section133,p361）とも言っている。睡眠状態であれば夢の中で自らの魂が天界や地下世界へと飛翔して交流することは可能で、夢と現実を区別しない人々にとっては、こうしたこともシャーマニズムの構成要素として考えていたのかもしれない。また、シャーマンは問題を解決するにあたって、「強く考え」「強く望み」思考力により情報を得るが、そのことを「魂を送るsend the soul」とも言っている（Section133,p361）。しかし、実際に天界や地下界の精霊と交流する方法は、さまざまな犠牲を供え、それに応じた衣装を着けてシャーマニズムをすることであり、エクスタシー状態の間に自らの魂が身体を離れて、天空や地下界に行くことは非常に危険で恐れられ、めったに行なわないとも言っているし、シロコゴロフも実見していない。第四部二十五章の「天界へのシャーマニズム」の節（Section111,p310-311）を訳してみたが、この節は天界の精霊との交流のために供儀をして、子供の病気を治すためにシャーマニズムをして天界に動物を送り届けるという記述で、シャーマンが自らの魂をエクスタシー状態となり天界に送るなどという記述ではない。

こうした天界との交流のイメージがなぜ起こったのであろうか。少数民族の神話、自らの民族の起源を語る物語などには、地上と天界を自由に往来する話しは多い。中国の雲南地域の哈尼などの仏教の伝播していない人々（少数民族）の間にも、天界に神々が住むという神話を持っている。哈尼は父子連名制を持ち、源頭にスム・ミー・オーSm-mi-oと呼ぶ先祖、天地創造説話では十二番目の最後の神を持っている。その神は最初の人間とされ、スム・ミー・オー以前は人間と精霊、ネneとはアポミエ A Poe Mi Yehという名の同じ母から生まれて一緒に住んでいた。しかし、やがて仲たがいを起こして人間は稲作を行なうことのできる土地に、精霊は岩や川や森などの土地に、別々の世界に住むようになったという神話である。雲南の人々の社会には、哈尼の氏族シャーマンが神々を招いてもてなす儀礼（哈尼のアマトゥやクサザの儀礼など）やリスの氏族シャーマンが天界におもむく儀礼なども少なくない。

筆者は二〇〇四年に、雲南六庫鎮新華村のリスの村で、氏族シャーマンのニパが空高く設置した刀の梯子（目測で20m位）を登る「刀竿節」の祭りを見学したことがある。参加した村人全員で、鐘や太鼓と歌声に送られて、シャーマンは裸足で、鋭い刀の梯子を一歩ずつゆっくりと天界へと登って行く。天界には階層があるらしく、梯子の節目節目で留まり、そこではニパは太鼓に合わせて歌を歌い、エクスタシー状態となって天界の神々との交流が行なわれていた。物語風に語れば、まさにシャーマンの天界への飛翔ではないかと思われる（エリアーデもまた、類似した儀礼を'ecstatic journey'として紹介している。英語版「序論」pxiii, 他）。また、哈尼の葬送儀礼においては死者の魂を民族の原郷（過去に何度も移動を繰り返してきた歴史を持っており、死者の魂は元の地に帰ると信じられている）に送って行くための歌（神話）が、氏族シャーマンのモピにより、エクスタティックな状態で三日三晩歌われる。しかし、それらは日本の研究者が言うような、エクスタシーが「脱魂」という理解とは少し異なる気がする。

日本の研究者の場合　不可解なのは、日本の研究者の中にはシベリアにこそ理想とする「脱魂型mystical flightのシャーマニズム」、「真性のシャーマン、シャーマニズム」が存在すると、かつては幻想を抱いていた研究者も少なくなかったことである。しかし、少なくともシロコゴロフの報告を論拠として、エクスタシーを「脱魂 mystical flight」と一元的には訳せないと思う。これまでの日本のシャーマニズム研究では、比較的トランス憑霊型シャーマンやそれに類似した形態が多くみられることもあり、それらを中心とした研究、それらを念頭に置いた理論化が主流であったと思われる。よく知られた堀一郎氏（前掲書、1971）や佐々木宏幹氏（1980）は、シャーマンは'trance'をベースにして、'ecstasy'（脱魂）か、ないしはポゼション'possession'（憑霊）が起こるとして、脱魂型と憑霊型に分類し、脱魂型 mystical flight type はシベリアに多く、憑霊型は日本などアジアに多く分布すると分類してきた。両氏ともツァプリカやシロコゴロフの報告を読んだり、また実際にシベリア調査を行なったりして、その儀礼を具に観察していないと思われ、何とも奇妙な実態に沿わない分類なのだが、勿論この分類や説に疑問を持つ研究者も少なくなかった（萩原秀三郎「中国東北地区のシャーマニズム調査報告」『日本民俗学』二一二、平成九年十一月、p105-124.脱魂のシャーマニズムは存在しなかったことを指摘している）。しかし、シロコゴロフは氏族のシャーマニズムを説明するのに'extasy'の語を用いて、ツングースの氏族シャーマンを報告しているだけである。ツァプリカやシロコゴロフのシャーマニズム研究からは'ecstasy'を脱魂型 mystical flight type とは導き出せないと思う（エリアーデも、それは幻想に過ぎないと言っている。'magical flight which is only an illusion' 英語版 p409.）。

第二節　ファースとルイスの研究

一　ファースのシャーマニズム研究

ツァプリカとシロコゴロフのシャーマニズム研究は、その後イギリスではどのように受け止められ、現代へと繋がっているのか、ファースとルイスがどのようにシャーマニズムを理解しているかを、順にみてみたい。

ファースの紹介　レイモンド・ファース（Raymond William Firth,1901-2002.）はイギリスの社会人類学者。一九〇一年にニュージーランドのオークランドに生まれ、一九二一年オークランド大学を卒業、一九二三年社会科学学士、一九二四年ロンドン大学（ＬＥＳ）に入学し、ナーデルと一緒にマリノフスキーに師事し、フレイザーの研究助手を務める。特に、マリノフスキーとツァプリカは同年のポーランド人で、一緒にイギリスに留学した友人でもあったことから、あるいは間接的には、ファースとナーデルは一九二一年に亡くなったツァプリカのこと（研究）を、マリノウスキーを通じて知っていたものと思われる。一九二七年博士論文「ニュージーランド・マオリの未開経済」を提出（論文は一九二九年に公刊）、一九二八年にはソロモン諸島ティコピアで調査を開始し、一九三〇年にシドニー大学でラドクリフ＝ブラウンの後任として教授に就任し、オセアニア誌の編集を引き継ぐ。一九三三年ロンドン大学講師、一九三五年同准教授に昇進、マリノフスキーの後任の社会人類学教授に就任（1944-1968）、一九四七年にはリーチが大学院の学生としてファースに師事する。二〇〇二年百一歳の誕生日の目前に亡くなった。ファースの研究はタイラーやマレット、マリノウスキー、その教えを受けたエヴァンス＝プリチャード、フォーテス、リーチなどイギリス社会人類学の正統な流れに位置していると思われる。

ファースのシャーマニズム解説　ファースの論文は、一九五九年の論文（ルイスはこちらの論文を引用）と一九六四年の『社会科学事典』に「シャーマニズム」の解説（'Shamanism' "A Dictionary of The Social Sciences" 1964. pp638-639）があり、早い時期からシャーマンやシャーマニズムにも関心を持っており、シャーマニズムをどのように理解していたのかを後者のシャーマニズムに関する解説から、その一部のみ（一部略）を、以下に拙訳により紹介してみたい。

＊　＊　＊

A、シャーマンの語が最も一般的に使用されるのは、伝えられているところでは、精霊の憑霊 spirit possession と精霊の制御 spirit control の技術による治癒、つまり占いと関連した社会的機能の専門家を意味している。シャーマニズムとは、精霊との媒介能力 mediumship をもち、通常彼自身が霊媒 medium としての専門家（シャーマン）であり、訓練することで精霊を制御する control over 技術を発達させ、ときには霊媒に憑霊していると見られる精霊の統御 mastery of spirits を含めて判断される特定の形態を意味する。

B-1、シャーマンの語はロシアに由来し、通常サマン saman として音訳されるシベリアの言葉から派生した一般にツングース語と言われている（S・M・シロコゴロフ『ツングースの人々の精神的複合』London: Kegan Paul, Trench, Trubner, 1935, pp. 268-9を見よ）。正確な帰属は異なっている。ツァプリカは「揺り動かす moved とか、有頂天 exalted になるとか、興奮する人 excited を意味する満州語、サマンから派生したもの」であるとしている（仏教僧、托鉢僧を意味するパーリ語のサマナsamana、サンスリットのスラマーナsramanaからの起源で、中国語のシャーメンsha menは疑わしいという）。

Ｂ-２、その専門用語は、十七世紀にツングース人に最初に出会ったロシア人により西洋文学に紹介された。「全てのツングース語において、この専門用語は精霊を統御することのできる男女両方の人物、彼らの意志で自分自身の中にこれら精霊を取り入れることができ、とりわけ精霊に悩まされている他の人々を助けるために彼ら自身の支配力their own interestsで精霊の力を使うことのできる、そうした人のこととして言及している。つまり、そうした能力により、彼らは精霊を扱うための複合化した特別な方法を所有しているのかもしれない」（ibid., p. 269）。シャーマン達は、当初「異教徒の邪術師」とみなされていたが、後の研究では予言者的特性、シャーマンとしての治療機能を持つと考えられるようになった。

Ｂ-３、シャーマンと関連づけられた現象がシャーマニズムとして一般化される度合いによりさまざまな異なった意見がある。北アジアの調査地で研究を行なったスコットやロドロフ、その他の研究者は、驚くことに組織的に設定された儀礼の実践を見た。スコットは、調査で得た資料を概括的にまとめることを担当していたと思われる。「よく知られているように、我々が理解しているシャーマニズムにより、精霊崇拝は悪魔払いと関連し、そうしたことは既に太古から、アジア内陸の高原地帯、北アジア全体、ヨーロッパの北東地域の広範囲に広がっていた（「シャーマンの語の曖昧さ」プロシアアカデミーの科学論文、Berlin, 1842）」。後の人類学者は、勿論シャーマニズムの専門用語も用い、またハウエルはロドフ（「シャーマニズムとカルト」一八八五年）に従って、シャーマニズムを実践するという意味で「シャーマニズshamanize」と動詞扱いとして用いている。しかし、他の研究者、たとえばファン・ヘネップはシャーマニスティックな信仰、及びカルトなどは存在しないと力説した。つまり、人には一定の範疇があり、特定の社会的で宗教的役割を演じているだけであるという。

B‐4、シャーマンとシャーマニズムの語は、比較的まれにイギリスの著者達により使われ、しばしば彼らは代わりとして任意に「精霊の憑霊」を用いるか、たとえばナーデル（『ヌバ族』"The Nuba", London: Oxford University Press, 1947, p. 440）のように両者を交互に用いてきた。つまり、それは「北アメリカや中央アジアの古典的なシャーマン、シャーマニズムのように、これらヌバの人々の精霊儀礼では、トランス状態や精神的分離状態、つまり精霊の憑霊と判断される、そうした状態が生じる有能な個人を中心にして展開される」というようにである。しかし、精霊の憑霊は、シャーマンに特徴的な社会的機能と活発な制御的役割 controlling role に関して明細に説明しているために、幅広い専門用語になり過ぎているように思われる。（以下、Cに関しては省略）

＊　＊　＊

以上は、先行するシャーマニズム研究の要点を、一九六四年の時点で『社会科学辞典』にまとめたファースの解説の一部のみを拙訳で抄訳してみた。最初のAは、これまでのシャーマニズム研究（シロコゴロフの'mastery of spirits'など）を前提にしたファースの定義と思われる。ただ、このファースの定義では'control'と'master'の使い方が曖昧である。「精霊制御 spirit control の技術」は、「精霊の憑霊による発作を制御する技術」のことかと思われる。Aについては、日本の研究者（石津照璽、佐々木宏幹）も定義を引用しているが、その訳し方や用い方は曖昧である。また、ファースは霊媒をシャーマンではないとは言っていない。Bの1と2はツァプリカとシロコゴロフの研究、3はハウエルやロドフ、4はイギリス人類学者、マリノウスキーの指導を受けたファースの同僚ナーデル、C（省略部分）の1はアメリカ人類学者の研究、2はピディクトン、3はエリアーデがツァプリカやシロコゴロフの研究を否定的に捉えている

（エリアーデの第一章「シャーマニズムと精神病理学」の箇所のことか）ことを指摘している。

特に、ファースのシャーマニズムの理解、定義はツァプリカやシロコゴロフの定義に基づいていると思われ、ツァプリカが、先行する十九世紀後半のロシアのシャーマニズム研究者達の研究成果を踏まえてまとめた著書、『シベリア先住民』が一九一四年、シロコゴロフの著書が一九三五年にロンドンで販売され、ファースの論文が一九六四年なので、ほぼ三十年後には、指導を受けたマリノウスキーを介して、ファースは二人のシャーマンやシャーマニズムの定義を引用し、その延長線上で理解していたと思われる。

次に紹介するルイスの著書が一九七一年なので、ルイスもまた当然ファースの延長線上でシャーマニズムを理解していたと思われる。この点について、ツァプリカやシロコゴロフ、ファースの研究がどのように受け継がれているのか、ルイスの研究を次にみてみたい。

二　ルイスのシャーマニズム研究

ルイスの紹介　ヨワン・M・ルイス（Ioan Myrddin Lewis 1930- ）は、一九三〇年にスコットランド生まれ、グラスゴー大学で化学を学んだ後、オックスフォード大学で人類学を専攻した。研究フィールドは、アフリカのソマリア連邦共和国（旧英領ソマリアランド共和国）で、主に遊牧民の歴史、民族誌、文化などの調査研究に従事し、それにより一九五七年人類学の博士号を取得した。また、マリノウスキーの教えを受けたファースの後任として、一九六九年からロンドン大学（ＬＳＥ）の人類学教授に就任した。さらに、一九六九〜七四年、王立人類学研究所の機関誌『人類』の編集主任を務める。著書には、本書の“Ecstatic Religion,1971”の他に、“The Modern History of Somali-land ,1965”

（『ソマリランドの現代史』）など多数がある。

また、個人的なことなのだが、ルイス氏には一九八二年（このとき五十二歳）に関西外国語大学国際文化研究所主催による国際シンポジウム「南方シャーマニズム」が開催されたとき、講師控え室でご挨拶をさせていただいたことがある。また、そこにはカーメン・ブラッカー氏（このとき五十八歳）も居て、ご挨拶をさせていただいた。さらに「北の南・アフリカのシャーマニズム」の発表（『シャーマニズムとは何か』関西外国語大学国際文化研究所編、春秋社、一九八三年、pp147-164）、カーメン・ブラッカー氏の公開講演を拝聴させていただいたことがある。

ルイスの目的　ルイスが"Ecstatic Religion,1971"を著した目的は、ルイス流にいえばエリアーデ（ド・ウーシュなど）がエクスタシーのシャーマニズムとトランス憑霊のシャーマニズムとの間に楔を打ち込み、エクスタシーのシャーマニズムにのみ限定しようとしたことに対し、ルイスはその試みに疑問を持ち、他方にトランス憑霊のシャーマニズムがあることを指摘したのがこの書であり、第二章の'trance and possession'はその理論的な検証を行なった章であると思われる。先にも触れたが、念のために、エリアーデの主張を英語版により、その箇所（Chapter XIV, 'Conclusion' pp499-500）を拙訳で再度確認すると「シャーマニズム特有の要素はシャーマンによる精霊の具現化だけでなく、エクスタシーは天空への上昇、あるいは地下世界への下降を呼び起こすinduced ことであることはすでにみてきた。精霊を具体化し、精霊に憑霊されることは普遍的に広まっている現象ではあるが、しかしそれらは必ずしも厳密な意味でシャーマニズムに属するものではない」であろうか。エリアーデはシロコゴロフの報告を反対の意味で論拠としているようであるが、先にも触れたように、シロコゴロフの'extasy'とエリアーデの'ecstasy'とは区別して考えた方が良いと思われる。この点は、ルイスも自らの著書の中では、シロコゴロフを引用した箇所では'ecstasy'と表記しているが、自らの論は'trance'の語を用いて説明している。

ルイスもまた、イギリスの人類学、マレットやツァプリカ以来の、とりわけファースの論文（1959）、解説「シャーマニズム」（1964）、著書（1970）など一連のシャーマニズム研究の成果の延長線上に立って考えたとき、エリアーデのシャーマニズム論（1951）には、強い違和感を持って受け止めていたのではないかと思われる。

翻訳箇所　さて、作業手順として、“Ecstatic Religion,1971”の第二章‘trance and possession’を先に独自に拙訳し、後で平沼氏の訳（『エクスタシーの人類学』）とも対比した。その結果、平沼訳の一部には意訳していると思われる個所もあり（拙訳は一九七五年版、平沼訳は七八年版なので、念のため二〇〇三年版とも対比して追加分も加えて訳した）、また専門用語の訳に関しては、平沼氏と異なる考え方を持っており、そのため幾分異なった訳し方となった箇所もある。翻訳は訳者のそれまでの研究蓄積（フィールドワークを含めて）と深く関わっており、同じ語彙を、異なった訳し方をしたとしても当然のことと思われる。ただ、あくまでも筆者にとってはローエルの憑霊トランス研究の位置づけが目的なので、ここでは平沼氏の訳文全体を問題とするつもりはない。ルイスの著書全体に関しては、平沼氏の翻訳に委ねることとし、以下ではルイスの第二章の拙訳から、その要約をルイスの本文に沿いながら紹介し、ローエルの憑霊トランス研究、これまで筆者が行なってきた、日本の木曽御嶽や中国雲南で実施してきたシャーマニズムの調査研究などとも比較しながらみてゆきたい。

キーワードの訳語　なお、ルイスが使用しているキーワードと思われる用語の翻訳にあたっては、次のような訳語をこれまでの調査経験を踏まえて当ててみた。それは、‘ecstasy’については「エクスタシー」とした。強いて訳せば「恍惚状態」であろうか。代表的な理解としては、ルイスもこの本に写真を掲載しているように、セント・テレサSt Teresaの彫像に代表されるような恍惚とした状態を表現しているのではないかと思われる。まさにこの場合は‘ecstasy’である。しかし、先にも示したようにシロコゴロフは‘ecstasy’ではなく、フランス語の古語と思われる‘extasy’の語を用いている。また、従来「脱魂」といった訳語が当てられてきた。語根からみれば、'ex'が「外側」、'eghs'が「…の外」、'sta'が「立つこと」ではあるが、中国雲南の実地調査からみれば'ecstasy'はシャーマンによる恍惚とした状態での精神的な飛翔であり、神話の分析ならばともかく、「脱魂」の訳にはやや違和感を感じ、誤解されることも多く、適当ではないと思われ、ここでは用いなかった。

また、'trance'（ラテン語では「移行する」の意）については、soul-lossと理解して、従来からの訳語である「忘我状態」の意味で訳し、「トランス」の語を用いた。ただ、ルイスの言う「意識の変更と分離の状態states of altered consciousness and dissociation」を、心理学用語などでも用いられている「変性意識altered states of consciousness」と訳して、近年日本では包括的に用いる場合も見られるが、これだと催眠トランスや薬物（ＬＳＤなど）の利用など非神秘的なトランスも含まれることになる。英英辞典などでは'trance'に催眠状態も含めているが、神秘的なトランスの分析に当たっては不適当と思われたので用いなかった。ローエルもルイスもこの点は明確に分けて論を展開している。「変性意識」と訳したのでは、ヒステリーなどの精神的疾患と区別した憑霊トランスの本質が見えず、せっかくの百年にも及ぶ研究史に逆行すると思われたからである。

そして、'possession'については「憑霊」と訳した。ローエルの著書を翻訳する際には「憑依・憑霊」と同義に訳して用いてきた。ところが、平沼氏は独自の見解から'possession'を「憑依」と訳し、それと対応させ'incarnation'には「受肉」を当てたと「あとがき」で断っている（恐らく、平沼氏はルイスの講演を翻訳した英米文学者の神津東雄氏の訳、『シャーマニズムとは何か』一九八三年、pp147-164に従ったのではないかと思われる）。平沼氏によれば（訳本一九八五年、凡例）、「憑依」は「皮膚などに付く」の意からきた語であるという（出典不明）。ただ、『大漢和辞典』（諸橋轍次、大修館書店、一九九〇年版）などで確認しても、そのような意味は載っていない。出典が不明で確認出来ないが、「依」

は人が衣を身に着けた状態と解すれば、「皮膚などに付く」も理解できなくもないが、'possession'には所有、占領、占有の意味があり、語根の構成からみれば「座った状態」、またラテン語では「力の座に座る」「制御」の意であるから、むしろそれは同時に守護霊など超越的存在が身体に入って占領した状態、「力を得て制御した状態」と解すれば「憑入」などと訳した方が適しているのではないかと思う。オックスフォードの英英辞典(2010)では'possession'を'the state of having or owning something'「何かを自ら持つとか所有した状態」と説明している。

具体的に、御嶽の「御座」の儀礼を観察している限りではトランス状態(ローエルは空白とか、空などとも表現している)になった「中座」の身体に自らが「霊を憑かせる」のであるから、人が自分の意志で霊を自らに憑けた状態と理解して「憑霊」でも良いと思われた。平沼氏は人間が霊に憑くのが「憑霊」で、霊が人間に憑くのが「憑依」であるとして、「憑依」を用いたと説明しているが、むしろobsession（取り憑かれる）に近い理解かと思われる。ただ、この点はシロコゴロフも慎重な言い回しをしている。シロコゴロフの場合は「精霊が人間により憑霊される」のがシャーマンの「自発的憑霊」であり、「人間が精霊により憑霊される」のは「非自発的憑霊」、つまり日本などにもみられる「狐憑き」など、意図しない憑霊のこととして明確に区別している。従って、シロコゴロフと照らし合わせると「憑霊」でもよいと思う。平沼氏は「憑依」を「霊が皮膚などに付く」という意味合いで、master of spirits, shamanを「精霊使い」、つまりシャーマンと訳したのであろうか。拙訳した限りでは、ルイスも「精霊が体内に入る」という表現もしており、'possession'を「皮膚に付く」という意味合いでは用いていないと思う。日本では「霊感」という言葉もあり、この場合は精霊や神霊が皮膚に憑くと理解でなくもないが、それではツァプリカ以来のルイスの言うようなシャーマニズムにはならないと思う。もし、平沼氏が「霊が人間に憑く」ことを「憑依」と理解しているのであれば、シロコゴロフやルイスの意味合いからしても、「憑依」の語を、シャーマニズムを説明する用語として用いることは適当とは思えない。日本の研究者の中には、「シャーマニズム」を広く解釈して、「霊感」や「憑依」、「憑着」や「憑入」の語を用いて段階的に憑霊の場面を捉え、説明している場合もみられる。しかし、それはどのように定義するかの問題ではあるが、伝統的な理解からは、シャーマニズムとして捉えることはできないと思う。ここでは伝統的な理解に沿って、'possession'を「憑霊」と訳して用いることにした。

さらに、ルイスはトランス'trance'を'soul-loss'と表現している。'loss'は通常「持っていたものを奪われる、あったものを失う」などの意味合いで用いられることが多いので、ここでは従来の訳に沿って一時的な「魂の喪失」と訳し、'de-possession'（フランス語では「追い立てる」の意）は「魂の追放」と訳した。この点について、ローエルは「憑霊は、単に他の身体の魂を一つの身体に入れることで、そこにいた元の魂を排除、あるいは征服することが同時に起こること」と言っているが、平沼氏は「soul-loss＝脱魂」と訳している。エリアーデのいう意味なのか、曖昧で意味不明であるが、ルイスの文章をエリアーデ流に訳したのでは、ルイスの真意が伝わらないと思う。

この他、ルイスはツァプリカやシロコゴロフ以来の'control'と'master'とを特に使い分けている。前者を「制御」、後者を先行の訳を受けて（比較のために）「統御」と訳した。辞書（『小学館ランダムハウス英和大辞典』一九九三年）を引くと、'control'（ラテン語で自由意志の意）は「支配、抑制、制御」、'master'（ラテン語でmagisterとかchiefの意）は名詞で「自由に駆使できる人、管理者、宗教的指導者、熟練者」、動詞で「征服する、支配する」などの意味合いで説明されているので、ここでは発作による痙攣状態と硬直状態、つまり憑霊トランスに入った自らの体を'control'するという意味で「制御」と訳し、'master'は体に入った精霊を自在に扱う熟練者の意味で、先行の訳語に従い「統御とか、統御者」（佐々木氏は、前座を「精霊統御者」と想定しているので比較のためにやむを得ず、同じに訳したが、むしろ「支配」とか、別の訳の方が良いかとも思われる）と訳した。'control'はトランスによる硬直した肉体と震えの制御、'master'は憑入した精霊の統御(支配)のことである。

筆者の調査地木曽御嶽の「中座」は、最初にトランス状態に入ると神霊が御幣を激しく振り回わすのだが、その御幣(神霊)を制御controlして、憑霊した神霊を統御masterし、その力を用いて役割を果たしているので'master of spirits, shaman'と理解した。また、中国雲南の哈尼などの伝統的社会の氏族シャーマン、モピclan shamanを念頭に置いて訳すと、'master'は集団全体の宗教的営み、エクスタティックな状態で稲霊を統御(支配)し、儀礼を取り仕切る熟練した指導者の意ともなり、'master of spirits'を精霊統御とか精霊統御者(支配)と訳した方が、儀礼において村落の秩序と安寧、その根源の「稲霊」を統御(支配)する意となり、まさに適した訳ではないかと思われた。

章の構成　この書の全体構成は、序文に始まり七章からなっている。それは第一章「エクスタシーの社会学に向けて」、第二章「トランスと憑霊」、第三章「災厄とその神聖化」、第四章「神秘的攻撃の戦術」、第五章「憑霊と公共道徳(1)」、第六章「憑霊と公共道徳(2)」、第七章「憑霊と精神医学」である。この内の第二章が'trance and possession'「トランスと憑霊」で、その構成内容は五節からなっている。それは(仮に番号と見出しを付けると)、順に「1 非神秘的(催眠)トランス」「2 神秘的(憑霊)トランス」「3 シャーマンとシャーマニズム」「4 シャーマンと守護霊」「5 精霊の統御者」である。ルイスはこの章で、先ずトランスには二種類あることを指摘している。それは非神秘的トランスnon-mystical evaluation of tranceと神秘的トランスmystical evaluation of trance、つまり憑霊を伴わないトランスと伴うトランスの存在を指摘し、第三章以下のルイスのフィールド、アフリカのソマリアにおけるカルト運動に繋げるのが目的であったようである。以下では、版権の

問題もあるので、節の内容に沿いながらルイスの説を順に拙訳から、要約しながらみてみたい。

三　ルイスの「トランスと憑霊」（要約）

1 非神秘的（催眠）トランス

先ず、ルイスはイヌイットの神秘的体験の事例を取り上げ、これに類似したエクスタティクecstatic（恍惚状態）な体験を模倣した無数の記述があることを指摘している。それはＬＳＤ（幻覚剤の一種）タイプの、いわゆる「聖礼薬物sacramental drugs」により神秘的な体験を生じさせる部厚くなるほどの多くの類似した事例報告があるという。そこで、ルイスはペンギン社の『心理学事典』から引用して、トランスの語の中立性を保つために「一種の分離状態、自発的な活動の欠乏状態、催眠的で霊媒的な状態により例証されるような、無意識的動作により頻繁に起こる行動と思考に特徴のある状態」と押さえている。そして、トランスとは部分的な精神分離の状態で、催眠的なものと霊媒的なものとがあり、しばしば興奮した幻影を伴った状態で、回復後にそのときのことを意識的に明瞭に思い出すとは限らない状態のことという。ルイスは具体的な事例として、霊媒的で神秘的トランス（憑霊を伴う）と催眠的で非神秘的トランスについて、それらを誘発させる事例、刺激により広範囲にわたり、普通の正常な多くの人々を躊躇なく誘発することができる古来より用いられてきたトランスの技術、アルコール剤の使用、催眠による暗示、過度の急速な呼吸、煙の吸入、幻想、音楽、踊りなど幾つかをあげて例証している。

トランスと憑霊の同等視　ここで重要な指摘は、ルイスを含めたキリスト教文化圏では、中世以来の伝統に従って、「トランスと憑霊とを同等視する傾向」があるという。こうした憑霊は当然にトランスを伴っていることから、憑霊といえばトランスのことも意味し、ルイスもこれに従って、文中においては'trance, possession'「トランス、つまり憑霊」、とか'possession（i.e. trance）'「憑霊（すなわちトランス）」とわざわざ表現している。ルイスを含めたキリスト教文化圏では、中世以来の伝統に従って、こうした精神的分離状態の文化的解釈は最も広く行き渡っている一つであるという。しかし、他の既成の諸宗教と同様に、正統なキリスト教は「神のお告げ」を経験した人々の主張について、一般にトランスの神秘的解釈を見下そうとしてきたという。ただ、それにもかかわらず、「こうしたキリスト教神秘主義の無数の幻想があることを無視することは困難で、教会がこれらの禁欲的な人物をよいと認めるか、特権を表したところで、そのことは他の根拠に基づいてしばしば行なわれてきたことであった」という。ルイスは、非神秘的トランスの事例として、ケニアの年齢集団、ニューギニアの茸狂い、イタリアの舞踏狂、イタリアのタラント病、タランテラ、タランチュラ、ツングース人のオロンなどを挙げて、広くその存在を指摘して例証している。

アメリカ人類学の場合　こうしたヨーロッパの伝統から離れ、「トランスと憑霊を明確に分けて研究してきた」のはアメリカの人類学者達であるという。ローエルもこの影響を受け、トランスに関心を持ち、フランスの精神病院で見た催眠トランスによる治療を事例として、御嶽で見た憑霊トランスとの違いについて比較研究（“Occult Japan” pp239‒254）を行なっている。ルイスの著書が一九七一年、ローエルの著書が一八九五年の刊行なので、七十六年も前からアメリカのシャーマニズム研究では区別がなされており、中世ヨーロッパのキリスト教と土着の憑霊文化との相克、産業革命による近代世界への広がりを背景として、この問題への関心は相当に深かったことが窺える。

２ 神秘的（憑霊）トランス

次に、神秘的トランス、つまり憑霊を伴うトランスについて四つの事例を取り上げている。先ず、アメリカの事例では、「聖書地帯」（Bible Belt 南部・中部の原理主義の信者が多い地域）において圧倒的に信仰復興論者の運動としてトランスが理解され、ＬＳＤやその他アルコール性飲料の幻覚剤のような薬を使って、最近の新しい反体制的なカルト集団において、トランスの重要性が増してきていること。次に、インドシェーカーIndian Shakerの事例では、カルトのトランスを取り上げ、この集団では神聖な精霊の顕現を意味する発作が含まれ、特色のある生命力、力としての「彼の震えhis shake」が人々の信仰的支えになっており、ここではトランスは神の憑霊と同じになっていること。また、悪魔払いと精神医の事例では、ドイツの治療研究者のエスタライヒT.K.Oesterreichの中世の治療法研究、十九世紀後半パリのサルペトリエールSalpêtrière 精神病院において、シャルコーの研究などが取り上げられている。そして、「精霊憑霊と文化環境として、トランスは人間の状態に対する文化的評価で、それは精霊による個々人への侵入のことで、誰が憑霊したのか、誰が本当にそうではないのかを判断するのは私たちではなく、誰かが自分自身の文化的環境において、彼が精霊に憑霊した状態にあると一般にみなすとき、彼(彼女)は憑霊していることになる」と。ルイスはこうした文化的環境こそ、この著書で追求してゆく基本的な定義であるとしている。

魂の喪失　また、ここで重要な点は、人類学などで用いられている'soul-loss'の用語を用いて、トランスを説明していることである。トランスとは、その意味内容からすれば「被験者の魂の一時的不在の状態」のことで、それを人類学では'soul-loss'と表現しているという。従って、憑霊は「魂の喪失」であると同時に、自己の'de-possession'「魂の追放」が含まれ、また多くの文化の中では、複数の魂が存在すると信じられていることが多いことから、実際には複雑に展開しているという。ルイスは、憑霊と魂の喪失との、その複雑な展開の具体例として、ベネズエラのヤルロ先住民、ギアナのアカワイオのカリーブ、ハイチのブードゥー教、シベリアのツングース人、さらにソマリア遊牧民、カラハリ砂漠のブッシュマンなどの事例から、複数の魂の存在と、その魂の追放により起こるさまざまな場面をとりあげて例証している。

アメリカのトランス理解　さらに、ルイスは、アメリカ人類学のトランスの扱い方にも触れている。アメリカ先住民のトランスに関しては、「むしろ精霊の憑霊以上に、魂の喪失に関して文化的に確固たる強調がなされ、頑強に発達した宗教的主題である」という。アメリカ以外では、憑霊の方が有力な要素で、soul-lossも併用するのが一般であるという。このあたりにも、ローエルがアメリカ人類学の延長線上で、御嶽のトランスを理解しようとした理由がみえてくるように思われる。ローエルに肩を持てば、そして実際に観察した限りでは、'trance, possession'のように同義に扱うと、アジアのシャーマニズムの実例を念頭に置いて翻訳する場合、やや紛らわしくて読みづらいと思った。

ローエルのトランス理解　実際に、ローエルは中座の憑霊儀礼においてトランスに入る状態を観察して、トランスの心的状態を「肉体の容れ物を空にして身を委ねる」とか、「無意識の状態」「純粋な状態」「空白な状態」などと表現しているところから、soul-lossに近い理解かと思われる。御嶽行者の初期の修行のポイントはトランス技術の獲得にあり、その過程で神霊の憑霊があるのが一般的である。ルイスは外見的状態についてはあまり触れていないが、ローエルは実際の観察から、外見から見るトランスの身体的状態の特徴を「身体の小刻みな震え、痙攣し硬直状態、眼球が巻き上がった状態（白目、あるいは瞳孔が開いた状態）」と捉えている。また、同時に起こる'de-possession'、「魂の追放」について、ローエルは「憑霊は、単に他の身体の魂を一つの身体に入れることで、そこにいた元の魂を排除、あるいは征服することが同時に起こること」としている。さらに、「物への憑霊は奇跡を起こし、人への憑霊は化身を引き起こす」と言っている。その上、この状態について『古事記』から引用して、古来より人に魂が憑霊する場合「神降ろし」「神移し」「神移り」のことばが用いられてきており、これは「神を降りてくるようにさせる」「神の変換を起こさせる」「神の変換」のことであるとしている。いずれにしても、ヨーロッパの理解とは別に、ローエルはアメリカ人類学や心理学の延長線上で、御嶽のトランスと憑霊を理解しようとした、そのあたりの事情がみえてくるように思われた。

3 シャーマンとシャーマニズム

さて、今ではかなり頻繁に使用されているにもかかわらず、非常に曖昧な用語が「シャーマン、シャーマニズム」ではないかと思われる。ルイスによれば、この語は元々「ツングースの用語（拙論、二〇一四年でtermをtermと間違え、「用語」と訳すべきところを「アジサシ」と訳したが訂正）でシャーマンshaman、人類学ではその便利な派生語シャーマニズムshamanismの語を適用してきた」という。ただ、アメリカとイギリスの研究者の間では、その用い方に若干の差があり、アメリカの人類学者は「シャーマンの語をより広範囲に」使ってきたのに対し、イギリスの人類学者は「シャーマンの語をめったに使わないで、種々の社会的役割、つまり霊感に触発された聖職者として最小公分母としての意味で用いている」という。実際に、ファースのティコピアの前掲書を拙訳してみた限りでは、'master of spirits, shaman'「精霊統御者、つまりシャーマン」と区別して'spirit medium'「霊媒」を用いている。

エリアーデとルイスの主張の違い　さて、この節では、ルイスは混乱の原因ともいうべきエリアーデのシャーマニズムの定義について言及している。ルイスはエリアーデの指摘「シャーマンとは、エクスタティクトランスecstatic tranceにおいて、旅行tripsのために天空に登るよう示唆を受けて、その気inspiredにさせられた聖職者priestのことで」「この旅行の道筋で、シャーマンは彼の同胞のために、安全に旅行ができるよう、神々を説得し、あるいは戦いさえもする。従って「精霊憑霊は必須の特質ではない」とか、「シャーマンの天空への上昇は、最高神Supreme Celestial Beingの存在を信頼し、天界と地上界の間を具体的に伝達することに中心を置き、ときどき大きく修正された残存形態、そして古い宗教的観念形態の退化した状態であることは疑う余地がない。…地獄Hellへの下降、邪悪な精霊との戦い、そして精霊との結合、あるいはシャーマンとの憑霊を主とした精霊と一緒に、さらなる親密な関係、それらが最近の大部分をなしており、全てが後で新しく取り入れたもので、宗教的複合の一般的変容に起因するものである」というエリアーデの指摘にルイスは注目している。

さらに、リュク・ド・ウーシュは、エリアーデの刺激的な比較研究において、諸宗教事象についての形式主義的理論を意欲的な思想として発展させようと考えていたとルイスはみている。そして、ド・ウーシュはシャーマニズム（エリアーデ的意味での）と精霊憑霊とは、正反対の過程として取り扱い、前者が神々に対しての人間の上昇（シャーマニズム）であり、後者が人間への神々の降下（憑霊）であるとみて、シャーマニズムは「上昇の形而上学」、つまり人間は神々と等しいと人間自身がみなす「高慢」な運動で、他方憑霊は人間への化身であるとみて、多少大げさな「魂の幾何学」と表現し、入念に発展させたものであるという点にもルイスは注目している。

このような主張に対してルイスは、この二人がシャーマニズムと精霊憑霊の間を隔てようとする区別には重大な疑問があるとして、エリアーデとド・ウーシュの指摘に対し、疑問を呈して反論を試みている。ルイスはフランス語版から引用（Eliade, 1951, p. 434）して英語で記述したらしく、先に英語版の訳で示した記述とやや異なっているが内容的には同じである。そのポイントは「エリアーデが精霊の憑霊とシャーマニズムとの間に楔を打ち込もうとする試みに、それが正確であるかどうかを捜し出してみることにある」というルイスの指摘にある。そして、その論点を確認するために、エリアーデが用いた北極地域の資料（シロコゴロフやハルヴァのもののことか）から、再検証を試みている。これは、エリアーデのいうシャーマニズムを'ecstasy'にのみ限定するか、ルイスの言うように'trance possession'も含めるかの問題であるかと思われるが、日本（木曽御嶽）や雲南（哈尼と白族）のシャーマニズムを調査研究してきた者としては、エリアーデの空想と思われるようなシャーマニズム論よりも、ルイスの指摘の方が実際的でよく理解できる。

ルイスのシャーマニズム　ルイスは、シベリアのツングース人の事例から、シャーマンの原義、氏族集団のシャーマン、その儀礼的役割、シャーマン職の継承、シャーマンの成巫など、具体的な事例を取り上げて再検討を行なっている。例えば、その原義は「シャーマンは、文字通りに興奮するexcited人、身体を揺り動かすmoved人、霊魂を呼び出すraised人の意味で、シャーマンは精霊を自由に統御するmastered男性と女性のどちらもの性の人で、自らの身体の中に精霊を移入、憑入introduceさせることができる人のことである。実際に、しばしば彼はこれらの精霊を永久に具現化し、適切な状況で支配してトランス状態に入り、精霊を出現させ制御controlすることができる」と指摘している。この点は、シロコゴロフの著書を確認した限りでは、引用箇所は不明ではあるが、一部はツァプリカからの引用と、先にも示したシロコゴロフがシャーマンを定義している箇所からも引用しているのではないかと思われる。また、ルイスはシロコゴロフの記述から、「シャーマンの身体を、精霊に対する特定の宿り場placing、あるいは容器receptacleと表現している。実際に、シャーマンが他者の中に憑いた精霊に対して、心身の苦悩の原因を取り扱ったり管理したりすることができるのは、具現化した精霊を超えた彼の力power、能力によってである」と引用している。シャーマンの身体を「精霊の宿り場」と表現し、その宿り場に引き入れた精霊の力により役割を果たすという点は、重要な指摘であると思う。このように、いずれにしても、すでにシロコゴロフは一九三五年当時、シャーマンの定義に関して重要な視点を持っており、イタリックで強調的に記述していることから、この定義はシベリア研究者においては、ツァプリカのようにヒステリーなどの精神的疾患と区別するために、極めて早い段階からシャーマニズム研究における共有された常識的知識であったものと思われる。ただ、日本ではツァプリカからルイスに連なることの定義が、必ずしも今も共有されているとは言えない。それはシャーマニズムに対する民俗学や人類学の学問的姿勢が異なっていたからと思われるが、この点については後で触れてみたい。

また、重要な指摘と思われるのは、氏族(clan)集団のシャーマンの存在で「シャーマニズムは、ツングースの人々の社会構造（氏族）と結びつき、実際に重要な構成要素となっている」ことで、そうした氏族集団には「少なくても一般に承認された一人のシャーマンがいて、この精霊の統御者master of spiritsは集団の人々の幸せを守る存在として必須である」の個所であろうか。さらに、そのシャーマンによる集団での役割は、「集団のエクスタシー mass ecstasy 状態」にあるとして、その癒しの儀礼について紹介している。また、その継承について「シャーマン職の全てと精霊は氏族の人々の世襲財産の一部なのである」とか、「彼は集団の人々自身の先祖霊、そして精霊の階層組織の中に入ることを承認されたその他の外の精霊を管理するからである。自由に放置された状態では、これらの精霊は人間にとり極めて危険である。ほとんどは敵対的で、病原性であり、ツングースの人々に影響を及ぼす多くの病気の原因とみなされている」と言った点である。

日本の場合にはこうした氏族集団のシャーマンの存在について検証することは実際には不可能で、日本では仏教の伝来や対外的な対抗の必要性から、早い段階（奈良時代の頃から）で氏族集団が国家の中に統合され、その過程でエクスタティックな氏族シャーマンは、神仏習合の過程で密教僧にとって代わり、徐々にプリースト化していったのではないかと筆者は考えている（義江彰夫『神仏習合』岩波新書、一九九六年）。氏族シャーマンの存在とその役割を実証的に検証するためにこの二十年来中国雲南の山地社会、哈尼（哈尼の人々）の社会と、白（白の人々）の社会におけるシャーマニズムの実態調査を行なってきた（拙著『アジア山地社会の民俗信仰と仏教』二〇一〇年を参照）。これらの社会には公式シャーマンと非公式的シャーマンの二種類が存在している。この点については後ほど詳しく触れてみたい。

精霊統御者　横道に反れたが、ルイスはこれらの社会の社会構造、そこにおける二種類のシャーマンの区別を明確に分けて捉えているわけではない。恐らく両者のシャーマンと思われるが、そのイニシェーション、成巫過程について取り上げている。ここで重要と思われる点は「精霊の統御者masters of spirits」の理解についてである。このことを、ルイスは「ツングースの人達は、人が精霊により憑霊されるa person possessed by a spirit（思わず、非自発的にinvoluntarily）ことと、精霊が人により憑霊されるa spirit possessed by a person（自発的にvoluntarily）こと、つまり人が精霊を憑霊させること」との間を識別していることに、注意すべきであるという。これは「前者は病気についての非制御的トランスuncontrolled tranceの説明であり、後者はシャーマニスティックな使命として訓練のために重要な必要条件としての制御的トランスcontrolled tranceである」という。そして、ルイスは、中立的な表現として「非制御と制御の憑霊、あるいは非懇願と懇願の憑霊」の分析用語の方を用いることを好むと言っている。要は、ルイスはファースの説「霊感に触発されて精霊に化身した職能者が、制御的な状況下in controlled circumstancesで自発的に憑霊状態となり、その過程で役割を果たす人物」を受けて「精霊の統御者master of spirits」と言っているようで、ファースの指摘を受けて「彼らが支配的な仕方でこれらの力を統御するmasterなら、彼らは正式なシャーマンである」と言っている。このように、ルイスは、シベリアなど極北地域のツァプリカやシロコゴロフの報告に依拠して、それらを検討することで、精霊の憑霊を制御し、統御することに伴うツングースにおけるシャーマニズムから、エリアーデとド・ウーシュの見解とは正反対であると捉え、トランス憑霊のシャーマンの存在を指摘し、結果としてエリアーデ（ド・ウーシュ）がエクスタシーのシャーマニズムとトランス憑霊のシャーマニズムとの間に楔を打ち込み、両者を分断する試みは無意味な作業であることを指摘している。

4 シャーマンと守護霊

ルイスは、この節でシャーマンとシャーマンに憑霊した守護霊との関係について考察している。憑霊儀礼のとき、常に呼び出しに応じて降臨し、シャーマンを助けて協力してくれる精霊とは、通常特別な関係にあるという。シャーマンとなるために精霊と結んだ特別な関係、精霊との結合の仕方、その後の精霊との関係など、当該社会の文化と結びつき多様な展開がなされており、ルイスはそうした精霊との結合の仕方やそれに伴う多様な展開についてさまざまな事例を紹介することで論証している。

人間と精霊との結婚

たとえば、人間と精霊との結婚、「人間と神との融合」という魅惑的なテーマは、古くから神秘的な古典言語、神話世界に記述され、至る所で精霊統御の一部となっている。また、エクスタティック（またはトランスティック）な霊的親交は本質的に神秘的結合であり、性愛とも擬せられている。ルイスは、たとえば西アフリカのハウサの人々は「精霊の馬」、トランス状態を馬に乗る（男性は神の雌馬に、女性は神の雄馬に）と表現した具体的な事例をあげている。さらに、キリスト教の場合は、修道女は神聖な花嫁として花婿の精霊と結婚した特別に結ばれた関係であるという。そうした事例は多く、ボルネオのダヤックの儀礼に神との性交が演劇の中で描写されているという。また、精霊との結婚により精霊の子供を持つ事例としてインドのサオラのシャーマンを紹介している。また、精霊と結婚することでシャーマンの社会的地位が高められる場合や反対に低くなる場合、ブードゥー教の精霊結婚の事例など、しかしそこには現世と同じようにさまざまな制約があるが、神との結合によりシャーマンとしての役割が果たされているという。ルイスは、シロコゴロフやツァプリカの「シャーマニズムと性」をベースとして、さらに発展させたのかもしれない。

5　精霊の統御者

ルイスはこの第二章において、エリアーデの言うようなエクスタシーこそがシャーマニズムであるという論に反駁して、トランス憑霊のシャーマニズムの存在を論証してきた。そして、はじめにトランスには憑霊を伴わない非神秘的トランスと憑霊を伴う神秘的トランスが存在することを指摘し（ローエルの催眠トランスと憑霊トランスのような）、またシャーマンとシャーマニズムの節では、トランスはsoul-lossとも表現され、トランスとはsoul-lossのことであり、魂の一時的な喪失状態で、その間に外部から精霊・守護神などの神霊を憑かせた状態であるという。そして、シャーマンと守護霊、あるいは精霊とが結びつくことで、その力は一層強まり、悪霊を祓い、病気を治すことが可能な力を持つことになるという。そして、ルイスはファースの言葉を引用して、「トランス状態を制御し、体内に入った精霊・守護霊を統御して儀礼を行なう者こそが、精霊の統御者master of spirits、シャーマンである」としている。また、シャーマンになるための成巫過程にも言及し、「憑霊には非自発的（あるいは非制御）、そして自発的（制御）の両方が存在していると信じられており、トランス状態を制御controlし、精霊に熟練して統御するmasteringために修行を積んだこれらの人は、北極地域を背景とするシャーマンとして知られ」、ルイスはこうした意味において、悪霊を祓い病気を治すことが可能な力を持ち、社会的役割の基礎となる広い演目を演じる男性と女性を「シャーマン」とみて、この用語を使用してきたという。繰り返しになるが、表現を変えれば、シャーマンとは「精霊と安定した関係を成し遂げ、その精霊を呼び出す技能でもって、次第に増加するトランスを一定の範囲内で制御し、通常一連の衝撃的体験の到達点において、治癒に当たる者」のことでもあるという。ルイスはツァプリカ以来、ファースに至る研究の上に、シャーマンやシャーマニズムを定義しており、御嶽や雲南を念頭に置いて訳し、理解するとき、まさに明快な定義であると思われる。

解説

以上は、第二章の「トランスと憑霊」の拙訳から、ルイスの指摘の重要と思われる要点を抜き書きし、これまでの調査と比較しながら紹介してみた。拙訳して気付いたことは、オックスフォード大学でマレットの指導を受けた社会人類学者のツァプリカと、フランスで人類学を学びその実験的フィールドをシベリアに選んだシロコゴロフの民族誌学に基づく二人の人類学的研究がマレットに認められ、ツァプリカの友人でもあったマリノウスキーを通じ、ロンドン大学（ＬＳＥ）のファースやルイスなどに連なるシャーマニズム研究に確実に受け継がれていると思われることである。そして他方にアメリカ人類学に基づくローエルなど一連のシャーマニズム研究の流れがあり現在に至っている点である。そうした意味では、ツァプリカとシロコゴロフの研究は、共にイギリスにおけるシャーマニズム研究の出発点として重要であったと思われる。

しかし、それにしても平沼氏の訳と拙訳とを比較してみたが、最初にも指摘したように重要な点で訳し方が違いすぎる。例えば、'Spirit possession and soul-loss'（原書 p63）を菅原は「精霊の憑霊と魂の喪失」と訳し、平沼氏は「憑依説と脱魂説」と訳している。憑霊は精霊の憑入と同時に起こるシャーマンの魂の一時的喪失、魂の追放 de-possession であるので「憑依説と脱魂説」では意味が通じないと思う。また、同じ頁の

'Possession is believed to be both involuntary (or uncontrolled), and voluntary (or controlled). Those who practice controlled possession, 'mastering' spirits, are in the Arctic context known as 'shamans'.'

を菅原は「憑霊には非自発的（あるいは非制御的）、そして自発的（あるいは制御的）両方が存在していると信じられている。憑霊（＝トランス）を制御し、精霊に熟練、統御するために訓練を積んだこれらの人は、北極地域を背景とするシャーマンとして知られている」と訳した。これに対して、平沼氏は「憑依には、非自発的（または非統御的）なものと、自発的（または統御的）なものとがあると信じられている。統御的憑依を業とし、諸精霊を駆使する人々が、北極地方のコンテクストにおいてシャーマンと呼ばれる人々である」と訳している。また、

'Some, but not all such mediums are likely to graduate in time to become controllers of spirits, and once they 'master' these powers in a controlling fashion they are properly shamans.'（p56）

の箇所について、菅原は「こうした全ての霊媒が精霊の支配者になるまでの時間、幾分段階的に進むことを除いて、一度彼らが支配的な仕方でこれらの呪力を統御するなら、彼らは正式なシャーマンである」と訳したが、平沼氏は「このような霊媒のすべてとは限らないが、その一部は、さらにもう一段階進んで諸精霊の統御者になり、やがてこれらの霊力を自由自在に駆使することができるようになった時、その者は正真正銘のシャーマンになった、と言えるのである」と訳している。

また、ファースからルイスが引用した箇所、

'We can see now that we are perfectly justified in applying the term shaman to mean, as Raymond Firth（Firth, 1959, pp. 129-48）rightly stresses, a 'master of spirits', with the implication that this inspired priest incarnates spirits, becoming possessed voluntarily in controlled circumstances.'（p56）

について、菅原は「レイモンド・ファースが、まさしく強調しているように、霊感に触発されて精霊に化身した職能者が、支配的な状況下で自発的に憑霊状態となり、精霊の統御者を意味するシャーマンの語を用いているのは、全くもってもっともなこととみなすことができる（Firth,1959, pp.129-48）」と訳したが、平沼氏は「本書では、シャーマンという用語をレイモンド・ファース（Firth,1959, pp.129-48）がまさしく強調しているように、精霊に憑依されて霊感を授かる人、統御された状況のなかで自発的に憑依状態になれる人、という含みをもたせて精霊使い master of spirits の意味で用いる」と訳している。

特に、'mastering spirits'を菅原は「精霊に熟練、統御する」と、平沼氏は「諸精霊を駆使する」」、別の箇所では'master of spirits'を「精霊使い」と訳している。恐らくは、この訳を読めば「外在する精霊を自由自在に駆使する精霊使いこそがシャーマン」、つまり修験の験者を思わせ、誤解する人もいるかもしれない。佐々木氏の「精霊統御

者」の訳（1983）と平沼氏の「精霊使い」の訳（1985）は、その後実際にそうした誤解に基づいた論文に接することがあるが、験者（祈禱僧や前座など）こそがシャーマンとする説は、ツァプリカやシロコゴロフ以来のファースやルイスの理論に立てば実態に沿わない「人を迷わす訳」であり、論文である。

他の章は訳していないので即断はできないが、平沼氏との訳の違いが随所に見られる。また「訳者あとがき」を読んでも、フィールドワークを専門に行なってきた者にとり、実態に即していない解説である。何か、シベリアに「脱魂」の理想郷でもあるのであろうか。さらに、先にも触れたが、シロコゴロフはラマ僧のマファをシャーマンとはみなさず区別している。ところが、どうやらエリアーデはシャーマンの語源から推測してマファこそを本来のシャーマンとみなしているようである（英語版 p411）。エリアーデのような神話研究としての世界を語っているのか、それとも実態を事実に即して経験的で実証的な科学的研究として明らかにしようとしているのか区別すべきであると思う。

ファースもルイスもツァプリカ以来の研究を受けて、何度も繰り返しているように「精霊の憑霊による発作を自ら制御し、その精霊を統御して、その力により役割を果たす者こそがシャーマン」であると言っている。この方がローエルの観察や御嶽の事例（御座）、雲南での観察と照らし合わせても納得のいく説明である。平沼氏の訳が正しくて、菅原の訳が間違っているのであろうか。平沼氏は憑霊の場面を実際に観察したことがあるのかどうか疑問に思う。ネットで検索しても、先にも後にも言葉を裏付けるために地を這うようなフィールドワークをした形跡がない。また、ルイスの翻訳に基づき、ルイスの説を裏づけるために自ら調査を行なったシャーマニズムに関する論文を一本も検索できない（当時名前の知れた人類学者の何人かに依頼して翻訳原稿に目を通してもらったと「あとがき」で記しているが、彼らはシャーマニズムの専門家ではない）。また、人類学者の中には、ルイス（あるいは、ファース）の原文を誤訳（誤解）して自説を展開している。しかし、どちらの訳、主張が正しいのかは、読者や今後の研究に委ねる以外にはないと思われる。

以上、この節ではツァプリカとシロコゴロフのシャーマニズム研究が、確かにファースやルイスに受け継がれて、イギリス人類学のシャーマニズム研究となっていることをみてきた。次に、ファースとルイスは触れていないが、シベリアのシャーマン、シャーマニズムの形態には「氏族シャーマンと氏族外シャーマン」が存在していることをツァプリカもシロコゴロフも指摘し、研究の比較対象としている。両者のシャーマンは基本的には同じ（とツァプリカは言っている）と思われるが、シロコゴロフも指摘しているような氏族シャーマンと氏族外シャーマンの役割の違いは、ファースやルイスの分析からは見えない。筆者のフィールドから、その違いについて次の節で触れてみたい。

第三節　雲南のシャーマニズム

一　調査地の概況

現在、日本には氏族を中心としたシャーマンがみられない点について、筆者は社会的には王権の出現（飛鳥・奈良時代）により村落社会（氏族集団）から中央集権的国家が形成され、徐々に定着化することで社会構造が変化したこと、宗教的には仏教の伝来、その後の神仏習合の過程と密接に関わり展開し、社会構造の変化に伴い宗教者の役割が分化して、氏族シャーマンから村落社会のプリーストへと徐々に移行し、現在のような重層化した宗教構造が形成されてきたこと、などとが密接に関係しているのではないかと推測している。現代の日本人にとっては、「氏族社会」がどのような社会なのか、実際にその社会に身を置かない限り理解し難いことである。

研究方法　それでは、それをどのようにして証明するのか。従来とら

雲南開遠（イの人々＝彝族）のclan shaman、モピの一族

れてきた方法は、時間軸に沿って『古事記』や『日本書紀』など古代の文献、それを裏づける考古学による発掘調査か、または民俗学が行なってきたように、中心からできるだけ遠く離れた周辺・周圏の伝統的形態が比較的残存する文化・社会に注目して調査研究を行なうか、ではなかったかと思う。特に、前者の場合には史料が限定され、時間を遡れば遡るほど史料が乏しく、後者の場合には中心から見れば、比較的遠い東北地域とか、沖縄などの地域に日本文化の古層が残存するものとして注目されてはきたが、いずれも推測の域を出なかったように思われる。特に、日本の国内だけでは、沖縄を除いて、早くから仏教が地域社会に定着し、仏教が定着する以前の稲作を中心とした「仏教以前」の社会や日本の中世における仏教が定着しつつあった「仏教半ば」の社会、そこにおけるシャーマニズム研究は実際には困難であり、結果的に民俗学による多くの民俗行事が示すように推測の域を出ず（乱暴な見方ではあるが）、後は残された断片的な文献から補わなくてはならなかったからである。

調査対象地域　日本の研究者が空間軸に沿った実証的研究、比較のために、実際に日本の周辺地域の異なる社会に入り本格的に調査研究ができるようになったのは、一部を除いて、ベトナム戦争や中国の文化大革命が終了して、アジアに平和の兆しが見え始めた平成の時代（一九九〇年代、それ以前の一九五〇〜六〇年代にラオスなど東南アジアを調査した報告に、岩田慶治の『草木虫魚の人類学』淡交社、一九七三年などがある）に入ってからのことである。

筆者は、ベトナム戦争が終わった後のタイ国北部、ミャンマーやラオスと接する国境地帯の山地社会、中国の文化大革命の終了宣言が出され、徐々に外国人に対して未開放地域が解除されていった直後の複数の山地社会（雲南の高地社会）を何度か調査したことがある。これらの地域のうちで、比較的調査目的に沿った地域として、二つの地域に注目した。一つは水田稲作を中心に、自給自足の生活を近年まで営み、仏教や道教を未だ受容していない、民俗信仰を中心とした西双版納や元陽の哈尼の人々の社会、いわば「仏教以前」の社会である。もう一つは、日本の平安時代に相当する時代に南詔王国、続いて大理王国を建国し、大乗仏教を受容して、元々の宗教（シャーマニズム）と接触する中で、本主信仰という民族独自の信仰（民族宗教）を形成し、上層に仏教、中層に本主信仰、基層にシャーマニズムという重層化した宗教構造を形成してきた大理白の人々の社会である。特に、白の社会は中世にフビライによるモンゴル軍の侵攻（1253）により王国が滅亡し、以後仏教と本主信仰との激しい対立（日本の神仏習合のような、王権と武士の対立）がないままに現代に至っており、いわば「仏教半ば」の社会が形成され、単純な比較は危険と思われるのだが、この二つの社会は日本の古層や中層と類似した宗教形態を持ち、事例研究として適していると思われたからである。

そこで、ここではこれら二つの社会の宗教者の役割に注目して、エクスタティック、あるいはトランスティックなシャーマニズムについてみてみたい。なお、両社会の詳細についてはすでに報告（詳しくは、拙著『アジア山地社会の民俗信仰と仏教』二〇一〇年を参照下さい）しているのでそちらに譲ることにしたい。

調査地と調査した人々　アジアの山地（チベットから東南アジアに連なる三千メートル級の山脈の谷間に開けた多数の盆地、バーツに形成された小社会）には、独自の言語と文化をもって少数の集団を形成している人々（少数民族）が、中国の雲南、ベトナム、ラオス、タイ、ミャンマーなどの山地社会（高地社会）に広くまたがり多数存在し、地域の環境に順応して多様な生活を営んでいる（恐らく、当時のシベリアも類似した環境にあったものと思われる。勿論、一方は狩猟社会、他は稲作農耕社会の違いはあるが）。ここで取り上げる哈尼（全体で約一四四万人）と白（全体で約一八五万人）の人々も、そうした人々である。哈尼の人々は、戸数二〇〇戸、千人位を一村落の単位として山の斜面に散居しており、比較的小規模な社会（父子連名制に基づく氏族社会）ということもあって調査がしやすく、また白の人々は大理周辺に一二〇万人が暮らしており、規模からみれば日本の百分の一であることもあり、多様な人々の中でも比較的調査しやすく、調査目的に近いこともあり主な研究対象地としてこれらを選び調査してきた。

二　哈尼の社会のシャーマン

哈尼の人々の居住地域は、雲南の紅河や西双版納地域、その他の山間地域に居住し、畑作や水田による稲作を行ない、比較的古い稲作に関わる伝統文化を保持していることもあり、近年日本の研究者などからも注目されてきた。

調査地　調査地の一つ、紅河元陽の哈尼の人々はチベットから東南アジアへと連なる山脈のうち、三千メートル級の山々が連なる哀牢山系の山腹の高地、二千メートルあたりに居住（年間平均気温二〇度と過ごしやすいため）し、背後から流れ落ちる豊かな水を利用して、急斜面に棚田を拓き、そこで水田稲作を営んできた。歴史的には、漢族の支配から逃れてきたこともあり、厳しい支配はあったが、漢族の仏教や道教などの宗教を受容しないで、比較的古い独自の伝統文化、特に稲作文化（稲霊の観念に基づく民俗信仰）を現代まで受け継いできた。この地域一帯は、見事な棚田群が広がり、近年では国連食糧農業機関が世界農業遺産に認定した「世界最大の棚田群」の一つである。景観のすばらしさにより観光スポットとして近年では注目され、自動車の普及に伴う交通手段の変化や交通網の整備、テレビなど電気製品や携帯電話の普及などで、社会は急速に変化してはいるが、棚田の水田稲作を維持してゆくためのさまざまな社会、文化、信仰に関わる伝統的な仕組みは今も健在である。

稲作儀礼・稲霊　哈尼の人々は、自らが直接自然に働きかけて、命をつな

左・筆者、右・哈尼のclan shamanモピ

ぐ稲作を営んできた。それだけに、稲作に関わる稲霊の観念は強く、それが種々の稲作儀礼や日常の生活（男部屋と稲霊を守り世話する女部屋の明確な区分）、特に住居の建築様式（稲倉の存在）にも反映している。その中でも、乾季の終わりの旧暦二月（太陽暦で四月頃）に、村落（同時に家でも）レヴルで行なうアマトゥの儀礼と収穫前の旧暦六月（八月頃）に行なうクサザの儀礼は、特に重要な儀礼となっている。人々は、稲には稲の神が宿ると信じており、農初めには村の「聖なる杜」の一本の聖樹の下で、天から稲のカミ（神）を降臨させ、籾種に憑入（着）させる、いわば「霊と肉の一体化」の儀礼が執り行なわれる。また、稲の収穫前には、村の社（祠）のテチュハーンで憑着している稲霊を分離する、いわば「霊と肉の分離」の儀礼が行なわれる。この儀礼が終わらなければ、一粒の米も口にすることができないと固く信じられている。

公式シャーマン　さて、こうした稲霊（魂）と関わり、儀礼を執行する人物、村の宗教的秩序を維持する人物に、ミグ milguq（儀式の長）とかモピ moqpil（人と霊の仲介者の意。葬式、稲作儀礼、治病儀礼に関わる）と呼ばれ、普段は農業に従事している男性達がいる。ミグは村によっては居ない場合もあるが、ほとんどの村にはモピと呼ばれる人物が複数存在している。比較的伝統を保持した大きな村では、象徴的に選ばれて長老がミグとなり、クサザの儀礼では、呪具であるモチュー（シーソー）とチューチェン（ブランコ）を儀礼的に操作してシャーマニックな役割（大学で人類学を学び地元政府機関に所属し、哈尼

哈尼のクサザ儀礼、左・ミグ、右・モピ

文化の研究に携わる研究者によれば、決してトランス状態を見せないのが優れたシャーマン、モピであると注意を受けた）を果たして神をもてなす。それに対して、モピは生得的な、家代々に受け継がれた役職で、女性の出産以外は全ての儀礼に関わると言われる。村落レベルでは、アマトゥやクサザの儀礼を取り仕切り、個別に家単位でも、依頼されれば稲の生育が悪い場合に、稲霊の霊（魂）振りを行なって活性化させる儀礼などと関わる。特に葬式のときには、口頭で伝承されてきた自分たちの神話が恍惚状態で三日三晩語られる。なかでも、死者の霊とともに、自分たちが移動してきた経路を逆にたどって民族の原郷へと導く神話が歌われる。これらの人々は、むしろエクスタシー的な状態で、天の神、村の神、先祖神、杜の神、稲霊など見えない存在と直接に関わり、自らの魂を歌の中で自在に天界や冥界に飛翔させるなどして役割を果たし、村の公式で正当な宗教者として認知されている。クサザの儀礼を観察したことがあるが、村の男性全員が参加し、人々がミグの一挙一動を見守る真剣な目線、威厳に満ちたモピとミグ、その場に居合わせなければ感じない、言葉ではとても言い表せない緊張感の溢れるピリピリするほどに張りつめた空気が漂い、神の実在を感じさせる臨場感であった。

非公式シャーマン　こうした公式の宗教者に対して、非公式ではあるが宗教的に重要な役割を果たしている人物がいる。ニマ nilma（尼瑪、あるいは nilpaq ニパ。トランス状態となる巫師と理解されている）と呼ばれ、多くは女性で、本人の能力に基づく獲得的な地位にあり、普段は農業に従事しているが、密かに訪ねてきた村人の依頼に応じて、病気や不幸の原因を尋ね、また死者の霊を呼び出すことのできる「優しくて賢い」人物である。特に、葬式が終わり一ヵ月後には、死者の霊が元の家に帰ってくると信じられており、ニマに依頼して、トランス状態となったニマに死者の霊が憑霊すると、あの世での暮らしぶりを尋ね、残された親族は生前の至らなかった点を詫びるなど、生者と死者の交流がニマを介して行なわれる。日本のかつてのイタコやワカなどの巫師と同じ役割である。

どうやら、哈尼の社会には二種類の宗教者、公式的な氏族シャーマンと非公式的なシャーマンが居て、村落社会の宗教的秩序を維持するために、相互に補完しながら重要な役割を果たしていることが知られる。むしろ、シロコゴロフの研究の中心は氏族シャーマンではなかったかと思われる。

家族的シャーマン　また、ツァプリカは家族的シャーマンの存在にも触れている。哈尼の社会で言えば家の主婦がそれに相当するかもしれない。タイの山地社会には古い伝統を継承したアカ（哈尼の支系）の人々が畑作による稲作を営んでいる。これらの人々の間には稲魂を管理するジャジャマーと呼ぶ高齢の女性（性的には中性）が存在している。乾季の農閑期には籾種（稲魂）を寝室の籠に入れて保管し、雨季の農繁期には稲魂を畑に送り出し、稲（稲魂）を世話し、不作の徴候があれば魂振りを行なって豊饒を願う。収穫期には初穂（稲魂）を摘んで持ち帰り、稲倉か神棚（哈尼はホコー）に祀り、「家のクサザの儀礼」が行なわれる。収穫した籾の乾燥や管理は全て女性の手によって行なわれる。元陽の哈尼の家庭で「家のクサザの儀礼」を観察したことがある。また、主婦が精霊への祈りや治病（マッサージによる）の儀礼を行なっているのを観察したことがある。ツァプリカ風に言えば、まさに主婦は稲魂を統御し、家族の健康を管理する女性シャーマンとまでは言えないかもしれないが、全ての女性がニマとしての素質を持った人々として位置づけることは可能かもしれない（拙著、2010,pp19–175）。

三　白の人々の社会のシャーマン

地理的・歴史的概況　次に、大理白の人々の社会をみてみたい。現在大理に住む白の人々は、西に四千メートル級の山々が南北に連なる蒼山、東に洱海（海抜二千メートル）と呼ばれる湖、その間に開けた扇状地を中心とした地域、及びその周辺地域に住んで、稲作を中心に、かつては西南シルクロードの貿易の中継地として栄えた。初め南詔王国（739-902）を、次いで大理王国（938-1253）を建国したが、フビライのモンゴル軍の侵入（1253）により王国は滅ぼされた。しかし、その後もフビライの子、フゲチにより雲南王国が建国され、大理の王であった段一族はフゲチとその子孫に仕え、自分たちの領土と民族の文化を維持した。やがて、明朝（1368-1644）が成立して、南詔以来の雲南統一の役割を終え、漢族の支配に組み込まれ、その後は独立することなく現在に至っている。

大理に仏教が伝わったのは、南詔中期、唐の時代初期の頃である。インド密教（大乗仏教）が唐を経由して伝わり、白の人々の固有の宗教（シャーマニズム）や文化と融合して白族化した仏教、観音信仰と地蔵信仰を中心とした阿吒力（アザリ）教と呼ばれる独特の仏教が定着化して、南詔・大理王国を支える国家仏教となり栄えた。しかし、大理王国が滅亡することにより、国家レベルでの保護は終わり、明代、清代を通じて、次第に衰微していった。また、地理的には麗江とも接し、初期にはチベット仏教の影響も受けてきた。

本主信仰の成立　一方、外来の仏教に対抗して、大理王国時代には白の人々固有の朶兮薄（ドシボー）教が、密教の教義や観念を吸収し、経典の編纂や密教の偶像崇拝の形式を取り入れ、神廟を建てるなどして、次第に本主信仰として形成されていった。大理王国の中期には、仏教の阿吒力僧司、道教の道紀司と並んで、朶兮薄司（大巫師）の役所、役職が宗教組織として正式に公認されている。その後、仏教の衰退に伴い、本主信仰が民族の宗教として人々の間に定着していった。宗教構造としてはやや異なるが、仏教とシャーマニズムが重層化している点では満州（現、中国東北部）のツングースの社会と類似していると思われる。

この本主信仰における、「本主」とは白語で「朶薄」の漢語意訳で、本主の語は白の人びとを保護する本境土主、本境鬼主、本境福主など、生きている人を見守る意味が含まれた略称であるという。現在、白の人々が住む村々には、必ず本主廟があり、人々の精神世界を支える大切な役割を果たしている。ただ、衰退したとは言え、仏教も現世利益的な観音信仰や死者供養（地蔵信仰）の役割を担って健在で、王国時代の巨大な寺院跡や山麓など、また一部には村落にも少数ではあるが寺院が残っている。生前の信仰は本主信仰、死後の信仰は仏教と一応二分できるが、実際の本主信仰は複雑に展開しており、死後の世界も取り入れて、現在では白の人々の生死を見守るなど、重要な信仰となっている。この他に、本主信仰とは別に、民間の巫師（シャーマン）が、自宅に独自に巫堂をもち、密かに（政府は迷信として禁止している）ではあるが、白の人々の間ではよく知られ、欠くことのできない存在として活躍している。従って、宗教構造からみれば、表層に仏教、中層に本主信仰、基層にシャーマニズムが重層化し、それぞれが役割を異にしながらも、相互に補完して役割を果たしているとみることができる。

本主信仰とは　さて、それでは本主信仰はどのような信仰形態を持ち、どのような宗教者により維持されているのであろうか。筆者は、複数回にわたり本主信仰の実際を、大理地区を中心に村々の本主廟（全体で約七五三廟、このうち大理地区一四八廟の約六割を調査）を実地調査してきた。その結果、本主廟に祀られた神々の種類には、およそ三元的な構造をもった神統（大きな神―中位の神―小さな神）が形成され、それに基づいて宗教施設、人々の信仰活動が行なわれているのではないかと思われた。

それは、村々には村を保護する本主神、それを祀った本主廟（写真）がある。この本主廟を守る人々は村人で、専門の宗教者はいない。本主廟は高齢の男

村の本主廟

性で組織した洞経会と高齢の女性で組織した蓮池会の祭祀組織により、宗教行事や施設の管理・維持が行なわれており、村人の嬉しいにつけ悲しいにつけ、全ての宗教的欲求がここで満たされる仕組みになっている。しかし、これで完結しているわけではない。村々のいわば小さな神々に対して、村を越えて地域を統括する神々、いわば中位の神を祀った本主廟が存在している。その本主神は、かつて複数の村々を統括する地方の王を祀った城隍本主神や農業の水を統括する龍王神などである。城隍廟は村の本主廟とは別なのだが、多くの場合城隍本主を中央に、脇に村の本主を祀り、その村の宗教組織が維持管理している。ここでは、村の本主では解決が困難と思われる病気、人間関係、経済的問題の解決など、さまざまな祈願が行なわれる。そして、さらにその上に村々全体の本主神を統括する廟、かつての大理王国を建国した王、最高神の建国皇帝本主を祀った廟が存在している。ここでは、村の本主でも、城隍本主でも解決できなかった問題が祈願され、最終的に完結する。このように、ここには小さな神、中位の神、大きな神の三元的神統が存在して機能していることが知られる。

祭祀組織・公式シャーマン　こうした、本主信仰を維持している祭祀組織として高齢の男性と女性の組織があることを先にも触れた。男性組織は洞経会と言い、村の男性の内五十歳を過ぎると加入して、主に本主に捧げる音楽の練習を行なう。また、女性も五十歳を過ぎると蓮池会に加入して、主に本主に捧げる念仏の練習を行なう。本主信仰は宗教組織としては、発達の途上にあり、全体を統括する本山とか、本部、専門の宗教者を持っていない。従って、統一した経典や祭式などはないのだが、全体にはほぼ共通した経典類や祭式が村々に伝承されている。

この男性・女性の祭祀組織は年齢階梯的な組織からなり、年長で感の優れた人物が宗教的リーダとなり祭祀を執り仕切っている。男性の洞経会のリーダを経長のシュチェ(写真)と言い、女性のリーダを経母のジャム(四二六頁写真)と呼んでいる。リーダは儀礼において村のさまざまな宗教的欲求を取り継ぐ、いわば祭司的役割を果たしている。しかし、かつてシュチェは神と村人とを仲介するシャーマニックな役割も果たしていたといわれ、現在も実際に観察していると、神憑らないが軽いトランスの状態になる場合も見受けられた（恐らく、文化大革命の影響などにより表面的にはトランスを現さなくなったものと思われる）。また、ジャムは念仏を唱える蓮池会のリーダとして祭祀を司るが、さらに村人の個人的な問題に関わり、村の本主廟で密かに神と交流し、願いに応える役割も果たしている。村の本主だけでは解決しない場合とか、村の本主に命じられて、祈願者に同行して城隍廟や皇帝廟に出かけ、依頼者に代わって祈願するのもジャムの役割である。また、城隍廟や皇帝廟に行った場合、その入り口には、祈願内容を記録して祈願文の「神疏」を作成する男性がいる。祈願者は廟の中に入る前に、ここでこの男性に相談して、さまざまな祈願文を作成してもらう。聞けば、この男性がドシボー（写真）だという。王国が滅んだ後民間に下った、あの「朵兮薄」の末裔である。大理王国の時代から、文字（白語を漢字で表現）を持ち、民族の文化を伝承してきた人物である。観察していると、祈願者の前で卵を手のひらにのせ、祈願内容の適否を占い、祈願文を作成し、祈願内要に応じて、独自に作成した甲馬紙を手渡していた。ドシボーは神と交流ができる人物であるという。しかし、現在では廟の運営や祭祀には関わっていない。ドシボーは本主廟に立ち入ることのできる唯一の人物（シャーマン）である。

左・ドシボー、右・シュチェ

非公式シャーマン　しかし、こうした仏教の観音や地蔵信仰、本主信仰などで、白の人々の宗教的欲求が完結しているわけではない。大理王国が建国される以前から、村々には民間巫師が存在し、現在に至るまで本主信仰の外で活

上段二枚・ジャム、下段三枚・アショカー

躍してきた。本主信仰に関わるシュチェやジャム、ドシボーが民族の文化や伝統を保持する正当で公式の宗教者であるのに対して、非公式ではあるが、白の人々には欠かすことのできない存在、それが民間巫師、アショカー（写真）と総称される人物である。

アショカーは迷信の代表なので、短期の調査では容易に発見し、近づくことは困難である。普通は、高い壁に囲まれた白の人々の独特の住居形式（三房一照壁）の中に巫堂を持ち、街中ならば頑丈な鉄の扉で守られた中に巫堂があり、外からは容易に発見することはできないからである。アショカーの役割は、病気治しや占いなど、なかでも激しいトランス状態となり先祖の霊を降ろして、依頼者と交流することにある。

白の人々は、身内が亡くなると、親族や村人の手助けを受けて葬式を執り行なう。仏教の僧侶は関わらない。死者の魂は亡くなるとすぐに村の本主の元に帰ると信じられているので、葬式は亡骸を葬ることが中心となる。村の蓮池会のメンバーの念仏に送られて墓地に移送される。男性は二年、女性は三年で追善供養が終了する。この間、残された親族は、盆行事（中元）や地蔵堂への参拝、蓮池会に依頼して追善供養、皇帝本主廟への報告など一連の手続きを済ませる。人の死は若くても年配であっても、「それがその人の運命」と受け止めている。

それでは、これで全てが納得し、完結したのかといえば、心の奥底の深いところで、愛する人を失った悲しみは未だ癒されてはいない。調査協力者の白の女性に助けられて、彼女の親族の代表が真夜中に（政府、公安が目を光らせているので）巫師の巫堂に一堂に集まり、巫師に死者の霊を降ろしてもらう儀礼に参加し、観察したことがある（詳しくは、拙著2010,p298-311参）。五組の家族に次々と死者の霊（先祖）が降臨してくる、降臨するたびに家族ごとに祭壇の前に呼び出され、巫師を介して自分たちを残してなぜ先に死んだのかと、死者と泣き喚きながら激しいやりとりが交わされた。翌日、協力者の彼女は、昨夜の泣き喚いた恥ずかしい姿を恥じながらも「なんだかすっきりした」と語った言葉が、印象的であった。巫師の憑霊儀礼は、巫師がトランス状態となり、痙攣状態と硬直状態を制御し、憑依した精霊を統御して役割を果たしており、明らかにシャーマニスティックな儀礼形態であった。

どうやら、白の社会は複雑な宗教構造を持ってはいるが、そこには二種類の宗教者（シャーマン）、公式のシャーマンのドシボー（村レヴェルではシュチェとジャム）と非公式なシャーマンのアショカーが存在し、ここでも相互に役割を補完しながら、本主信仰という民族宗教を発達させ、全体として人々の宗教的秩序（アイデンティティ）が維持されているように思われた。

二つの社会のシャーマン　二つの社会を調査した印象として、次の点が指摘できよう。それは、調査者が直接当該社会に自らの身を置いてしか感じられない、生き生きとした稲霊や本主の神、さらには死者の霊の存在、それらを意識しながら、緊張感を持って生活を営んでいる村人、稲霊や本主の神、死者の霊に関わる宗教者への村人の畏敬の念、威厳に満ちた宗教者の存在など、肌で感じる直接的体験なくしては、氏族（公式）シャーマンも、あるいは職業（非公式、私的）シャーマンも文献だけでは決して理解できないだろうと思われたことである。

解説

東アジアのシベリア地域や中国の東北部と西南地域（雲南）などの比較的類似した周縁地域には、近代国家に組み込まれ、チベット仏教や大乗仏教などと接しながらも、自分たち独自の社会や文化、宗教を形成して現在まで保持している民族が雲南地域には少なくない。そうした社会には先にも示した哈尼のような「仏教以前」や白のような「仏教半ば」の形態を持った宗教が存在し、日本のかつての社会に近い類似した宗教構造を見ることができる。日本のシャーマニズムの変遷を考えるとき、これらの社会の宗教形態と比較することは、全く無意味なこととは思われない。日本にも、かつては氏族的なシャーマンが存在し、哈尼のモピ、白のドシボー（リスのニパ、イのピモ）のように民族の神話を創造し、語り、伝承する誇り高い権威をもった宗教者がいて、王権の出現に伴い、社会構造の変化により徐々にそれらの人々がプリースト化（神主）していったのではないかと推測されるからである。

日本のシャーマニズム研究者の報告（石津1969、佐々木など）、英文学者による翻訳などに接して、最も中核となるextasy（ecstasy）と'trance'とが曖昧なままに論じられ、訳されてきている場合が多いように見受けられる。英文が専門というだけで、実見しないままに訳すのは困難と思われ、人類学が専門というのであれば国内や比較のために海外にフィールドを持ち、長期にわたる実地調査、研究は必須であると思われる。シャーマニズムの理論研究というのならば、なぜ実地調査を背景に基本テキストを自ら翻訳するなどしてから論じないのであろうか。他者の翻訳に依拠した理論化は危ういと思う。儀礼の実際を観察せずに、強烈な体験もなく、自説に都合の良い聞き取り調査や他者が報告した多数の文献から個々のコンテクストcontextを無視して都合の良い個所のみを引用して類型化するのは、実態調査を専門とする者にとっては到底馴染まない。かえって、本質を見逃す恐れがあるからである。もっと基本的な調査に基づく翻訳や理論研究がなされるべきではないかと思われる。

第二章　木曽御嶽のシャーマニズム

はじめに

かつて、「木曽御嶽のシャーマニズム」と題して、論文集を一冊にまとめてみたいと思ったことがあった。しかし、そのときには「シャーマニズム」理論の核心が掴めていなかったこともあり、他者の批判に反論が出来なかった。やむを得ず、「憑霊文化」として苦渋の選択をしたことを、今も忘れない。広い意味で「憑霊」は、木曽御嶽もそうだが、今も日本の各地に、さまざまなバリエーションをもった宗教現象として存在している。そうした意味では、「憑霊文化」の方が全体を括るタームとして適しているのかもしれない。しかし、そうした括り方では、せっかくローエルが百二十年前に御嶽に登って見た憑霊トランスの研究が意味をなさないし、いつまでたっても御嶽の憑霊儀礼(御座)がシャーマニズムとして認知されず、修験や天台密教の「憑祈禱」と誤解されたままで無視され続けることになると思った。ローエルや自らの研究が確かにシャーマニズムに関する人間研究であったことを、何とか証明したいと思った。ローエルの著書を訳し終え、ファースとルイスの論文と著書を訳している最中に、何気なく自分の本棚を見ると、三十年前に購入したままだったツアプリカの著書が目に止まった。そこで、ファースとルイスの論文と著書を訳し終えた後、遅まきながらも急ぎツァプリカとシロコゴロフの著書の一部、シャーマニズムの中心を、拾い読みではなく、丁寧に一年ほどを掛けて夢中になって訳してみた。御嶽や雲南のフィールドでの事例と照らし合わせて訳すと、二人の研究には、頷く場面が少なくなかった。漸くにして、シャーマニズムの核心が掴めた思いであった。以下では、ツァプリカ以来のイギリスのシャーマニズム研究の伝統を踏まえて、ローエルと自らが取り組んできた研究が、確かにシャーマニズム研究であったことを確認してみたい。

一　ローエルのシャーマニズム研究

ローエルの来日　ローエルが初めて日本にやって来たのは一八八三（明治十六）年の春、二十八歳のときである。当時の日本は、未だ稲作農耕に基づく伝統的な社会や文化が色濃く残存してはいたが、西欧の近代技術を取り入れて急速に産業化社会へと転換しつつあった時期でもあった。ローエルは三十八歳までの十年間に五回にわたり来日し、通算三年間の滞在中に日本の文化、特に「東洋の神秘」に関心をもって研究を行なった。ローエルは、一般には世界でも日本でも天文学者としてよく知られ、他方日本では前半の若き時代はジャパノロジストしても知られている。

御嶽への登山　ローエルの詳しい経歴などについては、すでに拙訳の解説でも触れたので、ここでは省略するが、ローエルの日本研究、著書三冊のうちの一冊、"Occult Japan"は、日本の木曽御嶽信仰における憑霊（御座）の問題を扱った書である。この著書は一八九一（明治二十四）年の四度目の来日のとき、八月に木曽御嶽山に登り、山頂で出会った三人の御嶽行者が交替で行なう憑霊儀礼（御座）を見て大変驚き、その後教派神道教団の一つ、神習教の管長であった芳村正秉に「神道」に関して教わり、そのときの体験を一八九三（明治二十六）年の二月から十月にかけて四回に分け、「日本アジア協会誌」に'Esoteric Shinto'（「深遠なる神道」）と題して連載しており、それらの論文に手を加え、解説の「本体」を加筆して、一八九五年に一冊にまとめたものが"Occult Japan"である。

来日の目的　この書"Occult Japan"では、御嶽に登り偶然三人の御嶽行者に遭遇したかのような記述で始まる。しかし、"Occult Japan"を拙訳後に、ローエルの『著作集成』中の第二巻にアジアと日本に関する十六の論文が収められており、この内に「エミイ・ローエルへの三十五通の手紙」があったので拙訳してみた。この手紙集は十九歳年下の妹エミイに送った手紙を収録したものであるが、この手紙の内の第一通目が「木曽福島にて」で、一八八三年八月四日の日付である。ローエルは、春に初来日して間もなく、夏の登山シーズンの最中に御嶽に向かっている。ただ、このときは御嶽に登っていないが、すでに来日当初から、明らかに御嶽を目指していたかのような(拙訳の「訳者序」では「当初は情緒的な単なる憧れ」と記した(p5)が訂正しておきたい)、夏山シーズン最中の絶妙なタイミングで木曽福島を訪ねている。ローエルは、中仙道から木曽福島に至る途中の鳥居峠から、御嶽の雄大な山容を眺めている。著書の書き出しに「いつかこの山に登ってみたいと思っていた」と記している。八月初旬は御嶽の信者集団(御嶽講)が山麓の木曽福島に多数集まり、御嶽をめざして登山を行なう最中の時期で、ローエルもそうした信者集団を目にし、その後この山に登るために着々と情報を集めて準備をしていたものと思われる。

ローエルの研究　十九世紀末から二十世紀初頭の欧米は、産業革命の発展とともに学問の分野でも、人類学など経験的で実証的な科学的研究が急速に発展する時期でもあった。ローエルの研究は北極地域や極東への関心などとも呼応しており、評されるような単なるエキゾチックな関心からものではなく、たとえそうであったとしても当時の最先端の学問的課題(シャルコーなど、フランス心理学の催眠トランスと憑霊トランスの論争を先輩の心理学者ウイリアム・ジェームスから教わったものと思われる)を背景として、東洋の神秘の一端を、日本の憑霊現象を手掛かりに研究したものであった。現代もそうであるが、こうした人間の精神世界の深層の問題に関心を示し、解明しようとするには、相当に深い知識や知的訓練がなされていなければとても不可能なことで、ローエルの学問水準の高さが窺える。

御嶽で体験したことをまとめるべく「日本アジア協会誌」に執筆の最中に、チェンバレンの紹介で知り合ったハーンに手紙を書いている。そこには木曽御嶽に登って、そこで体験したことについて、「もし、あなたがここにいれば、私は超能力者について、私が金鉱を掘り当てた私の考えをあなたにお話しするでしょう――あらゆる金鉱開発者と同じのように、私は思いどおりに自身で、上手く掘り起こせないのです――私が御嶽の頂上で出会った神道のトランス状態、神の憑霊、それについて私は協会誌に（投稿して）考えを少しずつ広めようとしています」と、東洋の神秘の核心を「金鉱」に例え、それを発見したことの喜びと、その発掘に苦労していることが書かれている。しかし、その後論文と著書を読んだ二人には、「醜悪な本」としてしか受け止められず、日本人の精神世界の深さも、当時の学問的課題も、ローエルの見識の高さも理解することはできなかったようである。

余談・ウエストン　余談であるが、ローエルと同じ時期に先に御嶽に登った一人にイギリスの宣教師で登山家のウエストンがいる。第一回目の登山は一八九一年であるが、このときの登山の記録は一切残されていない。余程記録に残すに値しない山と思ったのであろうか。ところが、その後ローエルが四回に分けて投稿した「日本アジア協会誌」の論文、'Esoteric Shinto'（第一回は一八九四年二月）を読んだらしく、一八九四（明治二十七）年八月十一日に慌ただしく二度目の登山を行なっている。ウエストンの登山日記によれば、山頂の山小屋で同年（1891）に登ったローエル一行のこと、山頂で写真を撮ったことなどを山小屋の管理人から聞き出している。二度目の登山については、ウエストンの著書（『日本アルプス』）に詳しく書かれているが、奇妙な本である。その内容のほとんどは、自分が登った山岳の記録であるのに対して、第十三章では御嶽山に登り、そこで見た御嶽行者の憑霊儀礼（御座）と第十四章では大阪でみた憑霊儀礼の様子について、また第十五章では「憑もの」が取り上げられているからである。いかにも唐突な感じがするが、宣教師でもあり、日本の奇妙な体験を、あるいはオックスフォード大学のタイラーなどに知らせたかったからかもしれない。ただ、ローエルの論文に刺激を受けてわざわざ御嶽に登り直しているにもかかわらず、そのことについては一言も触れていない。ただ、別の"A Wayfarer in Unfamiliar Japan",1925.において、「憑霊」をインド起源説として、ローエルの日本起源説を批判している。ウエストンは日本人の精神世界の深層についても、問題性の重要さについてもほとんど理解していなかったように思われる。

余談・ブラッカー　もう一人、少し時代は下るが、ローエルの'Esoteric Shinto'の論文に関心を持った研究者がいる。イギリスの日本研究家、カーメン・ブラッカーである。ブラッカーは、ローエルが見た憑霊（御座）を確認するために、一九六一年、一九六三年、一九六七年の三回にわたり御嶽に登っている。このとき見た、御嶽の様子や御座について、著書『あずさ弓』の第十四章「山の託宣」において、ローエルが見た三人の行者による憑霊儀礼を紹介しながら、自らも見た憑霊儀礼を、写真を使って詳しく報告している。しかし、せっかく憑霊儀礼を目の前にしながらも、シャーマニズムの核心に至る観察と分析が行なわれていない。ブラッカーは日本の宗教史や民俗学が専門であったこと、また日本の各地に残る修験の民俗行事に関心があったこともあり、御嶽行者が行なう御座儀礼を宮田登論文から引用して憑祈禱（催眠トランス）でまとめてしまっている。同時代の先輩にファース、後輩にルイスがいたにもかかわらず、ブラッカーはシャーマニズム研究の重要な視点、「催眠トランス」と「憑霊トランス」を区別する視点を持っていなかったようである。従って、この論文からは、ローエルの研究の重要性が捉えられていない。著書の注でローエルの論文、'Esoteric Shinto'を読んで「残念ながらローエル氏の記述は、恩着せがましいpatronizing滑稽な調子facetiousnessに満ちていて、読むほどに、それが気に障る」と記している。"Occult Japan"も読んでいたと思うのだが、ブラッカーの著書からはローエルのような鋭い観察の様子は読み取れない。残念なことに、平凡な単なる民俗学的な憑祈禱の報告で終わってしまい、シャーマニズム研究にはなっていない。

ローエルの観察　余談になってしまったが、ローエルは御嶽に登って三人の御嶽行者が執り行なう憑霊儀礼（御座）を観察して、「まるで若者自身ではなく、御幣がその男（中座）を揺さぶっているかのようであった。御幣は若者（中座）の頭上で空を打つように激しく振り回され、やがて御幣は若者（中座）の眉毛の前に腕を曲げた状態でゆっくり落ち着いた。若者（中座）の腕全体を通じてその振動が若者を震わせていた。その状態（憑霊トランス）はまぎれもなかった。若者自身が（彼の身体から）完全に出ていった状態（忘我状態）であった」（拙訳、2013, p24）と記している。ローエルは、すでにこの時点で「催眠トランス」と「憑霊トランス」の区別、シャーマニズムの核心が何であるかを知っていたようである。この記述をツァプリカ以来のシャーマニズムの定義に当てはめれば、次のように読める。それは「若者は憑霊トランスと同時に起こる発作で、まさにトランス状態となり、神霊により激しく御幣を振り回させられている。やがて、御幣を眉間の前に落ち着かせ、つまり発作を制御controlし、若者の魂が一時的に追放されたsoul lossの状態となっている。そして、代わって神霊が憑霊し、憑霊した神霊を統御masterして神霊自身となっている」と読むことができる。この後に託宣の様子が続くのだが、ローエルの「まぎれもないunmistakable」と言っているのはこの「憑霊トランス」のことと思われる。東京に帰って、御嶽で見た憑霊現象を確認すべく、御嶽教団の一派の神習教の管長（芳村正秉）から教えを受け、自らも自宅に御嶽行者を数組招いて憑霊儀礼を観察し、また日蓮宗の僧侶（行者）と少女を招いて憑祈禱を観察し、さらに民間の「市子」と呼ぶ軽いトランスを伴う祈禱師なども観察するなどして、「憑霊トランス」について詳しく観察し、確認している。特に‘trance’とはいかなる状態かを、実際に許可を得て被験者の体に触わり、脈拍、呼吸、体温、トランス中の知覚を、実際に針を刺すなどして調べ、確認している。その結果、最も深いトランス状態を実現しているのは、御嶽行者であるとして、中座のトランスの状態を次のように捉えている。

ローエルのトランス研究　ローエルは、シャーマニズムの言葉は使用していないが、アメリカの人類学におけるシャーマニズム研究、'trance'と'possession'の理論に基づいて御嶽行者の憑霊儀礼を観察し、その特徴を「憑霊トランス」と捉え、フランスで見た「催眠トランスhypnotic trance」との違いを述べている。ツァプリカの「ヒステリー発作」と「シャーマン発作」の区別、ルイスも変性意識を「非神秘的(催眠)トランスと神秘的(憑霊)トランス」の二つに分けてその違いを説明しており、シャーマニズムを捉えてゆく上で重要な視点であると思われる。ローエルは中座の憑霊儀礼においてトランスに入る状態を観察して、トランスの心的状態を「肉体の容れ物を空にして身を委ねる」とか、「無意識の状態」「純粋な状態」「空白な状態」などと表現しているところから、'soul-loss'に近い理解かと思われる。ローエルは実際の観察から、外見から見るトランスの身体的状態の特徴を「身体の小刻みな震え、痙攣し硬直状態、眼球が巻き上がった状態(白目、あるいは瞳孔が開いた状態)」と捉えている(正確な観察である)。また、同時に起こる'de-possession'「魂の追放」について、ローエルは「憑霊は、単に他の身体の魂を一つの身体に入れることで、そこにいた元の魂を排除、あるいは征服することが同時に起こること」と説明している。

催眠トランスと憑霊トランス　ブラッカーは、先にも触れたように御嶽頂上で憑霊儀礼を観察して、それを憑祈禱でまとめている。後でも詳しく触れるが、憑祈禱は現代風に言えば、「催眠術師と被験者」との関係に似ている。宗教的に訓練されていない、催眠にかかりやすい子供や大人の信者などの初心者を取り囲んで囃し立て、いわば宗教的な催眠トランスの状態に導き、被験者を自在に操ることで宗教的な場面が構成されていると見ることが出来る。憑祈禱は、個別的には両者ともシャーマンではなく、シャーマニズムと言い難いが、全体としてはシャーマニックな儀礼に近いと思われる。一方、御座は宗教的な訓練を熟成させた中座が自発的に憑霊トランスとなり役割を果たしている。初期の御座が、仮に修験の憑祈禱を真似た非自発的な催眠トランスから出発したとしても、やがて前座から中座に比重が移ることで、ファースの定義のように催眠トランスや霊媒から憑霊トランスへと熟成し、宗教的役割を果たす質的転換が起ったものと考えられる（恐らく、普寛行者の優れた弟子、一心行者の座法が導入されたことによるものと思われる）。拙訳の第八章「本体」の解説では、その重要性に気が付かず、適切な解説かできなかったが、改めて「催眠（非自発的）トランス」と「憑霊（自発的）トランス」の問題が欧米などでは百年以上も前から議論され、ローエルも取り上げてきた歴史ある課題であることを知った。シャーマニズム研究の上では両者を区分する重要な課題であるにもかかわらず、わが国ではこれまでほとんどこの点が問題にされず、今も御座＝憑祈禱（宮家、2015）と理解されている。

ローエルの研究意義　ローエルの観察の特徴は、中座がトランス（忘我）状態 trance state となり神霊を憑霊させる、その儀礼過程を具に観察し、その特徴を仏教的な視点（験者が神霊を操るという）を排除して捉えた点にある。また、これまでの日本のシャーマニズム研究者は、どちらかといえばトランスよりも憑霊 possession に注目して、憑霊する神霊の種類やそのシャーマンの役割についての研究が中心であった。それは、近年ではシャーマニズムを「超越的存在との接触交流…」と定義し、トランスを「変性意識」と訳し、広い枠組みから日本のシャーマニックな憑霊を捉えて類型化することが行なわれてきたからである。しかし、日本の国内においては、東北のイタコ、宮城のカミサマ、福島のワカなど軽いトランスと憑霊を伴うシャーマニックな職能者（櫻井徳太郎をはじめ多くの民俗学者の報告がある。筆者も調査して報告したことがある）を中心に多くが研究されてきたこともあり、沖縄を除けば御嶽行者のような典型的な憑霊トランスに接することがなかったからかもしれない（沖縄のユタに関して民俗学者や人類学者などの研究は多い。なかでも心理学の視点から大橋英寿『沖縄シャーマニズムの社会心理学的研究』弘文堂、一九九八年などの研究がある）。しかし、ローエルは百二十年前に、御嶽の憑霊儀礼におけるトランスを具に観察し、フランスの催眠トランスと比較して、その特徴を捉えている。このことは日本の研究者は無視してきたが、アジアのシャーマニズムと比較する場合に、日本のシャーマニズムの特徴を明らかにすることにもなり、優れた研究であると思われる。

ツァプリカ以来、ルイスなどのシャーマニズム研究の流れから言えば、木曽御嶽の御座儀礼（中座）こそが、日本におけるトランス憑霊型シャーマニズム（組織的に、その技法が継承されてきた）を代表する典型ともいえる。何よりも、中座は自らの意志により神霊を憑霊させ、その間にトランス憑霊状態を維持して、神霊の力により多数の信者一人一人の精神的な癒しに応じており、この儀礼をもってシャーマニズムと言わずして何をシャーマニズムと言うのであろうか。十分な観察や理論研究をしないままに、修験の憑祈禱のように、あまりにも伝統的で狭い固定観念に囚われ過ぎてはいないだろうか。シャーマニズムは普遍的な現象であり、もっと広く柔軟に論議されてよいと思う。単なる迷信や狭い教団内の信仰とみなすか、一地域の珍しい民間信仰とみなすかは、それを見る人の学問的背景によるが、しかしローエルは御嶽の憑霊（御座）儀礼を心理学や人類学など、当時の欧米など、世界が北極圏、シベリアなどの極東に向けていた関心を、一早く日本に向け、最先端の裾野の広い学問的知識（William James "The Varieties of Religious Experience" 1902. の'religios trance'など）を背景に、その儀礼がシャーマニズムの核心、憑霊トランスそのものであることを学術的に解明し明らかにしている。そこに、ローエルのこの時代の研究意義があると思われる。

勿論、ローエルはツァプリカやシロコゴロフなどとは接点はなかった。ただ、ローエルは一八八四年頃にイギリスの大学やフランスを訪れ、フランスではサルペトリエール精神病院で神経衰弱を名目に治療を行ない、知識を入手している（デイヴィッド・シュトラウス『パーシヴァル・ローエル　ボストン・ブラーミンの文化と科学』彩流社、二〇〇七年）。ローエルも触れているようにフランスの精神病院における催眠トランス、さらにはフランスの女性が教会で行なう祭壇憑霊（憑霊トランス）に関心を持ち、フランス心理学（催眠トランス）の情報、アメリカのジェイムスなどから教わった憑霊トランスのことや人類学のシャーマニズム研究などの情報を入手していたようである。従って、この"Occult Japan"が書かれた一八九五年には、日本の憑霊を説明するために、北アメリカや各地に見られる先住民のシャーマンshaman（原書p102）、エクスタシー状態（state of ecstasy, p61の一カ所のみ。この場合は憑霊を伴わない恍惚とした状態として用いている）やトランス状態trance state（p179他）、トランスtrance（随所に用いている）、憑霊possession（随所に用いている）などのシャーマニズムに関する専門用語、主に'trance'と'possession'を用いて御嶽の憑霊現象を説明している。

ツァプリカの著書が一九一四年、シロコゴロフのシベリア調査が一九一二年から、それをまとめた著書が一九三五年にロンドンで販売されていることから、二人の研究者よりも早く、同じテーマが研究され、二人の研究に制約されることなく、「シャーマン」の語が、アメリカではトランスtranceと憑霊possessionの専門用語で構成される用語として用いられ、世界に知られていたことになる。北アメリカや他の先住民の憑霊する人物をシャーマンと認識しているのであるから、ローエルもツァプリカやシロコゴロフの定義以前から、シャーマンとかシャーマニズムを一般的概念として知っていたことになる。また、古野教授によれば（『古野清人著作集』三 シャーマニズムの研究、三一書房、一九七四年、pp25-33）、一九〇七年（やや遅いが）にクローバーがカリフォルニアの先住民の調査において「シャーマン」の存在を報告していることを紹介している。従って、シロコゴロフの時代には、すでにアメリカでは「トランスと憑霊」を伴う人物をシャーマンと認識して研究が進められており、シロコゴロフもこの研究動向の情報を知りつつ、フランスで学んだextasyの語を用いて独自の研究を行なったのではないかとも思われる。

ファースやルイスの研究が現代においても有効であるとすれば、ローエルの研究は一言で言えば、百二十年のときが、全く色あせることなく輝き、現代においてもシャーマニズム研究の上で有効であり、紛れもなく御嶽におけるシャーマニズム研究であったと言えよう。シロコゴロフより四十年、ルイスより七十年も早く、現代に繋がるシャーマニズムの基礎研究がなされ、世界に発信されていたことに驚くばかりである。

二　木曽御嶽信仰・御座の形成

現況　現在、木曽御嶽山に祀る御嶽大神を信仰対象とする宗教教団には、教派神道系教団の「御嶽教」や「神習教」、神社神道系の教団である「木曽御嶽本教」、その他の教団、神社本庁に所属する神社と信奉団体などが存在する。その教団(包括)の下部組織(被包括)には多数の「御嶽講社(教会)」が所属し、関東や尾張地域を中心に全国に所在し、地域の宗教的要求に応えてさまざまな信仰活動が行なわれている(全体の信者数は推計で二百万人前後)。こうした御嶽信仰の形成、その歴史的展開については、すでに優れた研究もなされている(中山郁『修験と神道のあいだ』弘文堂、二〇〇七年)ので、そちらに譲ることとし、以下では各御嶽講社が現在実施している信仰活動の中核、御座儀礼の形成過程について触れてみたい。

現在、教団レベルでは、明治初期に実施された「神仏分離令」により神仏習合的な祭式が神道的な祭式へと変化している。しかし、講社レベルでは昭和二十年以降の信仰の自由化に伴って再び両部神道に復帰する講社も存在するなど、神道系や両部系、仏教系などさまざまな信仰形態として存在し、関わっている。それぞれの講社は、地域に応じて実際的で多様な宗教活動を行ない、そのために一概には捉られないが、比較的伝統的な形態を現在も保持していると思われる筆者のフィールド、木曽福島に所在する両部神道系の講社(調査時点、中座四人・修行者二人、前座七人・修行者一人、信者八〇〇人)を事例として、その共通する御嶽講の特徴をみると、次のような点があげられる。

それは、御嶽講を構成する共通した要素に木曽御嶽に祀る御嶽大神と諸神、さらには霊神(行者の死後の魂を神として祭った神霊)などの祭神に関する神観念を持ち、講社(教会)と呼ばれる施設には祭神を祀った神像や祭壇、さらに信仰の場（霊神場）などの具体的な宗教施設を有していること。さらに、信仰を実践する行者（教師）と一群の信者などの人的組織からなり、また夏の御嶽登拝、日常活動として教会での祈禱や御座儀礼など、実際の信仰活動を実施していることなど、一つのまとまった信仰集団を形成している点が挙げられよう。ローエルが観察した御嶽行者も、こうした講社の行者の事例であったと思われる。なお、現在では御嶽の憑霊儀礼を「御座」と呼ぶのが一般的であるが、明治初期には、必ずしも定着していなくて、ローエルは「御座」の言葉を原書では用いていない。従って、原書中の'trance-possession'を翻訳する場合、「憑霊トランス」と訳し、「御座」とほぼ同義に近い言葉として訳した。

御座の成立と変容・二種類の御座　木曽御嶽信仰の成立については、拙著でも詳しく述べた（『木曽御嶽信仰』岩田書院、二〇〇二年）のでそちらに譲ることとしたい。御嶽信仰を江戸時代の中期に広く人々の間に広めたのは中興の祖として仰がれる尾張の覚明行者と、秩父出身で江戸で活躍した普寛行者の二人で、その後尾張や関東を中心にして御嶽信仰が広まることとなった。当初、御座の儀礼を開発したのは普寛行者（天台密教僧）であったようで、覚明の行跡に関しては今後史料の発掘などが待たれ、現時点では御座の形式に関しては不明な点も多いが、出身地の尾張地域に覚明系を自称する講社が多く、「伺い祈禱」を中心とした御座の形式が多く見られる。しかし、記録などから辿れるのは普寛行者である。記録に拠れば、普寛は御嶽を開山するに当たり独自の行法を開発し、それまでの行法（一人祈禱や憑祈禱）を一大転換して、普寛一行が御嶽に初登拝し、頂上で普寛が前座となり、同行の和田孫八（後の広山行者）を中座として御嶽の神霊を降臨させた。以後、この「前座」と「中座」が一組となった憑霊儀礼、「御座を立てる」形式が御嶽の神霊を降臨させる正式な儀礼とされてきた。その後も、弟子の一心などにより御座は「神薬指し下しの祈禱」、「五行座」と言う周囲に四天を置く「伺い祈禱」の座法を開発して関東一円に広めたが、江戸幕府の弾圧を受け、こうした座法が禁止された。その後、関東では普寛当初の座法に戻して、「託宣祈禱」を中心とした儀礼（憑祈禱のような）として伝統を守らざるを得なかった。しかし、幕府の厳しい弾圧が少なかった、むしろ尾張藩の保護下にあり、普寛や一心の御座をより深化させたのは木曽谷と木曽川流域の尾張地域であった。現在木曽谷など木曽川流域に見られる「伺い祈禱」を中心とした御座は、弟子達により中座の宗教的役割が求められることで、憑祈禱の形式を残しながら、前座から中座により比重が移ることで質的転換が起こったものと推測される。そもそもは、御座の初期の形態（前座中心の託宣祈禱のような）や講社の伝承や仏教の権威（天台修験の憑祈禱ような形式）を重んじるのか、目の当りに展開する事実（中座中心の伺い祈禱）を重んじるのか、いずれに依って説明するかにより、御座の解釈は異なる。しかし、ここでは、後者の中座を中心とした「伺い祈禱」の御座をシャーマニズムの視点から取り扱うのが目的である。江戸末期になり、一心講の活躍により、尾張藩の仲介により弾圧は解かれて以前の姿を取り戻したかに思われたが、明治期に入って神仏分離令により、各地の御嶽講社は御嶽教や神習教などの教団を設立して、いずれかの教団に所属することを余儀なくされた。ローエルが観察した関東の御座は、木曽谷などとはやや異なった形式の「託宣祈禱」（御嶽の神霊の実在を示す儀礼として意味があった）を中心とした御座であったが、「託宣祈禱」の方法による御座も、よくよく観察すれば、中座が中心になっていることがわかる。

現在見る「御座」は、古代から続く憑霊の形式（神主と巫女、サニワのような）を秘めて継承されていると思われ、両部神道の時代に仏教的に色づけされて取り込まれ、現在に至ってはいるが、勿論仏教そのものではない。仏教が日本に伝来して以降、古来より伝えられてきた神道の憑霊を密教僧が取り込み、仏教の優位性を示すために役小角伝説に見られるような壮大な超越者を想像し、仏教風に改竄したものと思われ（「阿尾奢法」のような）、ローエルもそのように見ているし、筆者もその立場である。そのような事例は、筆者の調査地、大理の白の人々の間にも、仏教が土着化する過程で、土着のシャーマニズムを排除するとか、取り込む理論として、いかに仏教僧が優れているかを語る数々の説話（観音力を駆使する僧の物語）が創出されている。ただ、仏教を悪く言うつもりはないが、シャーマニズム研究においては仏教と混同すると、その本質が見えなくなると思われるからである。

正常な人々　御嶽信仰に関心のない人々、そうした宗教文化の外にある人々には、現在もなお「御座」の儀礼が実行されていると聞けば驚くに違いない。御嶽信仰は江戸末期から明治初期、特に近年の高度経済成長期に急速に興隆したが、現在は高齢化や少子化の波を受けてやや停滞気味ではあるが、しかし今もなお健在である。御嶽行者は、他の伝統宗教教団の僧侶や神主のような専従の宗教者ではない。専従者もいるが、基本的には公務員や会社員、菓子製造業や飲食旅館などの自営業、農業などに従事している人々、社会人であり、結婚して子供もいるし、普段は一般の人々と異なった特別の生活をしているわけではない。御嶽行者以外の他の宗教者と比べれば、街角で擦れ違っても気づかれることの少ない、普段は生業に従事する、精神的にもごく普通の全く正常な人々である。ただ、異なるとすれば、修行と生業（職業）との兼ね合いを大切にして、行者としての高い信仰意識を内面に持っていることである。現代風の言葉で言えば、人々のさまざまな精神的癒しに応じる民間の精神的カウンセラーとして、無料奉仕（給料などは得ていない）で活動するボランティア団体とでも言えようか。他に専業の教会もあるので、全てがそうであるとは言えないが、筆者の調査対象の講社は出入りの自由な、緩い関係で繋がってはいるが結束力のある信仰組織である。

三　御嶽行者の修行・トランスの制御と憑霊

容易ではない中座修行　「伺い祈禱」を行なう中座が一人前になるのには、「自らが神霊を憑霊させ、同時に起こるトランスを制御し、憑霊した神霊を自らが統御して役割を果たし、役割が終われば憑霊した神霊を排除する（トランスから覚める）ための技術を獲得すること」にあり、そのために厳しい命懸けの修業期間が必要である。この間、修行と生業のどちらも疎かにしない生活をし、入信すれば信者として自覚を持って生涯維持していかなければならないからである。もし、御嶽の行者になるために講に入信し、修行を開始したとしても、行者として認められ、前座になるか中座になるかの神霊の選びを受けるだけでも三年を要する。その間に、祝詞や経文を空で覚え、御嶽に祀る多数の神名を覚え、滝行などを通じて肉体的にも精神的にも耐えられる修行が行なわれる。さらに、前座や中座になるための修行は、三年から五年の修業期間（見習い）を必要とする。そして、中座の場合には、はじめに「幣が上がる」という憑霊トランスの兆候に至るが、この段階では一人前の中座とはみなされない。この間は、中座は激しい痙攣状態となり、手にする御幣を激しく振り回すだけで（あるいは、神霊に振り回させられる）、自らがトランスを自在に制御する段階に達していないからである。しかし、やがてその状態を自ら制御controlするに至る。さらなる修行を重ねて「眼開き」に至り、そして神霊の言葉を語る「口開き」を経て初めて一人前の中座となる。ファースの言う霊媒から、訓練を重ねることで憑霊した神霊を統御する熟成したシャーマンに徐々に移行する過程である。

行者の話しでは「生まれたばかりの赤ん坊は、最初は手足をバタバタと振って喚いているだけだが、やがて両目が開き、口がきける状態になると一人前になる。子供の成長と同じだ」と例えていた。「眼開き」は激しい痙攣と共に、両目の眼が瞼の後ろに吊り上がり白目となり、引きつけを越した状態と同じ（神の目）になることで、ローエルもそれをトランス状態として観察している。従って、御座の儀礼中は、自らの目で通常のように周囲の様子を見ることはできない。手にする御幣が目や手としての役割を果たすのだという。講社により修行方法が異なり、両目の瞳孔が完全に開いて、キラキラと輝いている御座中の中座を、許可を得て観察したことがある。ローエルも両方を観察している。この段階に至ると中座として認められ、教会で実施する定期的な御座儀礼にも参加して、簡単な祓いの儀礼をまかされる。しかし、一人前ではない。さらに厳しい修行を積み重ね、やがて「口開き」に至る。最初は「唸るような叫び声」であるという。長い場合には「神霊を受け入れ、トランス状態を制御し、憑霊した神霊を統御して御幣を操り病気治しや託宣、神霊の言葉を伝達するなどの役割を果たす」に至るだけでも十年もの修業期間を要するという。

このように御嶽行者の修行のポイントは自らの意志で安定したトランスに入る技術と、その過程で親しく願った御嶽に祀る高神を懇願的に憑霊させる技術、さらには憑霊した神霊を排除する技術を獲得するのが一般的である。これとは反対に修行過程で、例えば低級な動物霊(狐憑きなどとして恐れられている。何処の誰それが何時そうなったか、と言った密かな話しが行者間では実に多い)や死霊などは簡単に憑霊するといわれている。そうした場合には、むしろ精霊(動物霊)に支配されて精霊を統御することや排除することも困難となり、異常な行動をとる精神疾患になると恐れられている。ルイス風に言えば、霊に憑かれた非自発的憑霊である。そのために低級な精霊を寄せ付けないよう細心の注意を払って防御し、御嶽に祀る高神のみを獲得することは簡単ではないと、行者の誰もが口にする。シロコゴロフやルイスがまさに指摘するように、シャーマンとなるポイントは「単に精霊に憑かれることではなく、必要なときに精霊を自在に憑けたり排除したりする安定した憑霊技術の獲得」、自発的憑霊を目指す点にある。

ところが、研究者の中には、御座の儀礼場面を見て、あるいは聞いて「前座が中座の魂を抜いて、神霊を憑ける」「前座にこそ主導権」があると誤解し、前座こそ「精霊統御型シャーマン」であり「中座は単なる霊媒」とみなす、修験者をイメージしたような解説をする研究者もいる。しかし、前述のように、それほど簡単なものではない。もし、研究者が安易な聞き取り調査や単なる見物でなく、中座修行を長期にわたり観察していれば、そのような憑祈禱と混同した安易な見方はしないであろう。多様なバリエーション(中座一人のみによる御座など)があるとしても、シャーマニズムの本質を全く理解していない、一度も憑霊の実際を観察したことのない、シャーマニズムの最も根源的な催眠トランス（非自発的憑霊）と憑霊トランス（自発的憑霊）の区別がされていない奇妙な理論と言わざるを得ない。

背後にある神観念　御嶽行者の神霊観には三元的な神観念をみることができる。それは御嶽の山頂に祀る御嶽大神、中腹に祀る諸神仏、山麓に祀る霊神、つまり大神―諸神仏―霊神の三元的神観念である。このイメージは象徴的に図像化された掛け軸などに描かれ、御嶽を信仰する人びとの祭壇に祀られて広く受容されている。この掛け軸には、図像化された神霊が三区分されて三段階に配置されている。それは上段に大神としての国常立命を中心に、向かって右に大己貴命、左に少彦名命の三神を配置している。これらの神霊は神道系の民族神として広く知られた神々であり、御嶽ではこの三神を総称して御嶽大神と呼び、最高の神霊として崇拝している。中段には中央に白河大神、右下に普寛行者が勧請した八海山国狭槌之命、左に三笠山豊斟之命を、また中央下には大日大聖不動明王を配置している。これら中段に配置された諸神仏は御嶽以外にも通じる神霊ではあるが、特に御嶽の特定の場所を守護する神霊として、あるいは機能神として性格づけられて崇拝されている。下段には、実在の行者がその死後に神霊化したとされる諸霊神を配置している。それは右に覚明霊神、左に普寛霊神、その下には行者の弟子にあたる一心霊神と一山霊神である。特に、これらの諸霊神は御嶽の開山とその弟子として各講社に崇拝され、全ての講社は講祖としていずれかの系譜をたどることができる。こうした大神、諸神仏、霊神の神観念は各講社が所有する独自の経典・祝詞などにも記載され、常に読誦され信仰の中核として共有されている。反対に御嶽に祀る神霊以外の動物霊（キツネなど）や死霊などは悪霊として排除の対象となる。この厳しいまでに構築された背後の神観念なくしては、行者の厳しい修行も御座儀礼も成立しない。エリアーデ風に言えば、まさに天空に神々を配した宇宙論的世界観かもしれない。

前座の修行　一方の前座もまた、中座と同様に神霊（精霊）を扱う専門家として厳しい長年の修行を必要とする。何よりも、前座は守護霊と意識的に一体化して（憑霊ではない）、その力量により、低級な神霊（悪霊）が自らに憑霊し、支配されないよう戦わなければならない。また、同時に中座に対しては悪霊の侵入を防御して、中座をトランス状態に入るように導き（神霊を操作することではない）、中座が正常なトランス状態に入って御嶽に祀る高神が憑霊するよう補助する。中座に神霊が憑霊すれば、憑霊した神霊が御嶽に祀る正統な高神であるか否かを確認するなど、儀礼の全体をリードしなければならない。儀礼中は、中座のトランス状態が覚めないように常に注意を払い、中座の役割が終えるとトランス状態の解除を補助するなど、前座修行はこうした一連の技術を獲得する点にある。中座自らによる中途半端なトランス状態への移行、低級な精霊の憑霊、中途半端なトランス状態の解除は、中座が精神疾患を起こす原因となるとして恐れられている。何よりも「中座の命を預かった」前座の力量が問われることになり、それだけにその技術や精神的な力量を獲得するには、厳しい修行を重ねる以外に方法はないからである。また、一人前の前座となり果たす重要な役割の一つは「中座仕立て」と言うように、一人前の中座を養成することにある。だが、それは簡単ではない。常に、修行中の中座と組んで、少しずつ段階的に変化して行く中座のトランス状態を数年にわたりリードして行かなければならないからである。もし、仏教者（天台修験などの祈禱僧）が言うような憑祈禱と混同して、前座が「神霊を憑霊させている」のであれば、中座は厳しい修行により、トランス状態の制御と神霊の統御、その離脱の技術を獲得することなど全く必要としないことになる。初期の託宣祈禱においては、前座の優位性も見られるかもしれないが、御座は中座が中心である。中座が欠けては、御座は成立しないからである。

中座の座修行　御嶽山中で初期の中座修行を、許可を得て何度か観察したことがある。修行は日中の時もあれば夜中のときもあるのだが、滝行を済ませると、岩室に籠り、数名の前座が中座を囲んで修行を開始する（詳しくは拙著、2002,pp17-52参）。手順は普通の御座儀礼と同じである。どんなにベテランの前座でも、簡単に中座修行者に神霊を憑霊させて（あるいは、一部の研究者が言うような中座の魂を脱落させることなどあり得ない）、トランス状態に導くことはできない。そんなに安易なものではない。前座の役割は、修行者自らがトランス状態に入れるように、九字を切り、鋭い気合いを入れ、鈴を激しく耳元で鳴らすなどして、それを何度も繰り返して応援するだけである。中座修行者はこの間、御幣を固く握り締め、四角い四方の台の上に置いて頭を御幣の先端に付け、目を閉じて一心に瞑想してトランスに至る自分を待つだけである。終わってから、この時の感想を「自分であって自分でなく、もう一人の自分が高い木の枝の上に座って自分を眺めているようだった」と話していた。付き添ったベテランの中座は「それで良い。そうした状態を繰り返すと、やがて無意識の内に御幣が上がる」とアドバイスをしていたのが印象的であった。中座修行は、ルイスの言葉を借りれば、非懇願的で非制御的であった神霊を、厳しい修行の過程を経て、必要なときにはいつでも懇願的に神霊を憑霊させ、自在に制御controlし、神霊を統御masterして役割を果たすことができる技術と、役割を終えた後に神霊を排除してトランスから覚める、偶然ではなく、必要なときに用いる安定した技術を獲得することにある。中座が自意識を無くして深いトランス状態を目指すのは、御座中に意識が残っていると自分の判断が加わり、かえって「人を惑わす」ことになり、正常な御座にはならないからであるという。そのため、浅いトランスによる一人御座も可能だが、禁止している場合が多い。

このように、木曽御嶽の場合は、中座になるために修行する行者は、厳しい水行や断食を繰り返すことで、自らを清浄になるよう浄化し、徐々に神霊の器となって深くて安定したトランス状態の実現を目指す。やがて、神霊の憑霊、降臨の兆候が手にする御幣を通じて示される。最初は御幣を激しく振る、あるいは神霊に振り回されるだけであるが、徐々に御幣（神霊）を制御controlして、つまりトランス状態を制御して、やがて御幣、つまり神霊を自在に統御masterすることができるようになる。神霊の憑霊と排除は御嶽の場合には、御幣がそれを象徴的に示す。御幣を自在に操り役割を果たし、神の言葉を伝達できれば一人前の中座とみなされている。御幣を通じて降臨する神霊は、御嶽に祀る諸神霊に限られ、神霊には高低があり、頂上に祀る高神の降臨（憑霊）は激しく強いが、それを制御し統御してこそ、理想とする御座、正統で優れた中座とみなされている。

前座と中座　前座は崇拝対象と一体化して（憑霊ではない）、その力量で悪霊の侵入を防ぎ、中座をトランス状態に導いているとみなされているが、その間、前座自らがトランスや憑霊状態に入っているわけではない。これに対して、中座は前述のように、自らがトランス状態に入りこれを制御し、神霊の憑入を受け入れ、同時に憑入した神霊を統御して役割を果たし、役割を終えれば憑入した神霊を自ら排除することにある。ここで注目すべき点は、中座と前座が役割を異にしながらも、どちらが欠けても御座の儀礼が成立しない。木曽谷の伝承では「中座は前座に命を預け、前座は中座の命を預かる」と言われ、前座も中座も命懸けの修行を行ない、安定したトランスと憑霊を実現している点にある。他の憑霊儀礼の多くが、浅いトランス状態（ベテランの中座が一人で占いを行なう場合は六割程度意識を落とせば可能と語っていた）で、一人で憑霊により役割を果たし、自らトランスから覚める。これに対して、御嶽の場合は中座が極限まで深いトランス状態となり、一人でトランスから覚めても、通常の状態に戻ることができず、前座が痙攣状態を解除する（腕を揉むなど）ための介添を中座は必要としていることにある。ローエルもまた、この深いトランス状態の実現（没個性）こそ、古来の『古事記』の時代より聖なる営みとして伝統的に伝えられてきた日本の憑霊文化（シャーマニズム）の特徴であるとみたようである。まさしく、木曽御嶽の御座こそ、古代より受け継いできた「シャーマニズムのＤＮＡ、トランスの技術」を今に伝える、現代の日本を代表するシャーマニズムに他ならない。

四　御嶽行者の御座・神霊の統御と役割

御座における中座と前座の役割　さて、御嶽講の特徴は、多くの講社で「託宣祈禱」や「伺い祈禱」の御座儀礼が実施されていることである。筆者が観察した御座儀礼の過程については、その様子をすでに詳しく報告している（拙著前掲書、二〇〇二年）のでそちらに譲るが、大旨次のような儀礼過程である。

御座の儀礼（伺い祈禱）をよく観察すると、前座は経文を唱え九字を切り、鋭い気合いにより中座をトランス状態に入るように導いてはいるが、中座に神霊を憑霊させているわけではない。先にも触れたように、前座の役割として最も重要な点は守護神と一体化してその力量により座を祓い、悪霊の侵入を防御して聖なる空間を維持し、経文や祝詞を唱えて中座自らが安心してトランス状態に入る環境を整え、儀礼の進行係としての役割を果たすことにある。最も注意を注ぐ点は、中座自らが正常なトランス状態に入り、御嶽に祀る正統な神霊が憑霊したか否かを見極める点にある。御嶽以外の霊（動物霊や死霊）の憑霊は危険とされているからである。ここに「中座の命を預かった」前座の力量が発揮される。御嶽など聖なる空間では、前座一人で中座と組んで御座立てが行なわれるが、平地など御嶽以外での場所で御座立てを行なう場合には、四天と呼ばれる脇座が中座の周囲を囲んで悪霊の侵入を防いでおり、聖なる空間を維持するための配慮は、ことのほか厳しく留意されている。この聖な

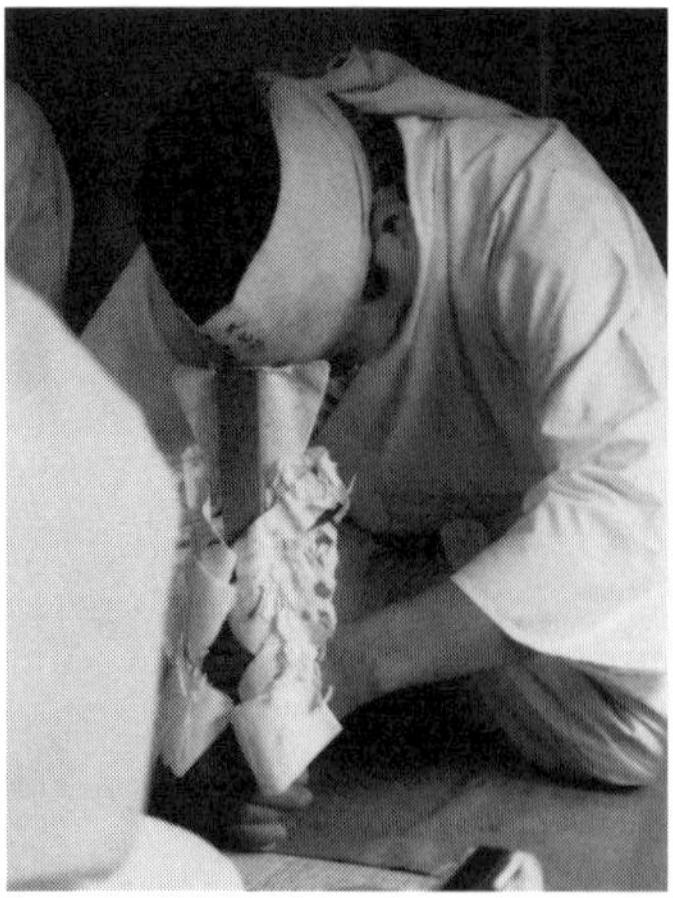

中座がトランスに入る姿勢

る空間の中央に中座は座し、厳しい修行により獲得したトランスに至る技術により、自らがトランスに入り、つまり容器となり神霊の憑霊を受け入れている。やがて中座がトランス状態となり、激しい発作、痙攣状態を自らが「制御control」して御幣を胸元に落ち着かせ、神霊を「統御master」すると、直ちに前座は「どなた様がご降臨くださいましたか」と降臨した神霊の神名を中座に尋ねる。もし、憑祈禱と混同して「験者が被験者を催眠状態に導き自在に被験者を操作するのと同じ」と解釈するのであれば、つまり前座が神霊を操作して憑霊させているのであれば、中座に憑霊した神名など全く尋ねる必要などはない。また、中座も厳しい修行によりトランス状態を制御し、精霊を統御したり排除したりする技術の獲得など全く不必要である。

言われるような、「前座が中座のトランス状態を制御し、中座に憑霊した神霊を統御」したりなどしていない。この点はローエルも、前座は「仲人」と、同じ見方をしているし、シロコゴロフもshamanとマファmafa（チベット仏教の僧侶など、悪霊を祓う専門家）との両者の違いを説明して、そのポイントは自らに憑霊した精霊の「統御者」であるか否かにあることを指摘し区別している。一部の英文学者や人類学者のように‘master of spirit’を「精霊使い」とか「精霊統御者」などと訳して理解したのでは、シャーマニズムの本質が全くみえなくなってしまう。

御座・伺い祈禱　ローエルもブラッカーも、「伺い祈禱」の場面を見ていない。それでも、ローエルは「託宣祈禱」の御座の中に、中座の憑霊トランスに気づいていた。御座は中座に神霊が憑霊して、その神霊を統御することで中座の本領が発揮される。御座は、通常夜に実施される。トランスの問題ではなく、昼間は行者も信者も生業に従事しているからである。月に数回開かれる御座儀礼の日には、朝から行者も信者も生業を無駄なく手順よく仕事を行ない、夕方に備える。別の講社では日曜日の昼間などが、その日に当てられる。信仰と仕事を両立させ、どちらも疎かにしないで、早めに仕事を終わらせた行者や信者が講社の施設、教会に順に集まって来る。行者は水行などを行ない、行者専用の白い行衣を着て身を整える。行衣は行者としての必須の衣装で、行衣の着用なしには祭壇に立ち入ることは出来ない。時間が来ると先達を務める前座により祝詞や経文、御嶽に祀る神々の名前などが全員で唱えられて、一時間以上にわたる準備儀礼が行なわれる。儀礼を行なう空間を浄化し、御嶽に祀る神霊を招く準備儀礼が終わると、中座は祭壇を背にして座り、前座も中座の正面、所定の位置に着座して御座儀礼の開始である。

中座は祭壇を背にして、前座と対面した状態で結跏趺坐となって着座する。中座は前座と同時に九字を切って神霊を自らに招く。中座は両手を組んで前に出し、前座は中座の両手の間に御幣を差し込み、中座はその御幣の真ん中より下を固く握り締めて目を閉じ、御幣の先端に頭を付けるか(写真、p452)、胸の前で御幣を握った状態でトランスに入る準備をする(ローエルも古代日本人が発見したトランスに入る方法として注目している)。前座は経文か祝詞を唱え、九字を切って中座をトランス状態へと誘導する。九字と鋭い気合いに呼応して、直ちにトランス状態となり、中座は神霊を憑入させ、憑霊した御幣を上下左右に激しく振り回す(写真左)。ローエルはその状態を「まるで若者自身ではなく、御幣がその男(中座)を揺さぶっているかのようであった」とか「神が実在する証」と記述している。やがて御幣は中座の眉間か胸の前に落ち着かせ(写真右)、御幣(トランス状態)を制御して神霊を統御した状態となる。初めに、御嶽に祀る複数の神霊が中座の手にする御幣に、高位の順に、順番に降臨して来る。前座は中座が正常にトランス状態に入ったか、正統な神霊が憑霊しているか否かを慎重に確かめる。御幣の高さなど、一連の手続

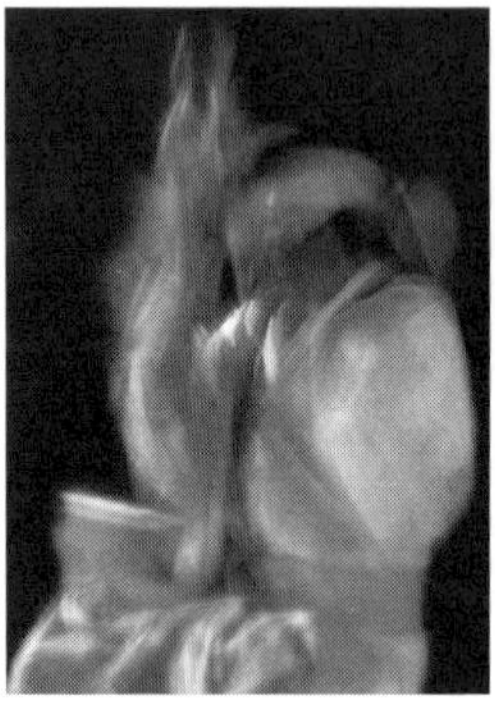

トランスに入った直後の状態

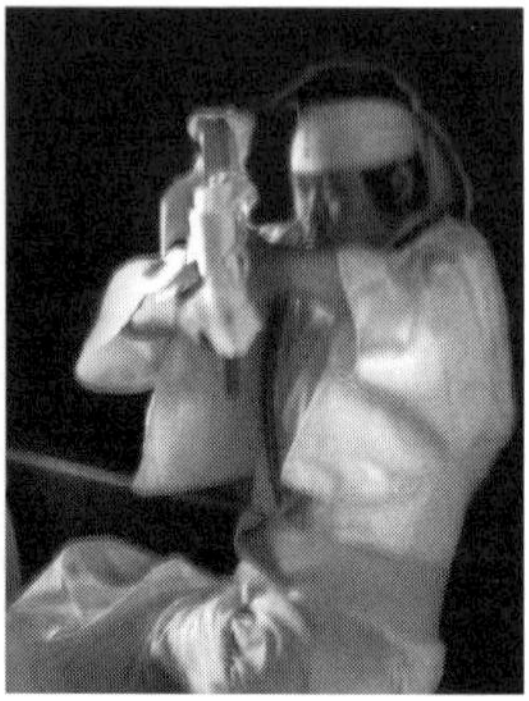

トランスを制御した状態

きにより確認すると、前座は恭しく古風な口上で、降臨してきた神霊の名前を尋ね、憑霊した神霊が御嶽の高神であることを確認する。中座（神霊）が一人称で自らの神名を告げると、御幣の高さなどから神霊と一致しているかどうかを確認し、一致していれば直ちに神霊に感謝の言葉を述べる。そして全員への祓いの儀礼をお願いする。経文や祝詞に合わせて、中座の手にする御幣が前後左右に振り回され、祓いが参加した信者全員に対して行なわれ、信者はこれを低頭して受ける。祓いが終わると、前座の気合いに呼応して、直ちに中座の手にする御幣が頭上高く持ち上げられて排除される。これで神霊は中座から離脱し（排除され）、その御幣を再び下げると同時に次のやや低い神霊が降臨（憑霊）してくる。三・四回憑霊と排除が繰り返されたところで、中座の最も親しい機能的な神霊（通常、守護神）が降臨して、中座は神霊自身、神に変身し、「伺い祈禱」が開始される。

伺い祈禱　今も昔も、人は病気になれば病院に行って医師の診断を受け、医薬を処方してもらうなど合理的な対処方法がとられているのが一般的である。しかし、現代医療は肉体の治療が専門であっても、精神的な癒しに対してはあまり関わってはこなかった。御座による「伺い祈禱」は、合理的には解決できない人間の非合理的な問題への対処方法、精神的な心の癒しが中心となっている。

行者の都合など、その日により中座の数は異なるが、複数の中座により御座が立てられれば、百人近く参加した信者はあらかじめ依頼した相談内容により、降臨した異なる神霊（中座）の前に行列して座り、順番を待つ。自分や身内に病人がいる人、仕事が上手くいかない人、人間関係で悩む人、それとは別に自分や息子や娘、孫など家族の安寧を願う人など、深刻な依頼内容から単なる祓いまで、その目的の列に座る。順番が来ると前座により前に呼び出され、神霊（中座）の前に正座して着座する。相談内容が前座からトランス状態（白目の状態にあるために通常の人のように見えない。御幣が神の目、神の手の代わりとなるという）にある神霊（中座）に伝えられる。神霊自身となった中座は、例えば依頼者が病院に通っているのだが、体の調子が悪くて良くならないと告げると、中座は手にする御幣を生き物のように操りその原因を占う。ときには、じっと御幣をかざして依頼者の体を見透かす。もし、体に異変があればレントゲンのように透けて影が見えるのだと言う。あるいは、御幣でもって、うつむいた依頼者の背中を激しく打ち、体の異変を探るように占う。占いの結果は神霊（中座の口）より伝えられ、前座はこれを紙に書き留めて依頼者に手渡す。信者は不安な思いで相談に来ていることが多い。「明日、入院して手術を受ける」と言って相談に来た信者がいた（以前に、御座で癌を疑われ、病院で詳しく検査するよう指示されていた）。神霊（中座）はじっと御幣をかざして占い、「大丈夫、手術は上手くいく」と託宣を下す。そして、神霊（中座）自らがトランス（硬直）状態にあるにもかかわらず、御幣から右手を外して筆を取り、神霊の呪力（mana）を封入したお守りを作成し、依頼者に「付き添って守護する」と言って、お守りを手渡した。数ヶ月後、手術は無事に終わり、安堵した様子で胸に収めたそのお守りを手で押さえ、「神様が見守ってくれていて、どんなにか心強かったことか。神様に助けていただいた」と語っていたのが印象的であった。

伺いは、医師が「診断と所見と処方」を行なうのと同じように、伺いは「占いと託宣と処方」で構成されている。違うのは、医師は患者の健康な肉体が異常な状態（ウイルスの感染など）にあると診断したとき、その原因を排除するためとか、具体的に熱を下げるための医薬を処方するなど、一般的に医薬を中心に具体的に対応することが多いが、患者の精神的な問題にまでは立ち入ることはない。これに対して、御座では異常な状態は「気」、人間の生命力が衰えた状態にあるとみなし、その原因を御幣によって占う。その結果、悪霊の侵入によるものとみなした場合には、神霊の呪力によって祓いの儀礼を行なうとか、神霊の呪力を封入した護符などを作成して手渡すなど、託宣と処方を象徴的に示して対処している。場合によっては伝統薬（生薬、現在は薬事法で漢方薬）を指示し、服用の回数や期間を詳しく示して対処することもある。病院に行ってもはっきりしないとか、長患いで慢性的に医薬では治らなくて不安に思っている人々も少なくない。伝統的治病観では、「気と符と生薬」に基づき、むしろ本人の「気」、生命力を高めるための精神的な対応が中心となってきた。伝統的な信仰共同体の中で精神的に不均衡な状態を回復させ、癒される伝統的な方法が今も維持されている。一人一人丁寧な「伺い祈禱」が行なわれ、依頼者が多い場合には、御座は夕方六時から夜中に及ぶこともある。その間、中座は数時間の間トランス状態を維持したままである。

御座の終了　「伺い祈禱」が終わり、中座の手にする御幣が前座の気合いに呼応して頭上高く持ち上げられると、神霊は離脱する（排除される）。前座は中座の後ろに回って、御幣を握ったままで後ろに倒れる中座の身体を受け止める。直ちに中座の両腕を揉むことで、痙攣状態を解除し（ローエルもこのことを注意深く観察している）、固く握り締められた御幣は両手から容易に外すことができる。前座は中座の背中を叩き、トランス状態から中座が目覚めるのを手伝う。通常の状態に戻るときには、全身に血液が回り始め、その苦しみは半端ではない。前座により全身が摩擦され、介助なしには正常に戻れない。戻し方が悪いと中座は精神疾患になると恐れられているからである。

シャーマニズムの実際は、雲南での観察、日本での観察からも、「宗教の歴史家」としてのエリアーデが言うような幻想的世界でも、夢のような「脱魂」のシャーマニズムが存在しているわけでもない。勿論、過去には王権と結びついて機能してきたエクスタティックな神話の存在も無視することはできない。しかし、ローエルも言うように、憑霊は日本の古代人（あるいはアジアの古代人）により「偶然に発見されたトランスの技術」ではあったが、それは人々の日々の生活の中へと取り込まれ、人々の傍らで古代から現代まで、近代医療が発達した現代においてさえも、心を癒す方法として役立ててきたからである。人々の尽きない不安や悲しみの心情にある人々に寄り添いながら、今までも、今も、そしてこれからも人々の心の癒しとして機能し、存在し続ける人間の聖なる営みの一部、それが古代より育んできた聖なる営み、日本人の宗教、シャーマニズム文化の一つであると思われるからである。

五　日本のシャーマニズム研究—憑祈禱と御座

日本のシャーマニズム研究の現状　現在も、民俗学や人類学の研究領域では、木曽御嶽の御座儀礼がブラッカーのように修験の憑祈禱の範疇で捉えられても、シャーマニズムの範疇で捉えられ、アジアや世界の中で比較され論じられることはない。それは日本の民俗学や人類学の性格によるものなのか、他に理由があるのか、ローエルのように科学的態度での観察の手法が定着していなかったためなのか、無視されたままローエルの研究は百二十年の間、そして今も放置されたままである。しかし、先にも触れたように、アメリカではその後ローエルの"Occult Japan"のペーパーバック版を再版するに当たりサブタイトルに'Shinto, Shamanism'「神道、つまりシャーマニズム」のタームを追加して一九九〇年には、この本がシャーマニズムの研究書であることを認めている。

シンポジウム　では、日本ではどうであろうか。近年、日本のシャーマニズムを検討するシンポジウムが開かれ、その成果が報告されている。それは一九八一年に国立民族博物館で開かれたシンポジウム(『日本文化の原像を求めて—日本のシャーマニズムとその周辺』日本放送出版協会、一九八四年)、また一九八二年には琉球大学で日本民族学会主催のシンポジウム「シャーマン研究の現状と課題」と、同年には関西外国語大学での国際シンポジウム「シャーマニズムとは何か」(『シャーマニズムとは何か』春秋社、一九八三年)が開催されている。さらに、一九九一から二年にかけて行なわれた慶應義塾大学地域研究センターの共同研究プロジェクトの研究成果(『東アジアのシャーマニズムと民俗』宮家準・鈴木正崇編、勁草書房、一九九四年)で、国際シンポジウム「東アジアにおけるシャーマニズム—その研究と課題—」が収録されている。少し古いが、後者の二つの報告からその研究動向をみてみたい。

国際シンポジウム⑴　先ず、前者の関西外国語大学で開催されたシンポジウムであるが、このとき代表を務めたのが、日本の民俗学の領域で巫俗研究を代表する一人、櫻井徳太郎氏（1917-2007）であった。その桜井氏が、ルイスやブラッカーなどを招いた国際シンポジウム「シャーマニズムとは何か」（関西外国語大学、1982）の開催の趣旨説明（前掲書、一九八二年、p6-16）において、一九八二年当時の日本のシャーマニズム研究の動向を述べている。その要点を拾うと、要旨の中心はシャーマニズムの研究史とその定義についてである。

先ず、櫻井氏は日本のシャーマニズム研究史を三段階に分けて説明している。第一段階は二つの流れとして、一方に日本独自のミコ（巫女）研究で、民俗信仰の固有性を追求したのが柳田国男や折口信夫、中山太郎などの国内派の流れがあり、他方に東洋学者を中心とした北方シャーマニズム研究などの国外派の流れがあったが、戦前は両派が交流することはなかったこと。第二段階は、戦後地道な地域研究、フィールドワークにより国内を丹念に調査する実証的研究が進められ、沖縄を含めて、その地域差が明らかにされてきたこと。第三段階は日本のシャーマニズムの特質を明らかにするために、隣接する韓国や中国、さらには東南アジアやインドなどの調査により比較研究が進められ現在に至っていること、などであったという。これらの研究過程で明らかにされたこととして、シャーマニズムの定義では、「シャーマンは超自然的存在との接触・交流することのできる能力を持った人物」（佐々木宏幹『シャーマニズム』1980.p41）で、こうした人物を中心とした儀礼をシャーマニズム成立の基本として比較的広義に捉えようとしてきた流れがあったこと。しかし、他方にはエリアーデのエクスタシー型にみられるように、シャーマンをシベリアに限定して狭く捉えようとする考え方も強固にあったこと。さらに、シャーマンの呼称、ローカルタームの問題とか、予言者、霊媒、占い師など機能的にさまざまなバリエーション、概念の多義性があり、現段階では一概に統一することは困難であることなどを指摘している。次に、学説史としては、一方にエリアーデを中心としたエクスタシータイプ、日本では脱魂型の考え方があり、他方にポゼションタイプ、憑霊型を主張する学説があり、前者は北アジアの地域に多く分布し、後者は南の地域に分布するという考え方も出されてきたことなど。そして、今回のシンポジウムは新たな一歩であると締めくくっている。

この国際シンポジウムでは、九名の研究者が自身の研究フィールドからの事例を報告し、さらにパネル討論、ブラッカーによる公開講演が行なわれている。パネル討論ではさまざまな角度から討議がなされているが、エクスタシー、トランス、ポゼションといったシャーマニズムの中核となる概念は研究者により多様であり、未だ共通理解に至っていないことが知られる。

それにしても、なぜ日本においては、今日もなお木曽御嶽の御座儀礼が修験の「憑祈禱」などという狭い枠組みに押し込められて、曲解され放置されたまま、そこから一歩も抜け出せないのか、少しその事情がみえる気がする。櫻井氏の言うように、日本のシャーマニズム研究は民俗学による「巫女」の調査研究が中心であったために、かつては仏教と密接な関わりを持っていた木曽御嶽信仰が修験の枠組みで捉えられ、その御座儀礼が修験の憑祈禱と類似したものとみなされ、シャーマニズムとして研究者に注目されてこなかったからかもしれない。また、民俗学のように、シャーマニズムの祖型を求めて東北や沖縄など周圏地域に注目し、シベリアなど他と比較してシャーマン、シャーマニズムの本質を把握することなく、それらを日本のシャーマニズムの典型とみなし、関東や尾張、関西など比較的都市部の中心地域に注目することがなかったからかもしれない。しかし、ローエルはそうした仏教(密教)の影響による偏見や地域性を排除し、古代より続く日本の憑霊儀礼とみなして、それを具に観察し、その儀礼をトランス'trance'と憑霊'possession'の用語を用いて捉えており、学問的に水準の高さが窺える。しかし、今もなお日本の研究者には放置されたままである。逆に言えば、ローエルも、ツァプリカやシロコゴロフの著書も読まなくても、イギリスの百年に及ぶ研究など全く関係なく、日本と言う狭い学問共同体の世界では、それらを無視してもそれで通用してきたからかもしれない。何とも、偏狭なシャーマニズム研究である。

国際シンポジウム(2)　次に、慶應大学主催の国際シンポジウムであるが、このときは日本、韓国、台湾、南西諸島、中国などを研究している研究者による報告がなされている。この中で、冒頭で櫻井徳太郎氏が「日本におけるシャーマニズム研究の動向」と題して報告を行なっている。この報告で筆者が注目したいのは「シャーマンの三つのタイプ」についてである。事前にルイスの報告を読んでいたとは思えないのだが、むしろこれまでの独自の調査、シャーマンの観察から導き出された結果と思われ、次の点を指摘している。それは「私は憑霊現象のプロセスには最初に意識を喪失する段階があり、その入巫段階では、成りたてのシャーマンは完全に忠実にこれを繰り返す。だがしかし、段々と経験をつんでいくうちに、意識の変性状態を操作するゆとりがでてくる。さらに連熟いたしますと、それを十分にコントロールできる第三段階にはいる。それで第一段階の入巫当時を私は意識喪失状態、第二段階の成巫の段階を変性意識状態、第三の熟巫の段階をシャーマン的意識状態というふうに三つの段階に分けてみることが可能ではないかと思いついた」と、シャーマンの成巫過程を述べている。

捉え方が異なり、理論化には至っていないが、シロコゴロフやルイスのいうシャーマニズムの中核、トランスに入り、それを制御し、憑入した精霊を統御して役割を果たす者をシャーマンとみなす点とやや近い認識である。この他、櫻井氏は自らが観察した木曽御嶽の御座儀礼を取り上げ、前座と中座の役割について、「中座がシャーマンであり前座はシャーマンでない」ことを指摘している。直接観察したものと思われ、正確な観察だと思う。二つのシンポジウム以降、中心となってきた研究者が亡くなり、また高齢化したこともあり、研究は停滞したまま現在もこうした段階にあるものと思われる。

前座と中座に関する誤解　そこで、次にこれまで示してきたツァプリカ以来のシャーマニズム理論、憑霊トランスの制御と精霊の統御と排除の理論(control-master-expulsion)に基づいて、御嶽の前座と中座に関する誤解を解いておきたいと思う。前述してきたように、木曽御嶽の御座儀礼を執り行なう前座と中座は同じ御嶽行者であるが、二人は役割を異にしている。前座は介添え役で、中座は憑霊する役割を担っている。櫻井氏も中座がシャーマンと言っているように、ローエルや筆者もこの立場である。しかし、近年人類学者の間では実見することなく前座こそが「精霊統御型シャーマン」であり、「中座は霊媒でシャーマンではない」という誤説に基づく見方に固執する研究者も見受けられる。ローエル、ツァプリカ以来の理論に立ち、シャーマニズムの視点から、些かの反論を行なっておきたい。

誤解の原因と思われるのは、修験の「憑祈禱」(いわば宗教的な催眠トランス)と「御座」(憑霊トランス)に関する理解かと思われる。御座は憑祈禱の変形なのであろうか。憑祈禱とは何なのか、御座とは何なのか、とかくこの問題は事実を見ないままに、これまで文献により論じられることが多かったと思う。実際はともかく、仏教の優位性を示すために過去の文献には然々と書かれていると言えば絶対で正統なのであろうか。「仏陀・祖師はこのようにおっしゃっている」と言って経典(天台の「阿尾奢法」)の文言を引用して金科玉条のように示せば、全てが解決するのは信仰としての仏教の教学上のレベルのことであり、実証的な学問を重んじる人類学など、社会科学の領域では、それはどちらでもよく、到底馴染まない話なので、そうした議論は論外としたい。ローエルもその立場である。

修験の憑祈禱　修験の視点から基礎的な文献研究を行なった先学に宮家準氏、鈴木昭英氏がいる。神仏分離以降、急速に減少していったものと思われるが、現在では文献にみられるような憑祈禱を実見する機会も極めて少ない。日蓮宗の行者が信者をトランス状態に導き、憑霊した悪霊を祓う憑祈禱、また新宗教の信者が儀礼中にトランス状態となるなどの映像を見たことがあるが、研究者がそれらを調査した正確な報告に接することは管見にして極めて少ない。

従って、過去の文献に依らなければならない事情も理解でき、文献に書かれた事実を否定する気は毛頭もない。ただ、それを引用する引用の仕方に問題があると思う。

鈴木氏の「修験道と神がかり」（『山岳宗教史研究叢書』六、名著出版、一九七六年、pp182-203）によれば、憑祈禱には修験者が中心となり、動物霊の憑霊を祓う「憑物落とし」と病気の原因を明らかにするために憑坐を使った「療病」とがあるという。前者については、筆者も石鎚行者が行なう憑もの（犬神）落としの儀礼を実見したことがある。後者については実見したことがないが、『源氏物語』（第九帖「葵」）などにも葵に取り憑いた「物の怪」を別の侍女に「よりまし」として憑り移らせ、物の怪を調伏して病気を平癒させる僧侶や験者の活躍が著されている。こうした話しは『紫式部日記』（九「十日の、まだほのぼのとするに」、十「修験祈禱のありさま」、十七「今とせさせ給ふほど」）などでも述べられている。しかし、こうした物語を根拠に想像逞しくしてあたかも事実かのように扱うことは慎重であった方が良いと思う。仏教の優位性を示すために（義江彰夫、前掲書、1996）、土着の低級な精霊（物の怪）を退治すると言った話と理解した方が、仏教が土着化したアジア周辺の物語ともよく一致する。こうした「よりまし」の事例は実見したことはないが、「ワカ」の調査でも耳にしたことがある。また、今も御座＝憑祈禱の解説に接することがある（宮家準『修験道小事典』法蔵館、二〇一五年。p40）。しかし、ここは冷静に、事実から何が行なわれているのかを見て、考えた方が良いと思われる。ここで重要なのは験者と依頼者との関係である。実際に観察した憑もの落としの儀礼（筆者が子供の頃に見た事例で正確ではないが、今も強い印象を持っている）を事例として、両者の違いを検討してみたい。

石鎚行者の憑祈禱・憑もの落とし　筆者が見た儀礼は以下のようなものであった。験者は祭壇の前に着座した女性（五十歳位）の依頼内容（体調不良）について、半紙を燃やしながらその燃え具合から原因を占い、「その原因は可愛がっていた飼い犬が数年前に旅人に殺され、その霊が悪霊化（犬神）して憑き、災いをもたらせている」と説明し、憑物を落とす儀礼を行なった。依頼者が祭壇に向かって座り、合掌したままの姿勢を保つと、脇で験者が依頼者に向かって経文や呪文を何度も激しく唱えて九字を切る。ときどき、験者は依頼者の合掌した両手を上下に揺するよう手を加えて手伝い誘導する。何度か繰り返しているうちに初めての経験にもかかわらず、依頼者は合掌した両手を経文に合わせて自ら激しく痙攣して上下に揺すり始める。やがてトランス状態(催眠トランス)となった依頼者は腰を浮かせて、高く両手を上げて仰け反るように、後ろの畳の上にバタッと倒れ、同時に四つん這いの状態となる。そして犬となった依頼者は部屋中を這いずり回る。験者はこの犬を操り、食事(お椀に盛りつけたご飯とその上に削り節をのせたもの)を与えると、犬(依頼者)は四つん這いのままで、お椀に顔を突っ込み、まさに犬のようにガツガツと食べる仕草をする。頃を見計らい験者が気合いを入れると同時に依頼者は、再び仰け反るようにバタッと畳の上に仰向けに倒れる。倒れると同時に正気に戻り、口の回りに付いたご飯粒を訝しげに取り除く。何があったのか記憶にないと言う。験者はこれで憑ものは落ちたと伝える。およそこのような儀礼過程であった。しかし、この儀礼に参加した十数名の依頼者が全員前記のようなトランス(催眠)状態になったわけではない。典型的なのはこの一例だけで、ほとんどはトランス(催眠)状態にならなくて、験者が誰でも簡単にトランス状態(催眠)に入らせることができるというわけではなく、依頼者にも個人差があるようであった。

さて、この儀礼では、験者は半紙を燃やしてその炎を見ながら、ときどき気合いを入れて祭壇に祀った祭神と交流し、占っているかのようにも見受けられた。次に、験者は依頼者をトランス状態(催眠トランス)に導き、憑霊しているとされる悪霊を顕在化させ、自在に操って、悪霊が離脱するよう誘導する。一方の依頼者は通常の意識を失ってトランス(催眠)状態となり、顕在化した悪霊に変身して犬のような行動をとり、トランスから目覚めることで悪霊が離脱したと告げられている。本人はこの間に何が起こったのか全く記憶にないという。

憑祈禱の解釈　では、憑祈禱における「憑もの落とし」の儀礼過程を、ファースやルイス流にシャーマニズムの視点から解釈するとどのように説明できるのであろうか。憑もの落としの儀礼では、験者は守護霊と一体化していると観念されても、いわゆる完全なトランス状態、つまり憑霊状態になっているわけではない。強いて解釈すれば、霊感により依頼内容の原因を占う祈禱師とみなされる。験者の占い結果は参加者にとっては、誰もの表意を突いた驚きの結果ではあったが、地域の人々が受け継いできた伝統的文化の古層（犬神信仰）が突然に表出したかのような、従って誰もが暗に納得するような結果でもあった。験者（催眠術師）は依頼者（被験者）に憑霊しているとされる悪霊（犬神）を顕在化させて自在に操り（催眠トランス状態で）、悪霊を祓う一連の儀礼を行なっていたかに見えた。ただ、多くの研究者は、実際には自らこの場面を見て検証することなく、短絡的に想像を逞しくして（中世の『源氏物語』などの物語の世界を思わせるような）験者のことを「精霊統御者」（「精霊使い」）とみなし、佐々木理論に依拠して、験者や前座は精霊統御型シャーマンであると結論づけている論文に接することがある。

先学の佐々木氏は、ファースの論文（あるいはルイス）に依拠していると思われ「霊媒の中で徐々に精霊の統御者（controller）になり、統御的な仕方で精霊を支配（master）するにいたった者がシャーマンであるとされている」（出典箇所を示していないためにその論拠、翻訳箇所の確認が出来ないが、ルイスの"Ecstatic Religion,1971"pp56-57のファースの説を引用した段落、あるいは前掲のファースの解説かと思われる）と訳している。ここでは、'controller'を「精霊の統御者」、'master'を「精霊の支配者」と訳している（「日本シャーマニズムの特質と類型」『日本民俗文化大系４神と仏―民俗宗教の諸相―』小学館、一九八三年、p71）。しかし、別のところでは'master of spirits'を「精霊の統御者」とも訳している。シャーマニズムの最も重要で基本的なキーワード、control-masterの訳し方が曖昧で錯綜している。訳の意味そのものは間違っていないと思われるが、佐々木氏はこの訳から「精霊統御者」（平沼の「精霊使い」）のことをシャーマンと誤解したものと思われる。しかし、この訳を前座に当てはめて理解しようとすれば、ツァプリカやシロコゴロフの定義、またファースやルイスの定義とも異なり、憑霊の実際とも異なることになる。ファースもルイスも「精霊の憑霊によるトランス状態を制御し、自らに憑霊させた精霊を統御して、その精霊の力により役割を果す者」を「精霊の統御者」、つまりシャーマン（つまり中座こそ）と言っているからである。

験者と被験者　では、験者はどうであろうか。自らと一体化（憑霊ではない）した守護霊の力で使役霊を操り、依頼者に憑霊した悪霊を退散させるという伝統的な解釈（役小角を理想とした修験の世界）に依拠して、'controller'を「精霊の統御者」と訳せば、一応エリアーデ流のシャーマンと理解できなくもないが、ルイスの言うトランスや憑霊の理論（control-master）とはかなり掛離れている。また、シロコゴロフもmafa（プリースト）とshamanとを区別している。外在する精霊ではなく、体内に憑入させた精霊（トランス状態）を制御し、精霊を統御して、役割を果たす人物こそをシャーマンと言っているからである。一方の被験者（依頼者）は、激しいトランスと憑霊のような状態にあるものの、自らがトランスを制御し、憑霊した精霊を統御して役割を果たしてはいないのでシャーマンとは言えない。この場合は、験者は催眠術師に近くシャーマンとは言えず、また被験者も非制御的トランス（催眠トランス）の状態にあるだけなのでシャーマンとは言えない。「憑祈禱」の「憑もの落とし」を冷静にみれば、仏教に色付けされて難しく語られているが、ルイス流に言えば、験者は催眠術師、依頼者は催眠暗示状態にある被験者、非神秘的トランスに近いと思われる。厳密には両者ともシャーマンとは言えないし、シャーマニズムでもない。しかし、全体としては宗教的な場面において催眠トランス（憑祈禱）が成立していることも事実である。神道の「神主と巫女」、日蓮宗の「僧侶と女性」の関係のように、自らの意志でトランス状態を繰り返すことにより、ファースも言うように、やがては被験者（霊媒）が熟成してシャーマン化する可能性は十分にある、つまりシャーマン、シャーマニズムの前段階にあると思われるからである。厳密にはシャーマニズムではないが、日本の憑霊文化の特徴の一つと思われる。

ルイス流に解すれば・中座こそシャーマン　これを御座の場面に当てはめると、御幣を手にした中座自らが、前座の切る九字に呼応して、直ちに自らトランス状態に入り、最初は手にした御幣に神霊が降臨（憑霊）し、降臨した神霊は中座の手にする御幣を前後左右に激しく振り回す（ローエル風に言えば、まさに神の実在を示す）のだが、やがて中座は神霊に振り回されていた御幣（神霊）を制御（トランス状態）して眼前か、胸元に安定させる。前座は中座が完全に憑霊トランス状態に入ったことを確認して、恭しく降臨した神名を尋ね、御嶽の正統な神霊の降臨であるかどうかを確認する。正統な神霊の降臨、憑霊（意志に反した動物霊など低級な神霊の憑霊でない）と確認すると、御座に参加した信者一人一人に対して丁寧なお伺いの儀礼が開始される。中座は、御幣（神霊）を自在に操り、つまり統御して、神霊と結びついたその力で治病などの役割を長時間（依頼者が多い場合は五、六時間もの間トランス状態を維持して）にわたって果たしている。前にも触れたように験者に誘導された被験者の「催眠トランス」（非自発的）と自らの意志で憑霊させた中座の「憑霊トランス」（自発的）は、シャーマニズムを区分する最も重要な、注意すべき目安でもある。従って、ルイス流に言えば中座こそがシャーマンとみることができる。

ルイス流に解すれば・前座はシャーマンではない　最初、非制御的で非懇願的であった神霊を、厳しい修行の過程を経て、「必要なときには自在に制御的controlで懇願的に憑霊を統御masterして役割を果たす」ことができる安定した技術を獲得しているのは、前座ではなく中座である。前座は儀礼中も守護神と一体化していると観念されていても、前座はトランス状態（痙攣麻痺状態）にはなく、常に身体も正常で意識も正気である。この点は、櫻井徳太郎氏も先のシンポジウムで、神主と巫女の事例をあげて、二人が同時にトランス憑霊状態になることはないと指摘している（筆者も出雲大社で巫女が祈禱を行なう神楽を観察したことがある。神主が祝詞を唱えている内に、やがて神主の後ろに屈み込んで座っていた巫女に神が降臨すると、スクッと立ち上がり、あたかも神が実在するかのように、手にする鈴をシャンシャンと打ち振って氏子の座っている周りを舞っていた。そのときは確認できなかったが白目になる巫女もいるという。役割上から見れば巫女がシャーマンで、神主はシャーマンとは言えない。巫女の舞は、かつての氏族シャーマンの末裔を思わせるような厳かな舞であった。拙訳解説、2013, p371-372)。

ローエルは前座を神霊の言葉を中継する「仲人」と言っているが、正確な観察だと思う。前座の九字の切り方が悪かったり、経文の唱え方が悪かったりすると、憑霊中の中座(神霊)は前座に厳しく注意を与え、その場で何度でも九字を切り直させ、経文の唱え直しを納得するまで要求する。それは前座が卒倒するのではないかと思われるほどに厳しく、むしろ儀礼中は中座に主導権があり、憑祈禱とは異なっている。前座は、数時間にも及ぶ信者への伺い祈禱が始まり、神霊となった中座と依頼者の間をとりもつ、まさに中継者としての世話係となり、仲人の役割を果たしている。従って、同時にトランス状態にはあり得ず、前座はシャーマンではない。

前座の役割　前座は、シロコゴロフのいうシャーマンと信者の間を取り持つ「助手」の役割に近いと思われる。先にも触れたが、前座の重要な役割は、守護神と一体化したと観念して(憑霊ではない)、その力により御嶽に祀る神霊以外の低級な悪霊の侵入を防御し聖なる空間を確保し、中座をトランス状態に誘導して、憑霊した神霊の種類を見分け、儀礼中は中座、つまり神霊の言葉を、前座は紙に書き留めて依頼者に伝える中継者(書記)の役割を果たすことにある。さらに、何よりも神霊が離脱した後、トランスにより硬直状態となった中座の身体を通常の状態に戻す役割を担っている点にある。中座は、憑霊した神霊を自ら離脱、排除することができても、硬直状態を一人では自らが元の状態に戻せない。「中座の命を預かった」前座の最も重要な役割であるからである。通常、中座は一人で修行しているときや御嶽への登拝中などには、トランスに入る状態を感じたとき(身体がゾクッとするという)には、直ぐに自ら腹九字を切ってトランスに入ることを避けるという。ただ、前座が同行している場合には安心して自然に任せると言い、突然中座に神霊が憑霊して走り出すと、意表をつかれた前座は、慌てて中座の後を追う場面などを御嶽に登拝中に見ることも少なくない。

中座を介添えする前座の視点から言えば、前座も厳しい修行の過程を通じて守護神と一体化して、その守護神の力を借りて悪霊の侵入を防ぎ、節目では九字を切り、経文を唱えるなどして儀礼を進行させる役割を果たしている（と伝統的な解釈ではなされている）と思われることから、広い意味では精霊の「統御者master」とみることもできなくはない。しかし、シロコゴロフやルイスのいう意味での「制御control」や「統御master」、つまり'control'は憑霊トランスと同時に起こる痙攣と硬直した肉体の「制御」、'master'は体内に憑入した精霊の「統御」、と言う意味合いとはかなり異なっている。ルイス流に言えば厳密には儀礼上、役割としても前座をシャーマンとは言えない。

前座に対する誤解　もっとも佐々木氏のように'controller'を「統御者」と訳し、解すれば前座もまたシャーマンということになるかもしれないが、佐々木氏は御座の場面を見ていない（と本人も認めている）し、御座の理解も宮田登論文の「今日、木曽御嶽行者に依って行なわれている御座立てにおける前座と中座の関係は、憑祈禱における修験者と憑人との関係に類似する。そこでは前座が崇拝対象たる神霊を操作して中座に憑霊させ、トランス状態となった中座が託宣、治病、祓霊などの役割をはたす」（一九八三年、前掲書p70）に依拠している。しかし、宮田氏は憑祈禱さえも恐らくは実見していないし（民俗行事の葉山祭りのノリワラや護法跳びの護法実を連想しているのかもしれないが）、御座の儀礼も注意深く観察してはいない。見ずして、しかもシャーマニズムの本質も理解せず、古典文献や憶測でその起源を類推しているとすれば、あまりにも研究者として安易で、実証的な学問とは言えない。よく「験者は守護霊と一体化してその力能を発揮する（精霊を操作する）」と言われる。この「一体化」は非常に曖昧な言葉で、験者側からすれば都合の良い言葉かもしれない。しかし、「一体化する（と観念する）」ことと「憑霊する」こととは区別すべきであると思う。

繰り返しになるが、ロシアによる十九世紀後半からのシャーマニズム研究、それを受けてツァプリカやシロコゴロフ、さらにマレットやその弟子達により百年以上も前からシャーマニズムの本質が共通理解され、共有されて研究が行なわれてきた。それにもかかわらず、日本の民俗学者や人類学者は実際のシャーマニズムを的確に見ず、正確にシャーマニズムの理論を把握しないままに奇妙なシャーマニズムの理論化を行なってきたことになる。佐々木氏は御嶽の前座を「精霊統御型シャーマン」とみなしているが、シロコゴロフやルイスの理論に立てば、少なくとも御嶽行者の前座には当てはまらない。

中座は霊媒ではない　また、佐々木氏の前掲論文（1983,p79）では、中座を「霊媒型」とみなして分類している。これはファース（前掲書、1959,p141）の*Spirit mediumship*の箇所の霊媒の説明「精霊を媒介する能力を持った人」「精霊と人間の中継者intermediary」に依拠していると思われる。しかし、ファースの論文を拙訳する限り、ファースはティコピアの限られた事例により、社会構造と宗教の役割関係の中でシャーマンと区別して説明しているに過ぎない。ティコピアの「霊媒medium」を御嶽の中座に当てはめて分類するのは適当ではないと思う。むしろ、ファースの説明をよく読み、当てはめれば、中座は単なる中継者ではなく、まさに訓練を積み重ね熟練した「精霊の憑霊者」であり「精霊の統御者master of spirits」として役割を果たす、つまりシャーマンそのものであるからである。また、ローエルは日蓮宗の僧侶と女性が組んで行なう祈禱も観察しているが、僧侶を「精霊統御者」、つまりシャーマンなどとはみていない。前座はトランス憑霊型シャーマンの要件を理論的には供えていないからである。

以上は、ツァプリカ以来のシャーマニズム研究の視点から、ローエルの研究や憑祈禱と御座の問題についてみてきた。あくまでも、ツァプリカ以来のルイスの視点からであり、シロコゴロフやルイスなどの理論が絶対とは思わないが、シャーマニズム研究と言う学問体系、これまで積み重ねられてきたアメリカやイギリスの人類学などの知見、その延長線上に位置づけて考えれば、現状としては上記のようになると思われる。もし、誰か別の研究者、例えばマカロックやエリアーデの神話研究の理論に依拠してシャーマニズムを論じているのであれば別としても、ツァプリカ以来の理論を検討した限りでは、その理論から佐々木氏のように木曽御嶽行者の前座を「精霊統御型シャーマン」、中座は「単なる霊媒でシャーマンではない」と導き出すことはできない。御座の実際を自ら観察することなく、曖昧な伝聞や知識で一般化し、分類することはとても困難である。シロコゴロフやルイス流にいえば、「中座こそがトランス憑霊型シャーマンであり、儀礼全体はシャーマニズムである」からである。また、ビーティ（John Beattie,"Other Cultures"1964,pp219-241）が言うような欺瞞としての霊媒でも更にない。

シャーマニズムの定義を巡って

しかし、もしエリアーデが言うように厳密な意味でマファmafaこそが本来のシャーマン、シャーマニズムであるとする立場に立ち、そして憑霊トランスのシャーマニズムを切り捨てるのであれば、日本の修験者（修験の教祖、役小角のような）や祈禱僧こそがシャーマンであり、シャーマニズムであると定義することは可能であるかもしれない。しかし、マファ、つまり前座こそがシャーマンというのであれば、中座の安定した憑霊トランスに関する技術獲得のための長期にわたる厳しい修行などは不必要なことになる。一方、前座はトランス状態にも憑霊状態にもなっていない（意識は正常）のでシャーマンではない。ツァプリカ、シロコゴロフ、ファース、ルイスに至る理論から験者や前座を「精霊統御型シャーマン」などとは、とても導き出せない。

これはシャーマニズムをどのように定義するかの問題でもある。日本ではマカロックやエリアーデの研究などの説を論拠に、シャーマニズムを「超越的存在との直接接触による力能の獲得、直接交流による役割、異常心理状態」の三点により定義されてきた（佐々木、1980,p21. 1992,p234）。しかし、この定義からは多くの宗教現象をシャーマニズムの範疇で捉えることができるかもしれないが、反対にツァプリカ以来、ルイスなどの言うシャーマン、シャーマニズムの本質、核心が学問的には曖昧で全く見えてこず、定義になっていない。曖昧なために広く解釈し過ぎて、一方では「憑祈禱」の験者のように、「超越的存在と接触交流する者」なら前座、験者、祈禱師、僧侶など何でもがシャーマン、あるいは古代宗教や先住民の宗教などなら何でもがシャーマニズムとする誤解を生む原因ともなっている。もし、マカロックやエリアーデの理論こそが正統であるというのであれば、なぜエリアーデ説の方が正しいのか、なぜ半世紀に及ぶシベリアシャーマニズム研究、それに基づくツァプリカやシロコゴロフなど百年にも及ぶイギリスの研究者達の定義、ローエルの研究では駄目なのか、ルイス説に対抗して反対理由を明確に示した上で、修験の験者こそが、前座こそが「精霊統御型シャーマン」であることを、自らのフィールドワークに基づき、自らが原書を正確に読んで論ずべきではないかと思う。奇妙なことに、ファースも引き合いに出してはいるが、前でも触れたようにその訳の理解は誤っている。シャーマニズム研究においては、その研究史を正確に把握することは最小限必須であると思われる。

ツァプリカも指摘するように、博物学的な何でもがシャーマニズムなどと言う時代は、百年前の十九世紀の人類学ならばともかく、もうそんな時代はすでに終わっている。今は二十一世紀である。筆者はマカロックやエリアーデなどの理論に依拠した定義には立たない。それはエリアーデの言う「宗教の歴史家」の視点からのシャーマニズムであっても、ツァプリカ以来のシャーマニズム研究史の上に立ったシャーマニズム理論とは全くの別ものだし、御嶽や雲南を調査した経験に基づく実際と照らし合わせても異なり、捉えることができないからである。日本では三十年以上にわたり、エリアーデの華やかなシャーマニズム論が主流で、自ら調査することなくシベリアにこそ理想とするエクスタシー（脱魂）のシャーマニズムが存在するという幻想を多くの研究者が抱いてきた。そして、日々の傍らで、今も人々の生活に寄り添って、人々の心を優しく癒す、そうした木曽御嶽のような憑霊トランスのシャーマニズムは無視され続けてきた。しかし、どちらに立つか、その研究姿勢はそれぞれの研究者が決めれば良いことである。特定の説を悪く批判するつもりはないが、筆者が研究してきた御嶽の御座儀礼が長年にわたって間違ったシャーマニズム理論に基づき誤解されてきた以上、その学説史の基本を押さえる作業、反論は当然のことと思われたからである。

今後の研究　多様な日本のシャーマニズム現象を、何を軸（定義）にしてどのように捉えて行くのか、その再検討は今後の課題であると思われるが、憑霊トランスも一つの軸になり得ると思う。この書では筆者のフィールドを事例とし説明してきたので、御嶽のシャーマニズムに偏ってしまったが、もし少し枠を広めて捉えることができるとすれば、勿論日本には多様なバリエーションを持った、シャーマニズムとまでは言えないが、さまざまな憑霊・トランス文化が現代と共存している。今も、日本の各地には民俗学が取り上げてきた「神社巫女」（出雲、拙訳解説、2013,p371-2）や民間の神楽（椎葉の夜神楽）、また獅子舞や能など伝統的な芸能文化、神道系の憑霊（諏訪神社、拙訳解説、2013,p369）など、また他方には神仏習合以来深められてきた修験者や祈禱僧（日蓮宗系）による「憑祈禱」、「葉山祭り」などにみる託宣を中心とした民俗行事など、さらに遊戯としての「かごめかごめ」、「コックリさん」遊びなど。また、少なくなってきたが験者と憑人（山伏とその妻）の流れを汲むイタコ、カミサマ、ワカなど死者の霊を媒介し、占いや予言の役割を果したす民間の職能者、霊感による占い師、また近年では新宗教系の教祖など、その地域の用語で言い表されてきた多様な人々も存在する。さらに、神道や仏教などに影響されなかった沖縄のユタに代表されるような民間シャーマンの一群、四国山中の「いざなぎ流」の儀礼などが存在している。こうした伝統的な存在に対して、憑霊を伴わない近年のトランス文化も盛んである。例えば、トランスミュージックに代表されるような音楽文化、歌手と観客が一体となって身体を揺すり歌うライブなどは一時的なトランス、忘我状態となり参加者の心を癒す役割を果たしていると思われ、現代の多くの若者を惹き付けている。そうした健全な音楽文化とは反対に、個別的な危険ドラッグにより日常の人間関係を逃避する病んだトランスを求める若者の存在も現代では少なくない。時代は科学技術の発達により急速に変化している。しかし、どのように変化するにしても、時代の狭間で変化に対応出来ず、また人間関係の軋轢の中でストレスに病む人々や、マインドコントロールのような、他者の暗示にかかり易い人々（ローエルは日本人の特徴を没個性と捉えた）は、何時の時代も少なくない。人は肉体を病むように、心も病む。「心の癒し」はこれまでも、今も、これからも無くなることはない今後の課題であると思われる（日本人の精神疾患、自殺率は内閣府の統計で、昨年は三万人に近く、世界でも五位の高水準にある。ツァプリカ風に言えば、モンゴロイド系に属して比較的精神疾患率が高いことになる）。

もし、研究者が日本のシャーマニズム研究を今後進めて行くとすれば、憑霊トランスに基づくローエルなどのアメリカのシャーマニズム研究やツァプリカ以来積み重ねてきたイギリスのシャーマニズム研究の伝統、それらの理論を全く無視して研究を進めて行くことはできないであろうと思われる。しかし、百年たった今もなお、シベリアのシャーマニズム研究、ローエルやツァプリカ以来の研究は、この国では全く受け入れられず無視されたまま（ルイスの誤訳はあるが）である。日本のシャーマニズム研究、調査方法や理論研究の立ち後れには唖然とするばかりである。日本のシャーマニズム研究史の上では残念に思われる。日本人の精神世界の根底を切り開く新たな時代の到来を願うばかりである。

研究者名一覧

石津照璽：(1903-1972)宗教哲学者。東北大学教授、後に学長。退官後慶應大学教授、駒澤大学教授、また日本宗教学会会長などを務める。仏教思想やキルケゴールの研究の他、東北地域のシャーマニズム研究も行なう。論文に「東北の巫俗採訪覚之書――シャマニズムの問題性及び青森県の南部地方のこと」一九六九年、「シャマニズムの特質と範型―東北地方における事例(シャマニズム研究)」一九六九年がある。筆者も駒澤大学大学院の頃に指導を受け、宗教学の分野へと関心を広げる契機を与えて下さった。

ウエストン：Walter Weston,1861-1940. ウォルター・ウエストン。一八八八(明治二十一)年から一九一五年まで、三度にわたりイギリス国教会宣教師として来日し、その間神戸を拠点にして十五年間滞在し、日本アルプスなどに登山している。木曽御嶽山には一八九一(明治二十四)年に初めて登り、一八九四(明治二十七)年の二度目の登山について、"Mountaineering and Exploration in The Japanese Alps"1896 London John Murray. に著している。邦訳『日本アルプス―登山と探険―』(岡村清一訳、創元社、一九五三年。再版、平凡社、一九九五年)がある。"A Wayfarer in Unfamiliar Japan",1925.『ウエストンの明治見聞記 知られざる日本を旅して』長岡祥三訳、新人物往来社。

エミイ：Amy Lawrence Lowell. 1874-1925. 一九一〇年代に起こったイギリスのイマジズムimaginism運動(自由詩運動)に参加したアメリカを代表する詩人。三十五通の書簡はローエル二十八歳から六十一歳、エミイ九歳から四十二歳に至るまでの書簡である。晩年ローエルから「毎日のように送られてきた」と語っている。なぜ三十五通なのか不明。既に拙訳しているが、未発表である。

エリアーデ：Mircea Eliade,1907-1986. ミルチャ・エリアーデ。著書に"Le Chamanisme, 1968" 邦訳に『シャーマニズム』(堀一郎訳、冬樹社、一九八一年。ちくま学芸文庫、二〇〇四年)などがあるが、ツフプリカやシロコゴロフの研究には批判的である。

クローバー：Alfred Louis Kroeber, 1876–1960. アメリカの人類学者。カリフォニア大学教授、西海岸の先住民の研究。

クーン：Carleton Stevens Coon , 1904–1981. アメリカの人類学者。

ゴールデンワイザー：Aleksandr Aleksandrovič Goldenvejzer, 1880–1940. ウクライナ生まれのアメリカ人類学者。

佐々木宏幹：1930– . 宗教人類学者。『シャーマニズム―エクスタシーと憑霊の文化―』（中央公論社、一九八〇年）、『シャーマニズムの世界』（講談社学術文庫、一九九二年）。その他シャーマニズムに関する著書、論文多数。

ジェームス：William James, 1842–1910. アメリカの心理学者。ハーバート大学で心理学を講じ、後に哲学の教授となる。

スコット：L. Schott, 詳細不明。

チェンバレン：Basil Hall Chamberlain,1850–1935. イギリス人、日本には一八七三（明治六）年に来日し、その後一八八六（明治十九）年より一八九〇年まで東京帝国大学文科大学教師として博言学、日本語学を担当した。また、日本語についての研究や日本文化の紹介などを行ない、日本に関する百科事典"Things Japanese, Notes on various subjects connected with Japan, For the use of travellers and others"『日本事物誌』（高梨健吉訳、東洋文庫、平凡社、一九六九年）があり、初版が一八九〇年に出版されている。ローエルが来日した当初は何かと世話をやいて親しくなるが、やがて袂を分ける。その間の事情がハーンとの往復書簡にみえる。チェンバレンからハーンへの手紙は"More letters from Basil Hall Chamberlain to Lafcadio Hearn"1937.に収められている。この書簡のやり取りの中に、ローエルに対する反感が述べられており、第三者からみたローエル像を知る手掛かりとなって面白い。既に拙訳しているが未発表である。

チャップル：Eliot Dismore Chapple,1910–2003. アメリカの人類学者。

ナーデル：Siegfried Frederick Nadel, 1903–1956. オーストリア生まれのイギリスの人類学者、ロンドン大学（ＬＥＳ）でファースと共にマリノウスキーの指導を受ける。アフリカのヌバの研究を行なう。

ハルヴァ：Uno Harva,1882–1949. ウノ・ハルヴァ。著書に"Die religiösen Vorstellungen der altaischen Völke,1938"（直訳

で、『アルタイ民俗の宗教的表現』（田中克彦訳、三省堂、一九八九年）である。邦訳の表題は、なぜか不思議ことに『シャマニズム―アルタイ系諸民族の世界』（田中克彦訳、三省堂、一九八九年）である。ハルヴァはフィンランドのヘルシンキ大学神学部で神学研究を行い司祭となり、後に大学で比較宗教学や比較民俗学を学び、シベリアの伝統的な民俗宗教の調査研究を行う。原書はドイツ語で、東大図書館にあり、田中訳と対比しながら読んだことがある。邦訳のタイトルが「シャーマニズム」となっているが、内容はアルタイのシャーマニズムに関する民俗報告で、シャーマニズムの理論研究ではない。先行するロシア研究者の同じ資料を多数用いたツァプリカの方が、二十四年（1914）も早く、シャーマニズムに関する人類学的な視点からの理論研究を行っている。ただ、エリアーデはハルヴァの報告を用い、ツァプリカやシロコゴロフの人類学的研究を評価していない。

ハウエル：William W. Howells, 1908-2005. アメリカの人類学者のことか。アメリカ自然史博物館に勤務。ハーバード大学教授。

ハーン：Patrick Lafcadio Hearn, 1850-1904. パトリック・ラフカディオ・ハーン、日本国籍名、小泉八雲。ギリシャ生まれ、新聞記者、小説家、日本研究家などとして知られる。一八九六～〇三（明治二十九～三十六）年まで東京帝国大学文科大学の英文学講師、〇四年からは早稲田大学の講師を務め、五十四歳で亡くなった。来日の動機は、チェンバレンを介し、ローエルが一八八八年に出版した『極東の魂』"The Soul of the Far East"を読んで日本に関心を持ち、一八九〇（明治二十三）年四十歳のときに来日した。来日後、島根県・松江に在住して小説を書き、代表作に『骨董』『怪談』などがある。ローエルは五歳年上のハーンと手紙に拠る交際を行なった。その時の手紙三通が小泉凡氏（ハーンの子孫）の父親の実家で近年発見され、ローエルの著作集成にも収められている。チャンバレンと親しく、多くの書簡が残されている。ハーンからの手紙は、"The Writing of Lafcadio Hearn", 15-16Vol, 1922, Houghton, Mifflin & Co, New York. に収められている。この書簡の中に、ハーンのローエルに対する屈折した心情が述べられている。既に拙訳しているが未発表である。

ビーティ：John Hugh Marshall Beattie.1915-1990. ジョン・ビーティ、イギリスの人類学者。著書に、『社会人類学―異なる文化の理論』（蒲生正雄他訳、社会思想社、一九六八年）がある。

ピディクトン：Ralph Piddington, ニュージーランドの人類学者、ポリネシアなどの研究。
ファース：Sir. Raymond William Firth, 1901-2002. レイモンド・ウイリアム・ファース。シャーマニズムに関する論文に、'Shamanism' "A Dictionary of The Social Sciences,1964". pp,638-639がある。詳しくは、第二部第一章第二節参照。
ファン・ヘネップ：Arnold van Gennep, 1873-1957. アーノルドバン・ジュネップ、あるいはアルノルト・ファン・ヘネップ、フランスの人類学、民俗学者。『通過儀礼』一九〇九年。
ブラッカー：Carmen Blacker,1924-2009. イギリス人で、一九四七年ロンドン大学卒業後、ハーバード大学で学び、一九五一年より慶応大学に留学し、十回に及ぶ訪日を通じて日本の宗教について本格的に研究を行ない、この間大峰山や出羽三山、御嶽山など日本の各地の山を訪れた。一九七九年からは、ケンブリッジ大学東洋学部日本史教授、英国民俗学会長(1982-84)を務めるなど、日本学者、民俗学者として知られている。著書に"The Catalpa Bow" A Study of Shamanistic Practices in Japan" 1975, George Allen & Unwin Ltd, London.『あずさ弓—日本におけるシャーマン的行為—』(秋山さと子訳、岩波書店、一九七九年)がある。
古野清人：1899-1979. 宗教社会学・人類学者、『古野清人著作集』全七巻、別巻一(三一書房、一九七二-七四年)、訳書にデュルケムの『宗教生活の原初形態』(岩波文庫、初版一九四一年)など。筆者も一九七〇年から数年、大学院の演習でデュルケムなどの著書講読に関して厳しい指導を受けたことがある。
堀一郎：1910-1974. 宗教学者。『日本のシャーマニズム』(講談社現代新書、一九七一年)、その他訳書、著書、論文多数。
マカロック：John Arnott MacCulloch, 1868-1950. イギリス人、専門はケルト人の宗教と神話の研究。"The Religion of the Ancient Celts",1911.(『古代ケルト人の宗教』)、『ケルトや北欧の宗教』などの著書がある。
宮家準：1933-, 専門は修験道研究。慶応大学名誉教授、元國學院大学教授、この間日本宗教学会会長、日本山岳修験学会会長などを務める。著書論文多数。日本山岳修験学会会長の頃、筆者は先生の指導で、第二十八回「日本山岳修験学会木曽大会」(二〇〇七年)を理事として担当させていただいたことがある。近著、『修験道小事典』法蔵館、二〇一五年。

宮田登：1926-2000. 民俗学者、「木曽のシャマン」(『シャーマニズムの世界』春秋社、一九七八年)。その他著書、論文多数。

レビィ＝ブリュール：Lucien Lévy-Bruhl, 1857-1939. ルシアン・レビィ＝ブリュール、フランスの社会学、人類学者。ソルボンヌ大学教授、著書も多く"Les fonctions mentales dans les sociétés inférieurs",1910.（『未開社会の思惟』山田吉彦訳、岩波文庫、一九五三年）などがある。E・E・Evans-Pritchard,"Theories of primitive religion",1965. にレビィ＝ブリュールの理論が紹介されている。

ラドクリフ＝ブラウン：Alfred Reginald Radcliffe-Brown, 1881-1955. イギリスの社会人類学、文化人類学者。一九二〇年からケープタウン大学で社会人類学の教授を務めた。その後、一九二五年からシドニー大学、一九三一年からシカゴ大学で研究した。デュルケムの社会理論をもとにした構造機能主義理論を提唱し、マリノフスキーとともに文化人類学の確立に貢献した。

リーチ：Sir Edmund Ronald Leach 1910-1989. イギリスの人類学者。ケンブリッジ大学に入学、一九三七年にロンドン大学（LES）に入学してマリノフスキーに師事、ファースから人類学を学ぶ。一九五三年よりケンブリッジ大学社会人類学講師を務める。邦訳に『文化とコミュニケーション―構造人類学入門』青木保、宮坂敬造訳、紀伊国屋書店、一九八一年などがある。

李子賢：1937- .元雲南大学教授・図書館館長。李先生は雲南大学で少数民族の言語文学を学ばれ、その後一九六二年より雲南全域の少数民族の神話採集、調査研究を行ない、中国神話学会の理事を務められるなど、神話研究の中心的存在として活躍されてきた。著書や論文も多い。日本に留学され、当時慶応大学教授であった神話学の伊藤清司先生に師事するなど、日本との関わりも深く、雲南でお世話になった日本の研究者も多い。筆者は、李先生には副教授時代の一九九一年

左・李子賢教授、右・筆者

頃からお世話になり、当時は交通不便な遠隔地の少数民族の社会に案内していただき、調査を指導していただくなど大変お世話になってきた。現在は退官されているが健在である。李先生には何かとお世話になりましたことを心より感謝申し上げます（写真：左李子賢教授、右筆者。一九九九年八月、雲南元陽哈尼の調査地にて。写真下：拙著『アジア山地社会の民俗信仰と仏教』岩田書院、二〇一〇年は李先生の指導に基づく報告である）。また、李先生と共に、雲南世界に導いて下さった麗沢大学名誉教授の欠端實先生（1939-）にも心より感謝いたします。欠端先生は哈尼の研究者として知られ、毎年のように調査を重ねられ、『聖樹と稲魂』近代文藝社、一九九六年など、著書や論文も多い。

ルイス：Ioan Myrddin Lewis, 1930-, ヨワン・M・ルイス。著書に、"Ecstatic Religion: an Anthropological Study of Spirit Possession and Shamanism, 1971".邦訳に『エクスタシーの人類学─憑依とシャーマニズム』（平沼孝之訳、法政大学出版局、一九八五年）がある。また、一九七五年版と若干の追加を行なっている二〇〇三年版がある。この他に、"The Modern History of Somaliland ,1965"（『ソマリランドの現代史』）、"Religion in Context: Cults and Charisma,1986"、"Arguments with Ethnography, 2004"などがある。詳しくは、第二部第一章第二節参。

レッドフィールド：Robert Redfield, 1897-1958. アメリカの人類学者、メキシコユカタン半島の研究。"Folk Cultures of the Yucatán. Chicago, 1948"『文明の文化人類学』安藤慶一郎訳、誠信書房、一九六〇年。

ローエル：Percival Lowell, 1855-1916. パーシヴァル・ローエル。ローエルの東洋の研究に関する論文が、近年デイヴィッド・シュトラウスDavid Straussにより整理され、その著作や論文が『パーシヴァル・ローエル日本・アジア関連著作集成（全五巻）』（"Percival Lowell - Collected Writings on Japan and Asia, with An Appendix of Letters to Amy Lowell and Lafcardio Hern" Edition Synapse 2006/05と別巻）に収められている。この内、第二巻には「深遠なる神道」'Esoteric

Shinto', TASJ, XXI-XXII, Feb-Oct.1893）の論文が収められている。この論文は、「日本アジア協会誌」にTransactions of the Asiatic Society of Japan, Feb. 15, March 8, May 17, Oct. 18, 1893, XXI-XXIIに掲載された論文である。原書が「横浜開港資料館」に合本されて蔵書されている。第三巻は『極東の魂』（川西瑛子訳、公論社、一九七七年）として、第四巻は『ＮＯＴＯ―能登・人に知られぬ日本の辺境』（宮崎正明訳、十月社、一九九一年）として、第五巻は"Occult Japan or the Way of The Gods, Houghton Mifflin And Company, Boston and New York, 1895."は拙訳『オカルト・ジャパン』（岩田書院、二〇一三年）として邦訳されている。なお、拙訳の表題については宮崎氏の先例に習い、オカルトとジャパンの間に中黒を付したが、間に中黒を付けない『オカルトジャパン』でも良いと思う。

和田完：1933-2004. 心理人類学者、北方研究。『サハリン・アイヌの熊祭り』（第一書房、二〇〇五年）など、論文多数。

追　記：「アジア民族文化学会×上智大学文学部ジャパノロジーコース」共催のシンポジウム「病と祓」（上智大学、2014.12.13）において、遠藤耕太郎氏が中心となり、中国雲南のモソ人の氏族シャーマン、ダパを日本に招き、「病気祓い、ニャムチ」儀礼を実演。依頼者の病気を人形に移して祓う儀礼が行なわれたのを見学した。モソ人の研究に関しては、遠藤耕太郎著『モソ人母系社会の歌世界調査記録』大修館書店、二〇〇三年などの優れた研究がある。筆者もモソの高地社会を調査したことがある。

あとがき

今年は、ローエルが日本を訪れ、御嶽での体験をまとめてから百二十年、ツァプリカがシベリア研究に関する著書を出版してから百年、シロコゴロフがシベリアでの調査を出版してから八十年を経過する節目の年に当たる。英文学が専門でない者がこれらの図書に出会え、その一部を拙訳することが出来たことに、長年シャーマニズムの実態調査に関わってきた者にとっては、この上ない喜びである。

私は、要領が悪くて遠回り道ばかりの人生だったような気がする。しかし、少年の頃の夢がそのまま大人になっても職業として成り立つなどという人は、今の平和な時代はともかくも、私の世代ではそれほど多くはなかったと思う。年始めに東京在住の母方の従兄弟二人（元銀行家・現大学理事長と元国家公務員）が心配して新年会を開いてくれた。考えてみれば、実利畑を歩んできた従兄弟達から見れば、「人類学」だの「シャーマニズム」だのと、「夢」のようなことをしてきた。異なる道ではあったが、それでも家族を持ち、ささやかな住まいを持ち、国内や海外の調査にも何度も出かけたが（家族には迷惑をかけたが）、何とかご飯も食べてきたと言って、三人で声を出して大笑いをした。挫けることも多かったけれども、質素ながら何とか今も元気に生きている。

これまで何かと影に日向に支援して下さり、応援して下さり、いろいろとお世話になった多くの方々に心より感謝致します。特に、私に高校と大学で勉強する機会を与えて下さった、今は亡き父方の叔母夫婦の上村慈憲とシズヱ、祖母のシゲにはお礼申し上げます。また、長年にわたり何かと心配して下さった父方の末の叔母夫婦の菅留八とチエ子は九十歳を過ぎた今も、四国の片田舎で健在である。本当にご心配をおかけしました。深甚より感謝申し上げます。

さらに、私に統計調査や実態調査など、膨大な共同研究の仕事、調査研究を専任させ、大学への出講を許可し、さらに個人研究のために国内・海外調査に長期休暇の便宜を度々与え、また多大な経済的支援をして下さり、長期にわたり研究を継続させて下さった、かつての所属研究機関、その関係者の皆様にもお礼申し上げます。さらに、木曽御嶽や中国雲南でお世話になり、研究を励まして下さった研究者の方々、フィールドでお世話になった皆様、特に家族にも感謝します。また、戦後七十年も迎え、決して二度とあってはならない不幸な時代の中で亡くなった父の貞一郎、混乱の中で早くして亡くなった母のマサ子と姉の良子、そしてお世話になった皆様に、この書を捧げます。ほんのささやかなお返ししか出来なかったことに、全く申し訳なく恥じ入るばかりです。

この本の翻訳原稿を作成している最中の二〇一四年九月二十七日午前十一時五十三分ころ、木曽御嶽山で突然に大規模な噴火が起こった。秋の観光シーズンと重なり多数の方々が犠牲となった。長年御嶽と関わってきた者にとり、自分のことのように思われ、心痛く申し訳なく思う。犠牲に遭われた方々のご冥福と、関係の皆様に心よりお見舞い申し上げます。また、その後の救助に携わられた地元の方々、多方面から援助して下さった多くの方々にも心より感謝し、御礼申し上げます。

最後に、拙著『木曽御嶽信仰』、『アジア山地社会の民俗信仰と仏教』、拙編著『木曽のおんたけさん』、『木曽御嶽信仰とアジアの憑霊文化』、拙訳『オカルト・ジャパン』に引き続き、快く出版をお引き受け下さった岩田書院の岩田博氏には心より感謝申し上げます。

平成二十七年十一月吉日

菅原　壽清

初出一覧

訳者序　書き下ろし

翻訳編

M・A・ツァプリカ『シベリアの先住民』（抄訳）　訳し下ろし

S・M・シロコゴロフ『ツングースの人々の精神的複合』（抄訳）

「シロコゴロフのシベリアシャーマニズム研究」（『アジア民族文化研究』一四号、アジア民族文化学会、二〇一五年三月）

解説編

第一章

「憑祈禱と御座―ルイスのシャーマニズムの視点より」（『山岳修験』五三号、日本山岳修験学会、二〇一四年三月）

「ツァプリカのシャーマニズム研究」（『宗教学論集』第三十三輯、駒沢宗教学研究会、二〇一五年一月）

第二章

「外国人による木曽御嶽信仰の研究」（『神道宗教』二三三号、國學院大学神道宗教学会編、平成二十六年三月）

編訳者紹介

氏名：菅原　壽清　すがわら としきよ
学歴：駒澤大学人文科学研究科博士課程修了
専攻：宗教人類学（日本及びアジアのシャーマニズム研究）
学位：『木曽御嶽信仰―宗教人類学的研究』により
　駒澤大学より「博士」の学位取得
受賞：『木曽御嶽信仰―宗教人類学的研究』に対し
　日本山岳修験学会「第十五回日本山岳修験学会賞」を受賞
学会：日本山岳修験学会理事、アジア民族文化学会運営委員
所属：元足利工業大学客員教授、元駒澤大学非常勤講師
著書：『木曽御嶽信仰―宗教人類学的研究』（岩田書院 二〇〇二年）
　『アジア山地社会の民俗信仰と仏教』（岩田書院 二〇一〇年）
編著：『木曽のおんたけさん』（岩田書院 二〇〇九年）
　『木曽御嶽信仰とアジアの憑霊文化』（岩田書院 二〇一二年）
訳書：『オカルト・ジャパン』（岩田書院 二〇一三年）

シャーマニズムとはなにか　シベリア・シャーマニズムから木曽御嶽信仰へ

2016年（平成28年）2月　第1刷　300部発行　　**定価［本体11,800円＋税］**

編訳者　菅原 壽清

発行所　有限会社岩田書院　代表：岩田　博　　http://www.iwata-shoin.co.jp

〒157-0062 東京都世田谷区南烏山4-25-6-103　電話03-3326-3757 FAX03-3326-6788

組版・印刷・製本：新日本印刷

ISBN978-4-86602-943-6　C3039　¥11800E